GRACILIANO RAMOS
Muros sociais e aberturas artísticas

org. Benjamin Abdala Jr.

GRACILIANO RAMOS
Muros sociais e aberturas artísticas

1ª edição

EDITORA RECORD
RIO DE JANEIRO • SÃO PAULO
2017

CIP-BRASIL. CATALOGAÇÃO NA PUBLICAÇÃO
SINDICATO NACIONAL DOS EDITORES DE LIVROS, RJ

G755

Graciliano Ramos: muros sociais e aberturas artísticas / organização de Benjamin Abdala Junior. – 1ª ed. – Rio de Janeiro: Record, 2017.

Inclui bibliografia
ISBN: 978-85-011-0825-8

1. Crítica. 2. Literatura brasileira – História e crítica – Graciliano Ramos. I. Abdala Junior, Benjamin.

17-38916

CDD: 809
CDU:82.09

Copyright © Benjamin Abdala Junior, 2017

Todos os direitos reservados. Proibida a reprodução, armazenamento ou transmissão de partes deste livro, através de quaisquer meios, sem prévia autorização por escrito.

Texto revisado segundo o novo Acordo Ortográfico da Língua Portuguesa.

Direitos exclusivos desta edição reservados pela
EDITORA RECORD LTDA.
Rua Argentina, 171 – Rio de Janeiro, RJ – 20921-380 – Tel.: (21) 2585-2000.

Impresso no Brasil

ISBN 978-85-011-0825-8

Seja um leitor preferencial Record.
Cadastre-se em www.record.com.br
e receba informações sobre nossos
lançamentos e nossas promoções.

Atendimento e venda direta ao leitor:
mdireto@record.com.br ou (21) 2585-2002.

Sumário

1. Aberturas simbólicas e artísticas num "mundo coberto de penas"   7
   Benjamin Abdala Junior

2. Linguagem, poder e resistência — notas sobre *Angústia* e *Voz de prisão*   61
   Adriano de Almeida

3. Faulkner e Graciliano: pontos de vista impossíveis   93
   Ana Paula Pacheco

4. *São Bernardo* e a experiência trágica do homem moderno sob o espectro da alienação   123
   Andrea Trench de Castro

5. Romance e tela: Paulo Honório, o "pobre-diabo"   155
   Anna Carolina Botelho Takeda

6. Cabotagem   177
   Fabiana Carelli

7. A rés do chão, ao inferno   197
   Luzia Barros

8. Infância e linguagem — percepções do velho Graça   223
   Maria Zilda da Cunha

9. A escrita da (des)ilusão em *Angústia* e *O amanuense Belmiro*   241
   Michele de Araújo

10. *São Bernardo* e *Casa na duna*: proprietários rurais no
    capitalismo periférico   259
    Miguel Yoshida

11. Graciliano na terra dos meninos pelados   281
    Ricardo Ramos Filho

12. Nacionalismo crítico, crítica ao nacionalismo e alumbramento — o
    carnaval na produção cronística de Graciliano Ramos   305
    Thiago Mio Salla

1. Aberturas simbólicas e artísticas num "mundo coberto de penas"

Benjamin Abdala Junior

As narrativas de Graciliano Ramos,[1] como desenvolvemos no ensaio "Graciliano Ramos e as esferas da totalidade",[2] cujas bases teóricas e críticas retomaremos neste texto, organizam-se em torno da aspiração do escritor por associar os processos de efabulação às tendências dos gestos de suas personagens. Configurados de forma tensa, esses gestos evidenciam hábitos próprios de uma situação histórica mais ampla, questionada pelos processos enunciativos. A aspiração do escritor pode ser situada como uma inclinação do que poderíamos designar de potencialidade subjetiva. Isto é, uma possibilidade situada nas dimensões da vontade/desejo do sujeito, que procura configurar-se como objetiva, motivada por um impulso do escritor que o projeta — com os pés no chão — para os limites possíveis de seus horizontes de expectativas. O processo histórico em que se manifestam as ações e os pensamentos dos sujeitos (narradores e personagens, mas também as marcas autorais do escritor), como se depreende do conjunto das narrativas de Graciliano Ramos, vincula-se a uma práxis social pautada pela estereotipia que não deixa provocar tensões, pela criticidade dos processos enunciativos, com as esferas das realizações individuais.

---

[1] Serão utilizadas as seguintes edições dos romances de Graciliano Ramos: *Caetés*. 8. ed. São Paulo: Martins, 1969; *São Bernardo*. 27. ed. Rio de Janeiro: Record, 1977; *Angústia*. 13. ed. São Paulo: Martins, 1971; *Vidas secas*. 22. ed. São Paulo: Martins, 1969.

[2] In: ABDALA JUNIOR, Benjamin. *Literatura comparada e reflexões comunitárias, hoje*. São Paulo: Ateliê Ed., 2012.

Do ponto de vista da análise literária, esse processo deve ser visto como uma tensa rede supraindividual, que tem suas malhas definidas por múltiplos campos de conhecimento, a partir do lócus enunciativo de cada narrativa, o que implica relevar os campos e as circunscrições das práticas sociais envolvidas. Não procura o escritor, pois, um sentido de totalidade como um sistema fechado, mas como conglomerados de tensas e dinâmicas redes de articulações mais gerais. Do individual ao social, assim, desenham-se redes e processos em interações associadas a contextos situacionais, em que hábitos e configurações hegemônicos se debatem com tendências contra-hegemônicas.

Referimo-nos, como título deste ensaio-apresentação, a um "mundo coberto de penas", que foi o primeiro título dado por Graciliano Ramos ao seu romance *Vidas secas*, antes de o volume seguir para a impressão. Nesse mundo, extensível ao conjunto de sua obra, os sujeitos do enunciado mostram-se, além de "cobertos de penas", emparedados. E serão os processos enunciativos das narrativas que apontarão para a possibilidade de aberturas, pelas suas simbolizações críticas e aberturas artísticas. Tais tensões, entre o fechamento dos muros da simbolização social e suas fendas ou aberturas implícitas, propiciadas pela linguagem artística do escritor, serão objeto de análise nos ensaios aqui reunidos, que basicamente se vinculam ao grupo de pesquisa USP/CNPq Estudos Comparados: Graciliano Ramos — pontes literárias, socioculturais e com outras artes. Serão esses jogos dialéticos entre fechamento/abertura que tornarão a escrita de Graciliano Ramos paradigmática para escritores de língua portuguesa, no Brasil e também no exterior. Neste volume, serão abordados especificamente escritores brasileiros, portugueses, africanos e um romancista norte-americano que veio a se inserir na atmosfera do New Deal de Roosevelt.

Estamos diante de um repertório literário crítico, que igualmente interessou e estabeleceu pontes com outros campos artísticos, como o do cinema e o das artes plásticas, além das áreas do conhecimento, como a sociologia e a política. Trata-se de uma escrita que se pauta pela reflexão, um sentido de práxis que, em sua cadeia comunicativa, envolve criticamente os repertórios de seus leitores, tendo como horizonte suas reformulações. Dessa forma, os modos de articulação de sua escrita podem migrar, de acordo com as expectativas de seus leitores, para outros campos, cujo conjunto impregna de criticidade contextos situacionais por eles vivenciados. Configura-se, em Graciliano Ramos, uma estratégia contra-hegemônica em relação aos modos de articulação socialmente dominantes, que migram dos modos de pensar a realidade provenientes da economia capitalista e modelam hábitos cotidianos, além de modos de articulação/de pensar a realidade de outras áreas do conhecimento.

Uma cena paradigmática do filme *Tempos modernos*, de Charlie Chaplin, pode ilustrar essas observações mais gerais. Nesse clássico da narrativa cinematográfica, diante de uma esteira de produção, o ator/diretor veio a adquirir um hábito repetitivo e automático. Um hábito mais geral, que acaba por ir além da circunscrição da produção industrial. Fora da fábrica, a personagem reproduz o mesmo gesto, acriticamente e de forma igualmente automática. Uma aplicação mecânica dessa forma de articulação que se encaminha das esferas da produção industrial a outros campos da vida social, quando — de forma irônica e cômica — identifica os botões da vestimenta de uma personagem feminina com as mesmas porcas que tinha de apertar na esteira de produção.

Como se pode inferir, nessa "aplicação" caricata do automatismo adquirido pela *persona* Carlitos, modelos articulatórios dominantes na economia encaminham-se para outros campos da práxis na vida social. Constituem hábitos, corporificações de articulações que marcam aspectos da estrutura social. Evidentemente, modos de articulação dominantes interagirão com outros modelos da cultura, nos múltiplos escaninhos em que a experiência colocou o conhecimento sociocultural. Vem dessas interações a possibilidade de a personagem de Chaplin reformular o sentido de acriticidade de seus gestos, o que fará nas relações com o conjunto das formas mentais de sua vida cultural, mas, sobretudo, em função de sua vontade de romper com os muros que vêm dessa estrutura sociocultural. A hegemonia — e suas *formas mentis* dominantes — é sempre porosa, tanto no mundo da economia, da sociedade e da política quanto no da vida cultural.

Os hábitos sociais dominantes tendem, analogamente, a espartilhar papéis de acordo com o modo hegemônico de articular e pensar a realidade. No caso do exemplo acima, na forma caricata, de maneira a configurar com cores fortes o desenho da estrutura social dominante. Uma manifestação da lógica discursiva do capital, o que resulta em registros parcelares de uma instável inclinação para hábitos estereotipados. O episódio caricaturesco de Charlie Chaplin (o apertar dos botões do vestido, como se fossem porcas da esteira de produção), uma forma de práxis alienada, possibilita um efetivo contraponto para as marcas discursivas do conjunto do filme, que questiona o automatismo e as formações socioculturais que estão por trás do modo de produção que motiva essa modalidade de trabalho. Constituem marcas subjacentes a essas formas de representação, que, do ponto de vista da mensagem crítica, não as deixam restritas ao episódio, mas as contextualizam em campos socioculturais mais abrangentes.

Trata-se de uma visão mais ampla, desenvolvida na perspectiva do sujeito (no caso, interação ator/diretor), e que foi construída como estrutura que se abre para outras esferas do conhecimento. A particularidade concreta, que se traduz em experiência psicossocial para o receptor/espectador, situa-se assim num processo, tendendo a interações com outros campos situacionais ou áreas do conhecimento. A contextualização traz marcas (subjetivas) de quem aspira a um mundo mais amplo, um mundo de quem não aceita as coisas como elas se configuram para suas *personae*, emparedadas ou tendentes ao emparedamento. Um contexto de carências delimitado pelo *campo situacional* da práxis de cada um desses atores sociais, por onde penetram as aspirações da enunciação. Nesse discurso cinematográfico, como também no literário, como será analisado em Graciliano Ramos, há a tendência a se estabelecer um diálogo com a possibilidade de seu avesso, isto é, formas libertárias. As situações fragmentárias, o conjunto da efabulação acaba por levar a um empenho da enunciação por configurações sistêmicas. Logo, perspectivas avessas ao modelo de articulação dominante na pós-modernidade, que enfatiza a fragmentação e a redução de perspectivas, tendentes a um hiperindividualismo. Estes últimos são maneiras de pensar a realidade afinados com as estratégias e os modos de articulação do dominante capitalismo financeiro.

Esse sentido crítico da configuração simbólica, associada às práxis de seus narradores/personagens, pode ser observado logo no início dos romances de Graciliano Ramos. Nas situações iniciais surgem tensões que se relacionam com as que aparecerão no fim dessas narrativas e que delimitam o referido campo situacional. São tensões dialéticas que se efetivam no horizonte desse campo, configurando um processo tendente a uma visão mais global. Aparentemente, nada poderia ser diferente: o campo tem suas leis — modos de articulação dominantes —, que levam os atores sociais que dele participam a práticas convencionais, determinadas, que, na perspectiva de Graciliano Ramos, os encarceram. Entretanto, ao se com/formar — em sua dimensão maior ou na reprodução parcial (que reproduz o mesmo modelo de pensamento/ação) —, esse campo mostra-se instável pelas estratégias narrativas e pela dimensão do desejo implícito de Graciliano Ramos (marcas autorais do narrador implícito). Mostra-se, assim, um campo discursivo instável, problemático, pelo sonho/desejo/vontade do escritor. Como indicado, trata-se de uma inclinação autoral por horizontes diferentes, com articulações que se processam, mas não se circunscrevem, aos limites dos muros ou círculos concêntricos que teimam em enredar as personagens, aprisionando, nas formas de imaginar o mundo, os João Valério (*Caetés*), os Paulo Honório (*São Bernardo*), os Luís da Silva (*Angústia*), os Fabiano (*Vidas secas*).

Uma prática antropofágica

João Valério, personagem de *Caetés*, começa a narrativa como um "devorador". Sem grandes explicações ao leitor, de imediato, no segundo parágrafo do romance, dá "dois beijos no cachaço" (p. 25) de Luísa. Inicia, assim, uma prática antropofágica — de "devoração" simbólica de personagens — enquanto procura escrever seu livro sobre os antropófagos índios caetés. Ao fim do romance, ele se conscientiza dessa prática, mas não vê como poderia ser diferente:

> Um caeté. Com que facilidade esqueci a promessa feita ao Mendonça! E este hábito de fumar imoderadamente, este desejo súbito de embriagar-me quando experimento qualquer abalo, alegria, ou tristeza!
> [...]
> Diferenças também, é claro. Outras raças, outros costumes, quatrocentos anos. Mas, no íntimo, um caeté. Um caeté descrente.
> Descrente? Engano. Não há ninguém mais crédulo que eu. E esta exaltação, quase veneração, com que ouço falar em artistas que não conheço, filósofos que não sei se existiram!
> Ateu! Não é verdade. Tenho passado a vida a criar deuses que morrem logo, ídolos que depois derrubo — uma estrela no céu, algumas mulheres na terra... (p. 239)

As reflexões finais de João Valério exteriorizam estratégias discursivas do romance, que procuram estabelecer correspondências entre formas de consciência que seriam da enunciação e aquelas mais limitadas da personagem. Um discurso de relativização, como se observa na correspondência que João Valério faz entre sua práxis e a que atribui aos indígenas caetés, de falsa consciência (pré-conceito em relação ao sentido da antropofagia dos povos indígenas). Há também um discurso de contextualização em que a atitude da personagem em relação aos mitos, de onde provém o sentido de "veneração", pode ser estendida ao comportamento dos agentes culturais de um país que se mostrava culturalmente dependente, como o Brasil. Aceitavam-se acriticamente — como ocorre ainda hoje, já que persiste a assimetria dos fluxos culturais — conceitos e produtos que vêm de fora, situados como objetos a serem venerados, sem romper com esse hábito que teve origem nos tempos coloniais. Isto é, a persistência da mentalidade de colonizado, nas esferas do conhecimento e também do próprio imaginário.

O "eu" e o "outro"

Essas formulações discursivas autocríticas do sujeito pressupõem outro "eu" de João Valério. Esse outro ser de ficção, embutido na mesma *persona*, traz marcas implícitas do autor, que se apresenta como consciência do processo de enunciação. É a consciência que se faz "possível"[3] a partir dos horizontes de expectativas desse autor implícito, configurado no seu campo intelectual, e que se efetiva na situação social em que atua João Valério. As tensões se efetivam por meio das diferenças entre o "eu" de João Valério e esse "outro". Essas diferenças de facetas do ator social permitem o discurso autocrítico, extensível a outras personagens e narradores de Graciliano Ramos, inclusive naquela narrativa que seria feita por sua própria voz de memorialista,

---

[3] Este ensaio se vale dos conceitos de consciência real e consciência possível, formulados por Lucien Goldmann (*Le dieu caché*. Paris: Gallimard, 1956; *Sociologia do romance*. Rio de Janeiro: Paz e Terra, 1972; *A criação cultural na sociedade moderna*. Lisboa: Presença, 1972), a partir de Georg Luckács, em *Historia y conciencia de clase* (2. ed. Barcelona: Grijalbo, 1976), numa perspectiva avessa, ao mesmo tempo, a concepções dogmáticas e também de estruturas fechadas.

como aparece nas *Memórias do cárcere*.[4] Rompendo com expectativas do leitor, diante desse livro de memórias, ou, ainda, com consciência artística e inovação, ele estabelece certo distanciamento de si mesmo, de sentido autocrítico, ao se apresentar como uma *persona*. Em *Caetés*, são as marcas autorais que, ao fim, acabam por "atribuir" o horizonte desse nível de consciência máxima de João Valério diante do campo social de horizontes restritos em que figurava como ator. É sua voz que "fala", imbricada como um duplo de João Valério. É essa voz do duplo que tem por obsessão — de quem se pauta por uma visão sistemática — a busca de simetrias próprias do campo. Configuram-se, assim, correspondências externas ao ator social, como foi acima apontado, em interações com as articulações similares interiorizadas em nível do sujeito do enunciado.

Para o autor, implícito nas estratégias do discurso, não basta à personagem proclamar-se ateia. Precisaria sê-lo nas raízes das coisas (o que implica interações críticas com múltiplas esferas do conhecimento), o que não ocorre. João Valério apenas realizou uma operação de comutação, de substituição: trocou seu deus do imaginário cristão por outros deuses, outros ídolos efêmeros, em nível das "estrelas" (os "filósofos", os "artistas"), com correspondência equivalente em nível das "mulheres" (isto é, personagens terrenas, ao alcance da vista, desejáveis).

As tensões apontadas são internas às situações sociais dos processos enunciativos de *Caetés*. Se considerado seu campo comunicativo — o campo que envolve o autor e seus leitores —, poder-se-iam considerar os possíveis efeitos suscitados pela autocrítica de João Valério. São efeitos que dialogam com imagens que se formam para além das circunscrições do sujeito do enunciado. Desmascarados os condicionalismos e a relatividade dos valores que enredam essa personagem, os leitores são levados a se colocar diante da aspiração por outra situação, mais autêntica e plena, não circunscrita a esses enredamentos. Logo, são levados, pela leitura, a um exercício de reformulação de formas passadiças da vida social. Pela contraposição, podem visualizar horizontes que se situam não apenas na dimensão de um sonho abstrato, mas como configurações que se podem materializar como projetos.

Entre as formas referenciais do processo de efabulação, apresentadas no romance, imiscuem-se formas de aspiração, implícitas no processo enun-

---

[4] 6. ed. São Paulo: Livraria Martins Editora, 1969.

ciativo, capazes de provocar um duplo efeito: podem relevar, pelo contraste entre o real e o desejo, as carências das personagens (que também são carências dos leitores), e abrir aos leitores, ao mesmo tempo, pela negação desse mundo de carências, a perspectiva do mundo sonhado, com impregnações de uma utopia concreta, consubstanciada em projetos de sentido libertário. São perspectivas do leitor, implícitas no romance, considerando a cadeia comunicativa de sua escrita. O romance, nesse sentido, mais do que o texto escrito, é um processo enunciativo que deve ser considerado dinamicamente nessa cadeia comunicativa que envolve as instâncias do escritor, do texto escrito e do leitor.

E ainda mais. Pode constituir repertórios para outras situações, vivenciadas por esses leitores. Em nível de escrita, pode ensejar outras narrativas, como ocorreu com Graciliano Ramos em relação à circulação no âmbito de nosso comunitarismo linguístico-cultural, como já apontamos e que aparecerão no volume de ensaios. Mais particularmente, um dos ensaios aqui reunidos parte de uma situação narrativa de *Memórias do cárcere*. Desenvolve, a partir dela, uma narrativa ficcional de maneira a provocar uma reflexão crítica sobre *personae* envolvidas. Trata-se do híbrido texto de Fabiana Carelli, em que apresenta o conto de sua autoria, incorporado ao final de seu ensaio, no qual discute seus procedimentos formais ("Cabotagem", p. 177-195 deste livro). Diz a autora do ensaio:

"Não considero *Memórias do cárcere* um romance. Ele [o livro] não é ficção. É uma autobiografia. Tem um caráter de 'veracidade', poderíamos dizer; ele se refere a pessoas, fatos, que teriam realmente acontecido. [...] O que existe nas *Memórias* é um *procedimento ficcional de contar*. Um trabalho estilístico que beira o trabalho estilístico que é feito ficcionalmente. Mas isso, para Graciliano, não significa 'mentir'. Para ele, o uso de recursos ficcionais é justamente o contrário. É a tentativa de melhor expressar aquilo que ele gostaria de expressar falando daqueles fatos e daquelas pessoas [...], o que amplia esse retrato para ele, o que dá a esse retrato uma maior, eu poderia dizer, até paradoxalmente, veracidade." [...]

A narrativa de "Cabotagem", ao contrário do que acontece em *Memórias do cárcere*, se dá a partir da perspectiva da terra firme, e não do mar, do navio; da liberdade, e não da prisão (pelo menos, não de uma prisão concreta); da possibilidade de ir e vir, de perambular, da busca, e não da imobilidade. É uma espécie de *road-story* — pelo menos foi pensada assim. (p. 178-182)

O fazendeiro e o escritor

Convém retomar a referência a *Caetés*, do início deste texto, quando João Valério, numa atitude antropófaga, impulsionado pelo desejo, procura "devorar" Luísa. O leitor saberá, além disso, na sequência da narrativa, que ele tinha pretensões literárias: construir um livro sobre os caetés, os indígenas da história brasileira que devoravam os portugueses, como o fizeram com o bispo D. Pero Sardinha. E mais — após a efabulação do romance — poderá ser levado à conclusão, simbolicamente, de que o verdadeiro livro sobre os caetés não fica na dimensão do desejo da personagem, mas se concretiza no livro que ele está lendo e no qual a personagem narradora está atuando, desde as primeiras páginas do romance que lê. Algo semelhante vai ocorrer no segundo romance de Graciliano Ramos, *São Bernardo*. Logo no primeiro parágrafo, a personagem narradora Paulo Honório informa que pretendia escrever um livro; o leitor saberá, depois, que o texto que está lendo não é uma introdução ao livro que viria depois, mas o próprio romance. Essa evidência só virá a se explicitar no capítulo 3, quando o narrador, pretensamente inábil, diz: "Começo declarando que me chamo Paulo Honório, peso oitenta e nove quilos e completei cinquenta anos pelo São Pedro." (p. 12)

No decorrer de *São Bernardo*, também se configura uma imagem dupla de Paulo Honório, agora de maneira mais tensa do que em *Caetés*: a faceta do reificante proprietário da fazenda São Bernardo e a outra, da problemática personagem que procura resgatar sua humanidade perdida ao escrever um romance. A faceta reificada da personagem reduz-se a ser um agente da fazenda. Coisificada pela profissão, não possui vontade própria. Sua vontade se reduz ao papel social que desempenha. Assim, só resolve montar uma escola na fazenda não por uma razão de assistencialismo social, mas porque essa ação seria capitalizada politicamente em novas formas de ganho para a propriedade. No campo sentimental, Paulo Honório só resolveu se casar para poder ter legalmente um filho. Ele não tinha nenhum desejo pessoal de ter esse filho ou mesmo de se casar como uma forma de realização humana. Explicita que só quer o casamento em função da fazenda, e ela pedia um herdeiro, isto é, uma forma de preservação da propriedade. Paulo Honório, conforme a predicação dessa faceta reificante, restringe-se a ser um ator da fazenda, um seu agente, sem vontade própria. Está encarcerado, restringindo-se aos movimentos próprios do exercício de sua profissão.

Superposta ambiguamente a essa imagem monológica do ator social, aparece a do "outro" Paulo Honório, o escritor problemático, dialógico, que se autoanalisa e se confessa. Essa imagem interage dialeticamente com a do fazendeiro reificado. Na interação dos caracteres, como ocorrera em relação a João Valério, de *Caetés*, afirmam-se as marcas do autor implícito. Poder-se-ia trazer igualmente para *São Bernardo* o que foi analogamente observado em relação a *Caetés*: de um lado, atualiza-se na imagem do fazendeiro a "falsa consciência" da máscara social que o modela (ideologia, no sentido de justificar assimetrias da estrutura social), persistência de formas autoritárias que vieram do processo colonial; de outro, no fazendeiro-escritor, ocorre o rompimento dessa forma acrítica de práxis, afeita a hábitos dominantes, quando esse sujeito enredado a formas alienantes interage com outras formas de práxis, contrárias à sobrevivência desses enredamentos. Logo, uma práxis de maior plenitude, situada num plano de reflexões mais abrangentes que movem o processo enunciativo e podem ser associadas às esferas das possibilidades de consciência "possível" do campo intelectual no qual se insere Graciliano Ramos. A inclinação desses sujeitos (*personae*), nas tensões entre enunciado e processo de enunciação, direciona-se, pois, de uma visão mais particularizada para esferas mais amplas da vida social.

Na representação cinematográfica desse romance, dirigida por Leon Hirszman, como aponta Anna Carolina Botelho Takeda em seu ensaio "Romance e tela: Paulo Honório, o 'pobre-diabo'" (p. 155-176 deste livro), ocorrem igualmente tensões sociais que permeiam as relações das personagens nas narrativas. Se é dominante, nos textos críticos sobre o romance, ressaltar a crueldade com que Paulo Honório oprime seus subordinados e aqueles que o rodeiam, neste ensaio ela observa como o protagonista, pela falta de *capital simbólico*, agoniza no novo lugar social por ele alcançado e reage com ainda mais agressividade em relação àqueles que apresentam mais refinamento e atributos intelectuais do que ele. Graciliano Ramos, nesse sentido, para acirrar as tensões sociais na narrativa, expande os conflitos de classe tanto no âmbito das relações de trabalho quanto no das disputas que acontecem no universo simbólico. Com base no processo comparativo entre a narrativa originária e a cinematográfica, no entanto, nota-se que, na adaptação para o cinema realizada por Leon Hirszman, não há problematização do interior da personagem e que Paulo Honório é retratado pelo diretor de modo que suas ações sejam mais atrozes, pois perde parcialmente as contradições oriundas da insegurança que nasce com a ausência de *capital simbólico*. A ensaísta justifica seu ponto de vista pela necessidade de o diretor revelar as condições de exploração dos trabalhadores, sobretudo em meio ao acirramento da opressão vivida durante a ditadura militar, época em que o filme foi realizado:

> Considerando as pretensões de Leon Hirszman e o contexto da época, o filme recoloca a questão da exploração dos trabalhadores. Defende-se que o diretor exalta a sua imagem porque eles viviam dias dramáticos com as medidas estabelecidas pelas políticas socioeconômicas da ditadura militar. Para o historiador Daniel Aarão Reis, a ditadura foi, para essa classe, desastrosa. Os sindicatos foram dissolvidos; suas lideranças, exiladas; a legislação, alterada, restringindo o direito de greve. Além disso, os militares arrocharam os salários, revogaram a estabilidade e anularam o poder normativo da Justiça do Trabalho. (p. 170)

Deformidade psicossocial

O efeito literário das imagens duplas da *persona* Paulo Honório é a chance de levar o leitor a uma forma de consciência que, como em *Caetés*, dialoga com as imagens que figuram nas possibilidades objetivas do processo enunciativo. Se o leitor pode imaginar rompimentos de barreiras, essa personagem não tem outra perspectiva senão repetir comportamentos ritualizados dentro dos muros do sistema capitalista. Há uma rede sistemática que o circunscreve às cercas da fazenda. Diz Paulo Honório:

> Foi este modo de vida que me inutilizou. Sou um aleijado. Devo ter um coração miúdo, lacunas no cérebro, nervos diferentes dos nervos dos outros homens. E um nariz enorme, uma boca enorme, dedos enormes.

Se Madalena me via assim, com certeza me achava extraordinariamente feio.

Fecho os olhos, agito a cabeça para repelir a visão que me exibe essas deformidades monstruosas. (p. 171)

O "modo de vida", isto é, o modelo de se trabalhar a realidade do chamado "capitalismo selvagem" brasileiro, como o classificou Florestan Fernandes na década de 1970, acaba por impregnar o próprio pensamento de Paulo Honório. De sua práxis social provêm formas de articulação do pensamento que acabam por balizar as formas de pensamento e de conduta solitária da personagem circunscrita às práxis convencionais. Como essas formas se afastam do humanismo, simbolicamente podem marcar a própria caracterização física de Paulo Honório. Ele se vê distorcido, um "aleijado", com "coração miúdo", "lacunas no cérebro", "nervos diferentes", "um nariz enorme, uma boca enorme, dedos enormes". Enfim, "deformidades monstruosas" provenientes de uma práxis social não humana em que faltava o sentido de fraternidade e solidariedade.

Essa imagem de Paulo Honório mostra deformações que lembram as das pinturas expressionistas. Nelas, pode-se ver traços da pintura de um Portinari, por exemplo, com as deformações que provêm da práxis *social*. Portinari viria a ser um dos poucos amigos de Graciliano Ramos na década seguinte. Se em Portinari as personagens são proletárias, aqui a imagem de Paulo Honório se situa também na classe dominante. Como poderia dizer Graciliano Ramos, os atores desses setores também são reduzidos a "bichos". Falta-lhes o predicado da fraternidade humana. A alienação, que estabelece um processo de reificação do ator social, que se reduz apenas ao exercício do papel configurado em sua máscara, sem um sentido de plenitude capaz de ultrapassar limites estabelecidos por esse papel social, também os atinge. E a distorção dos traços caracterizadores da *persona* opera de forma correlata, modelando caracteres físicos com caracteres psicológicos.

Dessa forma, em função da própria representação de um homem historicamente concreto, apreendido por meio da própria experiência de observador/participante por que se pautou Graciliano Ramos, acaba por ocorrer uma distorção da personagem, para que sejam reveladas predicações mais fundas do que aquelas situadas num registro mais superficial de aspectos fenomênicos da realidade a ser representada. De uma referencialidade mais fotográfica, encaminha-se para outra que pudesse se constituir num ponto de encontro com circunscrições sociais mais amplas, situadas nos horizontes de expectativas de sentido mais geral e de maior plenitude. Graciliano Ramos se encontra com tendências do campo intelectual associado à literatura empenhada da década de 1930 em um processo de convergência que encontraria depois em seu amigo Candido Portinari, com imagens afins do expressionismo. É a inclinação comunitária do campo intelectual, determinação que faltava às personagens centrais desse romance. O desfecho será trágico tanto para Paulo Honório quanto para sua esposa, Madalena. As barreiras do sistema impedem suas realizações humanas. Todos se mostram restritos aos espaços delimitados pelos muros das relações sociais e afeitos à circunscrição de suas próprias solidões.

Tais solidões interiorizadas nas personagens, como em Luís da Silva, narrador de *Angústia*, levam a romper com as narrativas mais clássicas, evidenciando a inovação na escrita de Graciliano Ramos, como se pode observar no ensaio de Adriano de Almeida "Linguagem, poder e resistência — notas sobre *Angústia* e *Voz de prisão*" (p. 61-92 deste livro), romances desse escritor e de Manuel Ferreira, de nacionalidade portuguesa e temática cabo-verdiana. O ensaísta destaca o sentido inovador da escrita de *Angústia* e as inclinações vanguardistas do escritor brasileiro, classificado habitualmente como clássico:

> As descrições assemelham-se aos céus distorcidos de Münch, ou ao cenário gótico de Robert Wiene ou às telas de Dalí. [...]
> O chão se abre, Luís da Silva rola no espaço imaginário do tempo. O espírito de Deus está a boiar nas águas. As telhas se equilibram por milagre. Agora já estamos diante de uma imaginação tão aberta quanto as obras do surrealismo — quadros de Magritte, filmes de Cocteau. (p. 79)

Manuel Ferreira, como Graciliano, tem consciência das múltiplas variantes da escrita e não escreve suas narrativas com registros, como exemplo, dos "bacharéis". Ele possui clara consciência das vinculações entre linguagem e política. A língua hegemônica, o português — língua da escrita, da oficialidade e do colonizador —, é atravessada pela língua cabo-verdiana — língua da fala, da informalidade e do colonizado —, numa contraposição ao código dominante, dotando a linguagem de uma expressividade especial e produzindo um estranhamento no leitor. É por meio dessa mescla de registros que a narrativa de Manuel Ferreira constitui instrumento de resistência cultural e política ao discurso único/unívoco do colonizador.

Os modelos realistas do século passado, ainda visíveis em *Caetés*, são, em *São Bernardo*, comutados por modelizações que receberam rótulos muitas vezes arbitrários, como "novo realismo", "novo humanismo" ou "neorrealismo". Todas essas designações, como também a que se vulgarizou no Brasil, a de "regionalismo", são insuficientes. A melhor literatura participante dos anos 1930, imbricada na ênfase social, colocou-se como de uma vanguarda que não desconsiderava a função comunicativa da linguagem para provocar reflexões em seus leitores. Em sua prática artística, a metodologia embalava-se pela dialética e procurava se associar à inovação formal, no que se volta para o futuro, e não apenas no reatamento de laços com o século XIX. Era esse o melhor horizonte dos artistas que participavam da atmosfera ideológica da frente popular antifascista. Valiam as incorporações das novas técnicas, além das artes plásticas, como as do cinema, que migravam de um campo artístico para outro em função de um mundo visto, em redes dialéticas e em processo de transformação. Como as estruturas impõem barreiras próprias dos sistemas econômicos hegemônicos, não permitem a realização humana em suas balizas, isto é, procuram estabelecer limites a outras formas de articulação.

Para além do regionalismo

A distorção na representação que se pretendia "concreta" de Paulo Honório vem por conta de sua faceta problemática quando assume o papel do escritor. Para escrever, deveria ser autêntico, e é essa autenticidade que o leva a revelar sua face distorcida. Entretanto, a distorção é mais ampla, pois Graciliano Ramos não se preocupa com particularidades singulares, não extensíveis a outros atores sociais. Paulo Honório, embora com traços individuais que o configuram como uma personagem muito bem construída do ponto de vista psicossocial, não é apenas um fazendeiro nordestino nem brasileiro. Sua práxis, da ação prática às estruturas mentais, pode ser extensiva ao capitalista brasileiro, tanto do campo quanto da cidade — um modelo que mantém, é claro, recorrências supranacionais.

Por essa razão, não tem sentido situar sua obra no quadro do regionalismo. Seu texto tem uma ambiência numa região, o Nordeste, mas o escritor anseia por uma forma de representação mais ampla. Não se submete, por isso, ao pitoresco da "cor local" nem faz da "cor humana" índice de fruição para a identificação de uma literatura tropicalizada ao gosto europeu, na economia de poderes e trocas simbólicos. Em Graciliano Ramos, as marcas psicossociais da burguesia mostram-se associadas a índices pré-capitalistas ou de um capitalismo selvagem. Não ocorre no Nordeste brasileiro o sentido burguês inovador que se exerce contra o feudalismo, como ocorreu na Europa. Não obstante essas observações e tendo em conta que o processo histórico não é linear e simétrico, sua obra mantém correspondência com aspectos autoritários do capitalismo também europeu, em que as imagens agressivas podem acentuar, na distorção, traços quase sempre encobertos e que vieram a se revelar na distorção ainda mais radical e trágica do nazifascismo.

Ao se situar no campo intelectual da arte empenhada — como já foi anteriormente indicado, associada à atmosfera ideocultural antifascista e que se prolongou no pós-guerra —, Graciliano Ramos articulava-se com escritores norte-americanos (como John Steinbeck, Erskine Caldwell, Ernest Hemingway, Michael Gold, William Faulkner etc.), latino-americanos (Alejo Carpentier, Pablo Neruda, Nicolás Guillén, Miguel Ángel Asturias etc.), europeus (Bertolt Brecht, André Malraux, Federico García Lorca, Anna Seghers, Paul Élouard, Cesare Pavese, Elio Vittorini, Alberto Moravia etc.). Não se afina, ao mesmo tempo, com o realismo socialista soviético e as decorrências de seu dogmatismo no Brasil. Essas recorrências supranacionais não significaram que Graciliano Ramos não tivesse seus pés no solo brasileiro. Ao contrário, foi a partir desse solo simbólico — do repertório cultural da língua portuguesa, no qual encontrou Eça de Queirós e também Machado de Assis — que ele buscou atualizar conexões mais amplas, em repertórios em que se respiravam inclinações supranacionais, sem deixar de desenvolver um projeto literário bem brasileiro, voltado, na forma e no conteúdo, para questões fundamentais da vida sociocultural do país.

Não apenas questões restritas ao país, mas também em relação à circulação cultural no interior da comunidade dos países de língua portuguesa, como indicamos e que pode ser observado no ensaio de Miguel Yoshida, "*São Bernardo* e *Casa na duna*: proprietários rurais no capitalismo periférico" (p. 259-280 deste livro), romances do escritor brasileiro e de Carlos de Oliveira, português. Ao comparar os dois protagonistas desses romances (Paulo Honório e Mariano Paulo, respectivamente), o ensaísta destaca que

> As vidas de Paulo Honório e de Mariano Paulo devem ser compreendidas nos marcos históricos do modo de produção capitalista; não apenas em seus aspectos econômicos, mas como uma totalidade que abarca todas as esferas do ser, impregnando sua lógica — calcada na alienação do trabalho — nas estruturas de consciência (subjetividade) dos seres sociais. Justamente por ser uma forma de se organizarem socialmente a produção e a reprodução da vida, ela condiciona também as formas de consciência dos seres que, por sua vez, incidem sobre a sua forma de existência, sobre suas ações e atitudes cotidianas.

Assim como a brutalidade de Paulo Honório é traço característico da herança escravista brasileira, olhar o passado buscando recuperar a tradição de sua família é uma especificidade de um setor da classe dominante rural portuguesa. É interessante notar que a perspectiva de cada um dos proprietários se dá em sentido contrário, ainda que ambos e suas respectivas propriedades acabem decadentes. Paulo Honório se beneficia das transformações em curso no campo brasileiro, que lhe possibilitam conquistar São Bernardo. Por outro lado, Mariano Paulo está preocupado em manter a quinta, fundada por seus antepassados, funcionando nos mesmos moldes que até então se realizara historicamente, diante de uma realidade em constante transformação.

O que há em comum entre esses dois proprietários é o fato de estarem submetidos a uma dinâmica social que perturba a ordem de suas vidas. Suas perspectivas também são semelhantes: a manutenção da propriedade. No entanto, eles estão em polos opostos, pois as transformações decorrentes da extensão do capitalismo para o campo, que possibilitam a ascensão de Paulo Honório, são justamente as que fazem a tragédia de Mariano Paulo. Dessa oposição constata-se a contradição que se estabelece entre um proprietário fundiário pré-capitalista e um capitalista.

Em relação às correspondências supranacionais, fora do âmbito da língua portuguesa, podem ser mencionados os romancistas que contribuíram para a criação do que veio a ser designado pelo New Deal, do presidente norte--americano Franklin D. Roosevelt, com suas produções de ênfase social. É de se apontar, nesse sentido, sua importância na incorporação romanesca da linguagem cinematográfica, como também questões temáticas de ênfase social. Um dos ensaios desta coletânea se insere nessa pesquisa: "Faulkner e Graciliano: pontos de vista impossíveis", de Ana Paula Pacheco (p. 93-122, deste livro), que faz a seguinte apresentação de seu ensaio:

> Em 1930, quando *As I lay dying* foi publicado pela primeira vez, os Estados Unidos estavam perto de encontrar o futuro, que chegaria com a era Roosevelt, nos anos do New Deal. Como muitos outros futuros sob o capitalismo, também este não seria tão promissor para os "de baixo". Na antevisão de William Faulkner — na verdade um senso agudo de observação do presente — todo projeto modernizador capitalista tinha de ser encarado com desconfiança, pois o que se projetava no horizonte dos pobres era, tal qual descreve uma de suas personagens, a imagem de um ovo ensanguentado, gorado: não poderia gerar frutos tampouco ser comido.
>
> O recorte do escritor trazia a vantagem de indagar os desastres do projeto modernizador a partir de olhares situados no sul vencido na Guerra de Secessão, portanto a partir de um lugar atrasado em todos os sentidos. E mais, um lugar atrasado que não permitia nenhum tipo de idealização, pois se tratava, como sabemos, do conjunto de estados até ontem escravistas. Nesse sentido, talvez seja possível pensar o modo pelo qual Faulkner viu encarnar-se ali o pior de dois mundos: o tradicionalismo retrógrado e antidireitos civis, por um lado; por outro, a reconstrução, a modernização excludente, e a crise econômica, de 1929, que redespertava no país tendências de extrema direita. O estudo das formas de opressão e dominação dentro da família Bundren, em suas relações interpessoais, é nesse sentido um estudo do país. Assim ancorados, os estilhaços narrativos não são apenas "expedientes" modernistas, mas correlatos formais em sentido forte.
>
> Naqueles anos de confiança no progresso prometido com o fim da Guerra Civil e o início do novo século, vale lembrar a guinada à esquerda feita pela produção cultural do modernismo, palpável no esforço coletivo de traduzir a crise econômica e política em termos de crise cultural (SOARES, 2013), dando substância ao próprio conceito de cultura. Entre outras coisas, tratava-se de discutir a

tradição (política, social, cultural) local, com materiais estéticos avançados e ânimo reflexivo.

Também Graciliano Ramos via-se à época de *Vidas secas* diante do "novo" — os anos seguintes à Revolução de 1930 — que ao escritor desconfiado se afigurava, não por acaso, como *tempo parado*. Vista a partir do chão dos miseráveis, a contemporaneidade parecia um tempo de má infinidade: *nem vida, nem morte — vidas secas*, que permaneciam como tais. Desde o título, ao que tudo indica, o autor marcava o interesse por descrever circunstâncias históricas seculares, reatualizadas, que alteravam nada menos do que a própria definição do que seria a vida, desmascarando, de enfiada, a falsa universalidade da marcha moderna do "progresso". No caso, vidas inalteradas pela modernização dos anos Getúlio Vargas, cujas providências legais nem sequer miravam as condições materiais dos subtrabalhadores do campo.[5] Descrever a modernização capitalista a partir de práticas coetâneas de acumulação *primitiva*, na verdade *perpétua* (HARVEY, 2004), é ainda hoje um dos feitos do romance de Graciliano.

Da frase à fábula, as tensões entre o narrador e as personagens, cujos descompassos remetem ao abismo social brasileiro, à dominação pessoal e à expropriação na base de uma perversa divisão do trabalho, fazem par com a representação da atividade dos subtrabalhadores em primeiro lugar como *trabalho da caça ao trabalho*; para nós, em tempos de neoliberalismo, gritantemente atual. À ideologia do trabalhismo, Graciliano respondeu com o dia a dia do subtrabalhador rural. Para além de sua especificação, que sem dúvida ultrapassa o caráter de denúncia de bons romances da década de 1930, tem alcance reflexivo *o confronto entre trabalhos diversos*, esteticamente suposto na diferença entre trabalho intelectual e braçal, outra qualidade não prescrita desse livro.

---

[5] Como bem sabemos, instituição do salário mínimo, limite de jornada de trabalho na indústria e no comércio, regulação da jornada das mulheres e do trabalho infantil eram na história brasileira novidades, com feição de avanço (o que de fato eram), mas como sabido tratava-se exclusivamente de legislar sobre o trabalho formal e urbano, a despeito de, àquela altura, a promoção da indústria ainda correr em paralelo à diversificação do setor agrícola. Cf. Francisco de Oliveira (2003).

Pode-se dizer que também em *Enquanto agonizo* (FAULKNER, 2001)⁶ — na feliz tradução brasileira, superior à portuguesa, *Na minha morte* — o caráter de *trânsito contínuo*, sem possibilidade de se aceder a uma superação em que morte e vida não se confundissem, vem assinalado desde o título. A desintegração — moderna — dos indivíduos de uma família pobre e tradicional do sul dos Estados Unidos, até o limite da paralisia, da loucura, da mutilação, é um modo de estudar, *por dentro*, no núcleo primário de uma formação social, as impiedosas leis contemporâneas.

O tema da migração de famílias pobres aproxima igualmente os dois "romances" em suas diferenças. *As I lay dying* faz parte, nesse sentido, de uma tendência da literatura norte-americana num momento em que, finda a Guerra Civil e vencida a Primeira Guerra, o país parecia não ter mais empecilhos sociais ou financeiros à industrialização. O romance se volta para o tema não mais circunscrevendo-o a um problema regional, mas nacional,⁷ à medida que as cidades industriais atraíam os camponeses, logo em seguida jogando-os na miséria por causa da crise de 1929. (SOARES, 2013) Após a agonia e a morte da matriarca (as quais todavia não terminam para valer), a família transporta o cadáver para uma cidade distante, Jefferson, onde Addie Bundren quis ser enterrada. O trajeto com o esquife, passando por pontes quebradas, perdendo bichos para a enchente, com indivíduos da família mutilados física e/ou psiquicamente, diz muito sobre o que significa se mover do campo para a cidade. Dewey Dell quer fazer um aborto, Cash precisa de médico, Anse quer colocar dentaduras — há esperança de que a cidade resolva problemas prementes, traga um recomeço, mas o único que o consegue é o pai, com meios tão duvidosos quanto os que parecem fazer a sorte dos habitantes de um mundo siderado por vitrines e regido pela compe-

---

⁶ Todas as citações se referem a essa edição.
⁷ No capítulo das simplificações e detrações, tanto Faulkner como Graciliano foram diversas vezes chamados por comentadores de "regionalistas", o que é um modo de reduzir o alcance de narrativas cujo escopo é não só nacional como "universal", se é das consequências muito concretas do capitalismo avançado que se fala quando se estudam estruturas sociais, políticas e econômicas rurais — "atrasadas", por exemplo, em anos de progresso da República de Lincoln ou, nem tanto, à luz dos anos Hoover, quando se pareciam mais com o resto do país, e do mundo, "quebrados" em 1929.

tição. Destaque-se, como movimento do enredo que faz as vezes de comentário ao assunto "migração", a passagem entre mobilidade e imobilidade, uma constante estrutural.

Em *Vidas secas*, a família se arrasta pela planície comida pelo sol, janta um bicho de estimação tão magro quanto eles, tem sobre si aves que transformam em alimento os olhos dos seres ainda vivos. Como todos lembramos, se fixam numa fazenda abandonada, arranjam trabalho, fazem-na reviver, até que ao anúncio de nova seca o proprietário recolhe os bens e desaparece, obrigando-os a migrar novamente. A cidade é também o derradeiro ponto de fuga da migração, que, a crer no narrador, só os tornará de outro modo mais uma vez *presos*.[8]

A imagem mais forte de ambos os livros — a indistinção entre vida e morte, ou a ultrapassagem dos limites entre uma e outra — faz pensar na apontada "segmentação" da estrutura de *Vidas secas* (Antonio Candido), assim como na famigerada e produtiva "confusão narrativa" de Faulkner, sob o signo da pluralidade de vozes. De que modo os estilos de Graciliano e de Faulkner — realizando uma *radicalização do realismo, ao escolherem pontos de vista impossíveis* (PASTA, 2013),[9] seja o da morta ou o da franzina cadela agonizando — ressignificam o uso do discurso não linear, no sentido de uma quebra da linearidade da história dos vencedores?

No capítulo das negatividades produtivas, portanto, outro traço fundamental comum a *As I lay dying* e *Vidas secas* é a desestabilização da forma romance (europeia), desde já problemática, uma vez que seu fundamento ideológico levava a narrativa a concentrar-se naqueles que, na divisão do trabalho, manipulam e consomem a riqueza, e

---

[8] O célebre fecho de *Vidas secas* trata de desencantar a migração NE/SE, indicando, sob a promessa de proletarização na cidade grande, a formação do subproletariado como um exército de reserva para o "progresso da nação": "Iriam para diante, alcançariam uma terra desconhecida. Fabiano estava contente e *acreditava nessa terra, porque não sabia como ela era nem onde era*. Repetia *docilmente* as palavras de sinha Vitória, as palavras que sinha Vitória murmurava porque tinha confiança nele. E andavam para o sul, metidos naquele sonho. Uma cidade grande, cheia de pessoas fortes. [...] *Chegariam a uma terra desconhecida e civilizada, ficariam presos nela*. E o sertão continuaria a mandar gente para lá." (RAMOS, 1999. p. 126, grifos meus). Todas as citações de *Vidas secas* se referem a essa edição.
[9] As ideias desse ensaio de José Antonio Pasta são o sopro da nossa leitura e, como verá o leitor, estão disseminadas por toda parte dela.

não nos que a produzem.[10] Evidentemente, o universo burguês, sem dúvida implicado nos dois livros, não é o horizonte de significação das preocupações diárias de homens pobres no sul dos EUA, e muito menos de retirantes brasileiros.

Para resumir nosso ponto de partida e buscarmos sua especificação, os dois "romances" trazem afinidades estruturais: *As I lay dying* fixa o tempo histórico num limiar entre vida e morte, presente tanto na vida que se reduz a uma antessala da morte — Addie na cama olha pela janela o filho construindo seu caixão, seguindo ordens suas — quanto na morte que não está livre da vida — o cadáver que narra, num dos capítulos, memórias de Addie; *Vidas secas*, como indicamos, junta ao substantivo um particípio com aspecto de perpetuidade, designando um estado sem fim à vista, vidas sem fluidos vitais, vidas em estado de agonia. Não por acaso o capítulo mais comovente é o de Baleia, narrando sua própria morte, como num *tour de force* sobre si mesma.

Trata-se, enfim, de pontos de vista — respectivamente, o da mãe, Addie Bundren, e o de Baleia — que não só acrescem à profusão, ou à cisão/insciência da onisciência seletiva múltipla, um outro modo de prismar a realidade, mas trazem *para o coração desse prisma a radicalidade de olhares impossíveis*.[11] O que significam eles no contexto das obras?

Dizendo com pegada teórica mais firme, duas serão as perguntas: 1) O que pode significar, em duas obras realistas — e decididamente experimentais —, a presença de pontos de vista impossíveis, ou realisticamente implausíveis (o que paradoxalmente acresce realismo a ambas), no caso de Faulkner, pontos de vista inverossímeis até, como pretendo indicar? 2) Tendo isso em vista, como pensar a relação entre forma e matéria nos dois "romances"? (p. 93-98)

---

[10] O destino, bem ou mal logrado do indivíduo burguês, protagonista do romance como forma de uma totalidade social (que se universalizou ideologicamente), é ainda a história dos vencedores. (SCHWARZ, 1981) Tal eixo tinha correspondência na estruturação do enredo — via de regra linear, passando por conflito e desaguando em desenlace, ou seja, em resolução, ainda que para mal das aspirações individuais mais românticas — e, mesmo que a crise do romance (europeu) virasse tal linearidade de ponta-cabeça, seu fundamento não era o mesmo da forma direcionada a narrar a história dos vencidos, ainda mais em espaço periférico.
[11] Para o problema no largo espectro da cultura brasileira, com decorrências próprias, ver o ensaio citado de José Antonio Pasta.

A dialética e a espiral

A visão de conexões entre áreas do conhecimento que motiva Graciliano Ramos pode ser representada pela espiral dialética, que imbricava seus horizontes em um humanismo histórico mais geral, com as condições específicas da vida sociocultural do país. Há um desejo do escritor — é conveniente a reafirmação — de procurar formas e articulações problematizadoras tendentes à configuração de perspectivas libertárias, tanto em relação a pequenos aspectos psicológicos das personagens quanto a questões mais gerais, pois os caracteres individuais, em Graciliano Ramos, sempre tendem aos supraindividuais. Nas microunidades, como nas macrounidades de suas narrativas, as sombras de sistemas mais amplos marcam as práxis mais individualizadas. E, no limite, o sujeito individual que dialoga com a opacidade do presente traz, ao mesmo tempo, aspirações que provêm de esferas de articulações mais amplas, contextualizações que escapam da solidão dos emparedamentos da vida individual, resultando no relevo de traços caracterizadores das carências vividas pelas personagens de seus romances.

As marcas da diferença entre os duplos das personagens de Graciliano Ramos levam implicitamente a uma visão mais ampla do processo, que se observa nas situações narrativas que figuram no início e ao fim de suas narrativas, conforme indicado. É o que ocorre também em *Angústia*, romance que, na perspectiva do escritor, desenvolve-se segundo os movimentos de um "parafuso". A cada nova volta do parafuso, penetra-se mais, de forma mais funda, nas obsessões de Luís da Silva, personagem narradora desse romance. O objeto do desejo dessa personagem é Marina, que fora sua noiva. E o frustrado Luís da Silva também escreve, como aconteceu com João Valério e Paulo Honório, a partir dos espartilhos de sua solidão. Só que, como era jornalista, esse fato veio a implicar, para ele, em nível do enunciado, a escrever sob encomenda, uma forma de mercadoria, contra tudo o que acreditava (marcas do autor implícito).

No início de *Angústia*, em que são registrados acontecimentos posteriores ao desfecho — a estrutura em espiral, conforme o modelo de articulação do "parafuso" —, a personagem ainda estava em estado febril, provocado pelo estresse de quando assassinou Julião Tavares, personagem que simbolizava tudo aquilo que Luís da Silva detestava e que, além disso, lhe roubara a noiva. Nesse estado psicológico, ainda de alta tensão, obsessivo, procura escrever para alcançar a unidade perdida após o assassinato. E procura caracterizar na escrita o seu objeto do desejo, a amada perdida, Marina. Diz Luís da Silva:

> Em duas horas escrevo uma palavra: Marina. Depois, aproveitando letras deste nome, arranjo coisas absurdas: *ar, mar, rima, arma, ira, amar.* Uns vinte nomes. Quando não consigo formar combinações novas, traço rabiscos que representam uma espada, uma lira, uma cabeça de mulher e outros disparates. Penso em indivíduos e em objetos que não têm relação com os desenhos: processos, orçamentos, o diretor, o secretário, políticos, sujeitos remediados que me desprezam porque sou um pobre-diabo. (p. 20)

Luís da Silva vê como "absurdo", algo desarranjado e incongruente, o jogo de palavras, as imagens rabiscadas no papel e seu devaneio por situações e pessoas. Tais imagens mostram-se, entretanto, bastante calibradas, de acordo com as estratégias enunciativas de *Angústia*. A desestruturação da personagem corresponde, ao mesmo tempo, à falta de nexos que nela localiza o processo enunciativo e, nesse sentido, constituem índices dos motivos que levaram a personagem a assassinar o rival Julião Tavares. Luís da Silva não se apercebe dessas relações mais amplas porque se circunscreve a uma visão mais restrita, afim de seu polo fragmentado de apreensão da realidade, numa perspectiva análoga, por exemplo, à do reificado Paulo Honório, de *São Bernardo*. A estratégia discursiva do escritor, dentro da organização em "parafuso" da narrativa, leva o leitor a perceber as limitações ópticas e os emparedamentos de Luís da Silva. Para tanto, convém que o livro deva ser relido, também à maneira do "parafuso" — isto é, a leitura deve ir e voltar do início ao fim do romance —, para que o leitor note que as associações aparentemente aleatórias são socialmente muito calibradas. Nas voltas do "parafuso", de maneira a tensionar forma e fundo na escrita, estabelece-se um processo em que o sujeito do enunciado se relaciona analogamente com estruturas sociais que levam à fragmentação, pela falta de uma visão contextual mais ampla.

A estratégia enunciativa de *Angústia* possibilita ao leitor essa visão mais abrangente do relato, para além dos muros individualizantes em que se aprisiona Luís da Silva, por meio das conexões discursivas do autor implícito. Assim, derivados do nome do objeto desejado, situam-se dois campos sêmicos básicos, em tensão, motivando o processo de reflexão: o do amor em relação a Marina ("ar", "mar", "rima", "amar") que envolve o campo sêmico oposto, o do ódio ("ira", "arma"). Ou, por extensão, o ódio interiorizado, envolvido por imagens e procedimentos líricos que, ao ser deflagrado, explode o objeto amado Marina. Como se pode inferir, há um processo articulatório que vem da práxis da personagem (de um lado, a fragmentação; de outro, as articulações que lhe dão sentido), que se atualiza em seu discurso e no processo de simbolização de suas imagens. O signo literário vem a "traduzir" o que ocorre no plano da realidade e da práxis vivenciada pela personagem. A linguagem situa-se como mediadora dos vários campos sêmicos do conhecimento. Tais conexões partem de Luís da Silva, que é, ao mesmo tempo, uma particularidade (ator social) de um contexto social, igualmente tenso, que articula o processo histórico-social, tendo por base os enredamentos das articulações (*forma mentis*) dominantes.

Em seguida, no excerto acima, Luís da Silva traça rabiscos em que aparecem a "lira" amorosa e a "espada" do ódio, imagens que se associam, na sequência, à da "cabeça da mulher". Essas imagens não são "disparates", como ele pretende. Mais: essa personagem julga pensar em "indivíduos e objetos que não têm relação com os desenhos". Novo engano. Nesses personagens e objetos representados são exteriorizadas motivações profundas da práxis de Luís da Silva. Ele elenca atores sociais estereotipados e práticas rotineiras que têm reconhecimento público: os "processos" (como aquele em que ele poderia ser envolvido pelo assassinato de Julião Tavares), os "orçamentos" (ele vivia enredado por eles, porque seu trabalho não era reconhecido e ganhava pouco), o "diretor" (a execrável figura vinculada à ordem estabelecida) e os "sujeitos remediados" (a classe média que o desprezava pelo fato de ganhar pouco). Estes últimos representavam a opinião pública, cara à predicação de personagens pequeno-burguesas frustradas, como Luís da Silva. São personagens que olham mais de lado, numa atitude comparativa, afeita à prefiguração do sistema. Não têm a dimensão de futuro, que embala o processo enunciativo, embora este seja tolhido no contexto situacional da efabulação, guardando seus efeitos críticos para o leitor.

As aspirações maiores, capazes de romper as circunscrições (muros) socioculturais dominantes que impossibilitam a concretização da vontade da personagem, permanecem restritas aos limites de seus parâmetros alienantes. O sentido realista da representação literária não lhes permite dar um salto para fora desses muros, embora as hegemonias que os constroem sejam porosas. A solidão de seu emparedamento psicológico individual será comutada pela cela concreta da prisão; as formas convencionais enredam a personagem, administrando diferenças de maneira a reproduzir o sistema, o que a enunciação contradita faz, numa focalização problemática, dentro da personagem, realçando seus impasses, para levá-la à própria implosão.

Essa situação típica das personagens pequeno-burguesas aparece também no repertório literário de outros escritores brasileiros, como Cyro dos Anjos, e que pode ser verificado no ensaio "A escrita da (des)ilusão em *Angústia* e *O amanuense Belmiro*", de Michele de Araújo. (p. 241-258 deste livro) As duas personagens centrais desses romances, Luís da Silva e Belmiro Borba, são homens sem lugar, que buscam na escrita algum espaço na sociedade e alívio para suas dores, porém se veem emparedados devido às próprias limitações. Assim, a estratégia discursiva dos romances é levar o leitor à ultrapassagem desses emparedamentos e a refletir sobre as possíveis saídas para ele. Afirma a ensaísta:

> Como podemos perceber, os dois escritores não eram adeptos da escrita de fácil resolução, que foi uma prática muito comum na época, sobretudo por escritores que procuravam ser didáticos para que fossem mais lidos e assimilados, escrevendo romances em que a resposta estava dada e cabia ao leitor apenas absorvê-la, como em Jorge Amado, entre outros. Graciliano Ramos e Cyro dos Anjos escrevem para um leitor-construtor que faça os questionamentos e tente encontrar possíveis respostas, tendo em vista as limitações dos narradores.
>
> Para a patente imobilidade de Luís e Belmiro, a escrita era, sem dúvida, uma das únicas formas de tentar lidar com o mundo: tentar entendê-lo, buscando entender a si mesmo e encontrar, enfim, seu lugar nele. Como procuramos demonstrar neste artigo, a escrita foi a reação possível de nossos narradores-protagonistas dentro de suas condições tanto materiais quanto intelectuais.
>
> É importante salientar que tanto Belmiro quanto Luís da Silva se constituem como narradores-protagonistas que se configuram enquanto objeto de crítica dos próprios romancistas. Luís é tão ensimesmado, tão individualista, que vê no crime a saída para seus problemas, e ironicamente se torna mais ensimesmado e mais problemático do

que antes. Já Belmiro, além de não agir, vive entre a adolescência e a vida adulta — já que evoca um mito de seu passado, condição que ele próprio ironiza.

As duas obras trazem, portanto, o homem brasileiro comum, letrado, funcionário público, com algum conhecimento de mundo, mas sem muitas oportunidades de mudança e que, por vivenciá-lo, conhece bem o processo histórico do país, as mudanças ocorridas e, principalmente, aquilo que estava estagnado. Luís da Silva e Belmiro acompanharam desde a decadência de seus avós e pais até as revoluções que estavam acontecendo no Brasil, dados suficientes para perceberem que a sociedade, embora aparentemente em progresso, estava tão estagnada quanto eles. (p. 257)

Conexões psicossociais

São todas as suas frustrações cumuladas, provenientes da vida social, que motivarão a personagem Luís da Silva ao crime, e não apenas a perda da noiva. Não poderia ser diferente em Graciliano Ramos. O escritor seria incapaz de narrar um assassinato que se explicasse exclusivamente em termos passionais. Para ele, isso não é suficiente, o que o faz buscar motivações psicossociais, que não se fixam apenas no passado mais imediato. As conexões estruturais para uma visão mais sistemática implicam, nesse romance, uma busca genética das causas, uma configuração das origens supraindividuais das frustrações de Luís da Silva. As imagens aparecem no fluxo de consciência da personagem ao fim do romance — imagens que se amontoam cumulativamente desde a infância, fragmentos de temporalidades que se entrecruzam no giro obsessivo do "parafuso".

Tais movimentos não são cíclicos: num sentido do giro do parafuso podemos ser direcionados para a interioridade da personagem ou para sua formação; num movimento inverso, a estrutura espiralada que oscilara para dentro, rumo ao infinitesimal, pode conduzir ao infinito. Evidentemente, não se abre para o infinito: o parafuso vai e volta na direção presente/passado/ presente. Como foi afirmado em relação aos romances anteriores, Graciliano Ramos coloca suas personagens em tensão com um contexto situacional configurado hegemonicamente por linhas articulatórias voltadas para a manutenção desse campo. As ações dos sujeitos do enunciado se explicam pela ação dominantemente centrípeta desse campo situacional. O futuro já é um espaço de aspiração — efeito, como afirmado, que a enunciação procura no leitor. Não que esse leitor vá ter uma visão do paraíso terrestre — um mundo idílico oposto às mazelas vividas pelas personagens de Graciliano Ramos. O efeito desejado é outro, de ordem crítica: uma visão processual e mais abrangente das origens das carências, de seus emparedamentos, que pode abrir ao leitor a possibilidade de romper com esses limites da convenção estabelecida, exercitando e desenhando, pela criticidade, redes articulatórias tendentes a outros horizontes.

As imagens positivas que impregnam os objetos apresentados (fatos e situações) vêm pela dialética da leitura: imagens de carência implicam a relação dialética com imagens opostas, próprias das figurações que poderiam ser situadas no reino da liberdade. A imagem negativa implica seu par dialético positivo. Entre os dois tipos de imagem, há uma diferença, pela qual o sujeito, em suas dimensões supraindividuais, pode imbuir-se da ideia de que as coisas precisam ser modificadas. Ou, poder-se-ia ainda afirmar, essa diferença — tanto para Graciliano Ramos quanto para muitos escritores participantes de seu tempo — implicava um espaço para projetos matizados pela dimensão da esperança. Não a configuração temporal do círculo, que espartilhava a vida sociocultural de maneira a canalizar a potencialidade subjetiva do sujeito. Administra-o em sua função, nas redes de articulações do sistema estabelecido. Para a enunciação, que se motiva por um processo temporal espiralado, o círculo estabelecido constituía uma estrutura fechada, sem futuro, com uma forma de poder cuja legitimidade ela questiona. Este constitui o diagnóstico que procura caracterizar pelos processos literários. Na vida sociocultural, essas estruturas expressam-se em formas convencionais, que se dividem em múltiplos campos interconectados. Há dominâncias nessas conexões, inclusive o uso político da fragmentação, tendo em vista a manutenção de articulações hegemônicas. Ao mesmo tempo, constituem igualmente espaços de disputas. E é contra essas dominâncias que se abrem as possibilidades de que essas redes possam ser recompostas. Para tanto, para escritores como Graciliano Ramos são necessárias práxis orientadas a horizontes mais abrangentes, que não se submetam ao fragmentário. O importante é que eles têm a consciência, em nível do fazer literário, de que o processo — suas linhas articulatórias

— faz parte de uma realidade tensa e problemática, como na imagem de Marina e no conjunto da efabulação de *Angústia*.

Graciliano não se limita à lógica formal e positivista dominante, como analisa Maria Zilda da Cunha em seu ensaio "Infância e linguagem — percepções do velho Graça" (p. 223-240 deste livro). *Infância*, de acordo com a ensaísta, faz-se na dinâmica de um jogo de rememoração no qual uma voz se duplica entre um narrador adulto e uma personagem-menino. Jogo regulado pela presença de uma voz que duvida e que funciona como elemento importante na junção do caráter autobiográfico e ficcional. No limite do fragmentário da narrativa, linhas articulatórias engendram a relação com uma realidade densa e problemática. Por meio de um raciocínio analógico, próprio de uma criança que labora com informações verbais e signos imagéticos de um contexto complexo e semioticamente tecido de relações afetivas e sociais, o narrador enuncia o modo de funcionamento de um dispositivo da sociedade. Na forma de um relato de aparente simplicidade, adensa-se a narração insinuando o mecanismo perverso. A personagem-infante (o que não pode falar) deixa entrever, pelas analogias, na fissura entre o sistema semiótico e o discurso (palavra do adulto), a assinatura da sua resistência à máquina social. Por meio de um processo de montagem conceitual, metonímias aparentemente independentes constroem um forte argumento metafórico.

Infância, construída pela perspectiva de uma criança, de acordo com Maria Zilda da Cunha, subverte a lógica racional e positivista da sociedade em que se insere. A crueza das descrições não elimina o ludismo expresso em expressões inusitadas — nas comparações, por sua vez, injeta inventividade e ironia, agudizando a crítica e reflexões. Com tais procedimentos,

> Em *Infância*, instaura-se, no decorrer de toda a narrativa, uma incessante dinâmica entre a amargura do adulto e o ludismo e humor subjacentes à visão e expressão infantis. É nessa dinâmica que opressores, oprimidos, fortes e fracos, as crenças, as injustiças, sentimentos de humilhação e de machucamento, os despropósitos da sociedade e desajustamentos na vida, as relações sociais e seus desmandos, desnorteamentos, tristezas, perplexidades figuram nas mais interessantes formas de representação. Afastam-se, com esse procedimento estético, quaisquer possibilidades de se pensar em vitimização simplista por

parte da personagem ou apenas confissões de sentimentos e impressões íntimas em primeira pessoa. Nas interfaces da amargura e do lúdico, no jogo das perplexidades e das dúvidas, na travessia das diversas aprendizagens, engendram-se os aspectos mais críticos e artísticos do discurso graciliânico. (p. 238)

O encanto das palavras

Vidas secas, o quarto romance de Graciliano Ramos, segue também o movimento da espiral em seu processo de efabulação. O movimento de Fabiano e sua família possui sentido supraindividual por impregnar-se de caracteres coletivos de uma família nordestina que procura resistir à seca, em seus aspectos físicos e simbólicos. De início, como nos três romances anteriores do escritor, a família aparece em movimento pela caatinga. Trata-se de uma luta pela subsistência. Da situação doméstica, a ação vai contextualizar todo um sistema de relações estranho a Fabiano. Ele se mostra um estrangeiro em sua própria terra, por não entender a natureza social dos enredamentos sociais. Enreda-se também na atmosfera simbolicamente inóspita da caatinga. No capítulo final, o movimento centrípeto se inverte, gira na direção oposta, centrífuga. Fabiano não vê, então, outra perspectiva senão emigrar para o Sul. Significativamente, o título do último capítulo é "Fuga". Era para lá que se dirigia o sonho da personagem, encantada pelo poder de fala de sua mulher, sinha Vitória:

> As palavras de sinha Vitória encantavam-no. Iriam para adiante, alcançariam uma terra desconhecida. Fabiano estava contente e acreditava nessa terra, porque não sabia como ela era. Repetia docilmente as palavras de sinha Vitória, as palavras que sinha Vitória murmurava porque tinha confiança nele. E andavam para o Sul, metidos naquele sonho. Uma cidade grande, cheia de pessoas fortes. Os meninos em escolas, aprendendo coisas difíceis e necessárias. Eles dois velhinhos, acabando-se como uns cachorros, inúteis, acabando-se como Baleia. Que iriam fazer? Retardaram-se, temerosos. Chegariam a uma terra desconhecida e civilizada, ficariam presos nela. E o sertão continuaria a mandar gente para lá. O sertão mandaria para a cidade homens fortes, brutos, como Fabiano, sinha Vitória e os dois meninos. (p. 206)

Em *Vidas secas*, diferentemente dos romances anteriores, não aparecem personagens narradoras em primeira pessoa, com seus duplos. Nesse parágrafo final da narrativa, a representação das consciências de sinha Vitória e Fabiano entra em interação com a voz do narrador, agora em terceira pessoa. Essa outra voz, com uma visão mais abrangente, aponta para a continuidade de sentidos limitadores das articulações sociais num novo enredo quando o grupo familiar seguia para o Sul, movido pelo "sonho". Um "sonho" circunscrito às possibilidades de um sistema que comuta formas de aprisionamento do campo pelas da cidade "civilizada". Lá, explicita, "uma terra desconhecida e civilizada, ficariam presos". A perspectiva mais abrangente da enunciação distancia-se das expectativas desse "sonho" para situá-lo num contexto situacional mais amplo. A particularidade interage com o todo e situa essa aspiração do sujeito ainda dentro dos muros do sistema.

O movimento das personagens não deixa de se enquadrar nas formas de administração dos atores sociais subalternos, por parte de quem mantém a hegemonia socioeconômica. As expectativas das personagens renovam-se para que elas possam repetir, com mais ardor e em novos contextos situacionais, práxis análogas por suas articulações estruturais. Haveria na cidade grande a possibilidade da escola para os dois meninos, mas o casal, quando idoso, ficaria reduzido à condição de Baleia. A analogia vem mais da consciência da enunciação do que das personagens. Essa correspondência estrutural campo/cidade mostra homologias evidenciadas pela perspectiva estrutural e pela visão de futuro da enunciação, e não da consciência real das personagens. Caracterizam-se redes de articulação mais amplas, associadas ao processo histórico-social — as articulações estruturais que se atualizam em cada particularidade e o movimento inverso que as motiva, na expectativa do "sonho", como possibilidades concretas.

Nesse fragmento final do romance, em que aparece um jogo dialético presente/futuro, com as expectativas já limitadas pelas possibilidades do sistema socioeconômico, convém relevar ainda o poder simbólico das palavras que marca a escrita de *Vidas secas*. No capítulo "Festa", os meninos, filhos de Fabiano e sinha Vitória, deparam-se com dificuldades na apreensão dos objetos das lojas, pois não dominavam seus "nomes". Uma das grandes tensões do romance situa-se no domínio das palavras, que chegam mesmo a ter poder encantatório. Fabiano localiza seu paraíso perdido no Sul maravilha graças ao poder da fala de sinha Vitória. Como lugar de uma utopia abstrata, ele lá projetava seus sonhos — um modelo ideal, que o deixava "contente". Essa personagem, ao mesmo tempo, "acreditava nessa terra, porque não sabia como ela era nem onde era". Logo, um lugar fora do espaço, como a ilha da Utopia, de Thomas Morus. Não obstante, seria nessa terra sonhada que os meninos iriam para a escola — uma possibilidade objetiva, embora o casal lá viesse a reproduzir a condição existencial descartável de Baleia. Por outro lado, sinha Vitória só falava palavras de confiança porque acreditava (potencialidade subjetiva) em Fabiano.

Como se percebe, o sonho tinha motivação interna ao grupo e configurava-se em palavras. As personagens resistiam às dificuldades por meio do imaginário utópico. Na cidade imaginada, as pessoas seriam "fortes", com "escolas" para os filhos. Entre o sonho e a realidade, há uma diferença, inclusive porque a força de Fabiano e sinha Vitória logo acabaria. Sobrevém o receio, essas personagens hesitam, mas continuam seu caminho. Estão imbuídas de um princípio: o princípio esperança. Mais importante que o sonho de um modelo ideal abstrato é o ato (ou, melhor, o projeto consciente) de acreditar que as coisas podem ser diferentes. A utopia concretiza-se em projeto, um espaço supraindividual do desejo, como acontece sinergicamente com Fabiano, que acreditava nas palavras de sinha Vitória, que, por sua vez, acreditava na determinação do marido. Entretanto, sobrevém o contraponto crítico da visão de Baleia: eles deveriam ser descartados, como na imagem metonímica da cachorra. Para Fabiano, no espaço de sua utopia encontraria o alimento material e cultural; para o narrador, seria a cidade que se alimentaria dos Fabianos.

A imagem utópica de Fabiano figura *in absentia*. Acreditava na nova terra, "porque não sabia como ela era nem onde era". Uma fulguração utópica, que estava em sua cabeça e lhe permitia continuar a procurar vencer suas adversidades. Aliás, em *Vidas secas*, todos sonham: o menino mais velho, com as palavras; o mais novo, com os gestos do pai; sinha Vitória, com sua cama; e mesmo a cachorra Baleia, com seus preás. São esses horizontes que as motivam, que tornam possível um processo. Logo, perspectivas avessas àquelas veiculadas pelas mídias atuais, que situam a vida social num mundo onde a história encontrou seu ponto de chegada em termos socioeconômicos. Elimina-se a visão de futuro, e a humanidade teria encontrado o melhor de seus mundos. As utopias são de classe e, em suas configurações, articuladas com o modo de pensar a realidade de grupos hegemônicos. Elas acabam por paralisar o tempo, como acontece em livros recentes que propugnam o fim da história. De acordo com os discursos desses últimos, o homem teria atingido a melhor organização socioeconômica, pautada pela competitividade, em que o hiperindividualismo procura rimar como democracia, o que é, na verdade, uma impossibilidade.

Há, em toda a extensão de *Vidas secas*, marcas de um sistema opressivo, que aprisiona as personagens centrais. A família de Fabiano não tem acesso ao capital simbólico: desde o manejo dos números, nas contas do patrão explorador, às inadequações do vestuário. Roupas e sapatos são formas externas a espartilhar, oprimir o grupo familiar. A farda amarela do soldado é metonímia desse sistema opressivo que se impõe à livre expressão de Fabiano, de maneira correlata à que acontece com as botinas e o colarinho apertados, quando ele vai à cidade. Do vestuário às práxis sociais autoritárias ou de exclusão social, são formas convencionais que procuram aprisionar as personagens.

Foram observados até aqui alguns aspectos da efabulação dos romances de Graciliano Ramos que apontam para uma visão social abrangente, entendida como um processo de interações que múltiplas instâncias das práxis individuais e coletivas mantêm com as redes de articulação da estrutura social. Essa visão mais abrangente do escritor, como uma espécie de sombra do sistema socioeconômico em que se insere, está sempre presente nos objetos e personagens que ele constrói. Conformam-se horizontes mais libertários, mas estes acabam por ser inviabilizados pelas limitações do sistema, que impõe sua lógica de mercado também em relação aos bens simbólicos. Essa perspectiva mais amadurecida do narrador, que vem da capacidade de estabelecer mediações entre vários campos do conhecimento, evidencia tensões inerentes a um processo no qual ele mesmo se insere. Se, por um lado, Fabiano e sinha Vitória seriam descartáveis na velhice, como a cachorra Baleia; por outro, os filhos teriam escola, uma forma de acesso e de adquirir competências nas mediações entre os bens simbólicos. Os meninos teriam escola em função dos interesses do capital, agora numa situação diferente daquela do campo de sua época. Mas essa instrumentalização da mão de obra poderá criar-lhes novas expectativas ideoculturais capazes de propiciar--lhes visões críticas em relação aos seus próprios enredamentos sociais. Isto é, consciência dos muros e emparedamentos, limitações que trazem obstáculos a uma vida de sentido mais libertário, limitações individuais vistas em suas dimensões supraindividuais e também a configuração da negação nas próprias bases do processo de afirmação do sistema. A enunciação não afirma de forma explícita essa hipótese, latente ao processo socioeconômico — configurações mais abrangentes, em rede, também elas, estão sempre em trânsito, em interações contraditórias —, limitando-se a registrar que os meninos teriam escola, e o casal, um destino similar ao da cachorra.

Esse encanto pelas palavras das crianças de *Vidas secas* tem sentido mais abrangente, impulsionando a práxis artística de Graciliano Ramos. É essa mesma inclinação que o leva a tornar uma narrativa feita para crianças uma espécie de fábula para ser lida por todas as idades. É o que se observa no ensaio "Graciliano na terra dos meninos pelados", de Ricardo Ramos Filho (p. 281-303 deste livro):

> Nossa intenção neste ensaio é situar a escrita de Graciliano Ramos em um contexto em que se problematizem os sentidos da escrita de *A terra dos meninos pelados*, um de seus trabalhos destinados às crianças. Ao considerarmos as relações dinâmicas que se estabelecem entre autor, texto e leitor, sabemos que o escritor, ao elaborar suas narrativas, o faz submetido a uma intenção criativa e a um propósito estético, ideológico e social, cônscio da necessidade de buscar efeitos de sentido, transmitir o seu pensamento e incitar reflexões. Nessa perspectiva, uma questão que nos parece fundamental: podemos considerar essa obra escrita para crianças tão significativa quanto os seus registros elaborados para adultos? [...]
>
> *A terra dos meninos pelados* é, portanto, um texto que, apesar de ser escrito para crianças, com todos os elementos capazes de atrair o gosto infantil, guarda as características principais do escritor Graciliano em sua obra. Nele, o autor alagoano aparece pleno. Mantém o rigor estilístico, o engajamento, seu compromisso com o ato de escrever. (p. 281-301)

Linguagem, um fator ideocultural

Em Graciliano Ramos, as mediações, que conduzem formas de interações que levam a uma visão mais abrangente da vida social, podem ser entrevistas no conjunto de sua obra. Fundamental nessas mediações é a linguagem.

Parafraseando Maiakovski, pode-se afirmar que ele se insere entre os escritores participantes que entenderam, a partir dos anos de 1930, que só pode haver arte revolucionária com forma revolucionária. Não bastava ser revolucionário apenas em termos de conteúdo, apresentando, à maneira dos repertórios tradicionais, às vezes neorromânticas, novas faces de personagens e situações narrativas. É de se repetir: forma e fundo se disputam no âmbito da linguagem. Essa inclinação implica que a linguagem artística deveria trazer novas formas do imaginário, conforme foi anteriormente exemplificado, em *São Bernardo*, por meio da recorrência às imagens expressionistas, ou dos monólogos e diálogos interiores, em "parafuso", de Luís da Silva (*Angústia*).

Implicava também, para Graciliano, buscar formas de representação não em abstrato, mas aquelas provenientes de sua própria observação da realidade, em que a observação e o conhecimento científico deveriam ligar-se ao artístico — articulações que não desconsideram o fato de a literatura ser um modo próprio de conhecimento da realidade. No horizonte de expectativas do escritor estava a construção de um objeto textual, com o rigor que o singularizou, capaz de apontar para a visão não circunscrita ao fenômeno representado. Caberia à arte buscar essas articulações, com base no conhecimento tanto da matéria referencial, proveniente dos múltiplos campos sêmicos da cultura, quanto também da plasticidade da matéria linguística e seus sistemas simbólicos. Era imprescindível conhecer esses óculos das esferas do conhecimento para observar/problematizar a representação e dominar o código linguístico e os processos de simbolização literária. Como um Pablo Picasso, outro ator de seu campo intelectual supranacional da época, comutando a matéria pictorial pela da linguagem, Graciliano concordaria com ele quando afirmava que o pintor deveria aprender inicialmente a desenhar para, depois, distorcer seus traços, a fim de revelar uma significação mais profunda.

Conhecer a palavra artística, nesse sentido, implicava o conhecimento de seu modo de funcionamento. Para Graciliano, o escritor só poderia efetivar coerentemente sua práxis artística por meio de sua experiência (observação/reflexão) sociocultural. A partir desse conhecimento básico é que seria possível a distorção das imagens, tendo em vista o efeito artístico, como em Pablo Picasso. Observe-se novamente, na situação narrativa final de *Vidas secas*, a importância que Fabiano atribuía à fala de sinha Vitória.

As palavras impulsionavam-no para sua utopia citadina. Mediadoras de múltiplos campos do conhecimento, elas tinham o poder de motivar suas ações. Noutras passagens de outros romances do escritor, as palavras podem configurar diferentes disposições, tendo em vista distintos efeitos literários. Por exemplo, na focalização do já referido processo de fragmentação de Luís da Silva, a personagem narradora de *Angústia* diz, ainda focalizando Marina:

> Antes de eu conhecer a mocinha dos cabelos de fogo, ela me aparecia dividida numa grande quantidade de pedaços de mulher, e às vezes os pedaços não se combinavam bem, davam-me a impressão de que a vizinha estava desconjuntada. Agora mesmo temo deixar aqui uma sucessão de peças e de qualidades: nádegas, coxas, olhos, braços, inquietação, vivacidade, amor ao luxo, quentura, admiração a D. Mercedes. Foi difícil reunir essas coisas e muitas outras, formar com elas a máquina que ia encontrar-me à noite, ao pé da mangueira. Preguiçosa, ingrata, leviana. Os defeitos, porém, só me pareceram censuráveis no começo das nossas relações. Logo que se juntaram para formar com o resto uma criatura completa, achei-os naturais, e não poderia imaginar Marina sem eles, como não a poderia imaginar sem corpo. (p. 78-79)

O processo de conhecimento do objeto (Marina), por meio de atributos físicos e psicológicos, não leva Luís da Silva a uma caracterização de identidade da amada. Sua visão fragmentada e suas obsessões distorcem a imagem de Marina de tal forma que, ao somar as partes, "os pedaços não se combinavam bem; davam-me a impressão de que a vizinha estava desconjuntada". A distorção levou Luís da Silva a vê-la com as tinturas que destacavam sua função de "máquina" — um mecanismo circunscrito a sua função sexual. Quando contextualiza, implicitamente, esse objeto, é visto de forma reduzida e em função de seu valor de uso. A imagem de Marina sobreleva atributos de um sistema de predicação construído por um narrador-personagem que não se circunscreve ao patológico. Muito de Luís da Silva existe na prática machista que materializa aspectos estereotipados da mulher, não lhe dando voz nem identidade próprias, a não ser a visão restrita, não associada a seu contexto situacional, dos atributos físicos e psicológicos que reduzem a personagem a projeções diretas de suas obsessões.

Simetrias ideoculturais

Luís da Silva está alienado de si mesmo e transfere sua visão reduzida para o objeto, uma mercadoria a ser consumida. À revelia dessa personagem — em Graciliano Ramos o campo situacional quase sempre determina o desenvolvimento de fatos à revelia das personagens —, o objeto Marina acabou por impregná-lo de atributos afetivos. É só observar a passagem transcrita anteriormente quando, ao escrever o nome de Marina, no início do romance, fragmenta-o em *"ar, mar, rima"/"amar"*. (p. 20) Entretanto, Luís da Silva desconsidera esse fato, procurando vê-la apenas como "valor de uso" — perspectiva que, na verdade, o aproxima de outros homens, atores sociais, com papéis similares, como ele. Mais tarde, como produto sujeito às regras do mercado, Marina lhe será alienada por um poder de "compra" mais forte, aquele que tem como ator o estereotipado Julião Tavares.

Marina e Julião Tavares estão submetidos aos hábitos e estereótipos culturais que estabelecem uma ponte comunicativa entre eles: gestos, vestuário, literatura, oratória. Luís da Silva tentou encantá-la imitando o rito convencional, mas não tinha o poder dominante (capital econômico e simbólico) que os enformava (dinheiro). Julião Tavares, ao contrário, é para ele um símbolo desse poder, daí o motivo de apropriar-se de sua "mercadoria". É um esquema simétrico ao que ocorre em todos os campos de atividade, em que o trabalho (físico, intelectual) é transformado em mercadoria. Tal procura de correspondências por parte da enunciação, é de se repetir, vem da busca por uma estrutura mais abrangente que o escritor situa como não abstrata, mas concreta, e que deve ser denunciada, de acordo com seu diagnóstico social. Esse sistema de modelização estende o processo de alienação, em termos de modelos de pensamento/trabalho, para o campo social balizado pelas relações capitalistas.

A mercadoria transforma-se, pela alienação, em uma forma de opressão, tolhendo a liberdade de seus próprios produtores. Os mecanismos da alienação subjetiva apresentam configuração estrutural homóloga aos do campo da produção econômica. No jornalismo, por exemplo, os artigos de Luís da Silva são alienados de seu produtor. Formam-se, em múltiplos campos de atividade humana, articulações hegemônicas que envolvem os objetos, de maneira a estabelecer redes opressivas que reproduzem, em campos diversos, desenhos articulatórios que compelem à reprodução do modelo ideocultural dominante. São articulações que aprisionam os atores em seus respectivos papéis sociais. Impotentes, eles acabam por não se inserir em articulações mais amplas, capazes de superar o "pequeno mundo" em que se veem projetados seus sonhos abstratos de libertação. Não bastam os encantamentos de Marina, de uma escrita mais autêntica, jornalística ou literária, ou mesmo os encantos das palavras como em Fabiano. A solidão que marca personagens ou narradores-personagens de Graciliano Ramos vem dessas limitações sociais e não são condições abstratas da própria existência humana, como aparece em escritores que não são imbuídos da perspectiva social que embala o escritor das vidas secas, própria de um "mundo coberto de penas" — título inicial da quarta narrativa de Graciliano Ramos, substituído depois por "vidas secas", como afirmamos.

O contexto e a ruptura

Qual a solução? Para Luís da Silva foi o assassinato de Julião Tavares, símbolo de uma opressão maior que o envolvia. A solução individual, para Graciliano Ramos, não resolve o problema. Luís da Silva não se desvincula dos valores do conjunto social, mesmo nos momentos de grande emoção. Algo semelhante também aconteceu com Fabiano em relação ao soldado amarelo, em *Vidas secas*: acaba dominado pelo poder da farda da autoridade constituída. O ato voluntarista ou de paixão — sem o controle da razão — pode levar ao delírio anárquico, como ocorre em *Angústia*, uma forma de ação insuficiente e que acaba rejeitada pela ânsia de rigor e pela ordem de Graciliano Ramos. Faltaria à perspectiva de ruptura da personagem um sentido mais processual, supraindividual, tendente a uma nova ordem que substituísse a velha. Não era o que ocorria nem no campo nem na cidade nordestina. Ir além dos níveis de consciência dessas personagens seria falsear o relato. Como horizontes libertários estavam distantes e poderiam figurar no romance apenas como sombra de um sistema mais amplo, a dialética da escrita faz associações implícitas de forma a provocar um efeito crítico, tendo em vista a conscientização do leitor. Permanecem rígidos, entretanto, em nível de suas personagens, os muros inerentes ao sistema e às esferas das articulações histórico-sociais dominantes.

E em nível da escrita? A linguagem, como fato cultural, articula-se em rede condicionadora não apenas da seleção vocabular, mas sobretudo da combinação sintática. Ela está associada de forma genética e estrutural com a situação social que a produziu, reproduzindo modelos ideoculturais. A ruptura passional de Luís da Silva vai ser marcada, então, por uma acumulação de palavras, sem a hierarquização da sintaxe tradicional. Essa hierarquização, se procedida numa interação dialética entre os campos situacionais, poderia levar à consciência crítica da estrutura sociocultural. A solução artística de Graciliano Ramos não idealiza rupturas no sistema dominante; apenas infrações ao saber estabelecido. Suas personagens estão emparedadas: à relativa desagregação psicossocial corresponde uma correlata desagregação da lógica discursiva. Registra Luís da Silva as seguintes imagens em seu delírio:

> O cego dos bilhetes de loteria apregoava o número, batendo com o cajado no chão do café; a mulher da Rua da Lama cruzava os dedos magros nos joelhos; Lobisomem parecia um velho decrépito. Essas figuras vinham com nitidez, confundiam-se: Antônia arrastava os chinelos, mostrava as pernas cobertas de marcas de feridas e cantava uma cantiga vagabunda. Mas a cantiga transformava: "Assentei praça. Na polícia eu vivo..." E a Antônia era o cabo José da Luz. Em pé, defronte da prensa de farinha, oferecia-me uma xícara de café. Antônia, cabo José da Luz, Rosenda — uma pessoa só. (p. 231)

A situação de Luís da Silva é de anomia: sua visão da sociedade perdeu seus parâmetros reguladores, mas suas formas acabam por estar presentes, como articulação contextual que dá sentido ao registro do delírio da personagem. Não ocorre uma ruptura total devido ao controle da enunciação, que articula o sentido da projeção de imagens, sublinhando a ilogicidade das interações registradas, que encontram sua razão de ser nas conturbações psicológicas da personagem. Mais uma vez, a explicação vem do processo enunciativo que contextualiza não apenas imagens do delírio de Luís da Silva, mas significações mais abrangentes, cujas marcas estão implícitas na autorrepresentação dessa *persona*, cuja consciência não tem essa visão de outras esferas do conhecimento. O autor implícito, como sombra da personagem, coloca-se como um sujeito enunciativo que dá sentido mais amplo e articulado à práxis do sujeito do enunciado.

Luís da Silva continua a aceitar os valores ideoculturais do conjunto social: a sua visão reduzida permite-lhe apenas a observação de dados particulares. Falta-lhe — pelas marcas, ao que se infere, do autor implícito — uma visão mais configurada em rede, que lhe propicie a determinação para optar, por exemplo, pela escrita de um romance, isto é, para construir uma nova sintaxe sobre os escombros da velha. Essa nos parece ser, à altura de seu terceiro romance, uma possibilidade entrevista do próprio Graciliano Ramos, após a experiência, anteriormente referida, de seus narradores nos romances anteriores (*Caetés* e *São Bernardo*). Entretanto, a sobrevivência das formas, que levam as personagens a práxis repetitivas, tem sentido mais geral, como pode ser observado na explicitação feita pelo escritor, em suas *Memórias do cárcere*, sobre os limites da liberdade: "Liberdade completa ninguém desfruta: começamos oprimidos pela sintaxe e acabamos às voltas com a Delegacia de Ordem Política e Social, mas, nos estreitos limites a que nos coagem a gramática e a lei, ainda podemos nos mexer." (p. 4)

A paixão desordenada e a força do rito

Luís da Silva está enredado no sistema, e sua ruptura com ele vem pontualmente por meio da paixão, originando-se, em consequência, o delírio. As reações dessa personagem justificam-se porque seus hábitos são típicos de quem está inserido no sistema de trocas (simbólicas e referenciais) da estrutura capitalista. Nas articulações dominantes desse sistema, a realização individual faz-se pela concorrência, em que o homem aparece como "lobo do homem" (tópico da literatura neorrealista da época). Luís da Silva não encontra aí uma forma de realização individual. Capacidade não lhe faltava, mas faltava-lhe, contraditoriamente, a determinação para usar, em proveito próprio, esquemas de pensamento/comportamento do sistema que execrava e uma visão mais abrangente, cujas articulações lhe permitissem romper com esses enredamentos, o que seria uma impossibilidade, pelo fato de não deixar de ser um ator dessa sociedade.

Na verdade, essa falta de determinação leva-o a enredar-se num mundo de formas vazias, e ele não consegue ir além do "pequeno mundo" estático que lhe foi inculcado. Esse mundo não lhe era exterior, mas tensionava-o interiormente, como um espaço psicológico que marcava seu campo de gravitação. Falta-lhe ainda a perspectiva — registrada no conjunto do romance — de que os fatos sociais estão em processo e não se reduzem à circularidade. Ao contrário, o sujeito do enunciado não se apercebe de que a figura que se afirma pela estrutura do "parafuso" (perspectiva de Graciliano, o sujeito da enunciação), conforme já foi apontada, é a da espiral.

A situação psicossocial de Luís da Silva é similar à de outras personagens dos romances de Graciliano Ramos que vivenciam estados de anomia. Em *Caetés*, João Valério apenas se perturba pontualmente pela paixão amorosa. Ele poderia ter outra paixão: escrever um livro, mas pondera que isso não ficaria bem para um comerciante. De mediador artístico comprometido com a verdade (condição da verdadeira literatura, de acordo com a perspectiva da enunciação), desloca suas ações situando-se como um mediador de mercadorias, isto é, produtos sociais do mercado de trocas, inseridos no sistema pontificado pelo capital.

A vinculação social do alheamento psicológico torna-se mais enfática em *São Bernardo*: a paixão do marido-proprietário Paulo Honório por Madalena coloca-se como um traço de união, ao se associar à paixão pela fazenda. São realidades cujas funções sociais não se conformam nem têm futuros horizontes entrevistos, que não deixam de ficar em perspectiva, em Graciliano Ramos. Este não aceita a apropriação individual do marido-proprietário nem de Luís da Silva em relação a Marina. Paulo Honório, quando já se dispõe a escrever o livro, não se insere como parte ativa do processo socioeconômico. No mundo da competição, é sua vez de ver as cercas da propriedade abarcar áreas cada vez menores. Volta-se para o passado, registrando a decadência, de forma correlata a Luís da Silva, que apontou a fragmentação de um tipo de sociedade em que estava mergulhado. Para os dois, as cercas simbólicas impediam a concretização de possíveis sonhos, para além desses enredamentos.

A perspectiva redutora de Paulo Honório segue a falsa consciência do fenomenismo. Ocorre uma dissociação entre o que era essencial ao processo social e os fenômenos em que se vê envolvido, o que o leva a um praticismo unilateral. O fenomenismo constitui uma tendência pragmática, própria de ideologias tecnocráticas, voltada para a descrição, de forma exclusiva, do aspecto fenomênico da realidade. Paulo Honório, ao contrário das personagens centrais de *Caetés* e *Angústia*, conseguiu terminar seu romance. Ele era prático. Começou a escrevê-lo equivocadamente, pretendendo transformá-lo em simples mercadoria, como fazia com os bens físicos e espirituais de sua fazenda. A construção da narrativa de sua vida, entretanto, para ser autêntica, exigia uma práxis mais ampla, e não aquela a que se habituara: a divisão social capitalista do trabalho, na qual se apropriava da produção alheia. Suas carências individuais compeliram-no a um processo de maior conscientização por meio da práxis de sua escrita.

A alienação da escrita-realidade dos romances de Graciliano Ramos percorre setores e papéis sociais típicos: o burguês fazendeiro, o burocrata e o comerciante citadinos. Em *Vidas secas*, Fabiano, um trabalhador rural, não consegue apropriar-se da linguagem, imprescindível para a vivência comunitária. Ela também lhe fora alienada historicamente pela adversidade econômico-social. Uma alienação de sentido coletivo, em que essa personagem se coloca como sujeito supraindividual. A perspectiva de Fabiano era de encontrar meios, na cidade grande, para que esse bem simbólico que pertencia à coletividade fosse restituído pelo menos a seus filhos. Dominar a linguagem, é de se reiterar, para essa personagem como para a enunciação, constitui, além de uma forma de poder social, o necessário instrumento de mediação para interações na vida da comunidade.

Os muitos sentidos da alienação percorrem toda a obra de Graciliano Ramos. No ensaio "*São Bernardo* e a experiência trágica do homem moderno, sob o espectro da alienação", de Andrea Trench de Castro (p. 123-154 deste livro), esse conceito é desenvolvido associado ao conceito do trágico moderno:

> Justamente porque o conflito trágico é inconciliável e irresolúvel, não há perspectiva de transformação para a existência que ainda resta a Paulo Honório. As consequências do trabalho alienado, que o fazem afastar-se de si e do outro — um enigma sempre constante —, fazem-no perder até mesmo sua humanidade física, deixando-o um aleijado. A causa disso é exatamente a cisão irreversível da unidade humana, que em vão a personagem tenta recompor. Mas, no mundo de São Bernardo, os homens ainda estão apartados uns dos outros, como a própria personagem afirma: "Estamos tão separados! A princípio estávamos juntos, mas esta desgraçada profissão nos distanciou. [...]. Creio que nem sempre fui egoísta e brutal. A profissão é que me deu qualidades tão ruins." (p. 151-152 deste livro)

Como procuramos expor no percurso pelas relações de trabalho em *São Bernardo*, Paulo Honório vive as consequências fundamentais da alienação do trabalho, que consistem na relação cindida com a natureza, consigo mesmo e com o outro. Procurando, no entanto, recompor a unidade humana perdida, a personagem busca engendrar em sua narrativa um pensamento crítico, adquirindo rigorosa consciência

> [...] de sua condição e de sua problemática. [...] Embora não se possa afirmar que ocorre uma transformação profunda da personagem — o que negaria o realismo da representação histórico-literária tão marcante da obra de Graciliano —, não se pode negar que o que figura ao final da narrativa é uma crítica substancialmente negativa da realidade e do presente que conformam o pano de fundo histórico do romance. A crítica fundamenta-se, ao novo ver, em face da alienação do homem diante do sistema de trabalho ao qual se submete ou está submetido, muitas vezes num redemoinho sem saída. (p. 152)

Linguagem e poder

A linguagem, modelada pela práxis social, desempenha uma função cumulativa: traz em suas formas o conhecimento "acumulado" pela humanidade. Reduzida a condições subumanas, os filhos de Fabiano colocam-se diante dos objetos como se estivessem no início do processo cultural do homem, ainda bastante matizado pelo pensamento mágico:

> Nova dificuldade chegou-lhe ao espírito, soprou-a no ouvido do irmão. Provavelmente aquelas coisas tinham nomes. O menino mais novo interrogou-o com os olhos. Sim, com certeza as preciosidades que se exibiam nos altares da igreja e nas prateleiras das lojas tinham nomes. Puseram-se a discutir a questão intrincada. Como podiam os olhos guardar tantas palavras? Era impossível, ninguém conservaria tamanha soma de conhecimentos. Livres dos nomes, as coisas ficavam distantes, misteriosas. Não tinham sido feitas por gente. E os indivíduos que mexiam nelas cometiam imprudência. Admirados e medrosos, falavam baixo para não desencadear as forças estranhas que elas porventura encerrassem. (p. 142)

Os objetos parecem aos meninos impregnados de essências místicas associadas a um poder estranho. Deslocados do sentido social da práxis coletiva do homem, não tinham experiência para enquadrá-las, por abstração, nos signos linguísticos. Ficam assim ainda meio deslocadas, pois uma das funções sociais da linguagem é justamente aproximar as pessoas que utilizam os mesmos signos. Essa carência veio de um sistema que as isolava também do ponto de vista cultural. Evidentemente, Graciliano Ramos não aceita esta atitude mística: o escritor deve ter consciência do sentido histórico e social dessas formas, para desmascarar aquelas que não mais se justificam. A linguagem estereotipada remete a situações típicas de grupos sociais que a utilizam ideologicamente, como o dr. Castro, promotor público de *Caetés*: "Consciência, sim senhor. Consciência. E não admito. Sou amigo de todos, não gosto de questões, mas não admito. Nas atribuições inerentes a meu cargo... É isto mesmo, está certo. Tenho integridade, não vergo, tenho... tenho integridade." (p. 194)

A personagem mostra-se enredada em suas palavras. Sua fala repetitiva remete a um mundo de máscaras em que as palavras são invólucros esvaziados de significado. Dr. Castro é representante de um poder no qual as ideias de "consciência" e "integridade" acabam por ter sentido meramente protocolar, ritual. O jargão-clichê "atribuições inerentes ao meu cargo", da linguagem burocrática, aponta ainda para uma forma convencional resultante da divisão social do trabalho: não fala o indivíduo, mas o cargo, o papel que se faz símbolo do poder social.

Não há sentido crítico na ação do dr. Castro, mas submissão ao sistema burocrático. Restrito aos poderes de sua "competência", falta-lhe visão de conjunto. Tal estaticidade referencial condiciona-o a uma linguagem estabilizada, sem inovação. São palavras-coisas desprovidas de sentido concreto, mas evocativas da posição (*status*) do usuário dentro da sociedade burocratizada. Questionar essa linguagem, introduzindo inovação, seria equivalente a questionar o poder daqueles que a impuseram como padrão.

O palavrório dos bacharéis em direito é marcado criticamente em todos os romances de Graciliano Ramos. Ele corresponde a um registro de linguagem estereotipado e que procura encobrir a realidade dos fatos vivos. Como Julião Tavares (*Angústia*), essas personagens (na ficção e na vida) são invariavelmente "reacionários e católicos" e, ao escrever, têm "linguagem arrevesada, muitos adjetivos, pensamento nenhum". (p. 56)

Em Luís da Silva já não há esse antagonismo ritual da linguagem, mas um profundo sentido autocrítico: "Habituei-me a escrever, como já disse. Nunca estudei, sou um ignorante, e julgo que os meus escritos não prestam. Mas adquiri cedo o vício de ler romances e posso, com facilidade, arranjar um artigo, talvez um conto." (p. 57)

A problematização da linguagem, nos romances de Graciliano Ramos, faz-se dentro dos limites gramaticais. Como uma conquista social, o escritor talvez entenda que ela deva ser extensiva a todos. Em seus romances não são questionados critérios de correção gramatical em suas vinculações com o registro linguístico dominante. Trata-se de uma teorização "científica", que permite revelar aspectos sutis dos objetos referenciais. Paulo Honório, narrador pretensamente inábil de *São Bernardo*, não a dominaria, no fingimento da efabulação.

Mais eficaz que a retórica bacharelesca é o estilo jornalístico que se afirmava então no país. Essa variedade de linguagem atualiza as regras gramaticais mais essenciais do patrimônio coletivo, imprimindo-lhe marcas que se pretendem mais democráticas. Ao incorporar esse registro, Graciliano Ramos distancia-se do elitismo léxico e sintático da literatura centralizada em formas preciosistas.

A dialética da escrita nos romances de Graciliano Ramos, ao oscilar entre os níveis de consciência "real" e consciência "possível", acaba por levar o registro de linguagem além das condições psicossociais de produção, que se afasta da personagem narradora. Essa interação dialética, que leva a uma visão que se pretende mais ampla e articulada, mostra, por exemplo, um nível de linguagem menos contraído, que está nascendo nos muros da cidade, por transposição da modalidade oral da linguagem. Esse fato deixa Luís da Silva muito intranquilo:

> Proletários, uni-vos! Isto era escrito sem vírgula e sem traço, a piche. Que importavam a vírgula e o traço? O conselho estava dado sem eles, claro numa letra que aumentava e diminuía. [...] Aquela maneira de escrever comendo os sinais indignou-me. Não dispenso as vírgulas e os traços. Quereriam fazer uma revolução sem vírgulas e sem traços? Numa revolução de tal ordem não haveria lugar para mim. (p. 175)

O convencionalismo gramatical de Luís da Silva tem um sentido de afirmação individualista. Ele conquistou, dentro dos ritos sociais, um saber acumulado ("Um homem sapeca as pestanas, conhece literatura, colabora nos jornais, e isto não vale nada?" — p. 175) e não pretende reformar esses padrões adquiridos. Poderia ser condenado por "anacronismo", mas bradaria "contra os bárbaros que escrevem sem vírgulas e sem traços". (p. 175)

A dinamização linguística das personagens narradoras de Graciliano Ramos não ocorre, em mesmo nível, com as personagens secundárias. A coerência sociolinguística, entretanto, não é menor. A estratificação ideocultural do sr. Ribeiro (*São Bernardo*), por exemplo, leva-o a um desempenho linguístico identificado com sua antiga situação social: o nível culto tradicional. Sua práxis de senhor com características passadiças, com impregnações de posturas neofeudais, associada a uma educação altamente elitista, trouxe-lhe uma fala distanciada, que aparece em qualquer situação narrativa, mais ou menos contraída. Não há diferença entre o registro de sua fala em um momento de distanciamento crítico, quando aprecia o comportamento de D. Glória ("versa diferentes temas com proficiência" — p. 103), e a adesão emotiva, quando deixa a fazenda chorando e diz estar com "o coração dilacerado". (p. 157)

O deslocamento linguístico do sr. Ribeiro continua, embora recebesse tratamento afetivo da enunciação. A adesão afetiva se explica pela visão de processo histórico por que se pauta a estratégia discursiva de Graciliano Ramos. Ela ocorre pela sobrevivência de ideias humanísticas na personagem — humanismo deslocado pela exacerbação do individualismo competitivo dos novos tempos.

Linguagem e comunicação

A ativação da linguagem dos romances de Graciliano Ramos desmascara, para quem lê o texto, a alienação do sujeito e do objeto. Esse processo atinge, de forma correlata, o leitor implícito, categoria da narrativa que participa do trabalho prático de construção dos romances. De forma correlata à do autor implícito, esse leitor também deixa marcas na escrita, se consideradas instâncias comunicacionais. O leitor intuído pelo escritor, situado nas condições socioculturais brasileiras, terá depois, no ato da leitura, suas expectativas cruzadas com as de um leitor real, que, numa operação reversa, deverá trabalhar igualmente sobre o texto, ativando sua consciência crítica. Em relação a essas questões comunicacionais, é de reiterar o indicado em *A escrita neorrealista* em relação às estratégias discursivas de Graciliano Ramos, pois, para esse escritor,

> [...] a realidade não deve ser apenas neutramente representada, mas propiciar a práxis do sujeito (codificador e descodificador). Se no plano da história o sujeito não modifica o mundo, no plano da escrita, entretanto, muda a sua posição diante dele. E o leitor, na dinâmica de sua práxis, ao tomar consciência de suas aspirações afetivas, intelectuais e práticas, sofre, pela escrita, um questionamento da passividade que lhe foi imposta pela sociedade, o que o impede de ser um simples consumidor cultural.[12]

O leitor, para o escritor, não pode ser mero consumidor cultural, como Marina (*Angústia*). Ao contrário, os processos enunciativos jogam com seu sistema de expectativas para levá-lo, no trabalho de descodificação textual, a redimensioná-las de forma não estereotipada.

Essa mesma estratégia discursiva ocorrerá em escritores africanos de língua portuguesa. Em Luís Romano, de Cabo Verde, para além do tema dos retirantes, também os emparedamentos sociais, apontados no ensaio "A rés do chão, ao inferno", de Luzia de Barros. (p. 197-221 deste livro) Um dos seus argumentos centrais diz respeito às relações entre o motivo da fogueira, presente nos romances *Vidas secas*, de Graciliano Ramos, e *Famintos*, de Luís Romano, com a realidade de fome e opressão que modela narrativas de ficção. Encontram-se nos recursos cênicos dessas narrativas elementos que iluminam e aprofundam a compreensão da denúncia que cada autor buscava na fatura de seus romances. Em Graciliano, a fogueira reforça a condição primitiva na qual está inserida a família de retirantes, enquanto, em Romano, este elemento — a fogueira — sugere a interferência da instituição católica como agravante do quadro de desamparo e fome da comunidade construída em *Famintos*. Observa, nesse sentido, a ensaísta:

---

[12] ABDALA JUNIOR, Benjamin. *A escrita neorrealista*: análise socioestilística dos romances de Carlos de Oliveira e Graciliano Ramos. São Paulo: Editora Ática, 1981. (Col. Ensaios, n. 73)

A descrição que faz da cela e de sua casa se mistura em seu pensamento; a opressão e o mal-estar estão tanto na cadeia quanto em sua casa. Parece-lhe indiferente o cárcere doméstico, como o de sua família, e o cárcere em que se encontra. A semelhança entre sua condição e a de sua família nos sugere o emparedamento social que se impõe aos sertanejos, sem brechas que possibilitem a mudança na sua condição de vida. (p. 205 deste livro)

A perspectiva social do texto literário, direcionado para um público não restrito, fez com que Graciliano construísse uma ponte comunicativa por meio das formas convencionais do gênero narrativo. Com essa base contextual comum, vai estabelecer rupturas para mergulhá-lo criticamente no meio das formas que também são suas. Aceitar o convencional, entretanto, é adequar-se à ideologia dominante, deixando-se encarcerar em suas formas. Entre os organismos que as marcas do autor implícito apontam, destacam-se a escola, a família, a religião e os meios de comunicação. Todos se mostram alienados, formas rituais que reproduziriam um sistema opressivo, e precisam ser desautomatizados.

A estratégia da desautomatização das formas convencionais (da linguística às formas socioculturais apropriadas pelo sistema socioeconômico) foi seguida pelo próprio escritor, na trajetória dos quatro romances aqui analisados. Parte de uma narrativa mais convencional, próxima do romance do século XIX, vai implodindo essa convencionalidade na sequência de suas produções. Em *Memórias do cárcere*, como já foi apontado, ele inova de maneira eloquente. Aproxima-se do modo de construção de suas personagens narradoras, sobretudo em *Angústia*, com o sujeito do enunciado e o da enunciação configurando uma *persona*, que configura o mundo a partir de valores individuais em interações/fricções problemáticas com os valores supraindividuais, coletivos.

A cultura é viva quando o patrimônio cultural é atualizado de forma criativa, propiciando esse sentido de práxis no destinatário, que não pode se situar apenas como um objeto, mas como sujeito do conhecimento. Isso não ocorre somente nos jornais, como foi já indicado, mas também na escola, conforme representada por Graciliano Ramos. A escola aparece muito distante da vida, entendida em suas tensões ideoculturais, de maneira a propiciar a formação de uma consciência reflexiva, como pode ser observado na educação "emparedada" de Luís da Silva (*Angústia*): "Aprendi leitura, o catecismo, a conjugação de verbos. O professor dormia durante as lições. E a gente bocejava olhando as paredes." (p. 25)

É nesse sentido crítico, contra a alienação que advém do mero consumo cultural, que Graciliano Ramos vai focalizar a utilização política do carnaval, por parte do Estado Novo, como desenvolve Thiago Mio Salla, em seu ensaio "Nacionalismo crítico, crítica ao nacionalismo e alumbramento — o carnaval na produção cronística de Graciliano Ramos" (p. 305-335 deste livro). É o próprio ensaísta que sintetiza os resultados a que chegou em sua pesquisa:

> A partir do conjunto de textos aqui examinados, observa-se que, metonimicamente, a festa carnavalesca serve a Graciliano, sobretudo, de plataforma para a discussão do conceito de brasilidade. Em chave demolidora, o autor direciona seu riso desabalado tanto contra a elite macaqueadora de modismos importados quanto contra o caráter tacanho do povo desprovido do acesso à educação formal. Nesse movimento articulado, explicita o caráter falso e grosseiro em que se assentavam os pilares da nacionalidade, escancarando descompasso existente entre Estado e Nação.
>
> Ao mesmo tempo, ante a emergência do Estado Novo, o trabalho do artista alagoano permite identificar, sutilmente, como a diretriz autoritária e propagandística do regime de 1937 procurou sedimentar uma falaciosa identificação entre o aparato governamental e uma suposta essência brasileira. Em linhas gerais, ao abordar o carnaval, Graciliano escancara o processo amplo de homogeneização e naturalização de um passado conscientemente selecionado, tendo em vista o construto de uma aparente legitimidade emocional norteadora do nacionalismo propagandeado pela ditadura varguista.
>
> Não por acaso, tais diretrizes materializadas nas diferentes abordagens do carnaval por parte de Graciliano manifestam outros elementos norteadores da poética do escritor. Mediante a recuperação dos festejos entrudísticos/carnavalescos das paragens interioranas, o artista procura dar a conhecer aquele espaço arruinado, bem como os habitantes deste, norteando-se pela necessidade maior de estudo da "realidade do país". O autor de *Vidas secas*, portanto, adota uma

perspectiva crítica, sem rasgos de nostalgia pelo passado ou de euforia pelas mudanças futuras. Parece defender a hipótese de que só se conhecendo as ruínas nacionais se poderia construir algo novo: as feridas só seriam curadas se se convivesse com elas.[13]

Nesse mesmo diapasão, elege dois sambas do carnaval carioca para discutir, de modo alegórico, a própria arte literária. Para tanto, associa a produção da vertente regionalista do romance de 1930 à poesia visceral, analfabeta e autêntica do Morro do Querosene e, por outro lado, vincula os dramas individuais e citadinos dos autores intimistas a histórias introspectivas, letradas e postiças da planície. Mediante tal procedimento, Graciliano procura a um só tempo elevar o trabalho de Jorge Amado, José Lins do Rego, Rachel de Queiroz, entre outros escritores associados ao realismo de 1930, e rebaixar o dito "espiritismo literário" dos romancistas católicos. Subjaz a esse movimento a preceptiva poética de que a arte não poderia abrir mão da concretude dos fatos e, mais especificamente, da representação "banda podre" do real, pois, caso contrário, daria margem a uma análise de cima para baixo da sociedade carregada de artificialidade e de um lirismo vazio. (p. 332-333 deste livro)

O mundo em processo e o princípio esperança

O estudo de regras estáticas não permite a apreensão da linguagem como processo, mas apenas a inculcação de formas identificadas com um mundo do passado. Se a enunciação não aceita essa submissão ao objeto, também não defende o processo mais espontaneísta do autodidata, como ocorreu com Paulo Honório (*São Bernardo*). A solução procurada pelo escritor aponta para a perspectiva de interações com horizontes mais abrangentes: uma práxis dialética entre sujeito e objeto, concretizada no sistema de ensino de Madalena, voltada para a interação comunitária — ela que, não obstante, havia frequentado uma escola normal.

---

[13] SALLA, Thiago Mio. *O fio da navalha*: Graciliano Ramos e a revista *Cultura Política*. v. 1. Tese (Doutorado em Ciências da Comunicação) — Universidade de São Paulo, São Paulo, 2010. p. 142.

Embora alienada pelos interesses dos poderes dominantes que não incluíam a criticidade, a escola é o caminho necessário. É a perspectiva de Fabiano (*Vidas secas*): com a escola seus filhos não seriam reduzidos a bichos. É uma etapa necessária, relacionada aos anseios de ascensão social. Submete-se assim a escrita às expectativas sociais dominantes? Não, pois, para a enunciação, os padrões são necessários. Eles trazem as bases contextuais para as rupturas, que se efetivam quando se adquire um poder de linguagem, articulado com outras instâncias de sociologização que venham a instrumentalizar o sujeito com o poder simbólico imprescindível para a configuração de novos padrões.

De forma análoga, o leitor penetra no texto por meio dos padrões que correspondem ao seu sistema de expectativas. Ele se identifica com as formas tradicionais (da literatura, da poética, do gênero etc.). É um modo de redundância necessário para a conexão texto–leitor e que será rompido para desautomatizar a recepção. Mesmo procedimentos mais criativos, como o do início de *São Bernardo*, não deixam de ter a referência convencional em perspectiva:

> Antes de iniciar este livro, imaginei construí-lo pela divisão do trabalho.
> Dirigi-me a alguns amigos, e quase todos consentiram de boa vontade em contribuir para o desenvolvimento das letras nacionais. Padre Silvestre ficaria com a parte moral e as citações latinas; João Nogueira aceitou a pontuação, a ortografia e a sintaxe; prometi ao Arquimedes a composição tipográfica; para a composição literária convidei Lúcio Gomes de Azevedo Gondim, redator e diretor do *Cruzeiro*. Eu traçaria o plano, introduziria na história rudimentos de agricultura e pecuária, faria as despesas e poria o meu nome na capa. (p. 7)

O leitor, motivado pela ideologia romântica da "expressividade" individual, surpreende-se com a escrita do romance pela divisão social do trabalho. Ao curso da narrativa, verificará que isso não é possível. O romance é organizado individualmente e, para Graciliano, dentro de perspectivas provenientes do processo de conhecimento que vem da união/tensão dialética entre sujeito e objeto. São fricções cujos efeitos podem afirmar possibilidades objetivas, que vêm da consciência crítica desse sujeito, entendido em suas dimensões individuais e coletivas.

A família, nos romances de Graciliano Ramos, tem sua práxis modelada pela ideologia coercitiva da sociedade geral. As personagens, já na infância, têm seus valores humanísticos alienados pela célula social familiar. Todas as ações giram em torno de suas posições diante do sistema produtivo. Paulo Honório (*São Bernardo*), por exemplo, só se casou quando pretendeu perpetuar sua propriedade por intermédio de descendentes. Todo o processo de aprendizagem torna-se alienado e agressivo, criando modelos ideoculturais igualmente agressivos, que as personagens carregarão para o resto da vida, como aconteceu com Luís da Silva (*Angústia*):

> Quando eu ainda não sabia nadar, meu pai me levava para ali, segurava-me um braço e atirava-me num lugar fundo. Puxava-me para cima e deixava-me respirar um instante. Em seguida repetia a tortura. Com o correr do tempo aprendi natação com os bichos e livrei-me disso. Mais tarde, na escola de Mestre Antônio Justino, li a história de um pintor e de um cachorro que morria afogado. Pois para mim era no poço da Pedra que se dava o desastre. Sempre imaginei o pintor com a cara de Camilo Pereira da Silva, e o cachorro parecia-se comigo.
> Se eu pudesse fazer o mesmo com Marina, afogá-la devagar, trazendo-a para a superfície quando ela estivesse perdendo o fôlego, prolongar o suplício um dia inteiro... (p. 26-27)

Luís da Silva adquiriu um "método", um modelo de comportamento. Em uma situação de anomia social ou de poder equivalente à do pai, poderia agir conforme esse modelo ideocultural. A situação de anomia, em maior ou menor grau, acaba por impregnar, em seu "salve-se quem puder", os aparelhos ideológicos de estado, numa situação análoga à de Luís da Silva. Nos jornais, por exemplo, só se defende o ponto de vista de quem paga mais, como diagnostica Graciliano Ramos. Nesse contexto, mesmo os interesses de frações do grupo social dominante de preservar certa dignidade institucional podem ser uma forma de administração de outras perspectivas, preservando a hegemonia e o modo de pensar a realidade. Isto é, enredar as diferenças em suas balizas mercadológicas.

É dessa forma, a partir do horizonte de expectativas de seus narradores, que Graciliano Ramos constrói seus universos ficcionais. São universos, conforme se procurou desenvolver neste texto, por onde gravitam suas personagens, em seus comportamentos rituais, mas também com suas vontades. Essa força de gravidade conforma as leis do campo situacional, com uma atmosfera em que os atores sociais desempenham seus papéis, mais ou menos convencionais e estereotipados.

O escritor aponta implicitamente para esse horizonte mais amplo, no qual os múltiplos campos sêmicos da atividade humana interagem, se disputam. Aí também se localiza um campo intelectual, por onde gravita ele próprio, Graciliano Ramos, que aspira, de forma implícita, em suas expectativas, a efetuar um diagnóstico de problemas sociais que precisam ser resolvidos, tendo como impulso a perspectiva de futuro que motiva seu campo intelectual. Só que novas e mais autênticas esferas da práxis não se configuram pelos sufocos dos enredamentos burocráticos dos que trazem as receitas de um amarrado mundo prefigurado, mesmo que construído em termos de futuro. Ao mesmo tempo, as circunscrições impostas pelas articulações hegemônicas tolhem a possibilidade de mudanças, se consideradas as estruturas vigentes no tempo dos sujeitos dos enunciados desses romances. Os muros sistêmicos atuam em muitas esferas e são internalizados pelos atores sociais a eles associados, mesmo em esferas em que persistem modos de articulação de um capitalismo ainda sem as marcas hegemônicas dos processos de industrialização.

O campo intelectual supranacional dos anos 1930 movia-se por suas aspirações libertárias, em múltiplas esferas. Acreditava-se, diante da ascensão de tendências socialistas e em contraposição com as nazifascistas, que era necessário ter esperança e que seria possível modificar o mundo em suas bases socioeconômicas e culturais. Essa imagem da utopia nada tem a ver com as derivadas da República ideal, de impregnações platônicas: uma utopia fechada, onde tudo estaria prefigurado. O empenho de Graciliano Ramos realiza-se concretamente nas próprias configurações que construiu — texto, personagens, situações narrativas, efeitos sobre os leitores —, como materialização de uma vontade de mudanças. Um princípio de esperança que leva a enunciação a articulações que tensionam as malhas do processo histórico de referência.

Essas redes aprisionam as personagens, o que leva a enunciação a questioná-las. Mais do que apontar para o desenho um modelo ideal de sociedade, Graciliano Ramos procurou imbuir-se do sentido problemático dessa dialética da esperança.

Falar de carências e falta de horizontes foi, para ele, uma forma de sensibilizar o leitor para a possibilidade de "cidades futuras". Amplitudes outras, que descortinam e viabilizam processos, embora ocorram as restrições sistêmicas, como as que aparecem na página final de *Vidas secas*. Fabiano é um solitário, como os narradores dos romances anteriores, mas não tem a impotência de sentido trágico em que eles se veem enredados. Essas restrições sistêmicas da enunciação em relação à cidade grande, mesmo situadas em esferas estruturalmente homólogas (as correspondências campo/ cidade), articulam-se a contextos situacionais diferentes, tendo em vista que as formulações hegemônicas acabam por ser, afinal, porosas.

Referências bibliográficas

ABDALA JUNIOR, Benjamin. *A escrita neorrealista*: análise socioestilística dos romances de Carlos de Oliveira e Graciliano Ramos. São Paulo: Editora Ática, 1981. (Col. Ensaios, n. 73)

GOLDMANN, Lucien. *Le dieu caché*. Paris: Gallimard, 1956.

_____. *Sociologia do romance*. Rio de Janeiro: Paz e Terra, 1972a.

_____. *A criação cultural na sociedade moderna*. Lisboa: Presença, 1972b.

LUCKÁCS, Georg. *Historia y conciencia de clase*. 2. ed. Barcelona: Grijalbo, 1976.

RAMOS, Graciliano. *Caetés*. 8. ed. São Paulo: Martins, 1969a.

_____. *Memórias do cárcere*. 6. ed. São Paulo: Livraria Martins Editora, 1969b. 2 v.

_____. *Vidas secas*. 22. ed. São Paulo: Martins, 1969c.

_____. *Angústia*. 13. ed. São Paulo: Martins, 1971.

_____. *São Bernardo*. 27. ed. Rio de Janeiro: Record, 1977.

2. Linguagem, poder e resistência — notas sobre *Angústia* e *Voz de prisão*

Adriano de Almeida

Palavras iniciais

Se é verdade que a ideia de literatura como fenômeno potencialmente questionador da realidade tem gozado de pouco prestígio nas últimas décadas, é necessário lembrar que não se trata de uma posição unânime e que encontra, aliás, importantes oposições. Comecemos destacando a de dois autores muito reputados nas letras e nas humanidades: o búlgaro Todorov e o palestino Edward Said.

Tzvetan Todorov, que se consagrou como importante teórico do formalismo, pode ter surpreendido seus leitores ao lançar, em 2007, *A literatura em perigo*, um livro em defesa da literatura como forma de percepção crítica da realidade,[1] uma condenação fervorosa e pertinente à primazia dos métodos de estudo e análise literários, supervalorizados pela crítica e pelas instituições de ensino na França, em detrimento de uma concepção da leitura como conhecimento de si mesmo e do mundo:

> Não apenas estudamos mal o sentido de um texto se nos atemos a uma abordagem interna estrita, enquanto as obras existem sempre dentro e em diálogo com um contexto; não apenas os meios não devem se tornar o fim, nem a técnica nos deve fazer esquecer o objetivo do exercício. É preciso também que nos questionemos sobre a finalidade

---

[1] Cf. a "Apresentação à edição brasileira", de Caio Meira. Rio de Janeiro: Difel, 2009. p. 7–12.

última das obras que julgamos dignas de serem estudadas. Em regra geral, o leitor não profissional, tanto hoje quanto ontem, lê essas obras não para melhor dominar um método de ensino, tampouco para retirar informações sobre as sociedades a partir das quais foram criadas, mas para nelas encontrar um sentido que lhe permita compreender melhor o homem e o mundo, para nelas descobrir uma beleza que enriqueça sua existência. (TODOROV, 2009, p. 32)

Edward Said, que em 1978 acendera a discussão sobre a supremacia do discurso "ocidental", com o *Orientalismo*, mais recentemente apresenta uma defesa contundente do compromisso ideológico do intelectual: *Representações do intelectual — as Conferências Reith de 1993*, livro em que chama a atenção para o fato de que os intelectuais não devem se furtar ao compromisso de "alinhar-se aos fracos e aos que não têm representação" (SAID, 2005, p. 35). Segundo o autor: "A política está em toda parte; não pode haver escape para os reinos da arte e do pensamento puros nem, nessa mesma linha, para o reino da objetividade desinteressada ou da teoria transcendental. Os intelectuais *pertencem* ao seu tempo." (SAID, 2005, p. 34)

Reafirmando algumas ideias de Sartre e de Gramsci, Said confirma a importância da prática intelectual e literária como intervenção crítica na realidade, declarando que essa é sua principal razão de ser.

O posicionamento desses dois reconhecidos intelectuais — cujos percursos e perspectivas guardam grandes diferenças — nos confirma a convicção de que, em pleno século XXI, a literatura não só pode, mas necessita, como sugere o título de Todorov — *A literatura em perigo* —, ser vista como impulso transformador.

Daí nosso interesse em retomar Graciliano Ramos, escritor bastante reputado na literatura brasileira, e Manuel Ferreira, hoje muito pouco conhecido mesmo pelo público de letras, mas autor central na história da literatura cabo-verdiana.

Em ambos os casos, encontramos projetos literários[2] que procuram discutir a linguagem, problematizando as relações de poder que ela representa.

---

[2] Empregamos o termo "projeto literário" aqui não para diferenciá-lo, tal como propõe João Luiz Lafetá (2000), de "projeto ideológico", mas com a intenção de abarcar de uma só vez a instância da linguagem e a da política. Com um sentido correspondente ao que adotamos aqui, a expressão pode ser encontrada em Vima Lia Martin (2008).

1. Trajetórias engajadas

Bakhtin nos ensina que a linguagem, em suas mais diversas manifestações, é uma experiência dialógica; não pode, portanto, ser considerada fato isolado, unívoco ou definitivo. Para o estudioso russo: "Toda enunciação, mesmo na forma imobilizada da escrita, é uma resposta a alguma coisa e é construída como tal. Não passa de um elo da cadeia dos atos de fala. Toda inscrição prolonga aquelas que a precederam, trava uma polêmica com elas, conta com as reações ativas da compreensão, antecipa-as." (BAKHTIN, 1995, p. 98)

A linguagem é uma disputa de forças, uma tensão de interesses. É, portanto, essencialmente uma realidade política e, como tal, jamais estática, dependendo sempre de um contexto para existir. Como lembra Bakhtin: "Em todo signo ideológico confrontam-se índices de valor contraditórios. O signo se torna a arena onde se desenvolve a luta de classes." (1995, p. 46)

Essa visão da linguagem como zona de confronto é central nos projetos literários de Graciliano Ramos e Manuel Ferreira, que se ocuparam de problematizar os usos linguísticos tanto em suas narrativas quanto em seus textos não ficcionais, sempre considerando a relação desigual presente na diferença entre, no caso brasileiro, o português popular falado e o português padrão escrito, e, no caso de Cabo Verde, a língua cabo-verdiana, popular e predominantemente ágrafa, e o português, cuja modalidade escrita representava o grau máximo de prestígio social.

Os dois autores procuraram, cada qual a seu modo, dar lugar no texto literário para as vozes socialmente marginalizadas e os embates discursivos dentro de seus contextos sócio-históricos. Trabalhando a linguagem de modo a ressaltar tensões, propondo um modelo literário que privilegia o questionamento, a problematização — inclusive a do próprio discurso literário —, Graciliano Ramos e Manuel Ferreira, cada qual à sua maneira, produziram uma literatura de embates entre discursos hegemônicos e contra-hegemônicos (Conf. SCHLESENER, 2007), embates que a nosso ver aparecem, de modo expressivo, nas narrativas *Angústia* (1936) e *Voz de prisão* (1971).

Conforme já apontou Maria Aparecida Santilli (2003), a literatura engajada tem marcas importantes nas produções em língua portuguesa, com inúmeros e diversificados desdobramentos ao longo do século XX. Se podemos classificar como engajada a literatura de Graciliano, que produziu, entre 1930 e 1940, pontualmente situado, portanto, nos anos decisivos para o estabelecimento da literatura de crítica social no Brasil, o mesmo vale para Manuel Ferreira, autor português que produziu sua obra algumas décadas depois, entre 1940 e 1970, num entroncamento do neorrealismo de Portugal que foi desaguar na cabo-verdianidade.

Como sugerimos acima, a concepção de engajamento nos dois autores é a que considera a forma artística como inseparável da realidade a que ela corresponde, concepção que já aparece em Sartre[3] e é fundamental ao neorrealismo português.[4]

Antes de abordarmos as narrativas em questão, oferecemos uma rápida apresentação de alguns aspectos da vida e da obra dos dois autores, de modo a destacar, sobretudo, seus projetos literários.

1.1. "A palavra não foi feita para enfeitar"

Graciliano Ramos tem uma trajetória — como cidadão e como autor — marcada pelo inconformismo. De um lado, travou batalha contra a palavra oficial, o academicismo e o beletrismo brasileiros, contra os quais escreveu e se declarou de diversas maneiras e situações. De outro lado, recusou-se a cultivar ou mesmo a elogiar o realismo socia-

---

[3] Em *Literatura e engajamento: de Pascal a Sartre*, Benoît Denis afirma: "a preocupação formal não é incompatível com a escolha do engajamento; simplesmente, o que Sartre recusa violentamente é a *autonomia da forma*: esta não pode significar independentemente do conteúdo e deve de qualquer modo permanecer 'a serviço' deste". (DENIS, 2002, p. 73)

[4] Alexandre Pinheiro Torres aborda a questão em seu livro *O neorrealismo literário português*, no qual menciona a importante entrevista concedida por Mário Dionísio a *O Primeiro de Janeiro*, em 1945, na qual este afirmava: "Os neorrealistas repelem vivamente a lenda do seu desinteresse pelos assuntos estéticos. Essa, como a da construção de romances sem psicologia, ou o estreito convencimento de que no mundo só há problemas econômicos, é uma ideia superficial que não resiste ao mínimo exame. Ninguém ignora a importância da técnica, e um neorrealista é, como qualquer outro escritor, um homem que necessita da literatura e da arte como seu único meio possível de exprimir-se." (Mário Dionísio apud TORRES, 1977, p. 23) Interessante notar que essa mesma declaração de Dionísio, com pequenas mudanças vocabulares, é usada como epígrafe em *Voz de prisão*. (FERREIRA, 1978)

lista que era produzido sob a batuta de Zdanov e do regime soviético. (MORAES, 1993) Em ambos os casos, podemos dizer, o autor lutava contra um mesmo e único "ouro falso": os torneios vazios da tradição acadêmica à Rui Barbosa, nacionalista-ufanista, retórica, impregnada de expedientes-clichês classicistas (BULHÕES, 1999) e a visão romântica do proletariado e do mundo novo pelo socialismo soviético, com suas formulações maniqueístas.

Autor conhecido do público brasileiro, Graciliano nasceu em Quebrangulo, interior de Alagoas, e já na pré-adolescência iniciou seus experimentos literários. Entre 1914 e 1915, trabalhou no Rio de Janeiro como revisor do *Correio da Manhã*. Por essa época, o autor já mantinha uma intensa atividade na imprensa, escrevendo como colaborador de jornais como *Paraíba do Sul* e *O Jornal de Alagoas*.

Graciliano retornou ao Nordeste e passou a viver em Palmeira dos Índios, onde teve notoriedade como intelectual, num meio em que o simples domínio da escrita era sinal de prestígio. Em 1927, foi eleito prefeito da cidade.

No ano de 1929, Graciliano Ramos enviou ao governador de Alagoas um relatório de prestação de contas do município. O relatório, por suas qualidades literárias, chamou a atenção do editor Augusto Schmidt, que mais tarde (1933) publicou *Caetés*.

Em 1930, Graciliano renunciou ao cargo de prefeito e mudou-se para Maceió, onde foi nomeado para o posto de diretor da Imprensa Oficial de Alagoas. Tornou-se diretor da Instrução Pública de Alagoas, em 1934, ano em que publicou *São Bernardo*, romance que deixou ainda maior sua notabilidade como escritor entre os círculos literários.

No ano de 1936, Graciliano Ramos foi preso pela polícia de Getúlio Vargas, sem passar por julgamento, sem receber processo e sem qualquer acusação específica. Na "caça às bruxas" do regime ditatorial de Vargas, a prisão de Graciliano correspondeu à tentativa generalizada do Estado brasileiro de barrar o avanço do comunismo no país. Identificado com as ideias progressistas, embora não ligado a nenhuma organização política de esquerda, Graciliano ficou preso por onze meses. As dificuldades vividas pelo escritor nesse período podem ser conferidas em seu livro *Memórias do cárcere*, publicado postumamente, no qual o escritor detalhou os horrores da vida no presídio e as arbitrariedades do sistema penitenciário brasileiro.[5]

Foi da cadeia que Graciliano teve notícia da publicação de *Angústia*, que chegou às livrarias no mesmo ano de 1936, sem a revisão do autor.

Em 1938, já liberto e morando no Rio de Janeiro, Graciliano publicou *Vidas secas*, romance que o consagrou definitivamente entre a crítica brasileira e projetou sua obra para fora do Brasil.

Em 1945, Graciliano Ramos ingressou no PCB, mas manteve uma posição incômoda dentro do partido que possuía uma perspectiva dogmática em relação à produção artística, perspectiva que se radicalizou a partir de 1948, com a decisão do Comitê Central em transformar o realismo socialista de Zdanov em padrão estético.

Graciliano Ramos discordava desse ideário, e sua discordância ficou explícita em algumas de suas declarações. Uma delas surgiu numa conversa informal com escritores, na qual Graciliano, irritado, exclamou: "Esse Zdanov é um cavalo!" (apud MORAES, 1993, p. 262) Outra declaração apareceu numa carta ao crítico Oscar Mendes, na qual se lê: "Acho que transformar a literatura em cartaz, em instrumento de propaganda política, é horrível." (MORAES, 1993, p. 263)

Entre os artigos reunidos em *Linhas tortas* (publicado em 1962), encontram-se textos importantes para a caracterização de um dos eixos do projeto literário de Graciliano: o ataque aos autores que optam por uma escrita desconectada da realidade social e o elogio aos que atrelam sua escrita à interpretação crítica da sociedade brasileira, escritores que, como Jorge

---

[5] Em sua biografia sobre Getúlio Vargas, Lira Neto comenta sobre o sistema repressivo do estadista: "Se evitou a execução sumária dos prisioneiros, Getúlio não impediu a instituição da tortura como método investigativo nos porões de seu governo. Nenhuma denúncia de violência contra os milhares de homens e mulheres postos sob a custódia do Estado naquela época foi devidamente apurada." (NETO, 2013, p. 259) O historiador José Murilo de Carvalho, em artigo intitulado "Chumbo grosso — assassinato e tortura eram práticas comuns da polícia política durante a ditadura de Getúlio Vargas", apresenta dados contundentes sobre a truculência do período, com exemplos de instrumentos e métodos de tortura: o uso de "maçarico que queimava e arrancava pedaços de carne; os 'adelfis', estiletes de madeira que eram enfiados por baixo das unhas; os 'anjinhos', espécie de alicate para apertar e esmagar testículos e pontas de seios; a 'cadeira americana', que não permitia que o preso dormisse". (CARVALHO, 2015) Lembremos ainda que as *Memórias do cárcere* de Graciliano Ramos (RAMOS, 1985) oferecem uma visão terrificante do sistema prisional de Getúlio Vargas, sobretudo em sua descrição da Colônia Penal na Ilha Grande.

Amado, "foram estudar o subúrbio, a fábrica, o engenho, a prisão da roça, o colégio do professor cambembe"[6] e que "tiveram a coragem de falar errado, como toda a gente, sem dicionário, sem gramática, sem manual de retórica".[7] É uma manifestação clara da valorização por Graciliano de uma literatura atenta à realidade e à necessidade de representar a população pobre brasileira, fazendo uso inclusive do português falado popular.

Veremos, mais adiante, como esses postulados críticos de Graciliano se materializam na construção do romance *Angústia*.

1.2. A mescla de registros como revitalização da escrita

O escritor Manuel Ferreira é praticamente desconhecido no Brasil.[8] Mesmo entre o público de Letras a menção à sua obra é muito rara, quando muito restringindo-se a seu trabalho como estudioso das literaturas africanas produzidas em língua portuguesa, área que o autor desbravou intensamente e na qual se tornou uma das maiores autoridades, com suas coletâneas, antologias e ensaios críticos.

Nascido em Gândara dos Olivais, em Leiria, Portugal, em 1917, Manuel Ferreira formou-se em Ciências Sociais e Políticas pela Universidade Técnica de Lisboa. Durante o serviço militar, foi transferido para Cabo Verde, em 1941, vivendo nas ilhas até 1947 e estabelecendo com elas um vínculo profundo, decisivo para sua produção teórica e ficcional.

Não só em *Voz de prisão*, mas também em outras obras ficcionais, e ainda em textos ensaísticos fundamentais aos estudos da literatura e da cultura cabo-verdiana — como *A aventura crioula* (1967) e *No reino de Caliban* (1975) —, Manuel Ferreira inseriu-se no universo cultural de Cabo Verde, fazendo de sua escrita um mergulho nos costumes desse país, com suas características de povo submetido aos controles da metrópole e a tudo o que implica a dominação econômica e política e, consequentemente, cultural e simbólica.

Sua obra parte do neorrealismo de Portugal e se desdobra na inscrição ao sistema literário de Cabo Verde, não apenas no plano das realizações

---

[6] "O romance de Jorge Amado". In: RAMOS, 2005, p. 129.
[7] Ibidem.
[8] Até onde pudemos verificar em nossa pesquisa, os romances e os livros de contos de Manuel Ferreira encontram-se esgotados nas editoras brasileiras e portuguesas.

estéticas, mas também como estudioso da literatura e da cultura dos ilhéus, tornando-se referência obrigatória nesse tema, principalmente com seu livro *A aventura crioula*, de 1967. Entre sua estreia na ficção com o volume de contos *Grei*, de 1944, e a publicação, em 1956, de *A casa dos Motas*,[9] Manuel Ferreira publicou narrativas que passaram a fazer parte do sistema literário de Cabo Verde: *Morna* (1948), *Morabeza* (1958), *Hora di bai* (1962) e *Voz de prisão* (1971).

Ferreira estabeleceu contato com a geração da revista *Claridade*, fundada em 1936, e participou da fundação da revista *Certeza*, de vertente marxista, traçando um percurso intelectual e literário integrado a Cabo Verde, de tal modo que foi caracterizado por Maria Aparecida Santilli como autor de "dupla cidadania literária". (2007, p. 67)

Durante o Estado Novo de Salazar, a opressão de Portugal sobre suas colônias africanas se intensifica, ao mesmo tempo que a indignação e o inconformismo de intelectuais e ativistas — nas colônias e na metrópole — se acirram. Manuel Ferreira está alinhado, ideologicamente, com a postura crítica e contestadora de pensadores como Amílcar Cabral, para quem a luta de Guiné-Bissau e Cabo Verde pela libertação nacional fazia-se urgente.

Em *Voz de prisão*, conforme pretendemos mostrar, destaca-se a contraposição à hegemonia opressora do conquistador metropolitano. Isso se expressa na valorização da mesclagem de registros, uma opção estética diretamente vinculada ao engajamento político do autor com a causa cabo-verdiana.

O projeto literário de Manuel Ferreira, de modo análogo ao de Graciliano Ramos, tem como base a crítica aos padrões culturais hegemônicos, padrões que tendem a naturalizar a opressão social. Como já fizemos com o autor alagoano, teceremos algumas considerações sobre o trabalho teórico-crítico de Manuel Ferreira, de modo a caracterizar melhor seu projeto literário.

Consideremos que a escolha do idioma era uma questão crucial para os escritores de Cabo Verde, ainda mais para aqueles de viés engajado. Escrever em "crioulo"[10] significava optar pela língua falada pelo povo das ilhas,

---

[9] Na "Bibliografia de Manuel Ferreira", ao final da edição de *Hora di bai*, da Ática, em 1980, lê-se, em nota de rodapé, a seguinte observação sobre *Grei*, *A casa dos Motas* e *A nostalgia do Senhor Lima*: "obras de motivação europeia." (p. 157)

[10] A designação atual é língua cabo-verdiana.

a língua da miscigenação dos povos, portanto, a que melhor caracteriza o homem cabo-verdiano.[11]

Um problema, todavia, se coloca de imediato: o número pequeno de falantes e, portanto, de leitores do idioma nacional. Isso sem considerarmos o analfabetismo, que já é problema para o escritor de qualquer comunidade linguística.[12]

Escrever em português, para um autor cabo-verdiano, como se supõe, significa utilizar o idioma do colonizador, de algum modo chancelando sua cultura. Por outro lado, há um ganho considerável: a comunidade de leitores tem aumento significativo, e a expressão artística e a mensagem política se difundem com mais rapidez para um número maior de pessoas. E isso é ainda mais decisivo se pensarmos num autor que pretendia atingir o maior número possível de leitores.[13] (DENIS, 2002).

A questão da escolha do idioma não poderia deixar de ser tema de *A aventura crioula*. Publicado em 1967, o livro pode ser definido como um guia introdutório à cultura de Cabo Verde e, mais do que isso, como uma exaltação da particularidade dessa cultura.[14]

A atenção dada pelo autor à questão da escolha da língua na produção literária pode ser exemplificada por esta passagem:

> Entendem alguns dever o crioulo ser o veículo preferencial de uma expressão literária de raiz cabo-verdiana; outros, ao contrário, estão convencidos que esse objectivo deve ser alcançado através da língua

---

[11] O escritor tunisiano-francês Albert Memmi, em seu *Retrato do colonizado precedido pelo retrato do colonizador*, nos lembra que: "A posse de duas línguas não é apenas a de dois instrumentos, é a participação em dois reinos psíquicos e culturais. Ora, aqui, *os dois universos simbolizados, carregados pelas duas línguas, estão em conflito*: são os do colonizador e do colonizado." (MEMMI, 1967, p. 97)

[12] Nesse sentido, parece-nos problemático o tom acusatório com que Gomes dos Anjos aborda o fato de que autores como Manuel Ferreira escreviam para ser lidos e consagrados pelo público português. (ANJOS, 2006, p. 140) A nosso ver, tendo em vista as disposições objetivas do contexto, não seria possível esperar outra postura desses autores.

[13] A questão, que tem ares de truísmo, justifica-se se levarmos em conta o ideário neoclássico da "arte pura", com sua opção de atingir um núcleo pequeno de leitores. Só não deixemos de observar que uma língua como a cabo-verdiana, constituída justamente pela mesclagem, uma língua popular e mais típica da oralidade, não nos pareceria ideal para os ditames da arte neoclássica.

[14] O princípio euforizante, que norteará o livro em sua totalidade, acabará por levar o autor a conclusões talvez problemáticas, cuja análise e questionamento não podem ser contemplados por este breve estudo.

portuguesa [...] E de pronto se põe a questão: onde o caminho ideal? Ou melhor: que trilhos linguísticos irão optar os poetas e contadores de histórias para com perfeita coerência consigo próprios, que o mesmo é dizer com inteira consciência, penetrarem na mundividência insular? (FERREIRA, 1984, p. 128)

Após essa interrogação, Ferreira discute o valor do crioulo como língua literária:

[...] o crioulo, de longe mostrando-se apto para uma expressão lírica de carácter popular, caminha hoje para a posse de recursos que lhe permitirão exprimir mais fundo a complexidade do real cabo-verdiano. Nesse aspecto, a possibilidade de o crioulo se enriquecer em todos os domínios em que a língua se pode enriquecer — ninguém deixa de estar de acordo [...]. (FERREIRA, 1984, p. 128)

E, mais adiante, constata que o uso do português fazia-se já frequente entre os escritores ilhéus: "Hoje mesmo a maioria dos escritores cabo-verdianos privilegia a língua portuguesa, ainda quando eles são (literariamente) bilíngues." (FERREIRA, 1984, p. 132)

Escritor engajado, Manuel Ferreira não deixa de assinalar a importância da afirmação do crioulo como estratégia político-cultural: "Mas não se esqueça que defender o crioulo e valorizá-lo alguma vez deixou de ser tarefa espinhosa porque sempre considerada pelas instituições oficiais colonialistas como atitude subversiva e nativista." (FERREIRA, 1984, p. 127)

Manuel Ferreira apontará o uso de um português marcado pelo cabo-verdiano como uma tendência forte na literatura ilhéu:

E o caminho que estão pisando os ficcionistas cabo-verdianos é garantia de terem eles encontrado um modo óptimo de se exprimirem — e vem a ser, em muitos casos, o compromisso entre o português e o crioulo: um português não de todo puro tal como qualquer falante de Portugal, cioso ou ortodoxo, o entenderia, mas sem dúvida contaminado pelas interferências do crioulo. (FERREIRA, 1984, p. 135)

Toma como exemplo dessa solução linguística um pequeno trecho do romance *Chiquinho*, de Baltasar Lopes, e a partir dele tece comentários importantes sobre a fatura literária, os quais poderiam ser usados também (como procuraremos mostrar) para caracterizar a sua própria narrativa *Voz de prisão*.

Em primeiro lugar, Ferreira chama a atenção para o vocabulário: "dinheiro ganho de riba do mar", "gozar direitamente", "Mamãe-Velha". Depois destaca as formas sintagmáticas: "Proximei-me da cama. Nhanga Bonga recebeu-me com grande admiração de choro", "Foi isto que me deu coração de o procurar, para me socorrer nesta sociedade". (LOPES apud FERREIRA, 1984, p. 137)

Manuel Ferreira lembra que esse estilo mesclado de linguagem — em que o idioma oficial é atravessado pela fala popular — é uma herança que Cabo Verde tomou ao modernismo brasileiro. (FERREIRA, 1984, p. 135)

O autor considera que esses tratamentos linguísticos "revitalizam a escrita" (FERREIRA, 1984, p. 137), e podemos dizer que eles são responsáveis pela carga de tensão nela contida — levando-se em conta que, na maioria dos casos, como o foi, o cruzamento de culturas significa embate de culturas.

Pretendemos observar, mais adiante, como essas problematizações feitas por Manuel Ferreira em seu trabalho teórico-crítico estão contempladas em sua narrativa *Voz de prisão*.

2. Tensão e resistência em duas narrativas

Acreditamos que, tanto em *Angústia* como em *Voz de prisão*, a tensão relacionada à desigualdade sociocultural e a resistência contra-hegemônica, que estão expressas também nos aspectos estilísticos, são elementos marcantes das narrativas, conforme procuraremos mostrar.

2.1. Da resignação ao homicídio: a trajetória de Luís da Silva

Desconfiança é a palavra-chave para descrever Luís da Silva e sua relação com a cultura, a linguagem, o meio em que vive. Homem letrado, mas socialmente inexpressivo, ele constrói um discurso corrosivo acerca da cultura letrada, representada sobretudo por Julião Tavares, uma espécie de medalhão social que figura na galeria dos intelectuais bajuladores do poder, enquadrados na retórica beletrista que os modernistas de 1920 achincalharam.

Julião Tavares é uma existência exibida, extrovertida, loquaz: "Gordo, bem-vestido, perfumado e falador."[15] (A, 1975, p. 46) Trata-se de um bacharel, um homem de prestígio.

Seu destaque social é imediatamente interpretado por Luís da Silva como o brilho de um "ouro falso": na primeira menção ao rival, o narrador já o faz como processo de desmascaramento, apontando desde logo para a impostura, o caráter ludibriador desse brilho:

> Os jornais andaram a elogiá-lo, mas disseram mentira. Julião Tavares não tinha nenhuma das qualidades que lhe atribuíram. Era um sujeito gordo, vermelho, risonho, patriota, falador e escrevedor. No relógio oficial, nos cafés e noutros lugares frequentados cumprimentava-me de longe, fingindo superioridade [...].
> [...] Linguagem arrevesada, muitos adjetivos, pensamento nenhum. (A, 1975, p. 26)

A certa altura, numa frase conclusiva, Luís da Silva comenta: "Tudo nele era postiço." (A, p. 48)

A fala de Julião é descrita por Luís como limpa, aprumada, lisa — "As palavras corriam-lhe facilmente [...]" (A, p. 75) —, como "uma voz líquida e oleosa que escorria sem parar". (A, p. 72)

Em contraposição, Luís da Silva tem, segundo ele mesmo, uma "vida de sururu" (A, p. 9), uma existência confusa e complicada: "Apronto-me, calço as meias pelo avesso e saio correndo. Paro sobressaltado, tenho a impressão de que me faltam peças do vestuário. Assaltam-me dúvidas idiotas. Estarei à porta de casa ou já terei chegado à repartição?" (A, p. 72)

Sua figura social, ao contrário da de Julião, é inexpressiva, não sugere brilho, mas opacidade e sombra: "Os olhos estão quase invisíveis por baixo da aba do chapéu, e uma folha da porta oculta-me o corpo. Uma criaturinha insignificante, um percevejo social, acanhado, encolhido." (A, p. 20)

---

[15] Usaremos a abreviatura A para nos referirmos à seguinte edição: *Angústia*. Rio de Janeiro: Record, 1975. Para nos referirmos a *Voz de prisão*, Lisboa, África Editora, 1978, usaremos VP

Luís conhece seu lugar de insignificância e condena o seu papel como intelectual medíocre, descrevendo suas ocupações como "cacetes" (A, p. 44), vendo-as inclusive como um meio de "defender sujeitos que deviam ser atacados". (A, p. 44) É portanto alguém que desconfia de seu papel como intelectual e que o desmistifica em seu relato:

> Alguns rapazes vêm consultar-me:
> — Fulano é bom escritor, Luís?
> Quando não conheço Fulano, respondo sempre:
> — É uma besta.
> [...]
> As frases iam pingando no papel, umas traziam as outras, e no fim lá estava aquela prosa medida, certinha, que enjoava. (A, p. 44)
> [...]
> — Escreva um artigo a respeito dos salários, Seu Luís.
> Bocejo e sapeco uma literatura ordinária, constrangido. Sei que estou praticando safadeza. (A, p. 151)

Luís da Silva emprega essa prosa que o "enjoava" apenas por obrigação — "esse osso que vou roendo com ódio" (A, p. 24) —, mas é bem diferente o seu modo de se expressar quando, fora da situação de empregado, pode falar livremente: "A minha linguagem é baixa, acanalhada. Às vezes sapeco palavrões obscenos. Não os adoto escrevendo por falta de hábito e porque os jornais não os publicariam, mas é a minha maneira ordinária de falar quando não estou na presença dos chefes." (A, p. 47)

É assim, com essa linguagem "baixa", que conversa, espontaneamente, com seus conhecidos, por exemplo, Seu Ivo e Moisés.

Essa espontaneidade linguística se retrai à chegada de Julião Tavares, com o tom oficial e bajulador dos padrões hegemônicos, sujeito acomodado em seu lugar social.

Os trechos que seguem mostram bem a diferença entre as posturas:

> Diante dele [Julião Tavares] eu me sentia estúpido, esfregava as mãos com esta covardia que a vida áspera me deu e não encontrava uma palavra para dizer.
> [...]

> As nossas conversas são naturais, não temos papas na língua. Abro um livro, fico alguns minutos fazendo cacoetes, de repente dou um grito:
> — Que sujeito burro! Puta que o pariu! Isto é um cavalo.
> Moisés toma o volume, lê uma página com atenção, fungando:
> — Tem ideias boas, tem ideias.
> — Que ideia! Isso é um sendeiro, não sabe escrever.
> Julião Tavares veio tornar impossíveis expansões assim. Dizia, referindo-se a um poeta morto:
> — Era um grande espírito, um nobre espírito. Quanta emoção! Além disso conhecimento perfeito da língua. Artista privilegiado. (A, p. 47)

O discurso de Julião é marcadamente vinculado a uma intelectualidade bajuladora, presa a um ideário beletrista, passadista, com declarações romântico-parnasianas — como fica patente nos elogios que faz ao tal "poeta morto": "um nobre espírito. Quanta emoção! Além disso conhecimento perfeito da língua." Palavras que serviriam perfeitamente como alvo de zombaria e sarcasmo aos modernistas de 1920, em seu combate ao "lirismo namorador/político". (BANDEIRA, 1997, p. 26)

A voz de Julião Tavares gruda-se à existência de Luís da Silva: "A loquacidade de Julião Tavares aborrecia-me. Uma voz líquida e oleosa que escorria sem parar." (A, p. 72) Assinalemos que não é um olhar, um odor, um gesto ou um assovio e sim uma voz o elemento que indica Julião Tavares, em processo metonímico da parte pelo todo. Trata-se de uma voz, isto é, da ferramenta primordial da comunicação, inseparável do homem. Olhares, odores e gestos de Tavares também são referidos, mas é pela voz arrogante e empolada que o obsessivo Luís da Silva se sente perseguido, desafiado, insultado. Interessa-nos assinalar que esse destaque dado à voz, como signo negativo e persecutório, confirma o fato de que a comunicação como espaço de embate e tensão é decisiva em *Angústia*.

Julião Tavares seduzirá Marina, a mocinha superficial por quem Luís da Silva tolamente se apaixona — sendo consciente, aliás, de sua tolice. Luís da Silva caracteriza Marina como uma criatura sem nenhum interesse: "Demais não havia nada interessante nela." (A, p. 32) Mas a percepção de estar em contato com uma "lambisgoia" (A, p. 32) não impede que se apaixone por ela e decida pedi-la em casamento. Esse processo, excepcional para o pobre-diabo Luís da Silva, representa uma completa revolução em sua vida. O vislumbre da oportunidade de casar-se, constituir família — enquadrando-se, portanto, nos moldes da vida burguesa — abala sua rotina, ao mesmo tempo tranquila e "cacete", convidando para vivências inéditas.

Luís se anima, gasta todo o seu dinheiro, faz empréstimos, desdobra-se na tentativa de agradar Marina e alcançar outro lugar social. Mas o horizonte de novidades se desfaz inteiro em pouco tempo. Julião Tavares surge na vida de Marina, logo a conquista, engravida-a e a abandona.

A sensação de desonra que Luís da Silva sente em decorrência disso parece sintetizar expressiva e contundentemente toda a usurpação que sofrera sua vida; toda a miserável e insignificante vida que Luís da Silva arrastara — desde a infância, sofrida pela hostilidade dos adultos, passando pela mendicância humilhante, nas peregrinações pelas cidades grandes, até a "vida de sururu" de intelectual medíocre, estabelecido como cumpridor de ordens e "ocupações cacetes" — parece agora aprofundar sua miséria. E, se a reação de Luís da Silva a cada um dos golpes recebidos por sua "vida de sururu" foi, predominantemente, a resignação sarcástica — sentimento que percorre sua "escrita" —, agora, que é traído por Marina e a vida parece lhe pregar uma peça brutalmente humilhante, a resignação, que é um modo de estabilidade, se abala.

A desonra não pode ser contornada. Era impossível tolerar aquela voz que abria rápido os caminhos de entrada para a glória, deslizando fácil para o mundo de Marina, seduzindo-a com sua manha, conquistando-a, penetrando seu corpo, metendo-lhe um filho no útero. Era preciso "dar cabo daquela voz"; era impossível conviver com ela, era preciso calá-la.

Não por acaso o enforcamento, o fio de voz sufocado, a expressão para sempre calada, a oleosidade vedada. Se a vingança e assassínio de Luís da Silva se explicam pelo ciúme, acreditamos que é possível ver em sua reação um significado mais amplo, pois, se dessa vez a resignação sarcástica não é suficiente e Luís, como raramente o faz, tem uma ação corajosa, oposta, portanto, a seu conformismo maledicente, significa que uma nova lógica se instaurou, significa que, como Raskolnikov, ele percebeu que poderia "agarrar tudo pelo rabo e arremessar ao diabo" (DOSTOIEVSKI, 2001, p. 427), numa tentativa desesperada de consertar o mundo, conferindo-lhe alguma ordem justa e coerente. Se essa nova ordem não era capaz de colocar na posição de chefe de família, adequando-o à normalidade burguesa, ao menos suprimiria a logorreia, a verborragia falaciosa: era o silenciamento da impostura.

Se apesar do crime a voz de Luís da Silva ainda é socialmente uma repetição do que os patrões encomendam, se é ainda uma voz inexpressiva, sua vingança pode ser ao menos considerada um gesto autônomo, autoral. Autoral em dois sentidos: a realização de uma ação extrema, que conferiria autoridade (o poder de decidir sobre a vida) e a eliminação das vozes perturbadoras, numa revisão que pudesse eliminar os excessos de um texto "oleoso". Não por acaso, o tormento que experimenta após o assassinato (equivalente ao "castigo" de Raskolnikov) é exatamente o que o leva a escrever o livro, a ter o poder expressivo da fala, uma fala obsessiva, "verrumante".[16]

2.2. Um livro opressivo

Sabemos que as "palavras gordas" continuarão perseguindo Luís da Silva mesmo após o crime: "As palavras gordas iam comigo [...] Julião Tavares se tinha calado, mas a voz não deixava de perseguir-me." (A, p. 91) Isso porque a voz de Julião Tavares não se restringe a um único homem: representa uma ordem; no caso, a hegemonia da cultura bacharelesca e oratória, de uma sociedade em que os medalhões de voz oleosa continuarão espezinhando tipos débeis e apagados como um Luís da Silva qualquer.

A linguagem "oleosa" e a "baixa" conflitam-se, digladiam-se. Por corresponder ao discurso hegemônico na tradição letrada brasileira, a linguagem de Julião Tavares é um signo de poder, de distinção, uma forma que encontra, em seu contexto social, justificação para práticas usurpadoras. Já a de Luís da Silva — aquela que ele usa longe do patrão — tem uma inscrição social exatamente oposta: não tem *status* representativo, nem é vista como digna de distinção —, pelo contrário, é estigmatizada, tratada como corrompida, ainda que mais típica da comunicação diária da maior parte dos falantes brasileiros.

Reforcemos a ideia de que a linguagem de Luís da Silva é o próprio discurso de *Angústia*, e o narrador mesmo nos indica isso com marcas

---

[16] Boris Schnaiderman caracteriza assim a prosa de Dostoievski no Prefácio do tradutor a *Memórias do subsolo*. In: DOSTOIEVSKI, Fiodor. *Memórias do subsolo*. São Paulo: Editora 34, 2000. p. 7.

de enunciação — "escrevendo estas notas" (A, p. 38) —, o que nos leva a considerar alguns elementos composicionais do romance como forma, eles mesmos, de embate linguístico, de recusa à forma retórica dominante. Ou seja, não são apenas os diálogos ou os eventos do enredo, mas a enunciação toda de *Angústia* é uma contraposição à tradição oratória. Conforme Marcelo Magalhães Bulhões, o livro se destaca do conjunto da obra de Graciliano "pela radicalização de recursos que implodem a representação naturalista, quais sejam, a fragmentação da narrativa, a mistura de tempos, o monólogo interior, entre outros". (BULHÕES, 1999, p. 32) Um livro "difícil", descontínuo, insólito: uma recusa ao embelezamento pomposo, fácil, "líquido" ou "oleoso".

Antonio Candido afirma que *"Angústia* é o livro mais complexo de Graciliano Ramos" e que a narrativa apresenta um "tempo tríplice". (CANDIDO, 1999, p. 80)

Como exemplificação desse tempo tríplice, vejamos os seguintes trechos:

> Rua do Comércio. Lá estão os grupos que me desgostam. Conto as pessoas conhecidas: quase sempre até os Martírios encontro umas vinte. Distraio-me, esqueço Marina, que algumas ruas apenas separam de mim. Afasto-me outra vez da realidade, mas agora não vejo os navios, a recordação da cidade grande desapareceu completamente. O bonde roda para oeste, dirige-se ao interior. Tenho a impressão de que ele me vai levar ao meu município sertanejo. E nem percebo os casebres miseráveis que trepam o morro, à direita, os palacetes que têm os pés na lama, junto ao mangue, à esquerda. Quanto mais me aproximo de Bebedouro mais remoço. Marina, Julião Tavares, as apoquentações que tenho experimentado estes últimos tempos, nunca existiram.
>
> Volto a ser criança, revejo a figura de meu avô, Trajano Pereira de Aquino Cavalcante e Silva, que alcancei velhíssimo. Os negócios na fazenda andavam mal. E meu pai, reduzido a Camilo Pereira da Silva, ficava dias inteiros manzanzando numa rede armada nos esteios do copiar [...]. (A, p. 11)

Neste único fragmento, notamos: a percepção incômoda da realidade concreta, a qual depois se torna difusa, e leva a imaginação do narrador para o passado, fundindo ou sobrepondo temporalidades. Esse movimento vertiginoso da prosa de *Angústia* foi caracterizado por Antonio Candido da seguinte forma: "A narrativa não flui, como nos romances anteriores. Constrói-se aos poucos, em fragmentos, num ritmo de vaivém entre a realidade presente, descrita com saliência naturalista, a constante evocação do passado, a fuga para o devaneio e a deformação expressionista." (CANDIDO, 1999, p. 80)

A impressão que o leitor tem, muitas vezes, é a de um esgotamento da temporalidade, de um congelamento temporal, de um tempo que não passa, isto é, de um impasse: "A réstia descia a parede, viajava em cima da cama, saltava no tijolo — e era por aí que se via que o tempo passava. Mas no tempo não havia horas. O relógio da sala de jantar tinha parado. Certamente fazia semanas que eu me estirava no colchão duro, longe de tudo." (A, p. 208)

Além do caráter particular da temporalidade da narrativa, destaca-se em *Angústia* a repetição obsessiva de palavras e frases, como: "vida de sururu" (p. 10), "rato" — palavra que aparece muitas vezes no texto, aos poucos povoando-o, como uma população de ratos que crescesse: figuras reais de ratos chiam pelo armário, mijam-lhe os livros; a ratuína que é Marina; o rato burguês que é Julião; o rato que é ele próprio, existência rastejante e marginal em seu meio, "o espírito de Deus boiava sobre as águas" — expressão que aparece várias vezes no final da narrativa.

Merece também atenção a repetição de imagens e ideias que surgem no discurso de Luís da Silva: a cara balofa de Julião Tavares, a corda usada no crime, que aparece na mão de Seu Ivo dias antes e é evocada a partir de outros objetos, como o cano (pela sua extensão).

A cara balofa que parece inflar-se e o cano que parece transformar-se em corda são distorções que lembram arte de vanguarda: as pinturas cubistas, expressionistas ou surrealistas. O vanguardismo estilístico de *Angústia* é outro aspecto importante a ser ressaltado.

Vejamos dois trechos, em que o discurso delirante atinge alto grau de distorção da realidade:

> Nos rumores que vinham de fora as pancadas dos relógios da vizinhança morriam durante o dia. E o dia estava dividido em quatro partes desiguais: uma parede, uma cama estreita, alguns metros de tijolos, outra parede. Depois, a escuridão cheia de pancadas, que às

vezes não se podiam contar porque batiam vários relógios simultaneamente, gritos de crianças, a voz arreliada de D. Rosália, o barulho dos ratos no armário dos livros, ranger de armadores, silêncios compridos. Eu escorregava nesses silêncios como numa água pesada. Mergulhava neles, subia, descia ao fundo, voltava à superfície, tentava segurar-me a um galho. Estava um galho por cima de mim, e era-me impossível alcançá-lo. (A, p. 209)

As descrições assemelham-se aos céus distorcidos de Münch, ou ao cenário gótico de Robert Wiene, ou às telas de Dalí.

A consciência de Luís da Silva retoma situações já apresentadas no livro, mas que aparecem aqui transfiguradas: a imagem do afogamento nos remete ao tratamento severo recebido na infância, quando era atirado num poço de cobras:

Um estremecimento, uma queda. Ia cair da cama, o chão se abriria, eu rolaria pelos séculos fora disto. O espírito de Deus boiava sobre as águas. Livrava-me do susto, pouco a pouco ia resvalando no entorpecimento. Os caibros faziam volta, as telhas se equilibravam por milagre. Algumas dobras daquelas coisas brancas e moles desciam, aproximavam-se da minha boca, davam-me náuseas. (A, p. 213)

O chão se abre, Luís da Silva rola no espaço imaginário do tempo. O espírito de Deus está a boiar nas águas. As telhas se equilibram por milagre. Agora já estamos diante de uma imaginação tão aberta quanto as obras do surrealismo — quadros de Magritte, filmes de Cocteau. É bom lembrar que as "coisas brancas e moles" é a transfiguração da carne de Julião Tavares, sua adiposidade, com todo o asco que provoca em Luís da Silva.

É conhecida a ressalva de Antonio Candido a *Angústia*, que o livro considera composto com "partes gordurosas e corruptíveis [...] que o tornam mais facilmente transitório". (CANDIDO, 1999, p. 34) É também conhecida a carta de Graciliano em resposta aos comentários do crítico: "Onde as nossas opiniões coincidem é no julgamento de *Angústia*. Sempre achei absurdos os elogios concedidos a este livro, e alguns, verdadeiros disparates, me exasperam." (CANDIDO, 1999, p. 34)

Numa edição de *Angústia* (2003), Silviano Santiago apresenta um ponto de vista contrário a essa avaliação:

> Antonio Candido [...] chama *Angústia* de "romance excessivo". Contrasta-o com "a descrição e despojamento dos outros" romances, para acentuar que nele há "partes gordurosas e corruptíveis". Reconhece, no entanto: "talvez por isso mesmo seja mais apreciado [...] Rui Mourão vai além na crítica, ao ficar aquém da análise discursiva. Até a frase — observa ele em *Estruturas* [...] — sofre um "carreamento acumulador". O autor de *São Bernardo* "violenta-se", "produzindo frases, senão redundantes, de expressão multiforme e superpostas".
> [...]
> Os "defeitos" de composição na frase e no discurso ficcional não empanam a "alta qualidade" do romance. Ponhamos abaixo o contrassenso. Dos casulos de redundância nascerão borboletas! O romance é excepcional porque recebeu a composição justa. A superabundância dos detalhes foi alimentada pela imaginação enraivecida do apaixonado. A compulsão à repetição foi impulsionada pela escrita do paranoico obsessivo. [...] Composto de outra forma, *Angústia* não teria sido tão exitoso.
> Subversivo ao cânone luso-brasileiro? Sim. Subversivo ao cânone graciliânico? Sim. Subversivo à famosa leitura que João Cabral de Melo Neto faz do estilo "faca só lâmina" do romancista? Sim. E daí? A qualidade do romance decorre da "psicologia de composição" adequada, única e original dentro da literatura luso--brasileira. Ela o vincula não só a temas universais, mas também aos "defeitos" assinalados pelos críticos da literatura ocidental, como os romances de Honoré de Balzac ou Fiodor Dostoievski. (SANTIAGO, 2011, p. 293)

Os apontamentos de Silviano Santiago nos deixam uma questão importante: o aspecto considerado "gorduroso" pelo grande crítico Antonio Candido não seria, ele mesmo, elemento decisivo para a qualidade do livro de Graciliano? Não seria ele fundamental para que o romance fosse, como disse elogiosamente o mesmo Candido, uma "tumultuosa exuberância"?[17] O aspecto "gorduroso" não corresponderia, por exemplo, justamente ao fastio e à opressão extremos, a uma espécie de saturação que torna a experiência de leitura tão singular, como também Antonio Candido sugeriu: "O leitor chega a respirar mal no clima opressivo." (CANDIDO, 1999, p. 34)

Quanto ao "carreamento acumulador", atribuído a Rui Mourão, não poderia ele ser visto como método composicional eficiente contra a língua que corre fácil — "A loquacidade de Julião Tavares" a "voz líquida e oleosa que escorria sem parar" (A, p. 72) —, a insistência da verborragia hegemônica?

2.3. Nha Joja: do conformismo à indignação

Bastante singular é também a narrativa *Voz de prisão*, desenvolvida basicamente pelo diálogo entre o narrador e a personagem nha Joja, uma cabo-verdiana emigrada para Lisboa e em condição social estável, graças a seu filho Rolando, que ascendeu socialmente. A voz mais presente na enunciação é a dela. O narrador, que é seu interlocutor, logo no princípio da narrativa diz que prefere deixar por conta de Joja a condução da narrativa, embarcando em suas fantasias e recordações.

É singular também esse narrador. Ele participa da narrativa muitas vezes como uma espécie de entrevistador (ou até psicanalista), apresentando perguntas para Joja que pretendem disparar problematizações acerca das ideias da mulher. Pode-se caracterizar esse narrador como um intelectual identificado com as classes populares e com a cultura cabo-verdiana, correspondendo em alguma medida, portanto, à própria figura do autor — cujo projeto literário objetivava dar "voz" aos atores históricos de menor prestígio: a população cabo-verdiana, àquela altura submetida aos imperativos da relação colonial.

Esse papel de participar, interpretar, indagar às personagens e fazer comentários ao leitor, numa espécie de conversa à parte, talvez aproxime

---

[17] Chama a atenção a hesitação do grande estudioso com relação à classificação de *Angústia* em seu livro *Ficção e confissão*, que em artigo homônimo ao livro afirma, sobre o romance, "Obra-prima não será" (CANDIDO, 1999, p. 34), e mais adiante, no artigo chamado "Os bichos do subterrâneo", já afirma o contrário: "Nos três setores [da obra de Graciliano] encontramos obras-primas, seja de arte contida e despojada, como *São Bernardo* e *Vidas secas*; seja de imaginação lírica, como *Infância*; seja de tumultuosa exuberância, como *Angústia*." (CANDIDO, 1999, p. 71-72)

o narrador de *Voz de prisão* da categoria de *narrador-testemunha*, usada por FRIEDMAN (2002).

O enredo é, de acordo com nossa leitura, uma sucessão de diálogos (o "papiar", que é a conversação face a face típica da cultura cabo-verdiana), entremeados de digressões do narrador e citações de textos — espécie de colagem — de vários registros: poema, discurso político, prosa ensaística.

O papiar ocorre em lugares diferentes e tem como veio principal as considerações de Joja sobre Vítor Manuel, seu filho adotivo. A postura geral de nha Joja é defender a ideia de que Vítor, para alcançar sucesso na vida, deve cada vez mais se adequar aos costumes portugueses, privilegiando o uso desse idioma, deixando o cabo-verdiano para ser usado em ambiente familiar. Nas palavras dela: "Um português bem falado, uma pronúncia puxada dá importância à pessoa, dá distinção, não é deveras." (VP, p. 13)

Essa expectativa de Joja em relação a Vítor é frustrada; o rapaz vai se tornando cada vez mais crítico do sistema colonial e da submissão do cabo-verdiano ao português, tendo como um dos elementos disparadores o racismo sofrido por ele em Lisboa.

A desconfiança de Joja em relação às mudanças de Vítor é apenas um dado que diz respeito ao problema central dessa personagem — ao longo dos "papiares" o leitor percebe Joja dividida entre a solidariedade e a renegação de seus conterrâneos, o que se expressa de diversos modos. A solidariedade é construída a partir da admiração dos costumes (divertidos, festivos) de seu povo e também do sentimento de indignação com as injustiças sofridas por ele dentro da política colonial. Já a renegação obedece à lógica da identificação com a cultura dominante, atitude bastante presente entre os cabo-verdianos, com forte tendência à assimilação. (HERNANDEZ, 2002) Contribui para essa identificação com os "vencedores" no jogo colonial o fator objetivo de Cabo Verde estar associado, para nha Joja, ao seu passado de pobreza, miséria e fome, e o consequente medo de retornar a essa condição.

Essa ambiguidade de nha Joja com relação ao julgamento que faz de seus conterrâneos é decisiva para o movimento da narrativa. Joja, que busca convencer os outros e, mais ainda, a si mesma de que a luta entre negros e brancos é uma tolice, um equívoco: alegando que cada qual tem o seu papel na história. No entanto, envolvida no papiar e nas recordações que ele suscita, influenciada pelas outras personagens, suas colegas e o próprio narrador-intruso, Joja vai caminhando para a percepção inevitável de que vive no meio de um conflito e que a isenção é impossível. Quando, entre outros fatos decisivos, Vítor se mostra um estudante engajado na causa da libertação de Cabo Verde, Joja percebe que a discordância com o sistema colonial desencadeia uma atitude altamente violenta por parte das forças repressoras. Como Memmi nos lembra: "O candidato à assimilação, quase sempre, acaba se cansando do preço exorbitante que por ela é preciso pagar." (MEMMI, 1967, p. 108) Joja termina por perceber que lutar pela dignidade de ser cabo-verdiano implica receber em troca uma "voz de prisão", e que a harmonia entre colonizadores e colonizados é uma farsa.

2.4. As muitas vozes

São bem ilustrativas, com relação à narrativa *Voz de prisão*, as palavras de Joaquim Namorado na "Abertura" do romance:

> Lê-se este livro como se respira.
>
> Abre-se e no correr da leitura é como se já conhecêssemos esta gente que vamos encontrando ao voltar das páginas e retomássemos o fio de conversas interrompidas na pressa de encontros anteriores. O tempo, fluindo como um rio cujas margens são o mundo, vai correndo e umas vezes se demora no enredo das conversas, outras voa apressado, por cima de mares e continentes, voltando atrás a redordar (*sic*) cenas e pessoas, futurando sonhos, desejos, temores, conforme as marés. ("Abertura", VP)

Assim como *Angústia*, *Voz de prisão* é uma narrativa de alto grau de complexidade, da qual gostaríamos de destacar três aspectos: a variação temporal, a mistura de gêneros discursivos e o entrecruzamento de vozes.

Como no romance de Graciliano, a estrutura temporal de *Voz de prisão* não é linear. O papiar, que é predominante na narrativa, representa o tempo presente. Esse presente é cruzado constantemente com menções ao passado ou ao futuro:

> As voltas que o mundo dá. As voltas e reviravoltas que Pidrim deu. Pidrim, um rapaz modesto, um rapaz de Ribeira Bota, que toda gente viu pisar descalço pedra de calçada, tornado num buli-mundo

d'homem, está aqui hoje nesta farra de fim de semana. E mais. Está aqui neste motim e estará mais tarde nos que se farão na casa do director da Judiciária. (VP, p. 69)

É possível notar que o trecho começa com um comentário situado no presente, seguido da recuperação de fatos antigos, depois retornando ao presente e enfim projetando fatos futuros.

Já o fragmento abaixo é uma boa exemplificação da mistura de registros:

Estou pensando no Vítor Manuel e na nha Joja, nessa máquina de fazer esquecer o tempo, nesse jeito de adoçar a vida, a dizer-nos lá na sua casa que tomara um mocinho preto, um mocinho esperto comâ intentação. Dônde ele? Chegará hoje mais nha Joja? Meus olhos percorrendo as lombadas de alguns livros, tomando sentido nos autores que vêm desafiando esse mundo de absurdidade e de bruteza. Do racismo. Dessa vida de dor do racismo. Da desabusada grita dos escritores e poetas africanos, furando como formiga. Senghor nesse junta-mom de preto e branco. O espírito alevantado de Sartre. Franz Fanon. Adê, Fanon um moço violento comâ intentação. Aimé Césaire e suas armas miraculosas de negro antilhano afrontado. Os poetas americanos que são mandados comer na cozinha. E essa gente toda para lá. Uns caídos pelo chão. Luther King. Outros erguidos. O Poder Negro. As Panteras Negras. Eldridge Cleaver e Byron Booth. Carmichel. Eldridge Cleaver, esse chefe das Panteras Negras — a guerra começou. A fase violenta da luta pela libertação do povo negro chegou e há-de propagar-se. Por esse projéctil disparado, por esse sangue derramado, a América ficará vermelha de sangue. (VP, p. 40)

O narrador, observando as lombadas dos livros de Vítor, incorpora o discurso dos autores da estante, põe a falar suas vozes contestadoras. Na mistura de gêneros, o literário é atravessado por máximas políticas, reivindicadoras de uma nova condição para o povo negro de vários lugares do mundo.

Destaquemos também que, nesse ponto, o narrador identifica-se como intelectual engajado em sua menção ao universo filosófico-ideológico ao qual ele e Vítor filiam-se.

O entrecruzar de vozes, típico da conversação, também será o de diversos registros: além da alternância de narradores, temos também a presença súbita, como numa espécie de "colagem", de discursos externos à narrativa, as citações de outros textos. Esse entrecruzar é tão decisivo em *Voz de prisão*, que é um verdadeiro desafio para o leitor distinguir onde começa um discurso e termina outro, como se vê neste fragmento:

> Quem diria, nha Joja. Tu usufrutária, os filhos largados na graça de Deus, e tu aqui gozando direitamente nesta Lisboa, um pensar de tempo antigo, e de toda tua geração, sem ralações, sem canseiras. Bem, eu sei, em São Vicente morreu lá muita gente, morreu. Morreu muita gente morrida na tua ilha, não tantas porém como nas outras, onde a fome era mais crã. (VP, p. 22)

Observemos que o primeiro período corresponde à voz do narrador. O segundo período é falado por Joja. No terceiro, volta a voz do narrador. Tudo isso sem qualquer sinal próprio para marcar mudança de voz, ficando a cargo do leitor perceber qual é a personagem que fala.

Os três aspectos aqui destacados produzem, nas palavras de Dino Preti, uma "ilusão de oralidade" (PRETI, 1994), o que é reforçado pelo uso de um léxico cabo-verdiano. Abaixo alguns exemplos com o respectivo significado em português:

- feninha (VP, p. 45): mentira
- grogue (VP, p. 59): aguardente de cana
- amô (VP, p. 60): oh, moço
- codê (VP, p. 89): filho mais novo

Por meio desses e outros recursos, *Voz de prisão* se apresenta como resistência à dominação cultural e política sobre Cabo Verde, explicitando ao leitor o caráter violento da colonização portuguesa e os anseios de transformação dos ilhéus.

Engajamento e intelectualidade

A literatura engajada é feita a contrapelo da ideologia dominante; ressignifica os códigos do real, abrindo perspectivas, imaginando caminhos. Ela tem como escolha os pontos de conflito da realidade, investindo suas forças na denúncia da opressão, possibilitando a emersão de discursos não hegemônicos, os quais torna expressivos por os conceber como forma comunicativa específica.

Se Graciliano Ramos e Manuel Ferreira foram intelectuais que, cada qual em seu contexto discursivo, atuaram como vozes dissonantes, vale a pena lembrar que, entre os dois romances aqui comentados, há diferenças importantes no tratamento da figura do intelectual.

Em *Angústia*, a atividade intelectual é vista basicamente de modo negativo. Há um processo de desmascaramento no qual Luís da Silva faz questão de insistir: como se afirmasse, contra todos e contra si mesmo, que o intelectual é um farsante. Isso vale para seu julgamento sobre Julião Tavares, mas também podemos dizer que vale para o julgamento de si mesmo: Luís da Silva se desmascara, revelando-se irresponsável e mentiroso em sua atividade. Vai além disso: chega a dizer que a literatura o separou do povo, que o seu letramento o afastou da realidade, que deixou de ser um homem do povo para se tornar um "percevejo social". Para Luís da Silva, a literatura e o conhecimento não só não têm função digna, como, pelo contrário, são inimigos da dignidade, pois criam abismos entre os homens e impossibilitam um diálogo autêntico.[18]

O intelectual em *Voz de prisão*, representado inicialmente pelo narrador, é alguém que se abre ao diálogo e consegue congraçar-se com os demais atores sociais. Seu conhecimento não o afasta dos outros, como ocorre com Luís da Silva. É de se considerar também o papel dos intelectuais críticos para a formação da visão de mundo de Vítor Manuel. É justamente no contato com a obra dos autores libertários que sua problematização sobre a realidade colonial vai se formando e se firmando. Da afirmação da língua cabo-verdiana, afirmação que se dá pelo seu uso constante e — destaquemos este fato — não apenas pelas personagens, mas também pelo narrador-

---

[18] Uma análise mais consequente a respeito desse papel do intelectual na literatura de Graciliano Ramos, supomos, poderia render bons frutos à pesquisa sobre o autor.

-intelectual fora das situações explícitas de diálogos com as personagens, o que corresponde a uma forma linguística assumida como matéria central de seu discurso. O intelectual transita entre os polos da cultura sem que com isso marque hierarquias.

No caso de Luís da Silva, sua posição autocrítica e demolidora não o leva a transpor sua proteção social, ainda que esta não passe de uma subsistência. Na prática, sua capacidade de transcender sua condição não vai além de um crime. Mas de qualquer maneira estamos diante de uma voz estarrecida, inconformada, não confortável, a qual não apenas reconhece, mas também reconhece culpadamente seu distanciamento do povo. Ainda que se sirva da condição privilegiada de letrado, Luís da Silva é implacável ao atacar a si próprio, quase encontrando prazer em espezinhar-se:

> Julguei que os vagabundos me achavam diferente dos habitantes do bairro. E isto me fez apressar o passo e virar o rosto. Desejei retirar-me dali, ingressar de novo na sociedade dos funcionários e dos literatos.
> Crianças de azul e branco, naturalmente de volta da escola, tinham a pele enxofrada, o rosto magro cheio de fome. Sentia-me intruso. A minha roupa era velha, a gravata enrolada como uma corda. Com certeza os rapazes do bairro tinham melhor aparência. Em dias de descanso usavam roupa nova, lenço de seda, sapatos lustrosos. Mas havia em mim qualquer coisa que denunciava um estranho. As crianças olhavam-me como olham os homens que aparecem nas escolas pelos exames. Eu era uma das criaturas que elas estavam acostumadas a aborrecer, uma das criaturas que dizem palavras compridas em discursos. (A, p. 158)

O engajamento pela intelectualidade em *Voz de prisão* revela possíveis horizontes de união entre o intelectual e outros atores sociais, como vemos nestes comentários de Joja acerca de Vítor Manuel e da juventude estudantil empenhada:

> Vocês sabem, é um mocinho muito esperto mas agora ele anda com ideias estrambólicas. Fecha-se no quarto a ler, a escrever, metido na poesia, nunca para de escrever. Mete-me medo com suas coisas, não

sei por quê. Apareceram lá de roda dele dois patrícios mais velhos, na desinquietação. [...] Estes moços de agora ninguém pode com eles, andam por aí desofonados. (VP, p. 129)

O livro e o conhecimento letrado representam em *Voz de prisão*, portanto, elementos de transformação, de devir: modo de desmascaramento da realidade.

Contrastivamente, numa sociedade futura, pautada por justiça social, Luís da Silva vê-se da seguinte maneira: "Afastar-me-iam da repartição e do jornal, outros me substituiriam. Eu seria um anacronismo, uma inutilidade, e me queixaria dos tempos novos, bradaria contra os bárbaros que escrevem sem vírgulas e sem traços." (A, p. 157)

Isso se dá porque em *Angústia* o conhecimento letrado é visto pelo narrador-personagem como mentira, farsa, embora em geral esse julgamento valha para a produção oficial, jornalística e a dos romances que Luís da Silva condena. Pois uma outra forma de vida — autêntica — é ventilada por Luís da Silva: o casamento com a datilógrafa de "olhos agateados", uma vida pacata, que enchia de "ternura" (A, p. 93). Nesse devaneio, Luís "escreveria um livro de contos" que interessaria à datilógrafa. Luís da Silva, embora saboreie o devaneio algumas vezes, no fundo tem consciência de sua improbabilidade: "Provavelmente a datilógrafa de olhos verdes, enquanto sorria para mim no bonde ou na esquina, pensava numa espécie de Julião Tavares que iria visitá-la horas depois." (A, p. 87)

As velhas formas de "emparedamento" (ABDALA JR., 2012) inviabilizam o olhar para além do labirinto de desesperanças. E isso é denunciado pelo narrador-personagem Luís da Silva, cuja capacidade corrosiva está justamente na revelação da impossibilidade de se viver e de se praticar literatura autenticamente, isto é, de dignificar o papel do intelectual. Está na renúncia em exaltar a modernidade e sua inautenticidade, com as loas patrióticas e otimistas. Está em desmascarar esse "ouro falso" e mostrar o que, por trás dele, existe de falácia e de injustiça.

Em *Angústia*, vemos uma modernidade — esse "ouro falso" — em que os sujeitos se sustentam pela desfaçatez de caráter (Julião Tavares), pela abnegação de si mesmo em nome do dinheiro (Marina) ou, no caso de uma tentativa de autenticidade, a violência criminosa (Luís da Silva). Uma sociedade que não oferece meios de sobrevivência senão pela eliminação do outro, ou seja, uma sociedade inviável ao convívio. Já em *Voz de prisão* vemos uma realidade que, de cristalizada e opressiva, começa a se movimentar a partir da interferência de novos atores, os quais, na comunhão entre as pessoas que vislumbram o amanhã transformador (o narrador intelectual, Vítor Manuel e os estudantes), conseguem vislumbrar um amanhã: dia em que o jugo da colonização termine e uma nova conjuntura — a nação cabo--verdiana — possa florescer.

Seja como for, por entre as ruínas do que não quer viver ou ser, o desespero acaba, em seu aprofundamento crítico, jogando luzes sobre a crise, sobre o que falta. Nesse sentido, se não há utopia em *Angústia*, há um mal-estar em nível de paroxismo, um grau elevadíssimo de conflito. Lembremos que a palavra *angústia*, derivada do latim, tem como étimo "estreiteza, limite, restrição", "ansiedade ou aflição intensa".[19] Espremida entre os estreitos horizontes sociais e sua própria sensação de impotência e abjeção, a existência de Luís da Silva é essa realidade angusta. Angusto é também o mundo sufocante que o circunda, com seus "emparedamentos". Mas o estágio máximo de opressão e desesperança pode acabar por mostrar ao leitor a necessidade de mudança, a formulação de outra forma de vida social.

Nas palavras de Abdala Jr.:

> O futuro já é um espaço de aspiração — efeito [...] que a enunciação procura no leitor. Não que esse leitor vá ter uma visão do paraíso terrestre — um mundo idílico oposto às mazelas vividas pelas personagens de Graciliano Ramos. Não, o efeito desejado é outro, de ordem crítica: uma visão mais processual e totalizadora das carências, de seus emparedamentos, que pode abrir ao leitor a possibilidade de romper com esses limites da convenção estabelecida, exercitando e desenhando, pela criticidade, redes articulatórias tendentes a outros horizontes. (ABDALA JR., 2012, p. 144)

Em conformidade com as preocupações de Todorov e Said, que em plena contemporaneidade reivindicam o poder político-transformador da literatura, acreditamos como fundamental a leitura ou releitura de obras

---

[19] Cf. CUNHA, Antônio Geraldo da. *Dicionário etimológico Nova Fronteira da língua portuguesa*. Rio de Janeiro: Nova Fronteira, 1982. p. 49.

empenhadas produzidas em língua portuguesa, como é o caso de *Angústia* e *Voz de prisão*, não apenas como forma de estesia ou conhecimento do passado, mas também como participação nessa comunidade discursiva que reelaborou o idioma de maneira a explorar, em seu próprio interior, as tensões e ambivalências que ele representa.

Referências bibliográficas

ABDALA JR., Benjamin. Voz de prisão, voz de libertação. *Revista Colóquio/Letras*, São Paulo/Lisboa, n. 73, 1983. p. 29-34.

_____. *Literatura, história e política* — literaturas de língua portuguesa no século XX. São Paulo: Ateliê Editorial, 2007.

_____. Graciliano Ramos e as esferas da totalidade. In: *Literatura comparada e relações comunitárias, hoje*. São Paulo: Ateliê, 2012, p. 125-170.

BANDEIRA, Manuel. *Vou-me embora pra Pasárgada e outros poemas*. Rio de Janeiro: Ediouro, 1997.

BULHÕES, Marcelo Magalhães. *Literatura em campo minado* — a metalinguagem em Graciliano Ramos e a tradição literária brasileira. São Paulo: Anablume, 1999.

CANDIDO, Antonio. *Ficção e confissão — ensaios sobre Graciliano Ramos*. Rio de Janeiro: Editora 34, 1999.

CARVALHO, José Murilo. Chumbo grosso — assassinato e tortura eram práticas comuns da polícia política durante a ditadura de Getúlio Vargas. *Revista de História da Biblioteca Nacional*, 30 jan. 2015. Disponível em: <http://www.revistadehistoria.com.br/secao/capa/chumbo-grosso>.

DENIS, Benoît. *Literatura e engajamento*: de Pascal a Sartre. Bauru: EDUSC, 2002.

DOSTOIEVSKI, Fiodor. *Crime e castigo*. São Paulo: Editora 34, 2001.

FERREIRA, Manuel. *A aventura crioula*. Lisboa: Plátano, 1984.

_____. *Voz de prisão*. Lisboa: África Editora, 1978.

FRIEDMAN, Norman. O ponto de vista na ficção — o desenvolvimento de um conceito crítico. *Revista USP*, São Paulo, n. 53, p. 166-182, mar./mai. 2002.

GRUPPI, Luciano. *O conceito de hegemonia em Gramsci*. Rio de Janeiro: Edições Graal, 1978.

HERNANDES, Leila Leite. *Os filhos da terra do sol*: a formação do Estado-nação em Cabo Verde. São Paulo: Summus, 2002.

LAFETÁ, João Luís. *1930, a crítica e o Modernismo*. São Paulo: Editora 34, 2000.

MARTIN, Vima Lia. *Literatura e marginalidade* — um estudo sobre *Malagueta, Perus e Bacanaço* de João Antônio e *Luuanda* de Luandino Vieira. São Paulo: Alameda, 2008.

MEMMI, Albert. *Retrato do colonizado precedido pelo retrato do colonizador*. Rio de Janeiro: Paz e Terra, 1967.

MORAES, Dênis de. *O velho Graça* — uma biografia de Graciliano Ramos. Rio de Janeiro: José Olympio, 1993.

RAMOS, Graciliano. *Angústia*. Rio de Janeiro: Record, 1975.

_____. *Memórias do cárcere*. Rio de Janeiro: Record, 1985.

_____. *Linhas tortas*. Rio de Janeiro: Record, 2005.

RAMOS, Ricardo. *Retrato fragmentado*. Rio de Janeiro: Globo, 2011.

SAID, Edward. *Representações do intelectual*. São Paulo: Companhia das Letras, 2005.

SANTILLI, Maria Aparecida. *Paralelas e tangentes entre literaturas de língua portuguesa*. São Paulo: Arte e Ciência, 2003.

SCHNAIDERMAN, Boris. Prefácio do tradutor. In: DOSTOIEVSKI, Fiodor. *Memórias do subsolo*. São Paulo: Editora 34, 2000.

TORRES, Alexandre Pinheiro. *O neorrealismo literário português*. Lisboa: Moraes, 1977.

VILLEN, Patricia. *Amílcar Cabral e a crítica ao colonialismo*. São Paulo: Expressão Popular, 2013.

3. Faulkner e Graciliano: pontos de vista impossíveis[1]

Ana Paula Pacheco

> "Meu nome verdadeiro é caixão enterro
> Cemitério defunto cadáver"
>
> (Stela do Patrocínio, "Reino dos bichos e
> dos animais é o meu nome")

Em 1930, quando *As I lay dying* foi publicado pela primeira vez, os Estados Unidos estavam perto de encontrar o futuro, que chegaria com a era Roosevelt, nos anos do New Deal. Como muitos outros futuros sob o capitalismo, também este não seria tão promissor para os "de baixo". Na antevisão de William Faulkner — na verdade um senso agudo de observação do presente —, todo projeto modernizador capitalista tinha de ser encarado com desconfiança, pois o que se projetava no horizonte dos pobres era, tal qual descreve uma de suas personagens, a imagem de um ovo ensanguentado, gorado: não poderia gerar frutos tampouco ser comido.

O recorte do escritor trazia a vantagem de indagar os desastres do projeto modernizador a partir de olhares situados no sul vencido na Guerra de Secessão, portanto a partir de um lugar atrasado em todos os sentidos. E, mais, um lugar atrasado que não permitia nenhum tipo de idealização, pois se tratava, como sabemos, do conjunto de estados até ontem escravis-

---

[1] Este ensaio faz parte de um trabalho maior, em desenvolvimento, que aproxima romances brasileiros e norte-americanos dos anos 1930-1940. Na parte final, retomo pontualmente passos de um ensaio autônomo sobre *Vidas secas* e o intelectual, para introduzir a análise do ponto de vista de Baleia.

tas. Nesse sentido, talvez seja possível pensar o modo pelo qual Faulkner viu encarnar-se ali o pior de dois mundos: o tradicionalismo retrógrado e antidireitos civis, por um lado; por outro, a reconstrução, a modernização excludente, e a crise econômica, de 1929, que redespertava no país tendências de extrema direita. O estudo das formas de opressão e dominação dentro da família Bundren, em suas relações interpessoais, é nesse sentido um estudo do país. Assim ancorados, os estilhaços narrativos não são apenas "expedientes" modernistas, mas correlatos formais em sentido forte.

Naqueles anos de confiança no progresso prometido com o fim da Guerra Civil e o início do novo século, vale lembrar a guinada à esquerda feita pela produção cultural do modernismo, palpável no esforço coletivo de traduzir a crise econômica e política em termos de crise cultural (SOARES, 2013), dando substância ao próprio conceito de cultura. Entre outras coisas, tratava-se de discutir a tradição (política, social, cultural) local, com materiais estéticos avançados e ânimo reflexivo.

Também Graciliano Ramos via-se à época de *Vidas secas* diante do "novo" — os anos seguintes à Revolução de 1930 — que ao escritor desconfiado se afigurava, não por acaso, como *tempo parado*. Vista a partir do chão dos miseráveis, a contemporaneidade parecia um tempo de má infinidade: *nem vida, nem morte* — *vidas secas*, que permaneciam como tais. Desde o título, ao que tudo indica, o autor marcava o interesse por descrever circunstâncias históricas seculares, reatualizadas, que alteravam nada menos do que a própria definição do que seria a vida, desmascarando, de enfiada, a falsa universalidade da marcha moderna do "progresso". No caso, vidas inalteradas pela modernização dos anos Getúlio Vargas, cujas providências legais nem sequer miravam as condições materiais dos subtrabalhadores do campo.[2] Descrever a modernização capitalista a partir de práticas coetâneas de acumulação *primitiva*, na verdade *perpétua* (HARVEY, 2004), é ainda hoje um dos feitos do romance de Graciliano.

Da frase à fábula, as tensões entre o narrador e as personagens, cujos descompassos remetem ao abismo social brasileiro, à dominação pessoal

---

[2] Como bem sabemos, instituição do salário mínimo, limite de jornada de trabalho na indústria e no comércio, regulação da jornada das mulheres e do trabalho infantil eram na história brasileira novidades, com feição de avanço (o que de fato eram), mas como sabido tratava-se exclusivamente de legislar sobre o trabalho formal e urbano, a despeito de, àquela altura, a promoção da indústria ainda correr em paralelo à diversificação do setor agrícola. Cf. Francisco de Oliveira (2003).

e à expropriação na base de uma perversa divisão do trabalho, fazem par com a representação da atividade dos subtrabalhadores em primeiro lugar como *trabalho da caça ao trabalho*; para nós, em tempos de neoliberalismo, gritantemente atual. À ideologia do trabalhismo, Graciliano respondeu com o dia a dia do subtrabalhador rural. Para além de sua especificação, que sem dúvida ultrapassa o caráter de denúncia de bons romances da década de 1930, tem alcance reflexivo *o confronto entre trabalhos diversos*, esteticamente suposto na diferença entre trabalho intelectual e braçal, outra qualidade não prescrita desse livro.

Pode-se dizer que também em *Enquanto agonizo* (FAULKNER, 2001)[3] — na feliz tradução brasileira, superior à portuguesa, *Na minha morte* — o caráter de *trânsito contínuo*, sem possibilidade de se aceder a uma superação em que morte e vida não se confundissem, vem assinalado desde o título. A desintegração — moderna — dos indivíduos de uma família pobre e tradicional do sul dos Estados Unidos, até o limite da paralisia, da loucura, da mutilação, é um modo de estudar, *por dentro*, no núcleo primário de uma formação social, as impiedosas leis contemporâneas.

O tema da migração de famílias pobres aproxima igualmente os dois "romances" em suas diferenças. *As I lay dying* faz parte, nesse sentido, de uma tendência da literatura norte-americana num momento em que, finda a Guerra Civil e vencida a Primeira Guerra, o país parecia não ter mais empecilhos sociais ou financeiros à industrialização. O romance se volta para o tema não mais circunscrevendo-o a um problema regional, mas nacional,[4] à medida que as cidades industriais atraíam os camponeses, logo em seguida jogando-os na miséria por causa da crise de 1929 (SOARES, 2013). Após a agonia e a morte da matriarca (as quais todavia não terminam para valer), a família transporta o cadáver para uma cidade distante, Jefferson, onde Addie Bundren quis ser enterrada. O trajeto com o esquife, passando por pontes quebradas, perdendo bichos para a enchente, com indivíduos da

---

[3] Todas as citações se referem a essa edição.
[4] No capítulo das simplificações e detrações, tanto Faulkner como Graciliano foram diversas vezes chamados por comentadores de "regionalistas", o que é um modo de reduzir o alcance de narrativas cujo escopo é não só nacional como "universal", se é das consequências muito concretas do capitalismo avançado que se fala quando se estudam estruturas sociais, políticas e econômicas rurais — "atrasadas", por exemplo, em anos de progresso da República de Lincoln, ou nem tanto, à luz dos anos Hoover, quando se pareciam mais com o resto do país, e do mundo, "quebrados" em 1929.

família mutilados física e/ou psiquicamente, diz muito sobre o que significa se mover do campo para a cidade. Dewey Dell quer fazer um aborto, Cash precisa de médico, Anse quer colocar dentaduras — há esperança de que a cidade resolva problemas prementes, traga um recomeço, mas o único que o consegue é o pai, com meios tão duvidosos quanto os que parecem fazer a sorte dos habitantes de um mundo siderado por vitrines e regido pela competição. Destaque-se, como movimento do enredo que faz as vezes de comentário ao assunto "migração", a passagem entre mobilidade e imobilidade, uma constante estrutural.

Em *Vidas secas*, a família se arrasta pela planície comida pelo sol, janta um bicho de estimação tão magro quanto eles, tem sobre si aves que transformam em alimento os olhos dos seres ainda vivos. Como todos lembramos, se fixam numa fazenda abandonada, arranjam trabalho, fazem-na reviver, até que ao anúncio de nova seca o proprietário recolhe os bens e desaparece, obrigando-os a migrar novamente. A cidade é também o derradeiro ponto de fuga da migração, que, a crer no narrador, só os tornará de outro modo mais uma vez *presos*.[5]

A imagem mais forte de ambos os livros — a indistinção entre vida e morte, ou a ultrapassagem dos limites entre uma e outra — faz pensar na apontada "segmentação" da estrutura de *Vidas secas* (Antonio Candido), assim como na famigerada e produtiva "confusão narrativa" de Faulkner, sob o signo da pluralidade de vozes. De que modo os estilos de Graciliano e de Faulkner — realizando uma *radicalização do realismo, ao escolherem pontos de vista impossíveis* (PASTA, 2013),[6] seja o da morta ou o da franzina cadela agonizando — ressignificam o uso do discurso não linear, no sentido de uma quebra da linearidade da história dos vencedores?

---

[5] O célebre fecho de *Vidas secas* trata de desencantar a migração NE/SE, indicando, sob a promessa de proletarização na cidade grande, a formação do subproletariado como um exército de reserva para o "progresso da nação": "Iriam para diante, alcançariam uma terra desconhecida. Fabiano estava contente e *acreditava nessa terra, porque não sabia como ela era nem onde era*. Repetia *docilmente* as palavras de sinha Vitória, as palavras que sinha Vitória murmurava porque tinha confiança nele. E andavam para o sul, metidos naquele sonho. Uma cidade grande, cheia de pessoas fortes. [...] *Chegariam a uma terra desconhecida e civilizada, ficariam presos nela*. E o sertão continuaria a mandar gente para lá". (RAMOS, 1999. p. 126, grifos meus) Todas as citações de *Vidas secas* se referem a essa edição.
[6] As ideias desse ensaio de José Antonio Pasta são o sopro da nossa leitura e, como verá o leitor, estão disseminadas por toda parte dela.

No capítulo das negatividades produtivas, portanto, outro traço fundamental comum a *As I lay dying* e *Vidas secas* é a desestabilização da forma romance (europeia), desde já problemática, uma vez que seu fundamento ideológico levava a narrativa a concentrar-se naqueles que, na divisão do trabalho, manipulam e consomem a riqueza, e não nos que a produzem.[7] Evidentemente, o universo burguês, sem dúvida implicado nos dois livros, não é o horizonte de significação das preocupações diárias de homens pobres no sul dos EUA, e muito menos de retirantes brasileiros.

Para resumir nosso ponto de partida e buscarmos sua especificação, os dois "romances" trazem afinidades estruturais: *As I lay dying* fixa o tempo histórico num limiar entre vida e morte, presente tanto na vida que se reduz a uma antessala da morte — Addie na cama olha pela janela o filho construindo seu caixão, seguindo ordens suas — quanto na morte que não está livre da vida — o cadáver que narra, num dos capítulos, memórias de Addie; *Vidas secas*, como indicamos, junta ao substantivo um particípio com aspecto de perpetuidade, designando um estado sem fim à vista, vidas sem fluidos vitais, vidas em estado de agonia. Não por acaso o capítulo mais comovente é o de Baleia, narrando sua própria morte, como num *tour de force* sobre si mesma.

Trata-se, enfim, de pontos de vista — respectivamente, o da mãe, Addie Bundren, e o de Baleia — que não só acrescem à profusão, ou à cisão/insciência da onisciência seletiva múltipla, um outro modo de prismar a realidade, mas trazem *para o coração desse prisma a radicalidade de olhares impossíveis*.[8] O que significam eles no contexto das obras?

Dizendo com pegada teórica mais firme, duas serão as perguntas: 1) O que pode significar, em duas obras realistas — e decididamente experimentais —, a presença de pontos de vista impossíveis, ou realisticamente implausíveis (o que paradoxalmente acresce realismo a ambas), no caso de Faulkner, pontos

---

[7] O destino, bem ou mal logrado do indivíduo burguês, protagonista do romance como forma de uma totalidade social (que se universalizou ideologicamente), é ainda a história dos vencedores. (SCHWARZ, 1981) Tal eixo tinha correspondência na estruturação do enredo — via de regra linear, passando por conflito e desaguando em desenlace, ou seja, em resolução, ainda que para mal das aspirações individuais mais românticas — e mesmo que a crise do romance (europeu) virasse tal linearidade de ponta-cabeça, seu fundamento não era o mesmo da forma direcionada a narrar a história dos vencidos, ainda mais em espaço periférico.

[8] Para o problema no largo espectro da cultura brasileira, com decorrências próprias, ver o ensaio citado de José Antonio Pasta.

de vista inverossímeis até, como pretendo indicar? 2) Tendo isso em vista, como pensar a relação entre forma e matéria nos dois "romances"?

Para quem conhece minimamente os autores, nem é preciso explicar que os procedimentos de vanguarda — em ambas as narrativas dando forma a matérias históricas "atrasadas", o que já é parte de um problema crítico — não se reduzem a novidade "estética", ou cosmética. De resto, quanto a Graciliano, do qual posso falar com mais propriedade, a verificação do estado geral do mundo implica perceber as transformações históricas, suas possibilidades e retrocessos, como dados objetivos em relação aos quais *o próprio ponto de vista do escritor pode se reconhecer como limitado* (evidentemente em sentido oposto ao pós-moderno, que relativiza despolitizando), ou melhor, cheio de contradições, o que, a meu ver, é sempre um ganho. O olhar de Baleia, por exemplo, pode ser uma maneira de calibrar, ou testar, a aspereza das verificações do intelectual — até que ponto? — ou mesmo as limitações inerentes à posição de um narrador (este, onisciente) de classe diferente da de suas personagens? E o olhar da morta, o que dirá sobre uma família a caminho da cidade, cujo pai está a um passo de ter novamente dentes, num tempo em que os vivos comem os vivos, enquanto a terra não digere seus mortos?

As I lay dying: nem todo mundo pode comer seus erros

> "[...] como se tivéssemos atingido o lugar onde o movimento do mundo devastado se acelerasse bem antes do derradeiro precipício. [...] É como se o espaço entre nós fosse tempo, uma irrevogável qualidade." (Darl, p. 123)

No romance de Faulkner, a modernização está presente no cotidiano, junto aos arcaísmos mais brutos, no horizonte das personagens, em formas incipientes e degradadas. Tecnologia, ciência, jazz no gramofone, em vez de serem anúncios de possibilidades à vista, funcionam mais como coisas das quais um "sujeito" pode fazer uso para sentir-se como tal. Não diminuem os males nem alegram o coração, empilham-se sobre o velho sem lhe alterar a essência violenta, ou a precariedade. Aparentemente atributo urbano, "disponível" à distância de um (árduo) percurso de carroça (na verdade presente em tudo, inclusive nos espaços que passaram a ser considerados obstáculos "pré-modernos" à industrialização massiva do país), é a modernidade que dá a Dewey Dell a possibilidade de comprar uma droga abortiva na farmácia, ao preço de um estupro; ou que dá a Anse Bundren uma dentadura "para poder comer como um homem", depois de roubar os filhos; que dá a Cash um curso técnico de marceneiro e ferramentas compradas em catálogos, insuficientes para mudar sua vida de trabalhador (agora duplamente) explorado; ou que dá à família destroçada um pequeno gramofone, espécie de brinde que vem com a *nova* mulher do pai, adquirida, salvo engano, numa pronta-entrega, com toda a brutalidade que o mercado tem a oferecer ("Esta é a nova mãe de vocês", diz Anse aos filhos, que acabam de enterrar Addie). As coisas são o que são; se alguma aura paira sobre elas, é a da melancolia, não porque a velha vida fosse melhor, mas porque a modernização parece ter vindo afiar antigos horrores.

É assim que episódios aparentemente circunscritos a um antigo modo de vida *nos transportam para dentro da lógica* de uma modernização pautada nas leis do livre mercado, *vista pelos de baixo*, o que lhes dá sentido bem concreto. A saber, o de suas consequências, visíveis em compasso mais largo após a crise de 1929, quando Faulkner decide escrever sobre o Sul dos pobres, e não o das famílias aristocráticas, possivelmente procurando, nesse outro âmbito social, um retrato do capitalismo e suas leis primitivas. É o caso do segundo capítulo, em que Cora nos dá uma aula de economia doméstica, não fosse a presença de uma compradora abastada, que dá para trás, cancelando a encomenda de bolos depois de pronta, e deixando o prejuízo para quem trabalhou de graça. No cálculo da cozinheira, algo pré-moderno e banhado a religiosidade, a encomenda era uma chance de trabalhar e compensar galinhas perdidas. Como havia sido ela quem insistira com o marido para comprarem as de boa raça, não pôde ficar com os ovos. Por sorte, ou Graça, as galinhas naquela semana botaram tantos ovos que era possível economizar ovos a mais do que os que contavam para vender, e ainda o suficiente para que farinha, açúcar e lenha do fogão não custassem nada ao preparar os bolos. Eis que a compradora muda de ideia e decide não fazer mais a festa. Numa operação meio mágica de compensação ilusória, todavia conforme a economia de mercado, que manda a conta para os pobres, Cora vê fazer água a chance de compensar as perdas mas chega à conclusão de que *pelo menos não perdeu nada, já que perdeu só o trabalho de fazer os bolos*. A amiga, menos conformada do que ela, observa que "essas mulheres ricas da cidade podem mudar de ideia. Os pobres, não". Cora não se deixa convencer: "Eu poderia ter usado bem o dinheiro. Mas na verdade é como se tivessem me custado [os bolos] só o trabalho de fazê-los. [...] *Nem todo mundo pode comer seus erros...*" (p. 13, grifos meus)

Com aparência inofensiva, a racionalidade entranhada em Cora é a da exploração incontrastada, cuja contraparte ou consolo, a possibilidade de "comer os próprios erros", paga preito à ideologia do "livre" mercado, vindo acrescentar à extorsão escravocrata de ontem um fio de continuidade presente. Curiosamente, somos levados a frequentá-la (a exploração) em chão de terra, nas relações internas, ou de vizinhança, centrados numa família *tradicional* em que a matriarca verifica até a execução do próprio esquife e o pai não tem dúvidas quanto à posse sobre os filhos, seus rumos, seu trabalho, constantemente sujeito a extorsão. *A mistura de temporalidades é, de resto, uma marca da percepção do presente por várias personagens, confundindo-se com regressão e suspensão temporal.* A confusão entre moderno e arcaico torna-se confusão entre começo e fim dos tempos, e se cristaliza como uma estrutura de sentimentos (WILLIAMS, 1979) presente no *dia a dia* da família. No limite que as imagens frequentam, trata-se da *indistinção* entre homens, bichos, vegetais.

Tal reino da indistinção, no qual se mesclam dimensões do mito (suspensão temporal) e da história de vida das personagens, engasta-se num pano de fundo histórico vivo. (Nesse sentido, não é de pouca importância, por exemplo, que a ponte que desaba, lançando, num turbilhão de águas, homens, charrete, cavalo, mulas, ferramentas, caixão e cadáver, tenha sido feita durante a reconstrução pós Guerra Civil norte-americana.) Quer dizer, se suas percepções e explicações do mundo e da vida são mitificantes, com ênfase em imagens regressivas — como se não só o tempo, mas o ser humano, *regredisse a protoformas* — suas trajetórias de vida mostram a base concreta das fabulações: as condições e as perspectivas baldadas de não sujeitos históricos, submetidos, por um lado, ao ritmo da modernização que os deixa para trás, por outro, a um pai que arranca as sobras à família. *Exploração e autoridade são chamadas pelo nome de desnatureza, ou regressão.*

As imagens nos monólogos interiores que compõem a meia centena de capítulos beiram o grotesco, sem riso ou estranhamento, um grotesco rotinizado. Perto da morte da mãe, Vardaman, o caçula, pesca um peixe muito grande, que sangra a ponto de parecer um porco. Cortado, transforma-se em pedaços que não são de peixe. Logo mãe e peixe indistinguem-se, e então todos, porque comerão pedaços da morta:

> [...] agora está tudo em pedaços. Eu o cortei em pedaços. Está na cozinha na frigideira ensanguentada, esperando ser cozido e comido. Então não estava aqui e ela estava, e agora está e ela não. E amanhã vai ser cozido e comido e ela vai ser ele e o pai e Cash e Dewey Dell e não haverá nada dentro do caixão e então ela poderá respirar. (p. 60)

Como diz um dos monólogos de Vardaman, que ocupa todo um capítulo: "Minha mãe é um peixe." Quando o caixão é tragado pelo rio e a mãe briga para ficar debaixo d'água, a imagem regressiva se completa. A mesma mãe, entretanto, é também outra, porque, como diz Darl, "A mãe de Jewel é um cavalo". O peixe tem tripas, e por isso também se confunde com um porco, assim como Dewey Dell, grávida, se vê como um pequeno balde cheio de tripas, dentro do mundo que está dentro de um balde maior cheio de tripas. Jewel, por sua vez, montado no cavalo que comprou trabalhando escondido durante as madrugadas, é um centauro de madeira (mas o cavalo será *vendido* pelo pai, para comprar outra mula, pois as antigas afogaram-se no rio).

As sequências indicam que as formas não param de se metamorfosear (como as mercadorias? como nos mitos?), *pois ninguém é*.[9] Daí também a eloquência da cena do turbilhão de águas, que a todos e tudo traga, misturando em seu movimento. Quem ensaia alguma autonomia ou emancipação, como Cash, o único filho que tem uma profissão e detém suas técnicas, quebra a perna e a capacidade de ir adiante, ao cair de um telhado, machucando-se novamente um ano depois no rio furioso — *por sorte*, pensam, duas vezes a mesma perna.

A estrada, o rio e a profissionalização de Cash convidam a ver na mobilidade um sinal inequívoco dos novos tempos e suas possibilidades ou falsas promessas. Logo mobilidade se transforma em imobilidade, voltando a ser

---

[9] As reflexões sobre ser–não ser estão em vários momentos do livro, e têm base material. Darl, por exemplo, fica elucubrando sobre a necessidade de "se esvaziar", não ser, para poder dormir. "E quando você se enche de sono, nunca foi. Não sei o que sou. Não sei se sou ou não. Jewel sabe que ele é, porque não sabe que ele não sabe se é ou não...." (p. 70) Noutro momento, conversando com Vardaman, diz: "Nunca tive nenhuma [mãe]. Porque se eu tivesse uma, já era. E se já *era*, não pode *ser*. Pode?" "Não", responde Vardaman. "Então eu não sou", diz Darl. "Sou?" (p. 85, grifos no original)

movimento, para outra vez paralisar-se. As passagens estão em toda parte do livro, encontrando em Cash, além de Addie, uma síntese negativa (como vimos, transformada em peixe a *morta desliza* pela água; mais adiante, toma a palavra por todo um capítulo, trocando a mudez pétrea pela ira).[10] Cash é o único dos filhos a sair do campo da família de lavradores. Anse maldiz a modernização do lugar; afinal, se não houvesse estrada, o filho não sairia para fazer o curso de carpinteiro. Não trabalharia fora, diminuindo a mão de obra familiar na lavoura (nem Darl seria tentado a sair por saber fazer seus próprios negócios, por ter "olhos para a terra"). Quando, no trajeto para a cidade, Cash se machuca pela segunda vez, o pai acaba decidindo comprar cimento, e Darl lhe imobiliza a perna, enquanto Cash está *deitado sobre o caixão da mãe*. A seguir, ao pararem na propriedade de Mr. Gillespie, veem que a perna e o pé gangrenaram. Tentam quebrar o cimento com um ferro e um martelo, mas o cimento está colado à pele; se insistirem, ela sairá junto com o material. Depois de seis dias, a perna é examinada por um médico, Peabody, que diz a Cash que ele perderá sessenta polegadas quadradas de pele para que se consiga arrancar o cimento; ficará com uma perna mais curta e mancará para sempre, caso consiga voltar a andar. O desenrolar dos acontecimentos fala por si; o filho, que teria mais chances de se tornar sujeito nos "novos" tempos, termina com a perna cimentada a mando do pai. A liberdade — que não é uma sensação, um estilo de vida, ou de consumo — inexiste, o mesmo para a possibilidade de planejar o futuro. E não é casual que, no livro, as asas tenham sido transportadas para as pernas.

 A precariedade das condições materiais, somada à associação entre a ignorância e a sovinice de Anse Bundren, não deixa dúvidas sobre o lugar reservado aos pobres num mundo de letreiros, mercados, lojas, farmácias, oficinas, lanchonetes, como o que veem em Jefferson, e que, ao contrário da aparente direção do movimento, vai até eles. Como prismar a estranha realidade que tudo domina?

 O ponto de vista impossível não é só o da morta. Ele toma a totalidade de vivos e mortos que não podem *ser*. Em muitos capítulos do livro encontramos "narradores impossíveis", ou seja, ficamos sabendo dos acontecimentos por

---

[10] Quando Darl incendeia o estábulo de Gillespie, numa das paradas do trajeto, o caixão também se movimenta, aparentemente sozinho (o corpo de Jewel, que o segura, fica escondido atrás dele), dançando no meio do fogo, e depois caindo para a frente, "tomando impulso". Ver William Faulkner. (2001, p. 185)

personagens que não estão presentes, mas a distância descrevem detalhes e contam os acontecimentos *no momento* em que eles ocorrem, ou sabem deles sem que ninguém os tenha visto; notadamente Darl em várias cenas, e no momento da morte da mãe, quando se encontrava, com Jewel, fazendo um trabalho noutro lugar para ganhar três dólares. Já Dewey Dell comenta o falecimento da mãe sob o signo da própria ausência, também um ângulo a princípio impossível para quem estava na cena da morte: "Ouvi dizer que minha mãe está morta. Eu gostaria de ter tido tempo de deixá-la morrer. Gostaria de ter tido tempo para desejar tê-lo. Isso porque nesta terra selvagem e violada é muito cedo muito cedo muito cedo." (Dewey Dell, p. 99) O tempo, uma "qualidade irrevogável", como pensa Darl, certamente não lhes pertence, pois não são sujeitos de sua história. Addie e Darl o atravessam, sem prejuízo de ser ele quem os atravessa a todos.

Quem já leu "A terceira margem do rio" sabe que a diferença entre o vivo e o morto é o tempo. E que, quando ela se suspende, somos levados a frequentar um não tempo, ou *uma história que não pôde se decantar*, constituir-se como tal, *distinta do mito ou do "irrevogável"*. O que não se revoga é, entretanto, igualmente o que não anda para trás, a despeito de todas as imagens grotescas e protoformes do livro, que, sob aparência de uma anterioridade imemorável, falam do presente. São os "novos tempos" o objeto da reflexão, das intuições e incompreensões das personagens de baixo poder aquisitivo, num mundo que, também este, não será delas. O ponto de vista impossível, no limiar da morte, *tudo agrupa numa desnatureza*. Addie — a professora que odeia crianças como quem odeia o futuro ou o que tem chance de ser realmente novo[11] — se lembra, já morta, da voz do pai dizendo que a razão para viver era *se preparar para estar morto durante muito tempo*. Quem não viveu uma vida digna de ser chamada pelo nome, não pode morrer de verdade, nem para sempre.

Como dissemos, *Enquanto agonizo* situa-se num momento de ascensão de formas de comportamento de extrema direita, ainda sem uma resposta de peso, mesmo que ambivalente,[12] como seria a do combate de Roosevelt às Institui-

---

[11] Cf. o capítulo que leva seu nome, em que fala o cadáver.
[12] Como se pode constatar pelas críticas dos socialistas à época, Roosevelt perseguiu os líderes da I.W.W., a maior organização sindical dos EUA, ao passo que entrava na guerra contra o fascismo, exigia da Frente Popular o controle das iniciativas populares mais radicais, até mesmo das tentativas de greve, que até os anos 1920 tiveram força extraordinária nos EUA. Cf. www.marxism.org (acesso em: 2 fev. 2016).

ções de direita, contrárias ao New Deal. Na trajetória de Anse Bundren e de seus filhos, a falta de socialização dos bens e da vida mesmo entre indivíduos de uma família, ou seja, no espaço que o idealismo burguês havia reservado aos melhores sentimentos, ao bem, desinteressado, é um sintoma histórico. (HORKHEIMER, 1978) (Mas é claro que não seriam os sentimentos o contraveneno de práticas objetivas cuja finalidade está no mercado de "bens", de trabalho, em suma, de "integração" capitalista.) Nas formas supostamente pré-capitalistas de sociabilidade, expectativa do leitor sobre o campo — como se não tivessem sido, também elas, colonizadas pela escravidão, um grande negócio do capital —, encontram-se competição, deslealdade, apoderamento, usurpação, em graus extremos. Da perspectiva dos moradores locais, até Deus continua ajudando, por costume, Anse Bundren a tirar vantagem dos seus. Ao final, quando esse pai consegue dentaduras e nova mulher, Darl está internado num hospício, Cash está mutilado, e Dewey Dell, procurando matar a vida que tem dentro. A Jewel, Anse tirou o cavalo, comprado com o suor que ele [trabalhando dobrado] "roubou da família"; a Dewey Dell, levou o dinheiro guardado para fazer o aborto. Vardaman, o caçula, vê seu irmão ir de trem para o hospício, "brilhando sobre os trilhos" de uma vitrine escura. A associação entre loucura, mercadoria, falta de horizontes fala alto.

Vidas secas e Baleia: a natureza como esclarecimento

> "O mundo exterior revela-se à minha Baleia por intermédio do olfato, e eu sou um bicho de péssimo faro." (Graciliano Ramos, *Cartas*, p. 195)

Tornou-se lugar-comum dizer que *Vidas secas* é um livro sobre a seca, o ciclo da estiagem e das chuvas, e ponto, como se vivêssemos na pré-história. Sem dúvida, já desde a abertura, o livro mostra a dependência de uma família pobre em relação ao meio, mas, também desde o início, frequentar *com os olhos* aquele espaço diz algo mais: o quadro quase desértico aponta no seu vazio para outros homens (vivemos em sociedade), cuja ausência é, por assim dizer, uma especificação. Não por acaso também a fazenda aonde chegam quando o dono se retirou será caracterizada como um deserto. O encadeamento das imagens se dá à maneira de um pesadelo em que o tempo falta como se faltasse o chão, e ao leitor desperto ocorre perguntar pelo lugar dessa temporalidade na ordem contemporânea.

A sobreposição de paisagem, homens, e bichos é ressaltada pela montagem que intercala a descrição do quadro à das pessoas, e destas à dos moribundos e necrófagos, caracterizando não uma natureza "em si" (ontologizada), da qual todos seriam parte, mas a violência generalizada num mundo que, como dissemos, apenas parece inabitado por outros homens, que deixaram estes à própria sorte. Essa parte de um todo, que a montagem inicial mostra apenas como parte, remete a um sentido maior despedaçado, o qual tem na fome e na morte o seu denominador comum. (E, como em *As I lay dying*, certa indistinção entre homem, bicho, comida é, de outro modo, também indubitavelmente mediada pela morte: "A caatinga estendia-se, de um vermelho indeciso salpicado de manchas brancas que eram ossadas." p. 9-10.) Daí a presença alegórica da natureza — conforme lembra Walter Benjamin, desde sempre sujeita à morte — figurando a História. Entretanto, mais uma vez, não se trata de qualquer morte mas da que se confunde à vida. Seu signo cabal será a necrofagia, presente noutras tantas imagens do livro.

De maneira semelhante a *As I lay dying*, embora evidentemente com diferenças, também em *Vidas secas* são duas as operações do foco narrativo: 1) o caleidoscópio dos olhares/narrações das personagens; 2) um foco maior que tudo subsume, ou tenta dominar, o do narrador de 3ª pessoa, e o de seu *outro*, Baleia. Ambos olham as personagens, desconhecendo-as, por ângulos assimétricos. O foco em todos e em nenhum, ou, numa palavra, na sua própria impossibilidade, mais substantiva do que técnica, *constitui o ponto de vista* em sua relação com a matéria, fome. Em *Vidas secas* (vidas que *agonizam*) o fundo que tudo significa é, portanto, também o da morte. De resto, a consciência narrativa conflui, não para um cadáver, mas para uma cachorra narrando a própria morte. Como o ponto de vista impossível vê a realidade?

Após a descrição da paisagem salpicada de ossadas, da briga do pai com o menino que desiste de caminhar, vemos a família e o percurso até ali. Sombra dos cinco "viventes" — Fabiano, sinha Vitória, os dois meninos, a cachorra Baleia —, a ausência do papagaio os acompanha. Na ordenação da cena, o tempo muda de direção: primeiramente, vemos que o bicho não está; em seguida, seu fim na véspera; o esquecimento do fato por Baleia e momentaneamente por Fabiano; por último o início, isto é, a decisão súbita de matá-lo, tomada por sinha Vitória. A operação não se resume a fazer ver em *flashback*. A princípio é Baleia quem conduz o ângulo de visão, e, de modo geral, o embaralhamento da cena parece pautar-se pela percepção dela, que não se lembra do ocorrido e por isso estranha a falta do papagaio. Trata-se de descrever, por um ângulo específico, a dissociação que é de todos ali.

> *Ausente do companheiro*, a cachorra Baleia tomou a frente do grupo. Arqueada, as costelas à mostra, corria ofegando, a língua fora da boca. [...]
> Ainda na véspera eram seis viventes, contando com o papagaio. *Coitado, morrera* na areia do rio, onde haviam descansado, à beira de uma poça: a fome apertara demais os retirantes e por ali não existia sinal de comida. Baleia *jantara* os pés, a cabeça, os ossos *do amigo, e não guardava lembrança disso*. Agora, enquanto parava, dirigia as pupilas brilhantes aos objetos familiares, *estranhava não ver sobre o baú de folha a gaiola pequena onde a ave se equilibrava mal*. Fabiano também às vezes sentia falta dela, mas logo a recordação chegava. Tinha andado a procurar raízes à toa: o resto da farinha acabara, não se ouvia um berro de rês perdida na catinga. Sinha Vitória [...] Despertara-a um grito áspero, vira de perto a realidade e o papagaio, que andava furioso, com os pés apalhetados, numa atitude ridícula. Resolvera de supetão aproveitá-lo como alimento e justificara-se declarando a si mesma que ele era mudo e inútil. (p. 11, grifos meus)

Por um ângulo *simpático* o narrador de terceira pessoa se aproxima dos "viventes". O estilo indireto livre apreende as antinomias da situação objetiva a partir de um olhar subjetivo, acompanhando de perto a sensibilidade de Baleia, pautada pela intuição/insciência dos acontecimentos. (Quando vai para as razões de sinha Vitória, algum distanciamento separa os olhares.) O passado não chega ao presente, de modo que para Baleia o tempo *é sempre outro e sempre o mesmo*: mais do que a mera postulação dos limites do pensamento dela, a qual aliás tem faro fino e sabe de muita coisa, trata-se de um indício de separação entre consciência/tempo/espaço como construção do mundo e, portanto, das subjetividades.

Do ponto de vista de Baleia, com fome, amigo morto e alimento (minguado), coração e estômago, são partes soltas, difíceis de juntar. Igualmente, a depender da situação, não é possível distinguir entre ser vivo e comida, ontem e hoje, eu e outro. A morte do papagaio *atravessa* a interioridade da cachorrinha; ela sente sua falta, não compreende a ausência. Ao acompanhá-la, o foco dá espessura aos acontecimentos (ao contrário da racionalização da violência por Vitória), levando a vê-los como a ponta de um processo, à medida que torna opaco o presente, a ligação com o passado próximo, isto é, a inserção no fluxo temporal, ou no andamento da História. Próximos a Baleia, que com o esquecimento e o corpo *estranha radicalmente* o buraco no presente, estranhamos as relações causais *imediatas* e reconhecemos outras, mais decisivas e menos visíveis, que por sinal nos implicam. A interrupção do nexo das ações, na percepção de Baleia, faz lembrar que a mediação concreta daquela violência reside noutra parte — ainda que não resida noutro mundo. Por outra, uma sintaxe da fome.

Vale dizer, o procedimento alegórico toma não apenas a protopaisagem petrificada[13] do início de *Vidas secas*, como define o sentido da paralisação da História: mais uma vez, se o tempo é a diferença entre o morto e o vivo, justamente por isso ele parece faltar. O mito, o sempre reposto, tornou-se imagem de um processo histórico sem superação à vista. O aparente não tempo coincide no livro com uma temporalidade diferencial, que é a do sofrimento socialmente determinado, a dos maltratados pela modernização. (ANDERSON, 1986) Um tempo-espaço que *se completa* quando os donos da paisagem comparecem, marcando território, acertando contas.

Num segundo momento, somos novamente guiados pela sensibilidade de Baleia, que a todos "ressuscita": "arrebitou as orelhas, arregaçou as ventas, sentiu cheiro de preás, farejou um minuto, localizou-os no morro próximo e saiu correndo". (p. 13) Uma sombra por cima do monte traz frágil esperança de chuva; enquanto isso, a cachorra *cuida* da sobrevivência de todos. Como a comida é parca e o gesto de dividi-la é inequívoco, a cena comove; o bicho, irracional, *sabe* compartilhar o alimento, age como mandaria a razão, que parece insuficiente nos homens, ao menos nos que mandam, uma vez que o quadro de miséria *existe*. A coincidência entre afeto e cuidado é materialista, em sentido contrário ao dos que *vivem do* amor aos pobres. Presenteada,

---

[13] Na célebre fórmula de Walter Benjamin, a *facies hippocratica* da história como protopaisagem petrificada, "a história em tudo o que nela desde o início é prematuro, sofrido e malogrado se exprime num rosto — não, numa caveira". (p. 188) E ainda: "do ponto de vista da morte, a vida é o processo de produção do cadáver." (p. 241) Cf. Walter Benjamin (1984).

sinha Vitória beija o focinho ensanguentado de Baleia, *lambe* o sangue e tira *proveito* do beijo (o *ganho*, evidentemente, é vital).[14]

Em seguida conseguirão trabalho, um dia a dia se restabelecerá, o tempo terá outro andamento, conquanto sempre ameaçado por esse fundo — a indistinção entre vida e morte — que é a sua verdade histórica.

Desde essa cena, quando comem o preá, o ângulo do narrador de 3ª pessoa deixa ver a *luta* por se aproximar de seus objetos narrativos (os "viventes"), movimento que inclui ambivalências e contradições, e é revelador do esforço/da necessidade/das dificuldades de conhecer — e de representar, em vários sentidos — seu outro de classe, num país marcado por um tecido social completamente esgarçado.

Procurarei apontar aqui esse movimento, que descrevi noutra ocasião (PACHECO, 2015), para dar ao leitor o percurso de constituição do ponto de vista no livro, que se completa com Baleia, da qual não pude tratar antes.

Vale retroceder para melhor apreendermos *os vaivéns que constituem o ponto de vista*, e a *posição social da linguagem*: o narrador descreve, com máxima atenção, a família semiacordada por causa da fraqueza, a chegada da cachorra, o partilhamento do preá. Em seguida, toma voz: "Aquilo era caça bem mesquinha, mas adiaria a morte do grupo. E Fabiano queria viver. Olhou o céu com resolução." (p. 14)

A alegria de ter alimento, bem fundada na generosidade da cadela, é vista com simpatia pelo narrador próximo (do focinho ensanguentado e do beijo que alimenta), mas recuado o bastante para considerar objetivamente a sorte dos recém-chegados: a caça, *bem* mesquinha, *adiaria* a morte do grupo. Com sorte, ganhavam tempo para esperar por uma sorte melhor. No entanto, o fato é o suficiente para reanimar Fabiano, chamando-o de volta à vida. Uma interpretação diferente poderia entender que a consideração prática sobre a escassez do alimento e o adiamento da morte vem de Fabiano, caso em que o narrador estaria junto com ele, embora a primeira leitura seja mais verossímil, pois via de regra os cálculos vêm de sinha Vitória, e não de seu companheiro. Seja como for, a dupla possibilidade de leitura aponta para a *contenção da voz narrativa*, cuidadosa na descrição da cena, recolhida no juízo.

---

[14] "O preá chiava em cima das brasas.// Uma *ressurreição*. As cores da saúde voltariam à cara triste de sinha Vitória. Os meninos se espojariam na terra fofa do chiqueiro das cabras. Chocalhos tilintariam pelos arredores. A caatinga ficaria verde.// Baleia agitava o rabo, olhando as brasas." (p. 15)

Em seguida, enquanto Vitória e os meninos encontram meios para assar o bicho, Fabiano busca água para a família.

> Fabiano tomou a cuia, desceu a ladeira, encaminhou-se ao rio seco, achou no bebedouro dos animais um pouco de lama. Cavou a areia com as unhas, esperou que a água marejasse e, debruçando-se no chão, bebeu muito. Saciado, caiu de papo para cima, olhando as estrelas, que vinham nascendo. Uma, duas, três, quatro, *havia muitas estrelas, havia mais de cinco estrelas no céu.* O poente cobria-se de cirros — e *uma alegria doida* enchia o coração de Fabiano.
> Pensou na família, sentiu fome. Caminhando, movia-se como uma coisa, para bem dizer não se diferençava muito da bolandeira de seu Tomás. [...]
> *E ele, Fabiano, era como a bolandeira. Não sabia por que, mas era. Uma, duas, três, havia mais de cinco estrelas no céu. A lua estava cercada de um halo cor de leite.* Ia chover. Bem. A caatinga ressuscitaria, a semente do gado voltaria ao curral, ele, Fabiano, seria *o vaqueiro daquela fazenda morta.* (p. 14-15, grifos meus)

O lirismo ancorado, ver estrelas quando a sede foi saciada e há perspectiva de comer proximamente, permite ao narrador e a Fabiano um raro momento de esperança, projetada num céu aberto, noturno (sem sol escaldante) e, se não exagero, sem propriedade (o "halo cor de leite" está nesse céu próximo e pode voltar a alimentar a terra com a chuva que se anuncia). A "fusão" lírica, ou antes a suspensão da fratura entre alma e mundo, eu e outro, não é entretanto um estado que se prolonga, mas um momento, logo atravessado por outras nuvens: a família que aguarda, com sede; a fome que aperta; a consciência de ser coisa; a imaginação de novos tempos limitada pela perspectiva de ser o vaqueiro de terras *mortas*. O narrador mergulha no olhar de Fabiano como em poucos outros momentos. Não some contudo em sua personagem. A semelhança entre os gestos do retirante, cavando a areia para encontrar água, e os de um bicho fala por si mesma, nem por isso esconde o olhar analítico por detrás dela; o prenúncio de um novo tempo animado pelo fim da sede e pelo alimento próximo traz uma alegria *enorme e sem juízo*, evidentemente segundo a perspectiva do narrador; a semiconsciência de Fabiano, que segundo o narrador sabe ser uma coisa mas não sabe por que, talvez não seja tão parcial assim, inclusive se vista à luz de outros trechos em que Fabiano sabe perfeitamente que com a seca também ele não terá uso, que é roubado pelo patrão e que trabalha "como escravo, sem nunca arranjar carta de alforria". (p. 93) Trata-se de um narrador pensando com ele, mas as diferenças e os pré-juízos não deixam de existir, mesmo num trecho em que o lirismo os aproxima. Há ainda algo mais: uma não coincidência entre o olhar do narrador e o que *a cena sugere* sobre a personagem, na qual a concorrência entre intuição de nexos sociais e impulsos vitais, raciocínio e devaneio pode ser uma estratégia de sobrevivência, o que denota inteligência prática e não limitação. As inferências do narrador ficam relativizadas, *ou posicionadas*. Por exemplo, o coração "cheio de contentamento" de Fabiano não será necessariamente insensato, embora o seja se visto de fora, considerando-se as condições da terra devastada a que chegaram. A consciência crítica — ver-se como coisa — é interrompida pelo olhar para as estrelas, mas da perspectiva de Fabiano pode ser o inverso: naquele momento, o realismo pode ser um "excesso", funcionando como um desvio de sua mira imediata, imaginar dias melhores para ter força e sobreviver; então ele retoma o fio celestial.

Se notarmos bem, quase todo o tempo a mescla urbana/sertaneja, bem-educada/faminta, não se confunde com fusão. Vitória culpa Fabiano por não conseguirem economizar para comprarem a cama de couro (o companheiro gastou com jogo e cachaça); para revidar, Fabiano culpa-a pelos sapatos de verniz, usados em dias de festa. A mistura do vocabulário mantém distintas as partes nele envolvidas (a "popular", a "educada"): "Calçada naquilo, trôpega, mexia-se como um papagaio, era ridícula. Sinha Vitória *ofendera-se* gravemente com a comparação, e se não fosse o respeito que Fabiano *lhe inspirava*, teria *despropositado. Efetivamente* os sapatos apertavam-lhe os dedos, faziam-lhe calos. Equilibrava-se mal, tropeçava, manquejava, trepada nos saltos de meio palmo." (p. 41, grifos meus) A ênfase parece recair sobre a "tradução" do pensamento de Vitória; uma parte do vocabulário é ostensivamente formal (advérbio incluso), assim como a colocação antioral dos pronomes, e também o uso do tempo mais-que-perfeito, cujo vinco, em contexto, é erudito. À medida que a linguagem demarca diferenças sociais entre narrador e personagens, coloca sob suspeita o congraçamento linguístico. Uma espécie de caso pensado no qual *a delimitação comparece em meio à mescla, desiludindo-a, de modo a não esconder distâncias reais.* Por outro lado, o limite nem sempre é claro, e nas atitudes do narrador temos por vezes direções contrárias aos pressupostos esclarecidos dessa linguagem, e mesmo aos limites entre eu e outro, por ela enunciados.

As personagens falam pouco quando não falam pela voz do narrador, ou quando não é o estilo indireto livre que formula sentimentos e pensamentos mais ou menos "informulados". Por vezes, são ouvidas grunhindo, emitindo uma "parolagem mastigada", "incompreensível". De tal modo que, à primeira vista, aparentam não possuir linguagem verbal (bem) articulada, à qual se substituem formas de comunicação gestual e oral próxima à dos bichos. Um exemplo já está na primeira cena, na qual, enquanto migram, o silêncio da família interrompe-se por "raras palavras curtas" e por outro tipo de comunicação: "Sinha Vitória estirou o beiço indicando vagamente uma direção e afirmou com sons guturais que estavam chegando perto." (p. 10). Outro exemplo: quando chega o inverno, a família costuma se reunir à noite em redor da trempe de pedra, sem poder dormir porque o fogo é fraco e não aquece o corpo inteiro. Fabiano conta uma história, pois apesar do frio e do "despotismo de água" está satisfeito por não haver perigo de seca imediata. Sendo pouca a luz, os meninos só veem parte do pai (os pés) e compreendem com dificuldade a narração. O filho mais velho vai à cozinha, traz uma braçada de lenha, Vitória aprova o ato "com um rugido". (p. 64) O círculo de luz aumenta, as figuras surgem da sombra, mas o que o narrador vê é uma falação oca, sem cabeça: "Fabiano, visível da barriga para baixo, ia-se tornando indistinto daí para cima, era um negrume que vagos clarões cortavam. Desse negrume saiu novamente a parolagem mastigada." (p. 64–65) ("Parolar", sinônimo de "papaguear", insiste numa comparação frequente.)

Se não perdermos de vista que tal modo de representar a linguagem das personagens está presente em muitas passagens do livro, temos um sistema de simpatias e de diferenças marcadas (em que o olhar do narrador sobre seu outro de classe diz muito sobre o emissor da cultura e sobre a fratura social), funcionando junto ao desejo de conhecimento, que move o conjunto da narrativa. Ganha força a complexidade, ou as dificuldades sem solução próxima, do ponto de vista sobre outra extração social, que dá a medida da fratura, mais do que intenta superá-la em palavras. Assim, a caracterização das personagens por grunhidos *caracteriza* reversamente (e como se fosse um personagem) o narrador não personagem, que também não é apenas "superior", buscando, em diversos momentos, aprender com as diferenças e com a força dos sertanejos. Conforme a leitura do livro avança, *a linguagem vai se revelando um campo de forças socialmente estruturado*. No conjunto desses vaivéns, entre distâncias e proximidades, nos vários sentidos que elas adquirem em contexto (contenção, respeito, busca de conhecimento, paternalismo, arbitrariedade), o narrador de 3ª pessoa se define nas suas indefinições, *como uma voz que oscila nos seus vínculos de classe*. (ARANTES, 1996) Em redução estrutural, temos a figura histórica do intelectual brasileiro.

A precariedade do trabalho dos retirantes é, nesse sentido, um começo de explicação relativa aos constrangimentos presentes na constituição do ponto de vista, ou seja, o confronto, a todo momento suposto, entre trabalho intelectual e trabalho braçal. Vale insistir num desacordo fundamental, que caracteriza a dinâmica interna do ponto de vista em *Vidas secas*: *o que a voz narrativa diz não coincide inteiramente com o que ela mostra*, ou seja, com as ações e os pensamentos das personagens retratadas. E nem sempre se sustenta a ideia de desarticulação da linguagem da personagem. Por exemplo, no momento em que, feitas as contas pelo patrão, o vaqueiro nomeia o roubo, a "fala" de Fabiano é mediada pelo discurso indireto livre, aparentemente com o sentido de "auxílio";[15] pela reação do dono, entretanto, sabemos que Fabiano disse claramente o que pensava, a ponto de o patrão se enfurecer. Na sequência, o vaqueiro retrocede, o patrão concede, o serviço se mantém. As formulações de Fabiano avançam, em indireto livre ("Não podia dizer em voz alta que aquilo era um furto, mas era.", p. 94), mas também em discurso direto. ("— Ladroeira!", p. 94) Quando Fabiano está diante do soldado amarelo e este o convida para o jogo de trinta e um, a linguagem é estilhaçada, pois, diante da farda do amarelo, o vaqueiro busca uma superioridade que não é sua e, imitando a fala de seu Tomás, titubeia ("— Isto é. Vamos e não vamos. Quer dizer. Enfim, contanto, etc. É conforme.", p. 27). Todavia, quando, sem tentar imitar os outros, Fabiano responde ao patrão — o qual, ao pagar-lhe, mandava "pensar no futuro, criar juízo" (p. 92) —, as certezas, concretas, encontram linguagem perfeitamente articulada (significativamente, temos, em resposta à opressão "conselheira", um saber coletivo, como deixa claro o caráter prover-

---

[15] "Não se conformou: devia haver engano. [...] Com certeza havia um erro no papel do branco. Não se descobriu o erro, e Fabiano perdeu os estribos. Passar a vida inteira assim no toco, entregando o que era dele de mão beijada! Estava direito aquilo? Trabalhar como negro e nunca arranjar carta de alforria!// O patrão zangou-se, repeliu a insolência, achou bom que o vaqueiro fosse procurar serviço noutra fazenda." (p. 118)

bial da linguagem em que Fabiano se ampara): " — Conversa. Dinheiro anda num cavalo e ninguém pode viver sem comer. Quem é do chão não se trepa." (p. 92) Fabiano, como outros que o saber prático une e a despolitização isola, não tem ilusões quanto a possibilidades de "andar certo" e melhorar de vida.

A convergência e a divergência que estamos tentando caracterizar encontram grau máximo numa das técnicas mais utilizadas pela narração moderna para "pensar com".[16] Nos desencontros entre pontos de vista socialmente determinados, trazidos para a forma do "romance" — especialmente por um uso às avessas, ou autoconsciente, do indireto livre, determinado por sua relação com a matéria de *Vidas secas* —, Graciliano põe em xeque a "intimidade" do "pensar com", ou a expõe em seus fundamentos de classe. Vejamos uma última passagem: a família estabeleceu-se na fazenda abandonada e, com as chuvas, o proprietário dá as caras. Fazendo ouvidos moucos à gritaria do dono, Fabiano lhe oferece os seus serviços e é "contratado" como vaqueiro e "cabra" que cuida das posses alheias.

> *Fabiano ia satisfeito.* Sim senhor, arrumara-se. Chegara naquele estado, com a família morrendo de fome, comendo raízes. Caíra no fim do pátio, debaixo de um juazeiro, depois tomara conta da casa deserta. *Ele, a mulher e os filhos tinham-se habituado à camarinha escura, pareciam ratos* — e a lembrança dos sofrimentos passados esmorecera.
> Pisou com firmeza no chão gretado, puxou a faca de ponta, esgaravatou as unhas sujas. Tirou do aió um pedaço de fumo, picou-o, fez um cigarro com palha de milho, acendeu-o ao binga, *pôs-se a fumar regalado.*
> — Fabiano, você é um homem, exclamou em voz alta.
> Conteve-se, notou que os meninos estavam perto, com certeza iam admirar-se ouvindo-o falar só. E, pensando bem, ele não era homem: era apenas um cabra ocupado em guardar coisas dos outros. (p. 17–18, grifos meus)

No trecho, a distinção entre a voz narrativa e o pensamento de Fabiano funda-se em bases materiais inequívocas. São estas, afinal, a razão da diferença de perspectivas praticamente a cada passagem de discurso indireto livre.

---

[16] Inspiro-me em Franco Moretti (2003).

A "ressurreição" da família, junto com a da fazenda, custa humilhações e sujeição drásticas, também no momento em que "se arrumam", entrando em acordo com o dono das terras e do gado. Mas Fabiano ia satisfeito. O contraste entre o olhar de fora, do narrador, e o ânimo de Fabiano, que não é cego, a autopercepção dos limites em que vive (Sou um homem? Sou um bicho?) e, ao mesmo tempo, a coragem e a vontade de viver remetem a experiências sociais em última instância pouco comunicáveis. O abismo cresce quando nos damos conta da ambiguidade da enunciação, agora relativa a temporalidades que se confundem: Fabiano, a mulher e os filhos pareciam ratos quando ali chegaram, na fazenda ainda morta? Ou, habituados à camarinha escura, são ainda ratos, em condições deploráveis mas naturalizadas (a ponto de Fabiano sentir-se momentaneamente satisfeito, pois tem um lugar onde dormir, fumo, trabalho)? Um pouco depois vemos Fabiano tentando comprar querosene na cidade; o dinheiro não dá mas ele se consola, pois quase nunca acendem o fogo. Ainda vivem no escuro. Aos olhos do narrador parecem ratos; aos seus, melhoraram de vida. A vida atual, de ratos, faz esmorecer a anterior, ainda pior? Enquanto Fabiano hesita entre satisfação, orgulho da própria resistência e reconhecimento da precariedade de suas conquistas ("Considerar-se plantado em terra alheia!"), o discurso indireto livre assinala antes *a distância* do que a possibilidade de unir-se ao pensamento da personagem. Trata-se da formalização de uma pergunta crucial, que tem a ver com as dificuldades da escrita de acercar-se da *realidade* da fome.

Se o dilaceramento do intelectual de esquerda diz respeito ao seu lugar laminado entre as classes fundamentais (elites e povo), algumas perguntas deviam rondar o pensamento de Graciliano sobre o pensamento num país cuja perversão da *Aufklärung* desde logo se fez ver. Qual a função social e política que o saber exerce em nosso contexto? De que modo a dimensão de classe do saber, mais exposta num contexto de desigualdades extremas, atua como instrumento de dominação? Qual a brecha, se ela existe, entre o que havia de vocação universal nos ideais da Ilustração e a tendência das elites de transformar esclarecimento em tutela? (CANDIDO, 2002, p. 320–327) Como pode a literatura, traindo suas origens, formular o problema?

As oscilações do narrador — especialmente marcadas quando se trata de representar Fabiano e Vitória — encontram parada nos momentos em que o olhar se volta para Baleia. Na luta da narrativa por se aproximar do ângulo dos de baixo, Baleia tem direito a cidadania: também seus pensamentos podem falar, e devem ser escutados; além disso, é preciso sentir-lhe o pulso, estudar seu comportamento, o que se dá sem prevenções.

Baleia representa uma qualidade de saber que não se perverteu no curso da História, sem prejuízo de ser, ela também, *um animal de trabalho*. A convergência entre natureza e trabalho não é banal, ela nos concerne de cara por fazer lembrar algo que foi apagado pela segunda natureza de um mundo invertido: como na feliz formulação de Raymond Williams, a natureza *é* o trabalho (social) que se misturou a ela, a começar pela própria terra; mas precisamente as mãos à natureza misturadas tornaram-se desde logo mãos de não proprietários. (WILLIAMS, 1980) Separar natureza e processo histórico é dar força a essa expropriação. Baleia encarna a operação contrária.

Cortada pela realidade histórica que a constitui, a natureza fala, desconhecendo a noção de propriedade, pela qual tem de dar a vida. Baleia não só realiza trabalho abstrato, como seu destino é determinado pela realidade cuja ordem e configuração não supõem nem admitem vidas improdutivas — a tal ponto de precisar ser morta quando está doente, pois não há como a família pobre carregá-la adiante. Ao mesmo tempo, Baleia faz, da razão, gesto, cuidando dos seus, dividindo o necessário à vida — seguindo o faro, ou a inteligência, nela sinônimos. Deixando falar a voz de uma primeira natureza que supõe, porém, a realidade histórica — *invertendo uma inversão — Vidas secas* encontra respiro, contudo agônico, ao figurar a História como esclarecimento. Baleia quebra o ciclo infernal da regressão mítica, para se contrapor também à regressão histórica (ou ao "progresso") de que a primeira era imagem.[17] A situação dos retirantes, entre a vida e a morte, permanece intocada pelo enredo (ou melhor, agrava-se a cada momento de não superação), assim como pelo "progresso", que

---

[17] Com Baleia, Graciliano recupera a História como ideia reguladora (progresso da razão), contra a perversão do esclarecimento, nominalmente, a racionalização da injustiça. Para a diferença entre realidade histórica e conceito de História, baseio-me na *Dialética do esclarecimento*, de Adorno e Horkheimer. (Rio de Janeiro, Zahar, 1985. p. 43) Conforme uma comentadora, "la naturaleza daba la clave para exponer la no identidad entre el concepto de historia (como idea regulativa) y la realidad histórica, del mismo modo que la historia proporcionaba la clave para desmitificar la naturaleza. Adorno sostenía que la historia real pasada no era idéntica al concepto de historia (como progreso racional) a causa de la *naturaleza* material a la que violentaba. Del mismo modo, los fenómenos 'naturales' del presente no eran idénticos al concepto de naturaleza (como realidad esencial o verdad), porque [...] habían sido históricamente producidos". (BUCK-MORSS, 1981. p. 112-113, grifos no original)

os expulsa e não deixa olhar para trás. (BENJAMIN, 1985, p. 222-232) A *passagem* do tempo *"sempre igual"* é violência. A voz da natureza que fala em Baleia não apaga suas marcas, tampouco dissolve o real numa (mítica) "naturalidade primária". Ao contrário, nela a consciência da infelicidade presente vive *no próprio corpo* que agoniza após os tiros. Em seu delírio, Baleia é a figuração de uma natureza-esclarecimento, a qual não perdeu o faro porque não se afastou do chão. É assim que seu nariz dá ao ponto de vista de *Vidas secas* uma direção, um caminho, rompendo por instantes o círculo mítico do não ser e clarificando com a experiência das impossibilidades práticas — os preás são seu delírio, embora preás não faltem — a necessidade de transformação.

Entre os limites da vida de Fabiano e sua família, e outras tantas limitações do narrador, o esclarecimento torna-se gesto e faro.[18] Nos anos 1930, na periferia do capitalismo, que acusava a crise de modo diferente dos centros econômicos mundiais, ainda havia horizonte visível para uma imaginação exata.

Desde o primeiro capítulo, condensada na alegoria de um mundo ruinoso, sob o signo da morte que não se completa nem deixa viver, a insuficiência de sentido tem sua contraparte em certa desautomatização do olhar. Acompanhando as ações de Baleia capítulo a capítulo, vemos que vão sistematicamente contra a dureza das situações impingidas. Conquanto esteja, "como gente", sempre atenta às obrigações, Baleia encontra brechas em que apoio mútuo e trabalho, necessidade e coletividade não se opõem. Vista pelo ângulo da composição, trata-se da possibilidade dada à narrativa de afinal *imaginar* com os de baixo. Faro, chão, expedientes práticos tornam-se qualidades criativas. Nesse sentido Baleia é o oposto dos outros bichos com os quais a família se compara e é comparada — em geral miúdos, rasteiros ou mal equilibrados nos pés —, em especial o papagaio, sucedâneo do homem em forma de "alma penada". Por outro lado, sendo um animal de trabalho, sempre alerta, ou sem descanso — doméstico, como são as coisas —, ela

---

[18] O caráter irônico da escolha de Graciliano sobressai, contrário à tradição da cultura como riso entre pares: se para os românticos a inteligência (em especial o chiste, a ironia, as formas em que o riso conduz a novas percepções da realidade) se associava ao nariz, a um senso de direção e de ocasião para o humor, o "faro", segundo nosso autor, deve ser buscado fora do aparato cultural, e da dominação, no bicho que o tem por natureza (e não por profissão, pose etc.) e dele sobrevive.

traz para a narrativa uma dimensão patética irrefutável.[19] "Agora precisava dormir, livrar-se das pulgas e daquela vigilância a que a tinham habituado" (p. 70); "consumira a existência em submissão, ladrando para juntar o gado quando o vaqueiro batia palmas." (p. 89) Baleia condensa muito de privação, de obrigação sem compensações, e, por outro lado, de trabalho como partilhamento desobrigado, improviso generoso, riqueza coletiva.

Talvez seja interessante tentar definir a qualidade específica do *"cogito"* da cadelinha.

A decisão da mãe, de salvar os viventes "mais humanos" matando um bicho *de estimação*, condensa uma tragédia em variável humilde. Contudo, o ângulo mais significativo é o de Baleia, que não se lembra do que houve. Por quê? Evidentemente, não se trata de aderir ao esquecimento, ou a uma experiência do tempo incapaz de constituir história, mas de compreender desde uma perspectiva interna a força das adversidades. Num primeiro sentido, a figura da insciência relativa aos liames entre causa/efeito, passado/presente, todo/parte potencializa a dissociação dos humanos. Impelidos a equacionar dificuldades objetivas incontornáveis, afetos, expediente prático, a razão que guia Fabiano e Vitória parece alheia, ou separada da interioridade, como se vê no custo afetivo das decisões, repetidas vezes. Mas a insciência da cachorra não repete apenas a dos retirantes; a seu modo, mais imprevisto, ela tem a qualidade de tornar incompreensível — por uma operação de estranhamento radical (com o faro) — toda e qualquer violência. Assim, esquece o seu momento último, a ponta de um processo (comer o papagaio--companheiro), mas não deixa de sentir falta dele. Obviamente não é o caso de se furtar à culpa, mas de farejar culpas mais *reais*, indicando outros nexos, como dissemos, presentes/ausentes na cena, que levaram a comer o bicho. Nesse sentido, o lapso de Baleia cria um *recuo* em relação à cena dramática em andamento, assim como *desloca* temporalidades e espaços. Não obstante, sua irracionalidade também não suporta as brutalidades em torno, contra as quais *raciocina em ato*.

---

[19] Mesmo agonizando, não esquece as obrigações: "Baleia assustou-se. Que faziam aqueles animais soltos de noite? A obrigação dela era levantar-se, conduzi-los ao bebedouro." (p. 89) Obrigação e cuidado entretanto não se separam: "Uma angústia apertou-lhe o pequeno coração. Precisava vigiar as cabras: àquela hora cheiros de suçuarana deviam andar pelas ribanceiras, rondar as moitas afastadas. *Felizmente* os meninos dormiam na esteira, por baixo do caritó onde sinha Vitória guardava o cachimbo." (p. 90, grifo meu)

Naquele dia a voz estridente de sinha Vitória e o cascudo no menino mais velho arrancaram Baleia da modorrra e deram-lhe a *suspeita de que as coisas não iam bem*. [...] O vento morno que soprava da lagoa *fixou-lhe a resolução*: esgueirou-se ao longo da parede, transpôs a janela baixa da cozinha, atravessou o terreiro, passou pelo pé de turco e topou o camarada, chorando, muito infeliz, à sombra das catingueiras. *Tentou minorar-lhe o padecimento saltando em roda e balançando a cauda*. Não podia sentir dor excessiva. *E como nunca se impacientava*, continuou a pular, ofegando, chamando a atenção do amigo. Afinal *convenceu-o de que o procedimento dele* era inútil. (p. 55)

Baleia detestava expansões violentas [...] Mas às vezes apanhavam-na de surpresa, uma extremidade de alpercata batia-lhe no traseiro — *saía latindo*, ia esconder-se no mato, *com desejo de morder canelas*. *Incapaz de realizar o desejo*, aquietava-se. Efetivamente a exaltação do amigo era *desarrazoada*. (p. 60, grifos meus)

O capítulo que leva seu nome é extraordinário em muitos sentidos. A tragédia é muito mais terrível do que no caso do papagaio. Fabiano e a família precisam partir, não podem levar a cadela doente, ao que tudo indica com hidrofobia, doença que o universo mágico das palavras não conseguiu expurgar. O gesto de Fabiano, entre a piedade, que manda encurtar o sofrimento do bicho, e algum "egoísmo" (precisam partir logo), deriva de alternativas que nada têm de verdadeira escolha. Os meninos choram, Vitória sente, Fabiano tenta ser firme. Mais uma vez, a incorrespondência das forças em jogo põe em evidência a assimetria contida em toda violência socialmente engendrada contra os de baixo. Aqui, a cena é cortante, pois a inocência de Baleia, um bicho que deve ser sacrificado, está acima de qualquer suspeita. É grande a desproporção entre a adversidade, que os vence, e a promessa de força contida no nome, na inteligência e suas possibilidades, na delicadeza, prestes a naufragarem.

O capítulo acompanha, como se sabe, o ângulo de Baleia, cujo ponto de vista impossível é também um olhar para a História a partir da narração da própria morte. A beleza morre com ela, mas em seu canto final, por assim dizer, assistimos de perto ao momento máximo de uma "razão" que desconhece a brutalidade, e que persiste mesmo contra o corpo que não a sustenta, ainda quando "do peito para trás era tudo insensibilidade e esquecimento". (p. 91) Baleia agoniza como bicho, mas "diferente dos outros" (p. 87), erguendo-se — ou "saindo de si mesma" ainda uma última vez —, falando com os gestos: "Defronte do carro de bois faltou-lhe a perna traseira. E, perdendo muito sangue, *andou como gente, em dois pés...*" (p. 88, grifos meus) Nessa despedida, curiosamente, o discurso indireto livre volta a ser um campo de simpatias, desta vez *num relance de convergências possíveis*. Assim, o narrador dá lugar à mente de Baleia, pontuando o que se passa do lado de fora apenas para vermos melhor com ela.

A chave parece estar no interesse do desinteresse de Baleia, uma razão-natureza que supõe, entre outras coisas: 1) a atenção para com os homens, um misto de obrigação afetuosa, que o trabalho não reduziu a condicionamento e nem mesmo a própria morte deixa esquecer; 2) a inconsciência relativa à brutalidade sofrida, que ela *não pode atribuir a* Fabiano, e que é, em contexto, uma outra forma de consciência, aliás, aguda — um passo em que se evidencia a estranheza das injunções sociais, sem par na vida anímica de um bicho (também) de estimação; 3) a soma de cuidado e confiança amorosa.

Como se vê no trecho a seguir, o corte entre os nexos das ações tem o sentido do estranhamento que tentamos definir, ao passo que sua generosidade desinteressada dá ao narrador *a possibilidade de imaginar a liberdade, sem perder o chão. Nos termos dela — um mundo coberto de preás — mas como tal, isto é, para todos*. (Note-se que os preás, no delírio de Baleia, invadiriam a cozinha, servindo portanto primeiro aos outros, à família, depois a ela.)

> Baleia assustou-se. Que faziam aqueles animais soltos de noite? [...]// *Não se lembrava de Fabiano. Tinha havido um desastre*, mas Baleia *não atribuía* a esse desastre a impotência em que se achava *nem percebia que estava livre de responsabilidades*. Uma angústia apertou-lhe o pequeno coração. Precisava vigiar as cabras, àquela hora cheiros de suçuarana deviam andar pelas ribanceiras, rondar as moitas afastadas. Felizmente os meninos dormiam na esteira, por baixo do caritó onde sinha Vitória guardava o cachimbo.// Uma noite de inverno, gelada e nevoenta, cercava a criaturinha. [...]// Baleia respirava depressa, a boca aberta, os queixos desgovernados, a língua pendente e insensível. *Não sabia o que tinha sucedido*. O estrondo, a pancada que recebera no quarto e a viagem difícil do barreiro ao fim do pátio desvaneciam-se no seu espírito. [...] O calor afugentava as pulgas, a

terra se amaciava. *E, findos os cochilos, numerosos preás corriam e saltavam, um formigueiro de preás invadia a cozinha.*// A tremura subia, deixava a barriga e chegava ao peito de Baleia. Do peito para trás era tudo insensibilidade e esquecimento. Mas o resto do corpo se arrepiava, *espinhos de mandacaru penetravam na carne meio comida pela doença.* [...]// Baleia queria dormir. Acordaria feliz, num mundo cheio de preás. E lamberia as mãos de Fabiano, um Fabiano enorme.// O mundo ficaria todo cheio de preás, gordos, enormes. (p. 89-91)

O trecho é eloquente em seu *páthos*, que une sentimento e razão, nos termos da inusitada *cogito* de uma cadelinha. A imagem de Baleia levantando-se sobre dois pés, quando por assim dizer a proximidade da morte não lhe tira a estatura, frisa a disposição superadora que a caracteriza no livro todo: Baleia em todos os sentidos "excede a si mesma", e convida a imaginação do leitor a fazê-lo. A razão resiste à insensibilidade e ao esquecimento, "do peito para trás". Daí uma concepção de *páthos* em que o excesso, e seu efeito, o "êxtase", o ato de ficar fora de si, "saindo de sua condição ordinária" — como formulou Eisenstein, numa leitura materialista da tragédia da História[20] — significam o trânsito para uma nova condição.

Ver com Baleia — em paralelo ou em contraponto à relativa cegueira do narrador-intelectual — talvez seja a decisão mais radical de *Vidas secas*. E no entanto não deixa de ser significativo, em termos do nosso processo social, que a imaginação antinarcísica, política, esclarecida tivesse de voltar ao solo apoiada sobre quatro patas.[21]

---

[20] Tomo aqui a concepção de *páthos* tal qual concebida por Eisenstein, diferentemente do conceito aristotélico. O cineasta recria o conceito nas bases materialistas de seus filmes, em que o trágico não é um fim em si, mas ocasião para um salto, "a saída de si mesmo", que não significa "ir para o nada", implicando "inevitavelmente uma transição a alguma outra coisa, a algo diferente em qualidade, a algo oposto ao que era...", levando a relação entre autor/obra/espectador ao limite da "explosão revolucionária, como um dos saltos que funcionam como elos inseparáveis da consciência que leva ao desenvolvimento social" (p. 157, FF). Cf. Serguei Eisenstein. (2002, p. 141-162)

[21] A dissolução do sujeito é a verdade da História, trabalhando contra o individualismo burguês (poderíamos pensar isso de... Baleia?), ou será obra do tempo em sentido contrário, quando o que restou ou nem chegou a se formar não pode atender ao nome de "sujeito"? Pensando bem, àquela altura já não devia ser fácil imaginar por aqui um outro do capitalismo.

Referências bibliográficas

ANDERSON, Perry. Modernidade e revolução. Trad. Vinícius Dantas. *Novos Estudos — Cebrap*, São Paulo, n. 14, p. 2-15, fev. 1986.

ARANTES, Paulo. Paradoxo do intelectual. In: *Ressentimento da dialética*. Rio de Janeiro: Paz e Terra, 1996.

BENJAMIN, Walter. *Origem do drama barroco alemão*. Trad. Sergio Paulo Rouanet. São Paulo: Brasiliense, 1984.

_____. Sobre o conceito de história. In: *Obras escolhidas*: magia e técnica, arte e política. São Paulo: Brasiliense, 1985.

BUCK-MORSS, Susan. *Origen de la dialéctica negativa*: Theodor W. Adorno, Walter Benjamin y el Instituto de Frankfurt. Cidade do México: Siglo XXI Editores, 1981.

CANDIDO, Antonio. Perversão da Aufklärung. In: *Textos de intervenção*. Seleção, apresentação e notas Vinícius Dantas. São Paulo: Ed. 34, 2002.

EISENSTEIN, Serguei. Sobre a estrutura das coisas. In: *A forma do filme*. Rio de Janeiro: Zahar, 2002.

FAULKNER, William. *Enquanto agonizo*. Trad. Wladir Dupont. São Paulo: Mandarim, 2001.

HARVEY, David. *O novo imperialismo*. São Paulo: Ed. Loyola, 2004.

HORKHEIMER, M.; ADORNO, T. W. Família. In: *Temas básicos de sociologia*. São Paulo: Cultrix, 1978.

MORETTI, Franco. O século sério. *Novos Estudos — Cebrap*, São Paulo, n. 65, p. 3-33, mar. 2003.

OLIVEIRA, Francisco de. Crítica à razão dualista. In: *Crítica à razão dualista/O ornitorrinco*. São Paulo: Boitempo, 2003.

PACHECO, Ana Paula. O vaqueiro e o procurador dos pobres. *Revista do Instituto de Estudos Brasileiros*, São Paulo, n. 60, p. 34-55, abr. 2015.

PASTA, José Antonio. O ponto de vista da morte — uma estrutura recorrente na cultura brasileira. *Revista da Cinemateca Brasileira*, São Paulo, v. 1, p. 7–15, 2013.

RAMOS, Graciliano. *Vidas secas*. 77. ed. Rio de Janeiro: Record, 1999.

SCHWARZ, Roberto. Dinheiro, memória, beleza (*O pai Goriot*). In: *A sereia e o desconfiado*. 2. ed. Rio de Janeiro: Paz e Terra, 1981.

SOARES, Marcos. O pesadelo da modernização. Revista *CULT*, São Paulo, v. 68, p. 47–53, abr. 2013.

WILLIAMS, Raymond. *Marxismo e literatura*. Rio de Janeiro: Zahar, 1979.

_____. Ideas of nature. In: *Problems in Materialism and Culture*. Londres: Verso, 1980.

4. *São Bernardo* e a experiência trágica do homem moderno sob o espectro da alienação

Andrea Trench de Castro

O narrador do romance *São Bernardo* é também a personagem principal, que acumula diferentes funções: além de protagonizar as ações desenroladas, em sua maioria, na fazenda São Bernardo, em Viçosa (Alagoas), também é narrador, de modo que temos a perspectiva única de uma mesma personagem sobre seus atos e dos demais indivíduos com quem se relaciona. Por fim, Paulo Honório também escreve suas memórias, dando um sentido a sua trajetória e reorganizando-a por meio do relato. Apesar de não ter a pretensão de tornar-se escritor, como cedo adverte na narrativa, inicia o romance relatando o propósito de escrever um livro. Assim, já ao princípio de suas memórias o trabalho figura como aspecto fundamental para a personagem, que, de início, pretende fazer de sua atividade de escrita um trabalho produtivo, isto é, com a intenção de obter uma recompensa material.

São apresentados já nos primeiros capítulos de *São Bernardo* elementos essenciais ao processo de trabalho, e também particularmente dentro do modo de produção capitalista. O primeiro deles é a divisão do trabalho, um dos fatores do trabalho alienado. Paulo Honório, inteiramente condicionado pela perspectiva do capitalista, pretende compartimentar o trabalho de criação literária, determinando e controlando as atividades de seus "subordinados" e, obviamente, retendo para si o produto final, bem como seus lucros.

Imbuído, portanto, de valores e modos de pensar afeitos a sua práxis dominante (a do proprietário), Paulo Honório comprova que "como prática social de um mundo cujo eixo estruturante é a moderna divisão do trabalho, a arte literária não escapa às determinações dessas áreas". (BRUNACCI, 2008, p. 49)

O que vai alterar os rumos da narrativa (no plano do conteúdo e da forma, como veremos adiante) e promover a revisão crítica dos valores capitalistas por parte do proprietário é o árduo processo de reflexão e (auto)análise contido no trabalho de escrita empreendido pela personagem. A morte de Madalena causa-lhe remorso, culpa, desvario, o que fica representado pelo insistente pio da coruja que o fazendeiro não consegue calar; mas não efetiva o processo de conscientização que só será vivenciado a partir da reflexão crítica que Paulo Honório realizará, revendo valores e descobrindo as causas pelas quais se desnorteara, "numa errada".

É importante ressaltar, no entanto, que a significativa tomada de consciência da personagem não será suficiente para transformar sua práxis dominante de proprietário. Ainda assim, embora não nos pareça possível defender a perspectiva de uma humanização da personagem — já que, dado o forte sentido realista da obra de Graciliano, não seria possível derrubar os muros de um mundo alienado e alienante —, a perspectiva trágica da narrativa revela-se, entre outros aspectos, no reconhecimento do fracasso de sua empreitada capitalista e, mais agudamente, de suas relações pessoais, já que se reconhece enquanto ser embrutecido, egoísta e mesquinho. Mais ainda, a experiência da personagem revela-se trágica quando ele mesmo se depara com a sua solidão, vendo-se "um homem reduzido ao silêncio, em uma banal vida de trabalhos". (WILLIAMS, 2002, p. 29) A experiência vivenciada por Paulo Honório, e que dá corpo às suas memórias, revela "uma aterradora perda de conexão entre os homens, e mesmo entre pai e filho; uma perda de conexão que é, no entanto, um fato social e histórico determinado". (WILLIAMS, 2002, p. 29)

Essa perda de conexão entre os homens — o fundamento da alienação — tem, portanto, um chão histórico: trata-se da definitiva implantação do capitalismo como realidade histórico-social, momento a partir do qual o fenômeno da reificação passa a ser estendido a todas as esferas do conhecimento humano, de modo que a consciência dos homens passa a ser inteiramente submissa às formas nas quais essa reificação se exprime; em nação periférica, as condições ainda são agravadas em vista da conservadora modernização brasileira, que perpetuou formas violentas de exploração e dominação, em que o trabalho livre não se configura de forma plena. Assim,

Paulo Honório vivencia e encarna de forma aguda a experiência trágica do homem moderno sob o espectro da alienação, fenômeno duplamente vivenciado por capitalistas e trabalhadores, porque se estes são confrontados com o seu trabalho como algo que não lhes pertence e que os domina por completo, aqueles cada vez mais se embrutecem e se desumanizam, conforme os *Manuscritos econômico-filosóficos* de Marx.

Carlos Nelson Coutinho, por sua vez, relaciona a complexa realidade brasileira, na qual "o capitalismo já surge como limitação e como fator de intensificação da alienação" (COUTINHO, 2011, p. 185) e que Graciliano procura descrever artisticamente em seus romances a uma crítica radical do mundo alienado, de forma que as personagens quase sempre são levadas a vivenciar experiências trágicas de solidão e impotência. Em todo caso, posiciona-se firmemente "contra a alienação e a mutilação do indivíduo e da comunidade autêntica" (COUTINHO, 2011, p. 185), de forma que seu "humanismo" se expressa sobretudo de modo negativo, por meio da "crítica radical dos fundamentos de um mundo alienado, que obstaculiza ou impede as melhores aspirações do homem". (COUTINHO, 2011, p. 185)

Assim, procuraremos expor e analisar o conteúdo trágico do romance — relacionado a uma experiência trágica moderna, cultural e historicamente fundamentada — e seu desnudamento na forma, em relação dialética. Entendemos a experiência trágica que dá conteúdo e forma ao romance *São Bernardo* como uma experiência íntima e pessoal da personagem, que relata seu fracasso nas relações afetivas e, profundamente solitário, expõe a nu o sofrimento que lhe causa a perda da esposa; e, a um só tempo, profundamente social, porque historicamente fundada na alienação da personagem, que estende a reificação e a desumanização do trabalho a todos os âmbitos da vida, de onde surgem todos os seus conflitos pessoais com Madalena, que a levam ao suicídio, de forma que ambas as personagens são profundamente trágicas.

Logo se verá — ainda no primeiro capítulo — que o projeto coletivo de escrever o livro não será bem-sucedido, uma vez que Paulo Honório não se contenta com seu resultado. Discordando de seus companheiros, que queriam o romance "em língua de Camões" e que haviam "acanalhado o troço", deixando-o "pernóstico, safado e idiota", a personagem decide "abandonar a empresa". Mas um dia ouve novo pio de coruja — que o remete, indiscutivelmente, à figura sempre presente de Madalena — e confessa: "Iniciei a composição de repente, valendo-me dos meus próprios recursos e sem indagar se isto me traz qualquer vantagem, direta ou indireta." (SB, p. 10)

Já aqui a mudança se anuncia. Paulo Honório deixa de atribuir à sua nova atividade um caráter produtivo, decidindo, ainda, valer-se de seus próprios meios — privando-se, portanto, do trabalho alheio e ignorando qualquer vantagem material que o livro pudesse lhe trazer. A personagem já começa a anunciar sinais de mudança, encorajando-se a confrontar, pela primeira vez, com o trabalho penoso da escrita e da reflexão: "Aqui sentado à mesa da sala de jantar, fumando cachimbo e bebendo café, suspendo às vezes o trabalho moroso, olho a folhagem das laranjeiras que a noite enegrece, digo a mim mesmo que esta pena é um objeto pesado. Não estou acostumado a pensar." (SB, p. 10)

Sua verdadeira busca — encontrar o sentido oculto de sua vida — começa a delinear-se nos interstícios desses primeiros capítulos e é explicitada pelo elemento inesperado na narrativa, que contrasta radicalmente com a rígida personalidade do Paulo Honório capitalista e proprietário de terras: o desejo e a necessidade de escrever um romance, onde possa compreender sua trajetória, e a partir do qual se pode observar "a passagem da vontade de construir à vontade de analisar" (CANDIDO, 2006, p. 43).

Após relatar o desejo de escrever um livro e de dar forma às suas memórias valendo-se de seus próprios meios e recursos, ao começar a contar a sua história, no entanto, e ao voltar-se ao mundo de "São Bernardo-fazenda" e de como a adquiriu, a personagem novamente deixa-se tomar pela ótica do proprietário, que volta e meia surge de forma avassaladora. Ocorre, durante toda a narrativa, uma superposição de planos e de vozes, em que ora temos a imagem e presença do fazendeiro desumano, ora a figura e a práxis do escritor problemático.

É neste momento, quando novamente avulta a voz do fazendeiro, que Paulo Honório confessa os motivos pelos quais não soubera valorizar a instrução e a "papelada" de Madalena, referindo-se aos seus livros: "porque elas não me tentavam e porque me orientei num sentido diferente. O meu fito na vida foi apossar-me das terras de São Bernardo, construir esta casa, plantar algodão, plantar mamona, levantar a serraria e o descaroçador, introduzir nestas brenhas a pomicultura e a avicultura, adquirir um rebanho bovino regular". (SB, p. 11) Mais adiante, Paulo Honório revela seu propósito, que o leva a apossar-se de São Bernardo e construir uma verdadeira fazenda, onde trabalhara anteriormente com mísero salário:

> A princípio o capital se desviava de mim, e persegui-o sem descanso, viajando pelo sertão, negociando com redes, gado, imagens, rosários, miudezas, ganhando aqui, perdendo ali, marchando no fiado, assinando letras, realizando operações embrulhadíssimas. Sofri sede e fome, dormi na areia dos rios secos, briguei com gente que fala aos berros e efetuei transações comerciais de armas engatilhadas. (SB, p. 14)

Pode-se logo perceber que o que move suas (boas e más) ações é o capital, que a princípio se desviava do "burguês em construção", como o caracteriza Carlos Nelson Coutinho, mas que então é "perseguido sem descanso". Paulo Honório e sua ambição desenfreada constituem o perfeito exemplo do que Leandro Konder explica como "a corrida pelo ouro": "plasma-se um ambiente espiritual que mereceu de Max Weber o nome de 'espírito do capitalismo'". (KONDER, 2009, p. 141) E, segundo Konder, uma das expressões mais típicas disso que Weber chamou de "espírito do capitalismo", isto é, "desta determinada forma de mentalidade *alienada* produzida pelas condições de vida sob o capitalismo" (KONDER, 2009, p. 141), é de todos nós conhecida: "tempo é dinheiro", o que ilustra perfeitamente a corrida sem fim de Paulo Honório.

Iniciando seu processo de reflexão, numa avaliação de prós e contras, a personagem procura, no entanto, legitimar os atos (certos ou errados, justos ou injustos) através dos quais possuíra as terras de São Bernardo. Justificando boas e más ações pela ótica do lucro, aqui fala o proprietário que intenta legitimar o ponto de vista do capital, em benefício do qual tudo é permitido, como nos faz crer a personagem:

> Ninguém imaginará que, topando os obstáculos mencionados, eu haja procedido invariavelmente com segurança e percorrido, sem me deter, caminhos certos. Não senhor, não procedi nem percorri. Tive abatimentos, desejo de recuar; contornei dificuldades: muitas curvas. Acham que andei mal? A verdade é que nunca soube quais foram os meus atos bons e quais foram os maus. Fiz coisas boas que me trouxeram prejuízo; fiz coisas ruins que deram lucro. E como sempre tive a intenção de possuir as terras de São Bernardo, considerei legítimas as ações que me levaram a obtê-las. (SB, p. 38-39)

Acima da personagem, na realidade, fala a voz da ideologia dominante, instância hegemônica que o autor implícito não permite esconder. Por detrás das justificativas de Paulo Honório, vemos a estratégia da ideologia de legitimar-se a si mesma, da necessidade de racionalizar seus pressupostos, independentemente de seu critério (anti) ético.[1] Segundo Terry Eagleton, "as ideologias podem ser tidas como tentativas mais ou menos sistemáticas de tentar fornecer explicações e justificações plausíveis para comportamentos sociais que, de outro modo, poderiam ser objeto de críticas. Assim, essas apologias escondem a verdade dos outros e talvez, também, do próprio sujeito que racionaliza" (EAGLETON, 1997, p. 56). Ora, aqui é Graciliano quem conduz as linhas mestras da narrativa, apresentando desde o início do romance sua posição contraideológica, deslindando os processos estratégicos da ideologia dominante do capital.

Dos excertos acima transcritos, depreende-se já o voraz empreendedorismo e a ambição desmedida que dão os contornos psicossociais de Paulo Honório. Fazendo frente às dificuldades e não medindo esforços para realizar seus objetivos, a personagem ganha forma e delineia sua existência social enquanto proprietário de terras: o guia de cegos e vendedor de doces que se tornara grande fazendeiro, único dono de São Bernardo. Segundo o autor dos *Manuscritos econômico-filosóficos*, o homem é sujeito de sua vontade e consciência, ao fazer do seu trabalho uma atividade vital. Tem, dessa forma, atividade vital consciente, porque determina seus objetivos e o faz de forma livre. Marx ressalta, ainda, que é verdade que o animal também produz, mas somente aquilo que lhe é necessário para a sobrevivência, para a carência física imediata, produzindo de forma unilateral; o homem, por sua vez, tem também a possibilidade de "formar segundo as leis da beleza" (MARX, 2010, p. 85), defrontando-se livremente com o seu produto, de modo que pode produzir de forma universal. É como ser ontocriativo, que se reflete

---

[1] É necessário que nos lembremos de que, entre outros atos, Paulo Honório manda matar Mendonça, que não lhe permitira avançar os limites de sua propriedade; compra seu advogado para que o defenda na justiça após ter derrubado as cercas que separavam São Bernardo das terras de Mendonça; invade as terras do Fidélis, paralítico de um braço, e dos Gama, que viviam na pândega; por fim, ainda "compra" um artigo elogioso no jornal, dando cem mil-réis ao Costa Brito para que fizesse a "propaganda" da fazenda. Uma leitura atenta do romance fornecerá ao leitor diversos outros momentos em que Paulo Honório infringe as leis e cria sua própria conduta, sempre justificada em prol do engrandecimento de São Bernardo.

a si mesmo no objeto criado, que o homem é livre em seu trabalho e pode criar segundo qualquer medida. Contudo, no modo de produção capitalista e em decorrência das relações de trabalho alienado, essa potência do homem volta-se contra ele. Ao apropriar-se do trabalho alienado, a relação inverte-se "a tal ponto que o homem, precisamente porque é um ser consciente, faz da sua atividade vital, da sua *essência*, apenas um meio para sua *existência*". (MARX, 2010, p. 85, grifos no original) Assim, "quando o trabalho estranhado reduz a autoatividade, a atividade livre, a um meio, ele faz da vida genérica do homem um meio de sua existência física". (MARX, 2010, p. 85)

É essa dimensão do trabalho para a sobrevivência e manutenção da existência física que Paulo Honório empreende nos inícios de sua empresa capitalista. Nessa sociedade, o indivíduo vive as consequências da destruição da atividade criadora e livre do trabalho e o percebe como autossacrifício, sob a égide da alienação, alienando-se dos outros e de si próprio, processo que será paulatinamente ilustrado na narrativa. É bem verdade que, segundo a tese de Carlos Nelson Coutinho, a personagem supera a média comum dos fazendeiros de sua época, ao tentar transcender os limites medíocres e estreitos "do meio rural brasileiro, ainda essencialmente dominado por relações pré-capitalistas" (COUTINHO, 2011, p. 158), pelo que sua trajetória pode ser tida como de exceção em relação aos demais, sobretudo considerando-se sua origem humilde de trabalhador do eito. No entanto, quando "julga por algum tempo estar inteiramente realizado" (COUTINHO, 2011, p. 156), ele está, na realidade, alienando-se de sua própria natureza humana, de sua vida genérica, uma vez que a atividade livre e produtiva de vida — o trabalho — torna-se equivalente à destruição de si e do outro, pois começa a enxergar nos homens objetos passíveis de ser comprados, trocados e vendidos, reiterando a lógica da mercadoria.

É então quando deseja encontrar uma esposa que apenas lhe possa dar um herdeiro, "barganhar" o trabalho de um professor que lhe possa servir na fazenda (apenas para que a escola atraísse visibilidade para São Bernardo e por meio da qual pudesse angariar favores do governador). A desenfreada ambição capitalista só faz aumentar os muros de sua prisão.

Paulo Honório passa, em processos simultâneos e equivalentes, integrados no âmbito da reificação das relações, a ignorar o caráter humano de seus empregados (vendo-os antes como bichos), a desconsiderar as propriedades sociais e políticas da fazenda e a enxergar no outro (qualquer que seja) apenas mais uma de suas mercadorias, comprando, explorando e desqualificando a força de trabalho de seus empregados, o que faz com Padilha, professor da fazenda, seu Ribeiro, guarda-livros de São Bernardo, e Marciano, a quem espanca brutalmente, como veremos adiante.

O modo como Paulo Honório desvaloriza seus empregados, oferecendo-lhes míseros salários, que apenas bastam para suprir-lhes as necessidades físicas mais prementes, desconsiderando-os enquanto seres humanos e individuais, e a forma segundo a qual considera a igreja e a escola — apenas como aspectos que podem "valorizar" a propriedade, que reitera seu valor mercantil — ilustram a sua consciência reificada, que opera em termos da "calculabilidade" de coisas, pessoas e situações.

Outra passagem do romance é significativa desse ponto de vista, em que falta não somente um sentido ético e social, mas também um sentido humano ao fazendeiro. Lembremos antes que, segundo Lukács, "a divisão do trabalho penetrou na 'ética'. Isso não é um abrandamento, mas, ao contrário, um reforço da estrutura reificada da consciência como categoria fundamental para toda a sociedade". (LUKÁCS, 2003, p. 221) O processo de embrutecimento e desumanização da personagem sob a ótica do trabalho alienado passa a ganhar contornos mais nítidos e problemáticos quando começa a relacionar-se com o outro, uma vez que é a partir dessas relações que o homem vai efetivar sua autoalienação e a alienação em relação aos outros sujeitos.

Daí em diante, em que percebemos que a personagem está inteiramente integrada à lógica capitalista (e desumanizadora, nos termos em que se dão as relações de trabalho), Paulo Honório escancara seu modo de enxergar no outro não um sujeito, mas um objeto que lhe aumenta ou reduz o ganho. É assim que, na relação com todos os outros que vivem ou trabalham em São Bernardo, Paulo Honório ignora os aspectos efetivamente sociais do trabalho, alçando à posição de importância apenas os fatores estritamente econômicos, expondo e reforçando a *"mercantilização da vida*, com todas as suas consequências inumanas, a ponto de ser a força de trabalho — faculdade natural, humana, de criar valores de uso — *separada da personalidade do trabalhador e reduzida à condição de uma coisa"*. (KONDER, 2009, p. 146, grifos no original)

A partir do momento em que se constituem as classes sociais, uma vez instituídas a propriedade privada e a divisão do trabalho, as contradições entre os homens acentuam-se, deixando de ser meramente circunstanciais. O choque constante entre os indivíduos faz com que defendam seus interesses particulares em detrimento da coletividade, de modo que essa organização social "cria uma forma de contradição permanente, situada na raiz das condições de vida dos indivíduos, predeterminando alguns dos aspectos fundamentais da atividade destes indivíduos e lançando-os uns contra os outros, dividindo-os ao nível dos seus interesses vitais em detentores da propriedade e em excluídos dela". (KONDER, 2009, p. 68)

De acordo com as considerações do filósofo brasileiro, podemos perceber que a personagem principal tende a observar os fenômenos de forma unilateral e fragmentária (em vista da divisão do trabalho e da divisão dos homens na propriedade privada), de modo que não pode compreender claramente a unidade do gênero humano, colocando-se do lado dos detentores da propriedade, ao passo que seus empregados, que se encontram do lado dos excluídos, não são vistos como semelhantes ou no que possuem de comum com o fazendeiro.

É por isso que Paulo Honório vê de forma tão natural a violência com que trata Marciano, por exemplo: porque não o vê como ser humano e não o reconhece enquanto homem, em razão dessa ordem classificatória e autoritária que é impingida aos empregados. Segundo Marx, o "auge desta servidão é que somente como *trabalhador* ele pode se manter como *sujeito físico* e apenas como *sujeito físico* ele é trabalhador". (MARX, 2010, p. 82, grifos no original) Assim, para o fazendeiro não existe a perspectiva de que se está relacionando com outros seres humanos, mas com homens que têm a obrigação de trabalhar incessantemente para aumentar a produtividade e os lucros da fazenda e, para tal, pouco lhe importam os meios pelos quais mantêm sua existência física.

Lembremo-nos de que, no limite, Paulo Honório viveu as mesmas condições de seus empregados antes de sua escalada pelo poder, de modo que em parte teve as mesmas condições materiais de vida dos outros homens: também foi empregado com mísero salário, e também passou fome, sede e frio, como ele mesmo relata. Assim, não enxerga a história concreta dos outros sujeitos e a sua própria, todos eles submetidos ao mesmo processo de implantação do capitalismo no meio rural brasileiro, a partir do qual a elite burguesa ascende através de relações predatórias com a mão de obra semiescrava. Ao final do romance, ele mesmo reconhece a separação dos indivíduos e a fragmentação da unidade humana, confessando, ainda, que a princípio faziam parte do mesmo grupo (inserido num mesmo processo histórico): "Para ser franco, declaro que esses infelizes não me inspiram simpatia. Lastimo a situação em que se acham, reconheço ter contribuído para isso, mas não vou além. Estamos tão separados! A princípio estávamos juntos, mas esta desgraçada profissão nos distanciou." (SB, p. 187)

Antes mesmo, no entanto, de chegarmos a esse conflito entre Paulo Honório e Madalena, no capítulo 21, há outro ainda mais importante no capítulo 18, anterior ao primeiro capítulo onde o narrador deixa o relato do passado para ocupar-se do momento presente da enunciação, quando, praticamente sozinho em São Bernardo, decide ocupar-se exclusivamente da escrita de suas memórias. A dolorosa lembrança da desavença fá-lo abandonar o relato do passado e voltar-se melancolicamente ao presente solitário e vazio, em que reavalia a generosa preocupação de Madalena com relação aos empregados, outrora vista como intromissão em assuntos que não lhe diziam respeito.

Paulo Honório exaspera-se e ofende Madalena e D. Glória, que intervém no conflito a favor de seu Ribeiro, concordando com a sobrinha. Na sua perspectiva, seu Ribeiro vale muito pouco, já que pensa estar ele próprio prestando um serviço ao velho, o que nos remete ao episódio em que "negocia" o ínfimo valor de Padilha, professor da fazenda, como relatamos no início do capítulo. Não sabendo o que dizer, sai furioso da sala de refeições e, neste momento, a narrativa do passado é interrompida para dar lugar às primeiras reflexões de Paulo Honório escritor, que já apresenta mudanças em vista de sua penosa reflexão empreendida e consubstanciada na atividade de escrita que agora domina seus dias e noites.

O capítulo 19, seguinte ao que se acaba de resumir, altera os procedimentos formais da narrativa, que apresenta, então, novos elementos: instala subitamente o presente da enunciação, onde as marcas formais da subjetividade aparecem de forma a negar a assertividade, a segurança e a autoridade do ponto de vista e dos argumentos do narrador, a partir das quais também haverá uma gradual perda do controle da narrativa. Pela primeira vez tem-se de forma elaborada e sistemática a dissonância da voz subjetiva do narrador e a presença de elementos formais antagônicos aos aspectos que anteriormente regiam a narrativa. Vejamos os primeiros parágrafos do capítulo 19:

Conheci que Madalena era boa em demasia, mas não conheci tudo de uma vez. Ela se revelou pouco a pouco, e nunca se revelou inteiramente. A culpa foi minha, ou antes, a culpa foi desta vida agreste, que me deu uma alma agreste.
    E, falando assim, compreendo que perco o tempo. Com efeito, se me escapa o retrato moral de minha mulher, para que serve esta narrativa? Para nada, mas sou forçado a escrever. (SB, p. 101)

Reavaliando, no presente, o episódio da primeira desavença com Madalena, Paulo Honório percebe que a esposa era boa em demasia, mas confessa que não podia compreendê-la inteiramente, que não a reconhecia inteiramente em sua dimensão humana. Responsabiliza-se pelo fato e atribui a ignorância à vida agreste, que lhe dera uma alma agreste. Entenda-se, por vida agreste, o embrutecimento e a desumanização vividos pela personagem sob a égide da reificação, em que o lucro e o dinheiro, como mostramos, estão sempre à frente das pessoas, reduzidas à condição de coisas com valores de troca. Entenda-se, por alma agreste, a incapacidade da personagem, sob a lógica imperiosa da alienação — em que a percepção do sujeito condiciona todos os segmentos da vida aos fatores econômicos e monetários — de reconhecer-se enquanto ser humano e relacionar-se com os outros indivíduos que o cercam. Ao final do romance, voltando novamente ao presente da enunciação, Paulo Honório ver-se-á completamente despersonificado, privado de seus caracteres humanos: "Sou um aleijado. Devo ter um coração miúdo, lacunas no cérebro, nervos diferentes dos nervos dos outros homens. E um nariz enorme, uma boca enorme, dedos enormes." (SB, p. 187) Confessa e assume melancolicamente seu egoísmo e sua brutalidade. Mas explica numa vã tentativa de justificar-se: "Creio que nem sempre fui egoísta e brutal. A profissão é que me deu qualidades tão ruins." (SB, p. 187)
    O valor e a função da narrativa são retomados neste primeiro momento em que se procede numa revisão dos antigos valores pelos quais a personagem se descaminha. E tendo agora um sentido muito diferente daquele primeiro que lhe é atribuído — uma mercadoria, com recompensa material e monetária — parece ter a função de dar a Paulo Honório a possibilidade de (re)conhecer também sua mulher, e não somente a si. Mas o trabalho de escrita continua árduo, trazendo à personagem as dificuldades de confrontar-se, pela primeira vez, com a dimensão das relações humanas e

pessoais, que antes eram de todo ignoradas. É somente com o trabalho de construção da narrativa, de elaboração do relato e de organização de suas memórias que Paulo Honório pode, finalmente, apreender novos sentidos e ressignificar a sua história, através da mediação da literatura, que agora também é revalorizada.

No entanto, enquanto sujeito submetido ao processo da alienação, do qual não é capaz de libertar-se completamente, como um "indivíduo desgarrado da espécie" (KONDER, 2009, p. 73), Paulo Honório ainda vê a esposa como um enigma indecifrável, e as folhas de seu livro permanecem meio escritas, incompletas, lacunares. Ganha força na narrativa, mais uma vez, a perda de conexão entre os homens, da qual fala Raymond Williams em *Tragédia moderna*. Assim, "na medida em que se vê levado a pensar em si mesmo ele procura recompor a unidade perdida, a unidade [...] que o afastamento da natureza destruiu" (KONDER, 2009, p. 73), de forma que sua situação "é tudo menos cômoda". (2009, p. 73)

> Quando os grilos cantam, sento-me aqui à mesa da sala de jantar, bebo café, acendo o cachimbo. Às vezes as ideias não vêm, ou vêm muito numerosas — e a folha permanece meio escrita, como estava na véspera. Releio algumas linhas, que me desagradam. Não vale a pena tentar corrigi-las. Afasto o papel.
>
> Emoções indefiníveis me agitam — inquietação terrível, desejo doido de voltar, tagarelar novamente com Madalena, como fazíamos todos os dias, a esta hora. Saudade? Não, não é isto: é desespero, raiva, um peso enorme no coração.
>
> Procuro recordar o que dizíamos. Impossível. As minhas palavras eram apenas palavras, reprodução imperfeita de fatos exteriores, e as dela tinham alguma coisa que não consigo exprimir. Para senti-las melhor, eu apagava as luzes, deixava que a sombra nos envolvesse até ficarmos dois vultos indistintos na escuridão. (SB, p. 101–2)

O lacunar e o fragmentário da escrita e da memória remetem à complexa questão da incomunicabilidade do sujeito cindido e à incapacidade de compreender inteiramente Madalena — o elemento que configura o outro dissonante de Paulo Honório, e que permanece um enigma. Segundo Eduardo Sterzi, "o eclipse da linguagem" é também decorrente do "eclipse do humano", "intensas figurações do trágico moderno" (STERZI, 2004, p. 111), que marcam os grandes momentos trágicos da obra de outro de nossos grandes escritores modernos brasileiros, como é o caso de Guimarães Rosa. Estes elementos demonstram também, por outro lado, que a alienação do sujeito torna-se um meio estético para o romance, tese que pretendemos corroborar com a análise formal da obra, com especial atenção aos seus elementos e procedimentos estéticos, em sua dialética relação entre conteúdo e forma. Adorno, em "Posição do narrador no romance contemporâneo", afirma:

> A reificação de todas as relações entre os indivíduos, que transforma suas qualidades humanas em lubrificante para o andamento macio da maquinaria, a alienação e autoalienação universais, exigem ser chamadas pelo nome, e para isso o romance está qualificado como poucas outras formas de arte. Desde sempre, seguramente desde o século XVIII, desde o *Tom Jones* de Fielding, o romance teve como verdadeiro objeto o conflito entre os homens vivos e as relações petrificadas. Nesse processo, a própria alienação torna-se um meio estético para o romance. Pois quanto mais se alienam uns dos outros, os homens, os indivíduos e as coletividades, tanto mais enigmáticos eles se tornam uns para os outros. O impulso característico do romance, a tentativa de decifrar o enigma da vida exterior, converte-se no esforço de captar a essência, que por sua vez aparece como algo assustador e duplamente estranho no contexto do estranhamento cotidiano imposto pelas convenções sociais. O momento [...] do romance moderno, [...], amadurece em si mesmo pelo seu objeto real, uma sociedade em que os homens estão apartados uns dos outros e de si mesmos. (ADORNO, 2012, p. 57-58)

A alienação e a reificação que marcam de forma tão contundente a personalidade de Paulo Honório comprovam a existência das relações petrificadas entre os homens em *São Bernardo*, como sustenta Adorno. No entanto, a personagem não deixa de dar o impulso característico do romance, como ressalta o filósofo, ao tentar decifrar o enigma de sua vida: a relação com Madalena e o que a tornava tão diferente, e tão complexa em sua dissonância, já que a alteridade não é algo que Paulo Honório possa compreender. A personalidade forte e dominadora da personagem revela que, para ele, "há sempre algum mistério no outro, cujo pensamento é muito difícil de alcançar". (BUENO, 2006, p. 607)

No entanto, por meio da escrita de seu livro, a personagem busca dar nova forma a essas relações realizando a difícil tarefa de tentar compreendê-las, procurando traçar as causas de sua brutalidade, de seu egoísmo e de sua desconfiança que apontara inimigos em toda parte. Assim, "*São Bernardo* não é apenas a história da ascensão de Paulo Honório e de seu malfadado casamento. É também a história de um livro, que se constrói bem ali, à vista do leitor. E esta nova trajetória se desenvolve paralelamente à outra: de um apagamento voluntário do outro até a invasão incontível por ele". (BUENO, 2006, p. 615) Uma perspectiva, como se pode ver, desalienante — ainda que possibilitada pelas marcas do autor implícito — porque busca o conhecimento crítico, "a elucidação do enigma", mas que, na perspectiva da personagem, dificilmente poderá modificá-lo: "Se fosse possível recomeçarmos, aconteceria exatamente o que aconteceu. Não consigo modificar-me, é o que mais me aflige." (SB, p. 187)

Nesta "sociedade atomizada" (ADORNO, 2007, p. 160), em que os homens apartam-se de si e dos outros, o sujeito dificilmente poderá superar a lógica da alienação que, impregnada em seus modos de vida e reflexão, cada vez mais o afasta dos demais indivíduos, de modo que permanecem sem compreender o que têm em comum, apenas ressaltando o que têm de diferente (especialmente em termos econômicos e de classe social). Sobre a temática da solidão no romance moderno, que vai ganhando contornos cada vez mais expressivos em *São Bernardo* — pois, além de ser abandonado por todos os seus amigos e familiares, a personagem antes mesmo não conseguia relacionar-se de forma íntegra e humana com os demais indivíduos, tratando-os sempre com pretensa superioridade em vista de sua posição social alcançada —, Adorno insiste no fato de que é socialmente mediada, isto é: não devemos compreender a solidão dos indivíduos como uma perda do sentido realista que caracterizou fortemente o romance do século XIX. Mas sim compreender que, em uma sociedade reificada e alienada, o tema da solidão e o indivíduo solitário têm um importante conteúdo histórico. (ADORNO, 2007, p. 158) Adorno considera sempre em termos de equivalência a reificação da sociedade e a solidão do sujeito, que permanece um enigma para os demais. Conteúdo histórico e forma estética interpenetram-se, portanto, no seio da literatura moderna, que representa a alienação na forma do romance.

As tentativas que a personagem empreende ao tentar compreender as causas pelas quais se "desnorteou numa errada", reavaliando seus atos brutais, antiéticos e mesquinhos, promovem, a nosso ver, uma perspectiva crítica possibilitada pela presença do autor implícito, sempre importante nos romances de Graciliano Ramos. Paulo Honório, no entanto, permanece um sujeito alienado, preso ao redemoinho das convenções da sociedade mercantil e reificada.

O romance penosamente escrito, dessa forma, parece ensejar uma tomada de consciência, produzindo novos sentidos e novas significações para sua trajetória (e, por que não, para o leitor de Graciliano), ainda que esse novo sentido seja uma evidenciação da perspectiva trágica do homem moderno sob o espectro da alienação, significativa contribuição de Graciliano Ramos para a literatura moderna brasileira, "onde o trágico funciona como figura explicativa excelente dos desajustes da modernidade na formação do Brasil". (VECCHI, 2004, p. 124) Paulo Honório parece não avançar no tempo, nele recuando, ao contrário; mas a escrita de seu romance é sensivelmente alterada, comprovando seu constante devir e o devir da própria obra na qual se inscreve.

O trágico de sua condição — a alienação que faz com que a personagem mergulhe completamente em seu tempo interior, perdendo as reais conexões com a realidade, com os outros e consigo mesmo, ainda que, ao final da narrativa, apesar do abandono de amigos e parentes, viva com seu filho — é reforçado pelos elementos formais que se repetem incessantemente na obra, que comprovam, por sua vez, a imersão da personagem em um mundo agourento de pios de coruja, trevas e lobisomens, sinais que acabam por reforçar a perspectiva cruel da reificação e da despersonificação do homem. Assim, é importante realizar a análise que entrelaça a forma e o conteúdo do romance, que passa a contar com novos recursos para elaborar no plano linguístico a alienação da personagem, reforçando a perda de conexão com a realidade e consigo próprio. Paulo Arantes, ao retomar a tradição dialética na experiência intelectual brasileira, analisando individualmente as contribuições de Antonio Candido e Roberto Schwarz, assim explica a questão:

> A pedra angular do raciocínio é a noção de forma, princípio mediador responsável pela junção de romance e sociedade; assim entendida, ela é parte dos dois planos, organizando em profundidade os dados

da ficção e do real; vem daí o alcance mimético da composição, que não existiria se ela não fosse imitação de algo já organizado e não reprodução documentária de eventos brutos; assim, o que a estrutura literária "imita" é por sua vez uma estrutura; noutras palavras, "antes de intuída e objetivada pelo romancista, a forma que o crítico estuda foi produzida pelo processo social, mesmo que ninguém saiba dela". (ARANTES, 1992, p. 42)

Mais adiante, Arantes vai retomar um dos sentidos através do qual Antonio Candido define o conceito de dialética, e que vai fundamentar suas análises literárias: "do lado da reflexão crítica, o seu nervo passa pela redução estrutural de uma forma social a uma forma estética, que em função dela se mostra a um tempo intuição artística e princípio de conhecimento". (ARANTES, 1992, p. 43) Considerando o seguinte exposto, cremos que *São Bernardo* realiza essa mesma redução estrutural de uma forma social — a alienação do homem (trabalhador) como condição trágica da modernidade — a uma forma estética, o que fica demonstrado pelos novos elementos formais que a narrativa vai paulatinamente revelar, de forma que conteúdo social e conteúdo estético se imbricam, estrutura através da qual o romance ganha em representação mimética.

No plano formal do romance, ainda no central capítulo 19, é possível observar que os movimentos de negação e que reforçam a alienação de Paulo Honório encontram eco e são refletidos por uma cadeia sonora e imagética que remete ao tempo e espaço interiores da personagem, que se retira de sua realidade exterior. Diz o narrador: "Lá fora os sapos arengavam, o vento gemia, as árvores do pomar tornavam-se massas negras." (SB, p. 101) Mais adiante, retoma os mesmos elementos visuais e sonoros: "A figura de Casimiro Lopes aparece à janela, os sapos gritam, o vento sacode as árvores, apenas visíveis na treva." (SB, p. 101) A obscuridade do lugar, reforçada pelas massas negras das árvores e pelas trevas, e a angústia do momento mimetizada pelo gemido do vento e pelo movimento incessante das árvores, é mais tarde retomada novamente pelos mesmos elementos agora justapostos apenas por vírgulas, reforçando a angústia: "Rumor do vento, dos sapos, dos grilos. [...]. Uma coruja pia na torre da igreja. Terá realmente piado a coruja? Será a mesma que piava há dois anos? Talvez seja até o mesmo pio daquele tempo." (SB, p. 102)

O desnorteio e a alienação da personagem, que já não tem o controle do tempo e do espaço, ficam patentes com a confusão entre o tempo presente e o passado da memória. Às imagens e sons que mimetizam a angústia e a agonia do narrador, somam-se agora as interrogações e as dúvidas quanto à realidade presente. Por fim, diz o narrador: "Há um grande silêncio. Estamos em julho. O nordeste não sopra e os sapos dormem. Quanto às corujas, Marciano subiu ao forro da igreja e acabou com elas a pau. E foram tapados os buracos de grilos." (SB, p. 103) Ou seja, aqueles elementos que Paulo Honório pensava ver e os sons que pensava ouvir são agora justapostos para serem negados e repelidos. Esses elementos, que se comprovam imaginados, têm a função de remeter à obscuridade e à angústia de Paulo Honório, de seu espaço interior, fazendo-o imergir em seu tempo interior.

A análise da obra e o consequente entrelaçamento entre forma e conteúdo efetivam-se, assim, a partir da constatação de que a "forma é mediação enquanto relação das partes entre si e com o todo e enquanto plena elaboração dos pormenores". (ADORNO, 2011, p. 221) A partir deste axioma da *Teoria estética*, é interessante observar que a análise dos pormenores deverá ser novamente retomada em capítulos seguintes, uma vez que os mesmos elementos analisados anteriormente voltam sistematicamente a aparecer na narrativa, em momentos sempre associados à subjetividade do narrador e à constituição de seu tempo interior: a presença da cadeia imagética e sonora que remete ao mundo interior e obscuro de Paulo Honório; a consequente perda do controle do tempo e do espaço narrados; a desestabilização do movimento assertivo e autoritário; e a deformação do real como categoria descritiva que antes regia a narrativa e determinava o seu controle. Não é demais relembrar o fato de que todos estes elementos reforçam e remetem à alienação da personagem, que se revela também no plano formal da obra, já que, retomando as palavras de Adorno, a alienação revela ser um meio estético para o romance.

Em consonância com o ensaio fundamental de Adorno sobre a posição do narrador no romance contemporâneo (ou moderno, na leitura do crítico), a cujas considerações voltaremos adiante, Roberto Mulinacci ressalta a forma do romance como "o lugar moderno de metabolização estética" do trágico. Assim, quando estamos diante do mal-estar do indivíduo na sociedade moderna, conflito sempre presente nos romances de Graciliano, este indivíduo que surge abandonado "às suas irredimíveis contradições, ontológicas e existenciais, é a própria forma que intervém para organizar a matéria trágica de modo permeável ao pensamento, mediante a simples tomada de consciência da situação conflituosa". (MULINACCI, 2004, p. 167) Assim, Paulo Honório busca dar forma ao seu conflito trágico, expondo-o em palavras, representando-o por meio da escrita e da organização formal dos elementos; no entanto, estes mesmos elementos só fazem reforçar a alienação da qual não é capaz de libertar-se a personagem, que se revela praticamente "paralisado" no tempo da morte de Madalena, como veremos adiante. A conexão consigo mesmo e com os demais é definitivamente perdida, sem chance de volta.

Retomando as considerações de Adorno em "Posição do narrador no romance contemporâneo", lemos que o preceito épico da objetividade do romance realista fica solapado pela subjetividade do narrador, que agora domina o romance moderno, no qual toda a matéria é transformada, em decorrência mesmo desta predominância do subjetivismo. Mais adiante, o crítico afirma que o narrador parece fundar um espaço interior, e o mundo, por conseguinte, "é puxado para esse espaço interior, [...] e qualquer coisa que se desenrole no exterior é apresentada da mesma maneira como [...] um pedaço do mundo interior, um momento do fluxo de consciência". (ADORNO, 2012, p. 59)

Este movimento pode ser sistematicamente encontrado em alguns capítulos fundamentais de *São Bernardo*, que promovem o deslocamento do espaço externo e da realidade exterior da personagem para seu espaço e tempo interiores, quando se observam mudanças fundamentais nos procedimentos e materiais da narrativa, como analisado anteriormente. É interessante retomar também, neste momento, uma crônica de Graciliano intitulada "Porão", de julho de 1937. O escritor ressalta a importância de se perceber "o interior das personagens", e não somente sua parte externa e suas ações. Falando de protagonistas atordoados, como é certamente o caso de Paulo Honório no momento em que, deixando o relato do passado, se volta ao presente, Graciliano afirma: "teria sido bom que os acontecimentos se apresentassem refletidos naqueles espíritos torturados" (RAMOS, 2005, p. 137), mostrando quais reações os elementos externos provocam na mente dos indivíduos. Esta exatamente a estrutura que se observa nos capítulos em que Paulo Honório se volta ao tempo da enunciação, nos quais podemos perceber que os elementos externos revelam, na realidade, o movimento interno da personagem: de dúvida, negação, melancolia, abandono, solidão e temor.

No entanto, este movimento apresenta-se como uma dissonância da forma — que instala rupturas no fluxo predominantemente objetivo da narração — que é, ao mesmo tempo, harmônica e consoante com o seu conteúdo: a emergência da visão trágica, que pressupõe a visão do mundo e sua (des)construção a partir da perspectiva subjetiva do eu, e não mais de um ponto de vista exclusivamente objetivo e distanciado, esse novo eu que é agora capaz de reconhecer e expor a nu a sua própria monstruosidade.

A fricção dos momentos antagônicos provoca uma relação de contradição e tensão entre elementos fundamentais da narrativa, apontados por Lafetá em sua análise do romance: a realidade em oposição e ao mesmo tempo em relação ao fluxo de consciência; a narrativa do passado em contradição com o presente da enunciação; e a objetividade do relato em contraste com os momentos de irrupção da subjetividade do narrador. Interessante é observar, no entanto, que estes elementos, mais que justapostos, como afirma Adorno, encontram-se em choque de contradições, e no capítulo 19, anteriormente analisado, provocam o desnorteio do próprio leitor, tal é o entrelace em que se encontram. Assim, é possível vermos "dualidade e dialética convergirem no mesmo princípio formal". (ARANTES, 1992, p. 62) Os pares antitéticos que se complementam no romance evidenciam o caráter dialético da obra, que expõe na forma os impasses trágicos do conteúdo. A propósito, veja-se o seguinte passo:

> Agitam-se em mim sentimentos inconciliáveis: encolerizo-me e enterneço-me; bato na mesa e tenho vontade de chorar.
> Aparentemente estou sossegado: as mãos continuam cruzadas sobre a toalha e os dedos parecem de pedra. Entretanto ameaço Madalena com o punho. Esquisito. (SB, p. 103)

Também se observa, como ressaltado em diversos momentos na *Teoria estética*, que as contradições do conteúdo, dos temas, das personagens e dos momentos apresentam-se como contradições e antagonismos da própria forma do romance. As contradições e tensões vividas pela personagem, que passa a reiterar o movimento especulativo de seus sentimentos e sensações, encontrando-se, a partir de então, com a dúvida e o questionamento, vão refletir-se na própria forma da obra, neste e em outros diversos momentos, a partir da instalação da contradição entre presente da escrita e passado da memória, objetividade da narração e subjetividade do sujeito, fluxo de consciência e realidade.

A partir do momento em que o ciúme e a desconfiança passam a tomar conta de Paulo Honório, a dúvida também se instala no presente da escrita, fazendo com que os limites entre passado da memória e presente da enunciação sejam gradualmente dissolvidos, processo cujo início se encontra nos trechos anteriormente lidos. A própria memória, arcabouço de lembranças no qual o narrador parece ter extrema confiança e segurança, encontra-se agora fragilizada, pela constante presença da subjetividade do sujeito e de seu novo ponto de vista sobre a narrativa.

Agora estamos em um momento da narrativa inverso ao que iniciara o relato: os momentos de objetividade do narrador e de sua assertividade diante do mundo e dos sujeitos que o rodeiam são dispersos, pouco presentes e pouco significativos. O trágico instalar-se-á de forma definitiva com a volta sistemática dos elementos perturbadores e inquietantes, aqueles que remetem ao presente sombrio de Paulo Honório. A experiência de plenitude e o gozo da posse e do poder darão lugar ao trágico, melancólico e solitário presente da personagem, que se vê agora abandonado por parentes, amigos e que nem mesmo consegue notar a presença de seu próprio filho.

No capítulo 36, o último da narrativa, ocorrerá a intensificação dos elementos que surgem inicialmente no capítulo 19, anteriormente analisado. Devemos, novamente, voltar nossa atenção aos pormenores estilísticos e formais de outros dois capítulos fundamentais para o romance, que nos levam mais uma vez ao tempo interior de Paulo Honório (e não ao tempo cronológico da narrativa, que se dissolve progressivamente) e seu desnorteio e alienação, movimentos que o levam a afirmar sua condição trágica: o capítulo 31 — no qual se relata a última conversa de Paulo Honório e Madalena, antes do suicídio da professora — e o capítulo 36 — no qual Paulo Honório retoma a enunciação do presente e a situação angustiante em que se encontra.

No capítulo 31, logo após a última cena que analisamos, em que Paulo Honório observa com prazer toda a extensão de sua propriedade, e momentos depois de encontrar a carta de Madalena, que, anunciando um suicídio, é confundida com uma carta de amor a outro homem — tamanha a incompreensão do fazendeiro com relação à linguagem e ao sentimento de sua mulher —, ele decide chamá-la para uma conversa, que acontece dentro da sacristia da fazenda.

> E deixou-se levar para a escuridão da sacristia.
> Acendi uma vela e, encostando-me à mesa carregada de santos, sobre o estrado onde padre Silvestre se paramenta em dias de missa:
> — Que estava fazendo aqui? Rezando? É capaz de dizer que estava rezando.
> [...].
> — A senhora escreveu uma carta.
> O vento frio da serra entrava pela janela, mordia-me as orelhas, e eu sentia calor. A porta gemia, de quando em quando dava no batente pancadas coléricas, depois continuava a gemer.
> [...].
> Nove horas no relógio da sacristia.
> O nordeste começou a soprar, e a porta bateu com fúria. Mergulhei os dedos nos cabelos.
> [...].
> Nem sei quanto tempo estive ali, em pé. A minha raiva se transformava em angústia, a angústia se transformava em cansaço.
> — Para quem era a carta?
> [...].
> A vela acabou-se. Acendi outra e fiquei com o fósforo entre os dedos até queimar-me.
> [...].
> O que eu queria era que ela me livrasse daquelas dúvidas. (SB, p. 160–164)

O trecho inicia-se novamente com o deslocamento para o ambiente da escuridão, que associamos ao passado da memória e ao presente da lembrança. A vela, signo importante para o relato, uma vez que representa a possibilidade de luz entre as obscuras lembranças de Paulo Honório, é sempre mencionada quando o narrador precisa rememorar momentos difíceis ou contar seu presente angustiante, no qual só lhe resta a condição de escritor de suas memórias. O vento frio da serra, o gemido do vento, as batidas da porta trazem novamente a ideia de movimentos incessantes, que reiteram e aumentam a angústia e a inquietação do mundo interior da personagem, que se confundem ora com raiva, ora com cansaço. É interessante observar, também, que há uma estruturação lógica e recorrente que apresenta a obscuridade do ambiente, a marcação rigorosa ou a perda do sentido do tempo, e as frases cortantes e secas de Paulo Honório, não em necessária ordem, mas sempre justapostas, friccionando-se. A seguir, temos novamente a mesma estruturação, que se repete até o término do capítulo:

O relógio da sacristia tocou meia-noite.
[...].
Fiquei remoendo as palavras desconexas e os modos esquisitos de Madalena. Depois pensei na carta que ela havia deixado no escritório, incompleta.
Para quem seria? Lá vinha novamente o ciúme. Aquilo ainda causaria infelicidades sem remédio.
Pouco a pouco me fui amadornando, até cair num sono embrulhado e penoso. Creio que sonhei com rios cheios e atoleiros.
Quando dei acordo de mim, a vela estava apagada e o luar, que eu não tinha visto nascer, entrava pela janela. A porta continuava a ranger, o nordeste atirava para dentro da sacristia folhas secas, que farfalhavam no chão de ladrilhos brancos e pretos. O relógio tinha parado, mas julgo que dormi horas. Galos cantaram, a lua deitou-se, o vento se cansou de gritar à toa e a luz da madrugada veio brincar com as imagens do oratório. (SB, p. 166–167)

As imagens que remetem à escuridão do lugar também confirmam a obscuridade das lembranças e a pungência do relato, que alterna entre melancólico, lírico, doloroso. A gradual perda do controle do tempo intensifica-se e mistura-se com o sono, os sonhos e a chegada da madrugada, além da parada do relógio, elemento que já havia aparecido no capítulo 19. A vela apaga-se e o luar ilumina o recinto, trazendo novamente a ideia da necessidade da luz em meio à obscuridade do momento e à melancolia do relato; no entanto, os mesmos elementos perturbadores ainda permanecem na narrativa: o gemido do vento, o movimento incessante das folhas, o rangido da porta. Por fim, a luz da madrugada, do dia a nascer, vem invadir a sacristia e Paulo Honório retira-se para procurar Madalena. Com o rebuliço na casa, o fazendeiro corre em direção ao quarto, quando constata, de forma brusca e objetiva, quebrando o lirismo da cena anterior: "Arredei-as e estaquei: Madalena estava estirada na cama, branca, de olhos vidrados, espumas nos cantos da boca. Aproximei-me, tomei-lhe as mãos, duras e frias, toquei-lhe o coração, parado. Parado." (SB, p. 168)

Ao enterro de Madalena, seguem-se o abandono e a ida de parentes e amigos, o estouro da Revolução de 1930, com a incorporação de Padilha e padre Silvestre às tropas revolucionárias, a perda massiva dos clientes e do capital e a consequente derrocada da fazenda. É quando lemos a confissão do ainda proprietário de São Bernardo:

Lá vinham os projetos.
— Diabo leve os projetos.
O mundo que me cercava ia-se tornando um horrível estrupício.
E o outro, o grande, era uma balbúrdia, uma confusão dos demônios, estrupício muito maior.
Os amigos e os jornais traziam-me a revolução. (SB, 177)

A despeito da situação crítica do país, que sofre as consequências da crise de 1929 e da Revolução de 1930, e, especialmente, da situação ainda mais delicada da fazenda, que enfrenta uma grande crise ao perder clientes e capital em massa, Paulo Honório não consegue retirar-se da noite em que Madalena se suicidara. Volta recorrentemente ao espaço da sacristia, retomando a visão dos mesmos elementos descritos naquela noite. A retomada, portanto, desses mesmos elementos imagéticos e sonoros faz novamente irromper a subjetividade do narrador-personagem, que, definitivamente, não pode mais narrar de forma objetiva, distanciada e imparcial, haja vista, inclusive, a preocupação com Marciano e a família de seu Caetano, antes absolutamente ignorados pelo fazendeiro. Algo se modificara profundamente, e a narrativa intensifica a retomada dos elementos dissonantes, que compõem, no entanto, um todo harmônico e dialético, já que configura a forma trágica do romance. A desintegração da objetividade e da plenitude do narrador equivale, portanto, à desintegração da própria fazenda, que entra definitivamente em crise.

Passados dois anos da morte de Madalena, chegamos finalmente ao capítulo 36, no qual Paulo Honório retoma o presente da enunciação pela última vez e elabora os destroços de sua dor, de sua perda e fracasso:

> De repente voltou-me a ideia de construir o livro. Assinei a carta ao homem dos porcos e, depois de vacilar um instante, porque nem sabia começar a tarefa, redigi um capítulo.
> Desde então procuro descascar fatos, aqui sentado à mesa da sala de jantar, fumando cachimbo e bebendo café, à hora em que os grilos cantam e a folhagem das laranjeiras se tinge de preto.
> Às vezes entro pela noite, passo tempo sem fim acordando lembranças. Outras vezes não me ajeito com esta ocupação nova.
> Anteontem e ontem, por exemplo, foram dias perdidos. Tentei debalde canalizar para termo razoável esta prosa que se derrama como a chuva da serra, e o que me apareceu foi um grande desgosto. Desgosto e a vaga compreensão de muitas coisas que sinto. (SB, p. 183–184)

Instalando definitivamente a narrativa no presente da enunciação, e retomando a ideia de escrever o livro no qual possa contar sua história, o narrador volta a falar da situação atual em que se encontra: resta-lhe somente a escrita de suas memórias, através da qual poderá analisar a sua trajetória, apesar da intensa e angustiante dificuldade dessa atividade. Logo no começo do capítulo, observamos a retomada de elementos que já haviam aparecido nos capítulos que analisamos anteriormente, que se relacionam à obscuridade do ambiente e ao mundo interior de Paulo Honório, ou à sua subjetividade, elemento central para o desenvolvimento final da narrativa: a noite como espaço predominante do presente; as imagens a ela associadas, como, neste caso, a folhagem das laranjeiras que se tinge de preto; o cantar dos grilos, que nos remete novamente ao capítulo 19, primeiro em que o narrador faz correr livremente a sua subjetividade e se volta para a análise do presente, depois de dezessete capítulos contando as memórias do passado, de forma predominantemente objetiva; e o lirismo e a melancolia com que relata o momento presente, retomando novamente a ideia central do capítulo 19.

É interessante observar ainda que estes elementos e outros já anteriormente mencionados encontram-se numa cadeia harmônica observada em dois momentos fundamentais, mas localizados em tempos aparentemente contrastantes: nos capítulos 19 e 36, nos quais Paulo Honório se volta ao presente e nele localizado trata a respeito da dificuldade da escrita e da angústia por não escrever como gostaria, ou por não ser capaz de traçar o "retrato moral" de Madalena; e no capítulo 31, no qual relata a última conversa com Madalena, ou seja, referindo-se ao passado. A noite, a presença do escuro em oposição à luz, a marcação temporal ora desconexa, ora rigorosamente obsessiva, a presença dos grilos, corujas e sons angustiantes do vento, do ranger da porta, das folhas farfalhando na sacristia, entre vários outros elementos, repetem-se sistematicamente nestes capítulos que, se instalam a ruptura na narrativa, que não conta com recursos imagéticos e sonoros, metáforas ou antíteses e contradições nos capítulos predominantemente objetivos, também promovem a irrupção da subjetividade do narrador, através de uma sistemática aparição de elementos disruptores, que promovem, portanto, uma nova organização formal. Ressalte-se que a repetição dos elementos e a sistemática retomada de seus motivos e configurações ocorrem em dois momentos fundamentais da narrativa, embora contrastantes se analisados de uma perspectiva temporal: os dois capítulos mais importantes que descrevem o presente; e o último momento em que Paulo Honório conversa com Madalena, localizado no passado. Veja-se o seguinte trecho, que encerra o romance, e compare-se com o trecho final do capítulo 31, quando Paulo Honório relata a última conversa com Madalena:

> As janelas estão fechadas. Meia-noite. Nenhum rumor na casa deserta.
> Levanto-me, procuro uma vela, que a luz vai apagar-se. Não tenho sono. [...].
> Ponho a vela no castiçal, risco um fósforo e acendo-a. Sinto um arrepio. A lembrança de Madalena persegue-me. [...].
> [...].
> Fecho os olhos, agito a cabeça para repelir a visão que me exibe essas deformidades monstruosas.
> A vela está quase a extinguir-se.
> Julgo que delirei e sonhei com atoleiros, rios cheios e uma figura de lobisomem.
> Lá fora há uma treva dos diabos, um grande silêncio. Entretanto o luar entra por uma janela fechada e o nordeste furioso espalha folhas secas no chão.

> É horrível! Se aparecesse alguém... Estão todos dormindo.
> Se ao menos a criança chorasse... Nem sequer tenho amizade a meu filho. Que miséria!
> Casimiro Lopes está dormindo. Marciano está dormindo. Patifes!
> E eu vou ficar aqui, às escuras, até não sei que hora, até que, morto de fadiga, encoste a cabeça à mesa e descanse uns minutos. (SB, p. 188-191)

O leitor poderá perceber que há uma retomada dos mesmos elementos da noite em que Paulo Honório conversa com Madalena pela última vez, e depois a vê morta em seu quarto: os sonhos, a vela, as folhas, o luar entrando pela janela, a treva, a meia-noite. A retomada sistemática dos elementos visuais e sonoros, e do ambiente no qual estão configurados, indica, portanto, que Paulo Honório congelou-se no tempo e no espaço, daí a invasão de seu espaço interior e a perda da noção do tempo, tão importante ao longo da narração de suas memórias: ainda vê as mesmas trevas daquela noite na sacristia; ainda ouve os mesmos sons angustiantes; ainda pensa ver as mesmas corujas que contraditoriamente vira Marciano extinguir na torre da igreja; ainda deixa a vela queimar-lhe os dedos, vê as folhas que o nordeste atira violentamente, sonha com atoleiros, rios cheios, lobisomem. O pormenor é tão insistente e rigoroso que os elementos são quase exatamente os mesmos: Paulo Honório, após dois anos, continua parado no mesmo lugar, enfrentando a mesma angústia da palavra e da linguagem, sofrendo pelo mesmo motivo. Nada se modifica, na realidade: não consegue entender a carta, não pode compreender Madalena, e depois pensa que não será capaz de escrever seu livro. A confirmação de que o narrador retoma a última noite com Madalena e pensa ainda estar nela ocorre, também, pela presença assustadoramente insistente de Madalena. Lembremo-nos outra vez do capítulo 19, onde o narrador pensa escutá-la, não sabendo distinguir se as toalhas, a visão de Casimiro Lopes e o pio da coruja são de agora ou de outrora, confundindo ainda mais a realidade com o passado que não consegue enterrar.

A partir da análise e interpretação do romance, no qual se observa semelhança de procedimentos e reiteração de aspectos contraditórios e antagônicos, é importante ressaltar, como afirma Lafetá, que "a objetividade da representação é atingida pela subjetividade do narrador, mas ambas acabam interpenetrando-se, compondo uma unidade dialética". (LAFETÁ, 1995,

p. 216) Pensamos que essa unidade dialética é sistematicamente mantida até o final do romance, onde as contradições não se apagam e as tensões não se resolvem totalmente, o que reitera a vivência do trágico experienciada pela personagem: não sabe se vive no presente ou no passado, se vê imagens de agora ou de outrora. O passado perturba-lhe profundamente o presente, alterando, portanto, a forma como é narrado, em contraste com a narração de suas primeiras memórias, anteriores à morte de Madalena. A "infiltração dos signos da subjetividade, a irrupção do monólogo interior, o abalo do ponto de vista pseudo-onisciente" (LAFETÁ, 1995, p. 215), elementos brevemente analisados anteriormente, patenteiam e revelam as contradições vividas pela personagem e refletidas na própria estruturação da obra, alterando a sua constituição formal.

Assim, "não há o objetivo de ganho que movia suas ações. Entretanto, ele já mudou, e o livro que escreve é mostra disso. Seu caráter já não é o mesmo, e as bases de sua subjetividade o distanciam do primeiro Paulo Honório. A diferença entre o primeiro e o segundo é a experiência de vida, valorizada por Graciliano Ramos". (ABDALA JR., 2012, p. 194) Significativamente crítica é a consciência que adquire ao longo do processo de escrita, que avança e recua no tempo, em vista do percurso errático da narração memorialística:

> Se eu povoasse os currais, teria boas safras, depositaria dinheiro nos bancos, compraria mais terra e construiria novos currais. Para quê? Nada disso me traria satisfação.
> [...].
> Além disso, estou certo de que a escrituração mercantil, os manuais de agricultura e pecuária, que forneceram a essência da minha instrução, não me tornaram melhor que o que eu era quando arrastava a peroba. Pelo menos naquele tempo não sonhava ser o explorador feroz em que me transformei. (SB, p. 182)

Aqui, pela primeira vez, o narrador assume a posição do "explorador feroz" que não somente alcançara, mas que fora objeto de seu desejo na "corrida pelo ouro" que define o espírito do capitalismo do qual fala Weber. Mas confessa, por outro lado, que a instrução que obtivera para alcançar tal posição não o tornara um homem melhor. Considera, ainda, que, se tentasse investir novamente na propriedade, nada disso lhe traria satisfação.

O que estou é velho. Cinquenta anos pelo São Pedro. Cinquenta anos perdidos, cinquenta anos gastos sem objetivo, a maltratar-me e a maltratar os outros. O resultado é que endureci, calejei, e não é um arranhão que penetra esta casca espessa e vem ferir cá dentro a sensibilidade embotada.

Cinquenta anos! Quantas horas inúteis! Consumir-se uma pessoa a vida inteira sem saber para quê! Comer e dormir como um porco! Como um porco! Levantar-se cedo todas as manhãs e sair correndo, procurando comida! E depois guardar comida para os filhos, para os netos, para muitas gerações. Que estupidez! Que porcaria! Não é bom vir o diabo e levar tudo?

Sol, chuva, noites de insônia, cálculos, combinações, violências, perigos — e nem sequer me resta a ilusão de ter realizado obra proveitosa. [...]

Está visto que, cessando esta crise, a propriedade se poderia reconstituir e voltar a ser o que era. A gente do eito se esfalfaria de sol a sol, alimentada com farinha de mandioca e barbatanas de bacalhau; [...]

Mas para quê? Para quê? Não me dirão? Nesse movimento e nesse rumor haveria muito choro e haveria muita praga. As criancinhas, nos casebres úmidos e frios, inchariam roídas pela verminose. E Madalena não estaria aqui para mandar-lhes remédio e leite. Os homens e as mulheres seriam animais tristes.

Bichos. As criaturas que me serviram durante anos eram bichos. (SB, p. 181-182)

A revisão crítica dos valores e axiomas capitalistas empreendida pela personagem é significativa da conscientização que a prática da escrita lhe proporciona. Tal como afirma Abdala Jr., ocorre, ao longo da narrativa e do desenvolvimento da escrita como nova forma de práxis contrária à sobrevivência das formas alienantes, o rompimento da forma acrítica da práxis do burguês capitalista. Assim, a escrita insere-se no espaço de "uma práxis mais plena, situada num plano de reflexões mais abrangentes que movem o processo enunciativo". (ABDALA Jr., 2012, p. 134) Nos parágrafos transcritos acima, Paulo Honório ressalta, em contraste com o início de sua história, a falta de objetivos que marcara sua trajetória de ascensão. Antes, como vimos, seu fito na vida fora apossar-se das terras de São Bernardo; no entanto, ao concluir que a propriedade e seus frutos não lhe renderam nenhuma satisfação pessoal, mas apenas um modo de sustentar sua existência física, a personagem termina por sublinhar a falta de sentido que efetivamente moldara suas relações pessoais. Maltratando-se a si e aos outros, não encontra maneira de reverter a sensibilidade embotada, e nem sequer lhe resta a ilusão de ter realizado obra proveitosa. Em seguida, comparando--se a um animal que precisa procurar e acumular comida para sobreviver, ainda lamenta a dura vida que levara para sustentar seu projeto de fazer de São Bernardo uma próspera propriedade, privando de seus trabalhadores o fruto de seu próprio trabalho, e privando de si próprio a oportunidade de construir relações humanas. Passados os tempos de crise, no entanto, poderia reconstruir a fazenda, mas novamente à custa do trabalho excessivo de novos empregados, pois os outros já o haviam abandonado. Contudo, sabe que haveria mais desumanização nesse processo, e Madalena não estaria lá para enviar-lhes remédios e comida, o que nos remete ao episódio em que procurara alertar Paulo Honório sobre a péssima situação de vida de seu Caetano e de sua família. Aliás, parece que o fazendeiro tenta recordar todas as "lições" de sua mulher, lamentando o fato de não a ter valorizado em sua dimensão humana. Por fim, assume que, de homens, fizera bichos, bichos domésticos e bichos do mato, mas bichos. E, ao confessar que estragara a sua vida estupidamente, constata: "Hoje não canto nem rio. Se me vejo ao espelho, a dureza da boca e a dureza dos olhos me descontentam." (SB, p. 184)

Muito embora a personagem apresente, assim, laivos de arrependimento e chegue até mesmo a idealizar a pobreza, tem consciência de que, se pudesse recomeçar, tudo aconteceria como antes, pois não consegue modificar sua natureza embrutecida — traço marcante da alienação dos homens, como demonstra Marx nos seus *Manuscritos* ao afirmar que o trabalho alienado produz ao homem "como um ser *desumanizado* tanto *espiritual* quanto *corporalmente* — imoralidade, deformação, embrutecimento de trabalhadores e capitalistas". (MARX, 2010, p. 93, grifos no original) A deformação que enxerga em seus próprios traços físicos, chegando a ver-se como um ser monstruoso, confirma essa percepção do trágico e do desumano a partir de sua própria perspectiva, realizando uma confissão profundamente honesta.

Justamente porque o conflito trágico é inconciliável e irresolúvel, não há perspectiva de transformação para a existência que ainda resta a Paulo Honório. As consequências do trabalho alienado, que o fazem afastar-se de si e do outro — um enigma sempre constante —, fazem-no perder até mesmo sua humanidade física, deixando um aleijado. A causa disso é exatamente a cisão irreversível da unidade humana, que em vão a personagem tenta recompor. Mas, no mundo de São Bernardo, os homens ainda estão apartados uns dos outros, como a própria personagem afirma: "Estamos tão separados! A princípio estávamos juntos, mas esta desgraçada profissão nos distanciou. [...]. Creio que nem sempre fui egoísta e brutal. A profissão é que me deu qualidades tão ruins." (SB, p. 187)

Enfim, como procuramos expor no percurso pelas relações de trabalho em *São Bernardo*, Paulo Honório vive as consequências fundamentais da alienação do trabalho, que consistem na relação cindida com a natureza, consigo mesmo e com o outro. Procurando, no entanto, recompor a unidade humana perdida, a personagem procura engendrar em sua narrativa um pensamento crítico, adquirindo rigorosa consciência "de sua condição e de sua problemática (consciência que é a determinante direta daquilo que o jovem Lukács chama de 'conversão', isto é, da descoberta da inutilidade de seus esforços anteriores)". (COUTINHO, 2011, p. 164) Embora não se possa afirmar que ocorre uma transformação profunda da personagem — o que negaria o realismo da representação histórico-literária tão marcante da obra de Graciliano —, não se pode negar que o que figura ao final da narrativa é uma crítica substancialmente negativa da realidade e do presente que conformam o pano de fundo histórico do romance. A crítica fundamenta-se, ao nosso ver, em face da alienação do homem diante do sistema de trabalho ao qual se submete ou está submetido, muitas vezes num redemoinho sem saída.

Referências bibliográficas

ABDALA JR., Benjamin. Graciliano Ramos e o comunitarismo cultural. In: *Literatura Comparada & Relações comunitárias, hoje*. São Paulo: Ateliê Editorial, 2012.

ADORNO, Theodor W. Reconciliation under Duress. In: _____ et al. *Aesthetics and Politics*. Londres: Verso, 2007.

_____. *Teoria estética*. Lisboa: Edições 70, 2011.

_____. Posição do narrador no romance contemporâneo. In: *Notas de Literatura I*. São Paulo: Editora 34, 2012.

ARANTES, Paulo Eduardo. *Sentimento da dialética na experiência intelectual brasileira*: dialética e dualidade segundo Antonio Candido e Roberto Schwarz. Rio de Janeiro: Paz e Terra, 1992.

BRUNACCI, Maria Izabel. *Graciliano Ramos*: um escritor personagem. Belo Horizonte: Autêntica Editora, 2008.

BUENO, Luís. *Uma história do romance de 30*. São Paulo: Edusp, 2006.

CANDIDO, Antonio. *Ficção e confissão*: ensaios sobre Graciliano Ramos. São Paulo: Editora 34, 1992.

COUTINHO, Carlos Nelson. *Cultura e sociedade no Brasil*: ensaios sobre ideias e formas. São Paulo: Expressão Popular, 2011.

EAGLETON, Terry. *Ideologia*. São Paulo: Editora Unesp, 1997.

KONDER, Leandro. *Marxismo e alienação*: contribuição para um estudo do conceito marxista de alienação. São Paulo: Expressão Popular, 2009.

LAFETÁ, João Luiz. O mundo à revelia. In: RAMOS, Graciliano. *São Bernardo*. Rio de Janeiro: Record, 1995.

LUKÁCS, Georg. *História e consciência de classe*. Estudos sobre a dialética marxista. São Paulo: Martins Fontes, 2003.

_____. *Arte e sociedade*. Escritos estéticos: 1932-1967. Org. de Carlos Nelson Coutinho e José Paulo Netto. Rio de Janeiro: Editora UFRJ, 2011.

MARX, Karl. *Manuscritos econômico-filosóficos*. São Paulo: Boitempo, 2010.

MULINACCI, Roberto. No encalço do trágico. A tragédia, o romance e os paradoxos da modernidade literária. In: FINAZZI-AGRÒ, Ettore; VECCHI, Roberto (Org.). *Formas e mediações do trágico moderno*: uma leitura do Brasil. São Paulo: Unimarco, 2004.

RAMOS, Graciliano. *São Bernardo*. Rio de Janeiro: Record, 1995.

_____. *Linhas tortas*. Rio de Janeiro: Record, 2005.

STERZI, Eduardo. Formas residuais do trágico. Alguns apontamentos. In: FINAZZI-AGRÒ, Ettore; VECCHI, Roberto (Org.). *Formas e mediações do trágico moderno*: uma leitura do Brasil. São Paulo: Unimarco, 2004.

VECCHI, Roberto. O que resta do trágico. Uma abordagem no limiar da modernidade cultural brasileira. In: FINAZZI-AGRÒ, Ettore; VECCHI, Roberto (Org.). *Formas e mediações do trágico moderno*: uma leitura do Brasil. São Paulo: Unimarco, 2004.

WILLIAMS, Raymond. *Tragédia moderna*. São Paulo: Cosac Naify, 2002.

5. Romance e tela: Paulo Honório, o "pobre-diabo"

Anna Carolina Botelho Takeda

> "Suplicamos expressamente: não aceiteis o que é de hábito como coisa natural, pois em tempo de desordem sangrenta, de confusão organizada, de arbitrariedade consciente, de humanidade desumanizada, nada deve parecer natural nada deve parecer impossível de mudar."
>
> Bertolt Brecht

Neste ensaio desenvolve-se uma análise comparativa entre o romance *São Bernardo* (1934), de Graciliano Ramos, e o filme homônimo (1972), de Leon Hirszman. A partir da análise do protagonista Paulo Honório observam-se os conflitos existentes na narrativa gerados, sobretudo, pela ignorância e ambição da personagem. Considerando a transposição de linguagem escrita para a linguagem cinematográfica e a distância temporal entre a obra original e a sua adaptação para o cinema, pretende-se estabelecer um processo dialógico entre ambas as narrativas para entender como nelas os seus realizadores manejaram os instrumentos específicos de suas linguagens para representar o destino trágico do protagonista.

Para iniciar esta análise é interessante relembrar um dos motivos que levaram Leon Hirszman a adaptar o romance *São Bernardo*. Idealizado no começo dos anos 1970, o filme é elaborado em plena vigência da censura imposta pela ditadura militar que teve início em 1964. Para fugir à possibilidade de cerceamento da obra, o cineasta considerou a adaptação do livro de Graciliano Ramos, porque, além seu projeto artístico apresentar afinidades com o tema da obra, sob ela não recaía nenhum tipo de censura. Os títulos do autor eram conteúdo obrigatório nas aulas de português para os estudantes secundaristas. Assim, para evitar a apreensão do filme pelos órgãos censores, Hirszman utilizou esse argumento como justificativa, chegando até mesmo a declarar que não havia nem ao menos um roteiro que amparasse a construção da adaptação, pois o romance servia diretamente de base para a construção do argumento narrativo audiovisual. Com essa justificativa, o diretor acreditou que conseguiria suplantar a censura.

O que se deseja pensar, porém, a partir desse fato, é a relação que se estabelece entre a literatura e o cinema num processo de adaptação. Leon Hirszman acreditou que, com a elaboração de um filme "fiel" à obra escrita, teria a licença dada pelos órgãos censores. Todavia, o que talvez não tenha considerado foi a autonomia da obra adaptada diante de sua matriz. Subestimou os censores acreditando que esses levariam em consideração a fidelidade do filme ao livro para julgá-lo, mas errou em seus prognósticos. O que se viu, diante da apreensão de *S. Bernardo* por oito meses pelos órgãos censores, foi que o critério de fidelidade não era relevante nem mesmo por esses censores, costumeiramente rechaçados pela falta de cultura e equívocos ao elaborarem seus pareceres.

Com o aprofundamento de pesquisas ligadas ao estudo das adaptações as quais tentavam entender o recente fenômeno que surgia com o desenvolvimento do cinema, novos *tropos* para designá-lo nasciam: tradução, leitura, dialogização, transcodificação, significação, reescrita, canibalização, *détournement,* transmutação, desempenho. Seguindo linhas teóricas distintas para compreender esse processo, todas elas, no entanto, convergiam para a ideia de que não havia fidelidade possível num processo que envolvia a transposição de linguagens.

Sobre esse aspecto, Ismail Xavier ressalta que, nos primórdios do cinema, as adaptações eram julgadas pelo critério de fidelidade. Com o seu firmamento, esse critério deixou de ser importante. Nos estudos realizados nas últimas décadas, a atenção se voltou à observação dos deslocamentos apresentados no curso desse processo, e não mais na observação da fidelidade. Estabelece-se a ideia de "diálogo" entre as obras e não mais de representação direta da narrativa existente. Mesmo havendo uma tentativa de reprodução de certa obra já constituída, no caso, a literária, Ismail Xavier entende o livro e o filme "como dois extremos de um processo que comporta alterações de sentido em função do fator tempo", bem como observa a distinção entre "as imagens, as trilhas sonoras e as encenações da palavra escrita" (XAVIER, 2003, p. 61) diante do silêncio da leitura que provocam esses deslocamentos. Leon Hirszman, mesmo buscando a fidelidade ao livro, não conseguiria manter-se fiel à obra preexistente, pois, com o manuseio de linguagens distintas, essa fidelidade, mesmo que necessária e desejada, não ocorreria. Assim, nesta análise, entendendo as adaptações mais como um diálogo entre as obras, que implica o deslocamento dos elementos estéticos, esse critério não servirá para julgar o filme nesse processo comparativo. A comparação desenvolvida em tal trabalho, que envolve o estudo do diálogo do livro com o filme, nasce não para hierarquizar as obras, mas para vislumbrar as opções estéticas do escritor e do cineasta e ao mesmo tempo reavaliar com outro olhar as duas narrativas. O estudo do processo de adaptação é uma forma de iluminar e despertar um entendimento mais profundo dos objetos artísticos e abrir novas perspectivas críticas.

Desenvolve-se neste artigo uma análise intertextual em que se busca observar a representação das tensões de classe em ambas as obras, salientando, sobretudo, como a personagem Paulo Honório é construída a partir de sua obsessão pelo acúmulo de capital e pela consciência da crueldade que esse processo lhe exige. Portanto, para desenvolver esse diálogo entre as obras, na análise do romance salientar-se-á a esfera das confissões de Paulo Honório marcadas por um tom lírico, ao passo que, no filme, pretender-se-á provar que o seu diretor opta por minimizar esse tom com a finalidade de ressaltar as oposições de classes e a condição de oprimido dos trabalhadores, em vez de reelaborar as passagens do livro em que fica explícita a intimidade do protagonista.

As "fissuras de sensibilidade" em Paulo Honório

Para Antonio Candido, *São Bernardo* é uma obra sobre o sentimento de propriedade que transcende o instinto de posse e colore as próprias relações afetivas de um homem. No mesmo caminho, João Luiz Lafetá diz ser o livro a "vitória da reificação que destrói o humano". Por essas perspectivas nota-se que no romance predomina a visão de um narrador em primeira pessoa para quem a vida acontece a partir das relações mercantis, sendo todos os laços sociais estabelecidos com base nessa mesma lógica.

As ações referentes ao campo econômico sobressaem na narrativa e, sobre esse aspecto, tem-se uma explicação do próprio Graciliano Ramos em que confirma o seu cuidado ao construir situações narrativas que explicitem a organização econômica do microcosmo em que insere suas personagens. Em seu texto "O fator econômico no romance brasileiro", o escritor declara que a falibilidade dos romances brasileiros da década de 1930 é decorrente da ausência de uma base econômica que dê sustentação às relações neles presentes. Para ele, há lacunas na maioria desses romances, pois as personagens desenvolvem características que são independentes de suas atividades econômicas, tornando-as inverossímeis, pois os escritores ocupam-se com questões sociais e políticas, sem notar que elas dependem de outras mais profundas (RAMOS, 1980), ligadas sobretudo à explicação de como conseguem seu sustento. Para o autor, essa falta de explicação ocasiona, portanto, a construção de personagens cuja humanidade é incompleta. Graciliano Ramos, de certa maneira, entende que as personagens devem ser constituídas, portanto, a partir de sua condição econômica, pois é ela que determina o local de moradia, a formação escolar, o conhecimento técnico, o modo de falar, os interesses, a maneira de agir e até mesmo os pensamentos.

Assim, defende-se que o autor não elabora Paulo Honório em *São Bernardo*, por exemplo, designando-lhe apenas uma ocupação a qual lhe renderia sustento e apoiado nisso desenvolve os eventos narrativos. Ele vai além. A lógica econômica forma a constituição psíquica da personagem, ou seja, ultrapassa a barreira dos negócios e invade os sentimentos. Em Paulo Honório imbricam-se as emoções com o pragmatismo da vida mercantil, e o resultado disso vai ser a dificuldade em estabelecer vínculos afetivos harmoniosos, principalmente com a esposa, Madalena.

Segundo Antonio Candido, existem em Paulo Honório "fissuras de sensibilidade" que a vida não "tapa", e "por elas penetra uma ternura engasgada e insuficiente, incompatível com a dureza em que se encouraçou" (CANDIDO, p. 29), demonstrando, portanto, a multiplicidade de sentimentos que coexistem na personagem, mesmo que se observem num primeiro momento apenas a crueldade e a obsessão pelo dinheiro, que o levam a agir de forma extremamente cruel. Tem-se no romance um narrador, a todo momento, negando a existência em si próprio de sentimentos ternos, mas que, nesse processo de negar e relembrar o passado,

pelo lirismo que desponta, causado pela exposição do arrependimento e das dúvidas a respeito das suas escolhas, exalta a sensibilidade negada. O narrador recusa-se a considerar em si qualquer espécie de ternura, mas que, até mesmo nessa recusa, pode-se notar a exposição desse sentimento. Contrariando outras análises que se dedicam a estudar Paulo Honório apenas como um explorador capitalista e fazendeiro inescrupuloso, neste artigo, convergindo com a ideia defendida por Antonio Candido, inquire-
-se a personagem como algoz e vítima de uma situação em que predomina a obsessão pelo dinheiro.

A incapacidade de aceitar e demonstrar livremente as emoções está, em grande medida, assim como declara mais ao fim da narrativa, ligada à ascensão social. Paulo Honório possui uma consciência crítica sobre a sociedade de classes e vê que o seu embrutecimento e isolamento estão associados ao modo como agiu para galgar o posto de patriarca de sua região. Considerando a consistência dessa personagem, todavia, explicitam-se os conflitos gerados, sobretudo, pela incapacidade de alterar-se, pois parece ter clareza de que a sua brutalidade, por fim, é decorrente da sociedade cuja estrutura social não permite mobilidade, uma vez que é rigidamente segmentada em classes. Ao sintetizar uma opinião acerca de sua vida, ele conclui: "Estraguei a minha vida, estraguei-a estupidamente." (RAMOS, p. 220) Porém, logo abaixo, ao refletir sobre os trabalhadores da sua fazenda, completa que esse embrutecimento ao qual está sujeito relaciona-se à sua profissão, ou seja, não é um problema apenas do indivíduo, mas de uma estrutura que transforma e de algum modo limita as ações desse indivíduo:

> Para ser franco, declaro que esses infelizes não me inspiram simpatia. Lastimo a situação em que se acham, reconheço ter contribuído para isso, mas não vou além. Estamos tão separados! A princípio estávamos juntos, mas esta desgraçada profissão nos distanciou. [...] Creio que nem sempre fui egoísta e brutal. A profissão é que me deu qualidades tão ruins. (RAMOS, p. 220-221)

O que se tem na narrativa como um todo, e evidencia-se nesse trecho, é a capacidade do narrador de negar-se a todo momento, mas que na descrição dessa negação constata-se exatamente o seu contrário. Paulo Honório diz que os trabalhadores não lhe inspiram simpatia, porém lastima a condição desses homens e lamenta estar separado deles. O que nega então, ou seja, a simpatia, é o que, exatamente, demonstra para com os trabalhadores ao descrevê-los (mesmo que, de fato, não consiga aproximação). Essa estratégia aqui apresentada é utilizada em outros momentos e é, assim como chamou Antonio Candido, marca de uma sensibilidade engasgada do protagonista que não consegue concretizar-se plenamente em discurso porque, de certo modo, a incorporação da impetuosidade, para conseguir ascender socialmente num passado, não o permite.

No entanto, a exposição dessas dores não é apresentada desde o princípio da narrativa. Até o capítulo 19, Paulo Honório apenas revela suas estratégias para alcançar posição social, e tece o seu discurso com objetividade sem que suas contradições fiquem salientes, como, por exemplo, em: "Fiz coisas boas que me trouxeram prejuízo; fiz coisas ruins que deram lucro. E, como sempre tive a intenção de possuir as terras de S. Bernardo, considero legítimas as ações que me levaram a obtê-las." (RAMOS, p. 48)

Por sua vez, quando parte para a narração da convivência com a professora Madalena, com quem casa, em princípio, meramente para ter um herdeiro, seguindo suas próprias palavras, é que se pode observar a alteração de seu discurso. No primeiro parágrafo desse capítulo tem-se uma amostra dessa conversão: "Conheci que Madalena era boa em demasia, mas não conheci tudo de uma vez. Ela se revelou pouco a pouco, e nunca se revelou inteiramente. A culpa foi minha, ou antes, a culpa foi desta vida agreste, que me deu uma alma agreste." (RAMOS, p. 117) A partir desse capítulo, todavia, nascem no protagonista as inseguranças, o ciúme, o medo, a culpa, o complexo de inferioridade e até mesmo a tímida compaixão.

Após conquistar posição social, uma propriedade que lhe rendia *status* e lucro, Paulo Honório acorda um dia pensando em se casar. Revela ao leitor que essa vontade nasce, mas não está relacionada a nenhuma paixão. Para ele as relações amorosas não tinham importância e assume: "Não me ocupo com amores, devem ter notado, e sempre me pareceu que mulher é um bicho esquisito, difícil de governar." (RAMOS, p. 67) Porém, numa visita à casa de Magalhães conhece Madalena e a partir daí começa a cogitá-la como futura esposa, porque esta lhe despertava, desde o primeiro encontro, grande interesse.[1] Num segundo momento, mostrando a sua racionalidade, Paulo Honório certifica-se de seus atributos e o que descobre sobre a mulher lhe vai agradando-lhe, com exceção da informação de que colabora para o jornal local. Contrariando o prognóstico anterior sobre si mesmo, oposto ao que imaginava, Paulo Honório apaixona-se por Madalena, e o que seria apenas uma operação para se obter um herdeiro acaba se tornando um exercício de convivência com aquela que lhe provoca paixão, raiva e dor.

Casam-se, mas logo no início do casamento as diferenças salientam-se, pois Paulo Honório e Madalena possuem ideais opostos, sobretudo ao se tratar de assuntos relacionados à condição dos trabalhadores da fazenda São Bernardo e à convivência com aqueles que frequentam esse local. Enquanto o homem procura apenas o enriquecimento acima de qualquer coisa e encara as pessoas que o cercam apenas como instrumentos capazes de fornecer--lhe, cada qual à sua maneira, algum tipo de benefício — seja o jornalista, respeitabilidade; o padre, consideração; o advogado, conhecimento; os trabalhadores, produção; a mulher, um filho —, Madalena estabelece, de certa forma, vínculo de afeto com elas, o que comprova a sua busca por uma vida em que predomina a fraternidade. Essa sua postura, no entanto, somada à sua formação intelectual, enraivece o marido.

Ela, mesmo não sendo oriunda de uma família rica, é uma mulher letrada, condição que a coloca num outro lugar social, distante da sua origem humilde. É professora, escreve artigos, fala de política e não se atém a atividades que seriam designadas às mulheres da época (pensa-se, de acordo com os eventos narrativos, que a história se passa na década de

---

[1] Paulo Honório acorda um dia desejando casar-se. O projeto é ter um herdeiro que se responsabilize, no futuro, pela fazenda São Bernardo. Para isso acontecer, precisava encontrar uma mulher. Ele tem algumas opções, mas escolhe Madalena. Em algumas leituras realizadas desse romance existe a ideia de que ele casa apenas por esse motivo; porém, mais uma vez convergindo com a ideia de Antonio Candido em *Ficção e confissão*, defende-se que ele casa apaixonado. Havia outras mulheres que lhe renderiam maior consideração social, por exemplo, Marcela — a filha do juiz Magalhães —, contudo escolhe a professora pobre. Assim como dito anteriormente, considerar essa paixão é considerar também que Paulo Honório não é uma personagem apenas inescrupulosa. O domínio das técnicas narrativas e a habilidade em construir personagens repletas de contradição permitem que Graciliano Ramos crie uma personagem formada por sentimentos distintos que se chocam e que, a partir daí, nasçam seus dramas. Dizer que ele casa apenas para ter o filho, portanto, é reduzir a totalidade dessa personagem.

1920). Em contrapartida, Paulo Honório, mesmo possuindo bens materiais, não detém o que chamou Pierre Bourdieu de *capital cultural*, ou seja, uma série de gostos, estilos, valores, estruturas psicológicas etc. — *habitus* —, que se encontram incorporados principalmente de forma estrutural no indivíduo e que lhe rendem *status*. No caso da narrativa, observa-se que Paulo Honório consegue o capital material, mas quem detém o capital simbólico é Madalena, porque é letrada e possuidora de qualidades que são bens simbólicos.

É importante lembrar a origem miserável de Paulo Honório e o fato de que aprendeu leitura na cadeia utilizando uma bíblia. Esse passado pobre, que foi superado com as conquistas materiais, não conseguiu minimizar até o momento do enunciado, ou seja, do passado do protagonista, os *habitus* da sua antiga classe social. Ao começar a escrever o livro, conta que compartilhou suas anotações com o advogado Nogueira, o padre Silvestre e o jornalista Gondim. Porém, com as sugestões que recebe, o fazendeiro irrita-se e abandona a ideia de apresentá-las a eles. Observa-se que há uma resistência de sua parte em relação aos conselhos dados por esses homens, pois há um desprezo por suas formações intelectuais, que mais tarde será certificado, principalmente, ao relatar os ciúmes que sente de Madalena quando ela com eles interage.

Sem esquecer o lado cruel de Paulo Honório, defende-se que a personagem também está sujeita à opressão. Nele há um sofrimento que se origina na estratificação social, que, de diversas maneiras, conduz os indivíduos em disputa. Paulo Honório não sofre mais por causa da exploração do seu trabalho como nos tempos da juventude, porém os sofrimentos persistem ainda na vida adulta e originam-se sobretudo da consciência de que não pertence efetivamente à classe social que alcançou. Ele sofre com o sentimento de inferioridade, pois distingue os homens que o avizinham por suas titulações: bacharéis, doutores, jornalistas, professores e juízes. Nogueira é, na maioria das vezes, dr. Nogueira. Madalena é, inicialmente, "A professora de escola normal", e não possui nome, referindo-se a ela por meio do seu título ou apelidos, como "bibelô", "professorinhas de escola normal fabricadas a dúzias" ou "boneca de escola normal". Ridiculariza-os ao narrar em tom irônico as considerações relacionadas à educação, mas essa sua postura evidencia o complexo de inferioridade aflorado pela consciência de que não é como aqueles detentores de titulações que o cercam.[2]

Paulo Honório identifica sua rusticidade e busca justificá-la com o argumento de que cresceu em ambiente de muita escassez, mas confessa que se sente diminuído ao observar os atributos dos homens versados às letras. Nessa personagem impera uma sujeição aos padrões de refinamento impostos, feitos de forma velada, que nem mesmo a extravagante posse material é capaz de suprimir. Na busca pelo materializado, ele se depara com a ausência, em sua constituição, do que lhe daria poderes simbólicos referentes à intelectualidade, aos trejeitos, à cultura e, principalmente, à linguagem.

> Para quê, realmente? O que eu dizia era simples, direto, e procurava debalde em minha mulher concisão e clareza. Usar aquele vocabulário, vasto, cheio de ciladas, não me seria possível. E se ela tentava empregar a minha linguagem resumida, matuta, as expressões mais inofensivas e concretas eram para mim semelhantes às cobras: faziam voltas, picavam e tinham significação venenosa. (RAMOS, p. 182)

> — Em que estará pensando aquela burra [Madalena]? Escrevendo. Que estupidez! (RAMOS, p. 184)

> Defronte do escritório descobri no chão uma folha de prosa, [...] pela bonita letra redonda de Madalena. Francamente, não entendi. Encontrei diversas palavras desconhecidas, outras conhecidas de vista, e a disposição delas, terrivelmente atrapalhada, muito me dificultava a compreensão. Talvez aquilo fosse bem feito, pois minha mulher sabia gramática por baixo da água e era fecunda em riscos e entrelinhas, mas estavam riscados períodos certos, e em vão tentei justificar as emendas.

> — Ocultar com artifícios o que deve ser evidente! (RAMOS, p. 185)

---

[2] Ainda para Pierre Bourdieu, umas das distinções criadas para o firmamento da hierarquia social, ou seja, agregação de capital simbólico, são as nomeações e titulações como fortalecimento e preservação do poder em que os títulos judicialmente garantidos são fundamentais para assegurar a ordem, pois legitimam as posições de dirigentes ocupadas por aqueles que os detêm. Eles devem ser não somente aceitos de modo "universal", mas também ter um reconhecimento legal. Para Bourdieu, "o título profissional ou escolar é uma espécie de regra jurídica de percepção social, um ser-percebido que é garantido como um direito. É um capital simbólico institucionalizado, legal". BOURDIEU, Pierre. *O poder simbólico*. Rio de Janeiro: Bertrand Brasil, 2007. p. 149.

Essa postura crítica de Paulo Honório em relação aos homens mais instruídos é acirrada com o surgimento do amor. Madalena é a causa dos rancores em relação à autoimagem, porque o amor o leva a comparar-se insistentemente a ela e aos homens que a cercam, desencadeando o ciúme devido à insegurança de não estar socialmente à sua altura. Julga, assim como acaba confessando, que aqueles que possuem modos e títulos eram mais compatíveis com sua esposa, mostrando-se não merecedor de sua companhia.

Dessa maneira, pela relação amorosa evidencia-se outra forma de tensão social: aquela que acontece no âmbito simbólico, mas que por estar nessa esfera não é menos cruel do que os conflitos que se estabelecem materialmente. Paulo Honório dispõe de dinheiro, mas não é capaz de entender as palavras de sua mulher e, num ímpeto de desdém e rancor, ataca esses seus dotes, bem como o faz com a personagem Padilha, o professor da fazenda São Bernardo e filho do antigo proprietário da mesma fazenda em que fora criado para ser doutor. No caso do protagonista, ocorre apenas um enriquecimento econômico, mas que não foi acompanhado por sua edificação intelectual. Padilha, ao contrário, desperta-lhe grande desprezo e, em certa medida, inveja, pois possuía uma trajetória distinta da sua e o capital cultural que não lhe era caro. Lembrando o sociólogo Pierre Bourdieu, a formação escolar é um dos mecanismos que possibilitam a ascensão de classe, e o domínio da linguagem é um elemento central de distinção social. (BOURDIEU, 2011)

O fato de Paulo Honório não compreender a linguagem de Madalena intensifica o seu ciúme e insegurança. Em consequência disso, surge o sentimento de inferioridade advindo das tensões sociais geradas pelos poderes simbólicos. Paulo Honório sente ciúmes de dr. Magalhães, porque este apresenta atributos de elegância, principalmente relacionados ao fato de ser juiz e desenvolver atividades intelectuais. Em contrapartida, encontra em si a rusticidade daqueles que desenvolvem trabalhos manuais.

> Ocupado com o diabo da lavoura, ficava três, quatro dias sem raspar a cara. E, quando voltava do serviço, trazia lama até nos olhos: deem por visto um porco. Metia-me em água quente, mas não havia esfregação que tirasse aquilo tudo.
>
> Que mãos enormes! As palmas eram enormes, gretadas, calosas, duras como casco de cavalo. E os dedos eram também enormes, curtos e grossos. Acariciar uma fêmea com semelhantes mãos!

As do dr. Magalhães, homem de pena, eram macias como pelica, e as unhas, bem-aparadas, certamente não arranhavam. Se ele só pegava em autos! (RAMOS, p. 164)

A partir dessa exposição, conclui-se que no romance há duas esferas da luta social: uma, mais externalizada, que aponta para Paulo Honório como opressor e Madalena como defensora dos oprimidos; e outra, menos explícita, em que Paulo Honório vai contra os refinamentos de uma classe social da qual não se sente parte e em que a mulher, pela formação intelectual, acaba inserindo-se. Com essa diferença, o protagonista depara-se com a humilhação ao comparar-se à mulher e aos homens instruídos.

Dessa forma, pode-se supor que o amor entre Paulo Honório e Madalena não se realiza não somente porque ela discorda de sua postura enquanto proprietário de terras, mas também porque há entre eles disparidades de atributos, tais sejam a formação escolar, a titulação, os trejeitos e o trato com a linguagem, que impossibilitam a comunicabilidade entre ambos. Se a mulher não consegue aproximar-se do marido por causa das suas maldades cometidas em nome do acúmulo monetário, Paulo Honório também não o faz porque há em Madalena elementos de outra fração de classe, ligados principalmente à formação intelectual, que lhe despertam desconfiança. E, se existe uma disputa de classes mais evidente na narrativa, que é Madalena *versus* Paulo Honório em defesa dos trabalhadores e oprimidos, há outra mais sutil, que é a do fazendeiro contra o *capital cultural* da professora.

S. Bernardo, suas vozes, seus sons e suas imagens

O filme *S. Bernardo*, concluído em 1972, só estreou em 1973. A censura existente em decorrência da ditadura militar nesse período era intensa e os cineastas tinham muitas vezes os seus filmes vetados integralmente. Outras vezes, quando o veto não se concretizava, eles se viam obrigados a retalhá-los, suprimindo partes consideradas pelos órgãos censores ameaçadoras à ordem nacional. Isso quase ocorreu com *S. Bernardo*, já que foi sugerida a Leon Hirszman a exclusão de partes significativas do filme para que a estreia acontecesse. Por meio de uma batalha entre o órgão censor e a produtora Saga Filmes de Leon Hirszman, o filme acabou liberado sem cortes, mas sofreu atraso em sua estreia.

Como dito anteriormente, o diretor declarou que pretendia realizar uma adaptação fiel ao romance de Graciliano Ramos, mas que, sabe-se, com a autonomia que a transposição de linguagens incutiu à obra transposta, tal critério não pôde ser sustentado. As falas no filme realizado a partir do romance são praticamente as mesmas presentes em seu enunciado, mas a sua interação com as imagens, os sons, a montagem escolhida, as distanciou do que se tinha anteriormente na narrativa. Leon Hirszman deu a sua interpretação ao romance *São Bernardo*, e o que se vê em imagens é um diálogo entre obras responsável por produzir sentidos distintos da sua matriz.

É importante lembrar que esse filme é construído a partir das concepções estéticas inovadoras que vigoravam no cinema, sobretudo na década de 1960. O Cinema Novo, grupo de cineastas do qual fazia parte Leon Hirszman, almejava reelaborar a linguagem cinematográfica com a pretensão de produzir, por meio dos filmes, a consciência crítica e a compreensão da história de seus espectadores. Contrapondo-se às características de um cinema comercial, esses cineastas acreditavam que deveriam explorar a precariedade técnica de seus instrumentos para produzir filmes que apresentassem estruturalmente as marcas do atraso nacional. Assim, o subdesenvolvimento não aparecia apenas como temática das narrativas, mas estava estruturado nelas, o que colaborava para reforçar aquilo que era representado.

Portanto, observam-se essas características no filme aqui estudado, ainda que, elaborado num momento em que, pelas perseguições enfrentadas e incapacidade de competir com o cinema comercial fortalecido pela invasão maciça da cultura de massa, esse movimento cinematográfico tenha perdido sua força inicial.[3]

---

[3] Observações de Daniel Aarão Reis ajudam a compreender a força da cultura de massa antagônica ao cinema comprometido: "em relação ao cinema, há uma constante ênfase em certos filmes e autores, como *Os fuzis*, de Ruy Guerra, ou *Deus e o Diabo na terra do sol*, de Glauber Rocha, uma cinematografia de resistência, engajada, como se dizia na época. Embora de alta qualidade, atraía reduzido público. Os campeões de bilheteria eram Roberto Farias com um filme sobre Roberto Carlos, melhor bilheteria em 1968, ou José Mojica Marins, cujos filmes de terror (por exemplo, *Esta noite encarnarei no teu cadáver*) transformavam-se em grandes sucessos. Ambiguidades que merecem ser consideradas na avaliação dos movimentos da opinião pública, sobretudo porque as grandes massas populares, sem recursos para ir a salas de cinema, embalavam-se nas novelas — que então iniciavam sua trajetória de sucesso —, nos shows de variedades e nos programas humorísticos das TVs — que só muito raramente, e de forma indireta, ingressavam na seara das lutas políticas." REIS, Daniel Aarão. *Ditadura militar, esquerdas e sociedades*. Rio de Janeiro: Zahar Editora, 2000. p. 46.

S. *Bernardo* é um filme constituído por planos longos e de conjunto, perpetuando uma câmera fixa que se move em momentos específicos. Estabelece-se nele um ritmo lento, reforçado pela vagarosidade dentro desses planos, mas que às vezes é quebrado para suscitar estranhamento. Isso acontece nos momentos em que a tensão narrativa é mais saliente. A presença de Madalena em cena é um fator que desestabiliza esses planos e dá movimento ao filme, porque assim o faz na vida do protagonista, cooperando com a destruição de suas convicções relacionadas ao poder e à soberania do dinheiro. Ela é quem faz Paulo Honório perceber que as relações humanas ultrapassam as relações verticais que se estabelecem no mundo dos negócios, uma vez que ela não o percebe por hierarquias produzidas pela força e pelo poder que se impõe nesse universo. Dessa forma, o diretor opta por criar movimento apenas quando acontecem situações em que as convicções de Paulo Honório e a sua soberania são ameaçadas.

Se Graciliano Ramos explora o narrador em 1ª pessoa, Leon Hirszman, para criar certa atmosfera intimista que há no romance, emprega o recurso da voz *over*. Não se pode deixar de considerar que o filme é um grande *flashback* da história do protagonista e a voz *over* é utilizada para representar o presente da narrativa, contar o passado de Paulo Honório que se vê em imagens (com algumas cenas em seu presente). O filme, assim como o próprio discurso do protagonista, é pouco fluido.

Os planos elaborados pelo diretor correspondem à visão que ele tem de si próprio e, num sentido mais amplo, da estrutura da sociedade brasileira. No passado, ele rompe parcialmente a rígida estratificação social para chegar ao lugar de proprietário de terras que, assim como revela, ocorreu somente porque se impôs com crueldade e violência. Mas, mesmo rompendo a barreira econômica dessa estratificação, como foi dito anteriormente, não consegue acessar as maneiras e costumes dessa nova classe, confirmando, assim, a dificuldade de fluxo do indivíduo entre as distintas classes sociais. Paulo Honório é o narrador de sua própria história e é por meio de sua perspectiva que o espectador é levado a conhecê-la. Ao escolher câmeras que se movimentam muito pouco e quadros quase estáticos, Leon Hirszman apresenta o olhar de Paulo Honório em relação ao mundo.[4]

---

[4] Argumento este elaborado a partir de considerações da Profª Dra. Fabiana Buitor Carelli em uma de suas aulas na Universidade de São Paulo.

Ao contrário de opções estéticas radicais, escolha de muitos diretores do Cinema Novo, a narrativa apresenta soluções formais compatíveis com aquelas do cinema clássico. Porém, em alguns momentos, Leon Hirszman apropria-se das técnicas do cinema dialético de Eisenstein e cria dissonâncias estéticas, conflitos entre planos da ação do protagonista com planos que são meramente representativos de suas reflexões, produzindo estranhamento no espectador, uma vez que destrói a temporalidade linear da narrativa. Esses planos são como "parênteses" na narrativa porque não estão relacionados aos planos anteriores, e se distanciam deles, já que não fazem parte do passado de Paulo Honório, mas sim de um *insight* que nasce na própria atividade de construir o livro. Um exemplo é a cena em que fala com o padre Silvestre acerca da construção de uma capela em São Bernardo. Nesse momento, entra a música-lamento de Caetano Veloso e a sua voz *over* apresenta ao espectador as mazelas da vida dos trabalhadores.

O trecho está descolado da narração anterior, mas se distingue plasticamente, pois os planos se justapõem e a continuação do espaço diegético é destruída. Essa nova sequência é aberta por um homem quebrando uma pedra sozinho no plano fílmico, em ambiente externo, com velocidade contrastante das demais. A pedra resiste às marteladas, as quais podem simbolizar as dificuldades desses trabalhadores rurais, enquanto a voz *over* de Paulo Honório descreve a tragicidade de suas vidas. É altamente metafórica e revela a preocupação do diretor com as questões enfrentadas por esses trabalhadores.[5]

Em imagens têm-se homens arando, carpindo, pintando e construindo, enquanto Paulo Honório revela:

> O caboclo mal-encarado que encontrei um dia em casa do Mendonça também se acabou em desgraça. Uma limpeza. Essa gente quase nunca morre direito. Uns são levados pela cobra, outros pela cachaça, outros matam-se.
>
> Na pedreira perdi um. A alavanca soltou-se da pedra, bateu-lhe no peito, e foi a conta. Deixou viúva e órfãos miúdos. Sumiram-se: um dos meninos caiu no fogo, as lombrigas comeram o segundo, o último teve angina e a mulher enforcou-se. (RAMOS, p. 47)

---

[5] Importante lembrar que a discussão sobre o trabalho é bastante presente na obra de Leon Hirszman: "Pedreira de São Diogo", *Cinco vezes favela* (1962); *Maioria absoluta* (1964); *Cantos de trabalho* (1975); *Eles não usam black-tie* (1981); *ABC da greve* (1979/1990).

Há no filme uma intensificação da representação dessas disputas sociais que ocorrem em torno das questões trabalhistas. Leon Hirszman opta por silenciar as dores de Paulo Honório que se originam das disputas por *status* social, assim como acontece na narrativa verbal, aprofundada no começo desta análise. Ele enfatiza, sobretudo, a força e as mazelas vividas pelos trabalhadores. Essas inquietações geradas pela falta de *status* estão presentes mais nas falas do protagonista, não aparecendo com força em imagens. Desse modo, a escolha por representá-las somente em áudio produz uma espécie de hierarquia entre os assuntos existentes no romance, já que o espectador capta em primeiro instante o que está representado visualmente.

Porém, ao contrário do que ocorre com a discussão acerca da falta de modos e maneiras de Paulo Honório, em vários momentos do filme, imagens dos trabalhadores têm planos cuja duração é significativa, mesmo que, às vezes, eles não possuam relação diegética linear com o que está acontecendo. Exemplo disso é a cena analisada anteriormente, que confirma a importância desse debate e o projeto do cineasta em construir uma arte cinematográfica capaz de abrir, por meio do conhecimento sensível, as discussões políticas.

Confirmando essa hipótese, a cena final do filme é uma contraposição entre Paulo Honório e os trabalhadores. Nessa sequência derradeira, o patriarca está sentado atrás de uma mesa e segura um fósforo que lhe servirá posteriormente, em outro plano, para acender uma vela que iluminará sombriamente o ambiente. O fósforo acaba e queima-lhe a mão. Em dissonância com essa imagem, um canto coletivo de trabalho começa a surgir para musicar a ação. O volume vai aumentando aos poucos, chegando ao seu nível normal no momento em que Paulo Honório derruba o fósforo e a falta de luz escurece a tela. Logo na sequência, um belíssimo plano, luminoso, enquadra uma área verde, em que, aos poucos, os trabalhadores, todos juntos, surgem. A câmera está localizada no topo da colina e eles, lavrando-a, vão aparecendo lentamente, até ocuparem todo o plano. Nesse mesmo momento, a voz *over* de Paulo Honório, trazendo certo tom melancólico, revela: "Sou um homem arrasado. Doença! Não. Gozo perfeita saúde." Essa fala, no entanto, contrapõe-se à energia dos trabalhadores que se movimentam com vigor e, literalmente, crescem no plano. Juntos, alcançam o ponto máximo do relevo e não param a cantoria.

Nos últimos minutos do filme, os planos intercalam-se, ora mostrando o homem em seu quarto escuro e solitário, ora os trabalhadores reunidos em ambientes externos e luminosos, mas ainda hostis — hostilidade marcada também pelo retrato que Paulo Honório faz de suas vidas. Essa justaposição de planos, em que se conta com a narração em voz *over*, revela o aniquilamento do ser que preferiu, ao priorizar o acúmulo material, perder a ternura pelos homens. Se se pode dizer que há uma vitória de alguma das classes sociais, patrão ou trabalhador, esta é, pelo vigor e luminosidade das imagens, dos trabalhadores, que, unidos, ainda possuem energia para desempenhar as suas atividades e cantar juntos no eito, espantando o fantasma de um fim trágico.[6]

Considerando as pretensões de Leon Hirszman e o contexto da época, o filme recoloca a questão da exploração dos trabalhadores. Defende-se que o diretor exalta a sua imagem porque eles viviam dias dramáticos com as medidas estabelecidas pelas políticas socioeconômicas da ditadura militar. Para o historiador Daniel Aarão Reis, a ditadura foi, para essa classe, desastrosa. Os sindicatos foram dissolvidos; as suas lideranças, exiladas; a legislação, alterada, restringindo o direito de greve. Além disso, os militares arrocharam os salários, revogaram a estabilidade e anularam o poder normativo da Justiça do Trabalho. Citando o historiador, para resumir a condição dessa categoria: "o céu desabava na cabeça dos trabalhadores". (REIS, 1998, p. 27)

Dessa forma, essencial para o momento é estabelecer as discussões acerca do trabalho e valorizar no filme a importância da união dessa classe. Assim, Leon Hirszman, dando sequência à discussão mais presente em seus filmes, as tensões sociais ocasionadas, sobretudo, pelas relações de trabalho, transformam o romance *São Bernardo* numa narrativa audiovisual que, pela tragicidade do destino individual, incentiva o questionamento do modelo de vida mercantil em que se sobrepõe o acúmulo de capital à solidariedade entre os homens.[7]

---

[6] Leon Hirszman constrói uma cena muito parecida no desfecho do filme *Eles não usam black-tie*, realizado por ele em 1981. Os trabalhadores, mesmo estando no velório do companheiro morto pela repressão policial, estão firmes e unidos em prol da ideia de lutar para acabar com as explorações vividas na fábrica em que trabalham.

[7] Em *Dialética e cultura*, Lucien Goldmann propõe a existência de um *Homo economicus*. Para ele, esse homem surge quando as coisas começam a perder o seu valor de uso e ganhar valor de troca. O valor de uso é relacionado à criação de bens de acordo com os seus valores naturais, ou seja, diante da necessidade real dos homens em relação a esses bens. Em contrapartida, o valor de troca é gerado sobretudo nas sociedades mercantis em que esses bens se transformam em mercadorias porque não são produzidos apenas para o consumo de seus produtores, mas sim para a sua comercialização. O valor de troca impera sobre o valor de uso e essa lógica, para Goldmann, acaba permeando até mesmo as relações inter--humanas — o mecanismo psíquico do homem. GOLDMANN, Lucien. *Dialética e cultura*. Rio de Janeiro: Paz e Terra, 1991, p. 199.

Para comprovar essa hipótese, no filme analisa-se a cena que, para o diretor, dava sentido político às brigas ocorridas entre Paulo Honório e Madalena. É importante lembrar também que foi exatamente essa a cena sugerida pelos órgãos censores para ser retirada, caso o diretor desejasse ter o seu filme liberado. Hirszman, no entanto, relutou ao corte e declarou que, se essa cena fosse extinta, o filme perderia o seu sentido e seria resumido apenas a uma disputa matrimonial originária do ciúme de Paulo Honório: "Com o corte pretendido, tudo seria completamente deformado, uma vez que o filme se converteria em uma história de ciúme. Esse ponto é fundamental na adaptação, pois sem isso não há articulação sociopolítica, não há articulação da realidade daquela época." (HIRSZMAN, 1995, p. 43) Essa sua fala, no entanto, evidencia o modo como Leon Hirszman interpretava o romance e a perspectiva que adotaria para interpretá-lo, ou seja, a partir de uma perspectiva de disputas entre classes sociais.

A cena em questão é aquela em que o fazendeiro espanca o funcionário Marciano e é repreendido pela primeira vez por Madalena. Na ação, tem-se o fazendeiro irritado, mas Marciano argumenta e termina por expor sua insatisfação e a de seus companheiros com a exploração do trabalho em São Bernardo. Paulo Honório, em cólera, começa a agredi-lo fisicamente. Madalena não aparece em cena, mas se descobre, por meio da mudança do plano, que, das margens de um riacho, ela acompanha toda a ação.

Paulo Honório aproxima-se da mulher parando na margem oposta. Os dois estão posicionados na linha reta de uma viga que liga as duas margens. Madalena começa a resmungar e a criticar a postura adotada pelo marido, que responde agressivamente às acusações. A discussão é referente à maneira como ele trata os homens, principalmente aqueles que são seus subordinados. Para o fazendeiro, o fato de Marciano ter sempre sido tratado como "molambo" justificava o espancamento, pois estaria acostumado com os maus-tratos. Naturaliza a violência e não entende o espanto de Madalena diante da surra dada no homem.

Nesse momento, configura-se a ruptura existente entre esses dois mundos, e a *mise-en-scène* contribui para a construção do sentido almejado pelo diretor. Altamente simbólica, o seu cenário é a materialização, por meio da constituição do espaço no plano fílmico, das disputas de classes. Cada indivíduo encontra-se de um lado das margens; apenas uma viga, agora bastante estreita, os une, e será por onde Paulo Honório passará para chegar até o lado em que está Madalena. Ele percorre essa viga, ou seja, de certo modo, parte para o seu lado, mas o faz apenas para aumentar a agressividade das palavras.

O diálogo gira em torno das condições de trabalho e dos maus-tratos sofridos pelos trabalhadores. É preciso frisar novamente que o romance é escrito antes de 1943, ou seja, antes mesmo da Consolidação das Leis do Trabalho. Na época da produção do filme, 29 anos depois da constituição dessas leis, os trabalhadores continuavam enfrentando péssimas condições de trabalho. Além disso, as discussões acerca desses problemas, para piorar, eram tidas como subversivas e não podiam ser debatidas publicamente. Portanto, considerando as leis trabalhistas que avançavam lentamente no Brasil e o projeto de cinema de Leon Hirszman, conclui-se que havia uma narrativa cinematográfica construída para pensar esses problemas. Daí pode-se dizer, pelo seu caráter simbólico, que essa cena nas margens do rio torna-se a alegoria de um país que tem, em suas estruturas, a lógica patriarcal e retrógrada, ainda que diante de um discurso de modernização (empregado por Paulo Honório quando se referia ao modelo de produção de sua fazenda). Leon Hirszman, determinado em estabelecer o debate em relação a essa contradição, mas medindo as possíveis interdições da censura, faz da voz de Madalena e Paulo Honório, ou seja, de um casal, a evidência da impossibilidade de comunhão entre os interesses dos patrões e dos empregados, mesmo diante dos avanços técnicos que modernizam apenas uma parte da cadeia produtiva da sociedade.

No romance, Paulo Honório tece a narrativa, e, com esse fazer, a consciência sobre as perversidades sociais e as suas próprias vão salientando a sensibilidade engasgada, parafraseando a expressão de Antonio Candido. Entretanto, no filme esse mesmo procedimento não ocorre, já que não se tem, com o passar das ações, uma transformação da subjetividade capaz de enternecer a dureza de Paulo Honório. Para Mauricio Cardoso, a trajetória que o leva à humanização não será representada no filme com a mesma intensidade: "Enquanto o romance expressava o esforço de redenção tardia de Paulo Honório", o filme recua, transformando a confissão da personagem num julgamento que confirma sua desumanidade. (CARDOSO, 2010)

Defende-se que isso ocorre porque a esfera da luta íntima de Paulo Honório consigo mesmo diante do complexo de inferioridade gerado pelos atributos de Madalena não é revelada com a mesma intensidade do romance.

Leon Hirszman decide enfatizar a disputa em que Madalena é vítima de Paulo Honório que, por sua vez, é opressor dos trabalhadores, em detrimento daquela em que Paulo Honório é o oprimido social pela consciência da ausência de *capitais simbólicos*. O diretor, enfatizando o lado opressor de Paulo Honório, suaviza suas contradições e deixa de perceber que numa sociedade de classes, ele também pode ser o oprimido, já que, sem *capital cultural*, não consegue inserir-se nem junto aos oprimidos, nem junto aos sujeitos da sua classe social atual.

Assim como observado no romance, a linguagem de Madalena não é um fator determinante da separação do casal. Contudo, as imagens acabam sendo responsáveis pela criação nos espectadores de outro sentimento condizente com essa disparidade. Madalena oprime mais Paulo Honório pela generosidade e reação à sua mesquinhez do que por seu *status* social de mulher letrada. Perde-se parcialmente esta dimensão da narrativa, mas se ganha uma série de planos em que artifícios como um muro, um rio, uma janela, o posicionamento de câmera e o dos atores demonstram que não há a possibilidade de comunhão entre os explorados e os exploradores.

A tragédia de um homem

Nesse diálogo entre romance e filme, sem ter como critério comparativo a fidelidade, nota-se, no entanto, que em ambas as obras analisadas prevalece o compromisso de seus realizadores em representar o fracasso das sociedades divididas em classes sociais. Explorando as especificidades de suas linguagens, eles conseguem interpretar, por meio do conhecimento sensível, os problemas ocasionados pela reificação. Se Graciliano Ramos cria uma personagem em que convergem muitos sentimentos e as antinomias formam sua totalidade, Leon Hirszman parece interpretá-lo enfatizando-o apenas como algoz. O diretor, em vez de criar uma personagem em que as contradições amenizam as crueldades, radicaliza o seu lado opressor para, assim, acentuar a perversidade da estratificação social num sentido unilateral, em que somente o oprimido sofre com a sociedade organizada dessa maneira. Leon Hirszman decide não estender a discussão existente no romance referente ao sentimento de inferioridade que a formação intelectual de Madalena desperta em Paulo Honório.

Na narrativa de Graciliano Ramos este desconforto aparece nos momentos de confissão, na intimidade do narrador com o leitor, pois é somente dessa forma que consegue expressar suas fraquezas e inseguranças. No filme, no entanto, Leon Hirszman opta por reconstruir essas passagens da narrativa por meio da voz *over*, mas que não ganham representação significativa, pois na linguagem cinematográfica os elementos descritos visualmente têm mais força do que aqueles apenas falados. Ao escolher representar a confissão, momento de sensibilidade de Paulo Honório, pela voz *over*, e a ficção, por imagens, hierarquizam-se esses dois momentos e o fazendeiro perde parcialmente suas inquietações, uma vez que é apresentado de maneira mais endurecida.

Referências bibliográficas

BOURDIEU, Pierre. *O poder simbólico*. Rio de Janeiro: Bertrand Brasil, 2007.
_____. *A economia das trocas simbólicas*. São Paulo: Perspectiva, 2011.
CANDIDO, Antonio. *Ficção e confissão*: ensaio sobre Graciliano Ramos. Rio de Janeiro: Editora 34, 1992.
CARDOSO, Mauricio. Da confissão ao julgamento: adaptação cinematográfica de São Bernardo. Mimeo, 2010.
CARVALHO, José Murilo. *Cidadania no Brasil*. O longo caminho. Rio de Janeiro: Civilização Brasileira, 2003.
COUTINHO, Carlos Nelson. *Literatura e humanismo*. Ensaio de crítica marxista. Rio de Janeiro: Paz e Terra, 1967.
EISENSTEIN, Serguei. *O sentido do filme*. Rio de Janeiro: Jorge Zahar, 2002.
FRANCO, Maria Sylvia de Carvalho. *Homens livres na ordem escravocrata*. São Paulo: IEB, 1969.
GOLDMANN, Lucien. *Dialética e cultura*. Rio de Janeiro: Ed. Paz e Terra, 1991.
HIRSZMAN, Leon. *É bom falar*. Rio de Janeiro: Centro Cultural Banco do Brasil, 1995.
LAFETÁ, João Luiz. O mundo à revelia. In: RAMOS, Graciliano. *São Bernardo*. Rio de Janeiro: Record, 1994.
MARTIN, Marcel. *A linguagem cinematográfica*. São Paulo: Brasiliense, 1985.
QUEIROZ, Maria Isaura Pereira de. *O mandonismo local na vida política brasileira e outros ensaios*. São Paulo: Alfa-Omega, 1976.
RAMOS, Graciliano. O fator econômico no romance brasileiro. In: *Linhas tortas*. São Paulo: Martins Editora, 1962.
_____. *São Bernardo*. Rio de Janeiro: Record, 2009.
REIS FILHO, Daniel Aarão. 1968, o curto ano de todos os desejos. *Tempo Social — Revista de Sociologia da USP*, São Paulo, v. 10, n. 2, p. 25-35, 1998.

XAVIER, Ismail. *Alegorias do subdesenvolvimento*. São Paulo: Brasiliense, 1993.

_____. Do texto ao filme: a trama, a cena, e a construção do olhar no cinema. In: *Literatura, cinema e televisão*. São Paulo: Instituto Itaú Cultural, 2003.

_____. *O discurso cinematográfico*. A opacidade e a transparência. São Paulo: Paz e Terra, 2008.

Filmografia

S. Bernardo (1972)
Ficção, 111 min, 35 mm, cor
Rio de Janeiro RJ
Dir./Roteiro: Leon Hirszman
Companhia produtora: Saga filmes, Mapa Filmes etc.

6. Cabotagem

Fabiana Carelli

FICÇÃO COMO HISTÓRIA, HISTÓRIA COMO FICÇÃO

Procedimentos ficcionais

Em entrevista recente concedida à Univesp-TV a respeito de *Memórias do cárcere*, de Graciliano Ramos,[1] fui questionada pelo entrevistador Rodrigo Simon a respeito da suposta "ficcionalidade" dessa obra memorialística do autor alagoano:

"Eu queria emendar com a pergunta, que acho fundamental, porque há um debate em torno disso, se a gente considera *Memórias do cárcere* um romance. E por quê. Ou se é um meio-termo. O professor Bosi, por exemplo, fala disso, algo no meio-termo entre ficção, autobiografia e memórias. Por que eu devo considerar um romance, ficção, quando há tanta questão autobiográfica no livro, professora?"

Ao que respondi:

"Não considero *Memórias do cárcere* um romance. Ele [o livro] não é ficção. É uma autobiografia. Tem um caráter de 'veracidade', poderíamos dizer; ele se refere a pessoas, fatos, que teriam realmente acontecido. [...] O que existe nas *Memórias* é um *procedimento ficcional de contar*. Um trabalho estilístico que beira o trabalho estilístico que é feito ficcionalmente. Mas isso, para Graciliano, não significa 'mentir'. Para ele, o uso de recursos ficcionais

---

[1] Disponível em: <https://www.youtube.com/watch?v=w4pqHjFNhuI>. Acesso em: 31 dez. 2015.

é justamente o contrário. É a tentativa de melhor expressar aquilo que ele gostaria de expressar falando daqueles fatos e daquelas pessoas [...], o que amplia esse retrato para ele, o que dá a esse retrato uma maior, eu poderia dizer, até paradoxalmente, veracidade."

Quais seriam, então, alguns desses procedimentos ficcionais utilizados por Graciliano Ramos em *Memórias do cárcere*, procedimentos que irritaram o Partido Comunista Brasileiro à época da escrita e da publicação do livro, já que as diretrizes partidárias pregavam ainda, no início da década de 1950, o realismo socialista de Andrei Jdanov?

Em primeiro lugar, o questionamento de uma referencialidade rasa, de um empirismo documental e direto, e a busca do autor por outras "verdades", explicitada já no primeiro capítulo do primeiro volume das *Memórias*:

> Omitirei acontecimentos essenciais ou mencioná-los-ei de relance, como se os enxergasse pelos vidros pequenos de um binóculo; ampliarei insignificâncias, repeti-las-ei até cansar, se isto me parecer conveniente.
>
> E aqui chego à última objeção que me impus. Não resguardei os apontamentos obtidos em largos dias e meses de observação [...]. Quase me inclino a supor que foi bom privar-me desse material. [...] Essas coisas verdadeiras podem não ser verossímeis. E se esmoreceram, deixá-las no esquecimento: valiam pouco, pelo menos imagino que valiam pouco. Outras, porém, conservaram-se, cresceram, avolumaram-se, e é inevitável mencioná-las. Afirmarei que sejam absolutamente exatas? Leviandade. [...] Estarei mentindo? Julgo que não. Enquanto não se reconstituírem as sílabas perdidas, o meu boato, se não for absurdo, permanece, e é possível que esses sons tenham sido eliminados por brigarem com o resto do discurso. Quem sabe se eles aí não se encaixaram com intuito de logro? Nesse caso havia conveniência em suprimi-los, distinguir além deles uma verdade superior a outra verdade convencional e aparente, uma verdade expressa de relance nas fisionomias. (RAMOS, 1953, I, p. 9–10)

Em segundo lugar, uma profunda ficcionalização das personagens reais, com nomes próprios, que povoam a narrativa da cadeia. Graciliano distorce seus retratos, animalizando traços, procedimento que já utilizara, de modo contrário, em *Vidas secas*, obra na qual a cachorra Baleia é, por vezes, mais humana do que os humanos do sertão. Tome-se como exemplo a descrição do revolucionário Agildo Barata, no volume II de *Memórias do cárcere*, que transcrevo a seguir:

> Naquela tarde, no cubículo, antes de lavar as mãos besuntadas, ouvi perto uns gritos finos. Cheguei-me à porta, vi a pequena distância Agildo Barata no passadiço, junto aos varões do parapeito, formulando uma arenga bastante arrepiada. A voz álgida não se detinha, derramava-se num fio invariável. Escutando-o, às vezes me assaltava a doida impressão de que o regato sonoro deixava de correr, era gelo cheio de arestas cortantes, onde se assanhavam aranhas-caranguejeiras e outros viventes da umidade. Também me vinha a ideia de um miar de gato comedido, vagaroso, a esconder mal as garras. Esses disparates — água tranquila, gelo, caranguejeiras, gatos — associavam-se, emprestando a Agildo uma personalidade estranha, complexa em demasia.[2] (RAMOS, 1953, II, p. 103-4)

Conta Ricardo Ramos que, acompanhando as leituras coletivas dos capítulos de *Memórias do cárcere* feitas na casa de Graciliano, já doente, a companheiros do PCB, já se podia observar a reprovação do Partido a esse tipo de construção literária do escritor, reprovação essa tornada explícita após sua morte e a publicação do livro:

> A leitura continuada de *Memórias do cárcere* nos revelava, nitidamente, a extensão da sua crítica. Ao militarismo que imperava no partido [...]. Ao levante de 35 [...]. Ao espírito de seita reinante na organização partidária. [...] Como se não bastasse, figuras heroicizadas se apequenam, outras intermediárias se sustentam, algumas anônimas se agigantam. [...]
> [...] *Memórias do cárcere*, para quem o compreendesse, tinha o sabor de ilusões perdidas. Como estranhar a posição do partido,

---

[2] Analisei de modo mais detido a questão da ficcionalização das personagens em *Memórias do cárcere* em minha Dissertação de Mestrado (CARELLI, 1997) e no artigo "Entre bichos e deuses: a ficcionalização das personagens em Jorge Amado e Graciliano Ramos". (CARELLI in REIS, 2006, p. 131-8)

assim desmistificado? Nós, do alto de nossa juvenil desesperança, contemplávamos aquele tabuleiro de xadrez.

— Agildo ficou uma fera com o seu retrato.

— Mas é uma das melhores personagens do livro!

— É. E não gostou. Aquilo de ser baixinho e falar fino.

Meu Deus! Encompridar e engrossar Agildo Barata, a troco de quê?" (RAMOS, 1992, p. 198-9)

Entre os procedimentos estruturais e estilísticos empregados por Graciliano em *Memórias do cárcere*, são ainda dignos de nota a escolha da 1ª pessoa narrativa para o livro, paradigmática na obra do autor (CANDIDO, 2013), mas, no caso específico da narrativa da cadeia, um exercício de aproximação da história pessoal, biográfica, com a história coletiva, a História, com "H" maiúsculo; o "jogo temporal" da memória, remota e próxima ("hoje"/ "semana passada"/ "há vinte anos"), constituindo a diferença entre narrador-personagem e personagem-narrador (estrutura que também modela outra obra, esta ficcional, do autor, que é *São Bernardo*); a elaboração de descrições que poderíamos, com Benjamin Abdala Junior (2012, p. 135), chamar de "expressionistas" (cabeças "guilhotinadas", "existência no sepulcro"), construídas principalmente por meio da distorção e da metonímia ("cabeças", "beiços", "voz", "garras" etc.), traço que assoma em *São Bernardo* e *Angústia*. Também são aspectos de estilo, nas *Memórias*, a construção de modos diversos de narrar "prisão" e "liberdade", com o emprego de frases curtas, sincopadas, na descrição do presente (prisão) e de frases mais moduladas, mais longas, na lembrança do passado (liberdade), à semelhança do que ocorre no conto "Paulo", de *Insônia* (RAMOS, 1994), em que a "cadeia" é uma cama de hospital. E uma narrativa mais voltada à descrição seca dos fatos e de sensações dos fatos do que a aspectos psicológicos do narrador, o que confere ao texto um tom de alheamento, de pungente "anestesia" em relação aos acontecimentos vividos.

Em outras palavras: em *Memórias do cárcere*, Graciliano Ramos teimava em ser... Graciliano Ramos.

A História a contrapelo

Em 1993, eu cursava, no Departamento de História da FFLCH-USP, uma das disciplinas para meu programa de mestrado em Letras. Ministrado pela professora Janice Theodoro da Silva, o título do curso era "História e Literatura: entre a convenção da veracidade e a convenção da ficcionalidade", e ele vinha plenamente ao encontro do ponto principal de minha pesquisa: compreender como a memória pessoal e a ficção literária se tornavam História e memória política em *Memórias do cárcere*, de Graciliano Ramos, e *Os subterrâneos da liberdade*, de Jorge Amado.

Eram, como já mencionei, os anos 1990, em que a assim chamada "convenção da veracidade" dos estudos historiográficos começava a ser questionada pelos movimentos depois nomeados de "história das mentalidades" (com os trabalhos de estudiosos como Philippe Ariès, Roger Chartier e Michel Vovelle, cujo principal objetivo seria o "estudo das mediações e das relações dialéticas [...] entre as condições objetivas da vida dos homens e [...] a maneira como eles a narram e mesmo como a vivem", cf. VOVELLE, 1991, p. 24) ou "micro-história" (no qual se incluíram Carlo Ginzburg, Peter Burke, Robert Darnton, pela "valorização dos fenômenos aparentemente marginais, [...] protagonizados pelos pequenos e pelos excluídos", cf. GINZBURG, 1989, p. VIII), fortemente impactados por modelos de análise narrativa provenientes da teoria literária.

Entre esses autores destacava-se então, em função do estabelecimento de uma relação modelar e analítica da História com a narratividade/ficção, Hayden White, para quem a historiografia manifestamente seria "uma estrutura verbal na forma de um discurso narrativo em prosa" e "o historiador realiza[ria] um ato essencialmente *poético*, em que *pre*figura[ria] o campo histórico e o constitui[ria] como um domínio no qual [seria] possível aplicar as teorias específicas que utilizar[ia] para explicar 'o que estava *realmente* acontecendo nele'". (WHITE, 1992, p. 11-2, grifos no original)

A partir dos "modos da imitação" narrativos propostos por Northrop Frye em *Anatomia da crítica* (1ª ed. 1957), White postula, no livro *Meta-História* (1992), quatro predominantes "modos do realismo histórico", mediante os quais a "imaginação histórica" se materializaria em discurso historiográfico. Desse modo, a História se aproximaria dos modelos da narrativa de ficção, afastando-se de uma pressuposta convenção de veracidade. Haveria ainda, porém, referencialidade na historiografia? E qual a possibilidade de uma "veracidade" da ficção?

Diante desse horizonte teórico é que se apresentou, naqueles idos dos anos 1990, uma proposta de monografia de curso no mínimo inusitada: deveríamos escrever, a partir de um fragmento (presumivelmente empírico) de nosso objeto de pesquisa, uma narrativa de ficção, um conto. Desse esforço nasceu "Cabotagem".

Um boato que permanece?

"Cabotagem" é, portanto, uma narrativa de ficção imaginada a partir do capítulo 24 do primeiro volume de *Memórias do cárcere*. Nesse capítulo, conta o narrador que, preso no porão do navio *Manaus*, que transportava presos políticos do Nordeste do Brasil para a cadeia no Rio de Janeiro, percebe a embarcação atracada no porto de Salvador. Numa quase alucinação, tentativa desesperada de contato com o mundo exterior e de manutenção dos laços com sua história e seu passado, lembra-se de que tem um amigo na cidade, o escritor e jornalista Edison Carneiro. Descasca uma laranja, escreve um bilhete, embrulha-o na casca da fruta e lança-o desesperadamente ao cais, onde um menino negro, em vez de resgatar o escrito, chuta o invólucro improvável. E as esperanças se esvaem.

A narrativa de "Cabotagem", ao contrário do que acontece em *Memórias do cárcere*, se dá a partir da perspectiva da terra firme, e não do mar, do navio; da liberdade, e não da prisão (pelo menos, não de uma prisão concreta); da possibilidade de ir e vir, de perambular, da busca, e não da imobilidade. É uma espécie de *"road story"* — pelo menos foi pensada assim. Como autora, consigo perseguir, ao avesso e nunca por completo, alguns dos procedimentos ficcionais, estilísticos, que nortearam sua elaboração, pelo menos os mais conscientes.

Há um profundo enraizamento na obra de Graciliano Ramos, não apenas em *Memórias do cárcere*, mas em outras. Do "livro da cadeia", os traços fundamentais do espaço: "sino da igreja", "porto", "farol", "cais", Salvador; dados factuais, como a prisão, o navio, Edison Carneiro, seu endereço, bem como a intriga central do enredo: navio atracado, escotilha, menino no cais, bilhete na laranja. Também traços de linguagem, como a escolha vocabular, o apego à descrição quase expressionista dos detalhes, as frases sincopadas. Deste e de outros livros de Graciliano, vêm o emprego da 1ª pessoa narrativa, o narrador masculino e um tipo de discurso ensimesmado que lembra o do narrador de *São Bernardo* e de *Angústia*, principalmente.

Há também em "Cabotagem" o impacto da obra de outros autores: de Jorge Amado, especialmente na questão do discurso direto, que tenta "mimetizar" o tipo de linguagem supostamente do personagem; do livro *Em liberdade* (1ª ed. 1981), de Silviano Santiago, como referência remota.

Para a elaboração do conto, fiz também muita pesquisa empírica: busquei dados nas próprias *Memórias do cárcere*; consultei diversos mapas da cidade de Salvador na década de 1930, tempo da narração (numa época em que ainda não havia a disseminação da internet, tínhamos que folhear os mapas em papel-manteiga, na Biblioteca da Faculdade de Geografia); consultei a biografia de Edison Carneiro; recolhi notícias nos jornais da época; pesquisei fatos históricos relacionados ao contexto: iminência de guerra, levante comunista de 1935, rebarbas do tenentismo de 1922, e assim por diante.

O conto também tem, claro, raízes na vivência pessoal. Minha educação cristã católica (e as críticas a ela) aparecem nas referências ao evangelho e nas citações bíblicas, no tipo de educação do narrador-personagem, na postura da mulher etc. O mote "Nunca chorava" é herança de minha mãe, que, segundo ela própria, "não tinha lágrimas" (era mentira). A frase "Mais um dia lindo" diz respeito à memória de uma história da infância. Minha mãe a contava a partir da fala de uma amiga norte-americana, Cherie Hamilton (antropóloga, escritora e esposa do eminente professor Russell Hamilton), que, tendo vivido três anos em Salvador na década de 1960, diria a ela algo assim: "Não aguentava mais, naquela cidade só fazia sol; abria a janela todos os dias e repetia: mais um dia lindo!"

E isso é praticamente tudo o que consigo dizer sobre "Cabotagem" — até onde meus olhos conseguem ver.

No início de *Tempo e narrativa* (2012), Paul Ricoeur faz uma declaração, para mim profundamente iluminadora, a respeito de um conceito que ele veio a nomear de "referência metafórica":

> Em *A metáfora viva*, defendi a tese de que a função poética da linguagem não se limita à celebração da linguagem por si mesma, em detrimento da função referencial, tal como ela predomina na lin-

guagem descritiva. Afirmei que a suspensão da função referencial direta e descritiva é apenas o inverso, ou a condição negativa, de uma função referencial mais dissimulada do discurso, que de certo modo é liberada pela suspensão do valor descritivo dos enunciados. É assim que o discurso poético traz para a linguagem aspectos, qualidades, valores da realidade que não têm acesso à linguagem diretamente descritiva e só podem ser ditos por intermédio do jogo complexo entre a enunciação metafórica e a transgressão regrada das significações usuais de nossas palavras, [...] esse poder do enunciado metafórico de redescrever uma realidade inacessível à descrição direta, [...] revelador de um "ser-como" no nível ontológico mais radical. (RICOEUR, 2012, I, p. 3-4)

Pensado dessa forma, como reconfiguração "poética" de uma materialidade concreta, "Cabotagem" talvez possa ser considerado um mundo, não "coberto de penas", mas contado em camadas. A primeira camada seria a referencialidade, a vida material, o "mundo da vida" em que viveram concreta, biológica, social e culturalmente Graciliano Ramos, Edison Carneiro, o menino negro do cais, tantos outros. A segunda camada seria *Memórias do cárcere* — também uma "recontagem", já uma configuração narrativa, nos termos ricoeurianos, a partir de fatos "presumivelmente verdadeiros" e do trabalho da memória. A terceira seria "Cabotagem" — configuração de segundo grau, a partir da referencialidade material, da minha refiguração do texto gracilianico e de tantas outras raízes.

A pergunta que fica, de tudo isso, é: que *conhecimento*, que *sentidos* se criam/acrescentam, nesse processo de *saber o mundo*, pelos procedimentos mesmos da ficção?

Dito isso, apenas isso, ofereço-lhes, então, "Cabotagem".

Referências bibliográficas

ABDALA JR, Benjamin. *Literatura comparada e relações comunitárias, hoje*. São Paulo: Ateliê Editorial, 2012.
CANDIDO, Antonio. *Ficção e confissão*. Rio de Janeiro: Ouro sobre Azul, 2013.
CARELLI, Fabiana Buitor. *Porões da memória:* ficção e história em Jorge Amado e Graciliano Ramos. Dissertação (Mestrado em Teoria Literária e Literatura Comparada) — Universidade de São Paulo, São Paulo, 1997.
_____. Entre bichos e deuses: a ficcionalização das personagens em Jorge Amado e Graciliano Ramos. In: Reis, Carlos (Org.). *Figuras da ficção*. Coimbra: Faculdade de Letras, 2006. p. 131-8.
_____. Literatura fundamental: memórias do cárcere. Entrevista à UNIVESP-TV. Disponível em: <https://www.youtube.com/watch?v=w4pqHjFNhuI>. Acesso em: 31 dez. 2015.
GINZBURG, Carlo. *Mitos, emblemas, sinais*. 3. ed. São Paulo: Companhia das Letras, 1989.
RAMOS, Graciliano. *Memórias do cárcere*. 2. ed. Rio de Janeiro: José Olympio, 1953. 3 vols.
_____. *Insônia*. 23. ed. Rio de Janeiro: Record, 1994.
RICOEUR, Paul. *Tempo e narrativa*. São Paulo: Martins Fontes, 2012. 3 vols.
SANTIAGO, Silviano. *Em liberdade*. Rio de Janeiro: Rocco, 2013.
VOVELLE, Michel. *Ideologias e mentalidades*. São Paulo: Brasiliense, 1991.
WHITE, Hayden. *Meta-história:* a imaginação histórica do século XIX. São Paulo: Edusp, 1992.

Cabotagem

Fabiana Carelli

"[...] o reino dos céus é semelhante a uma rede lançada ao mar. [...] Estando cheia, os pescadores a puxam para a praia; e, assentando-se, apanham para os cestos os [peixes] bons; os ruins, porém, lançam fora." (Mt., 13, 47–8)

Esta narrativa foi baseada no capítulo 24 do primeiro volume de *Memórias do cárcere*, de Graciliano Ramos.

"*Hard day, ahn, fellow? Hard day...*" O barulho da água nas pedras, e a fala do americano seboso batendo no tímpano. O insuportável riso de hiena, as pancadinhas no ombro. "*Hard day.*" O dia todo carimbando a papelada, o sino da igreja que tocava de hora em hora, Lurdinha matraqueando com a funcionária nova sobre a briga com o marido, merda, por que aquela mulher não calava a boca? Por que não estapear até tirar sangue a boca daquele gringo nojento? "*Hard day.*" A bunda gorda esparramada na cadeira reclinável, a bola preta de suor por baixo dos sovacos, a saliva que brotava entre os dentes quando Lurdinha — "Café ou refresco, chefe?" — passeava as pernas e rebolava as ancas.

O sonho da noite ia e vinha. Lurdinha e a outra carimbando o corpo magro de vermelho, as mãos atadas pelas ligas, a boca que tentava cuspir a mordaça de meia, a língua presa, o velho gringo que mijava gostosamente nas feridas. Fazia um calor infernal. Abri os olhos, o lençol em sopa. Ana, ao lado, dormia. Quantas rugas em seu rosto, meu Deus! Quanta vida jogada fora. Impossível tocá-la. Já fazia tanto tempo. A brisa batia a vidraça, os dois meninos ressonavam. Tinham dormido, os nossos filhos, apesar dos meus gritos, apesar de suas lágrimas. Era sempre assim. Eu não podia suportar o seu silêncio. A falta de dinheiro, a comida pouca, os olhos queimados da costura, os dedos — tão pequenos — feridos das agulhas. Ela nunca me perdoara. Eu, pequeno funcionário de banco. Eu, capacho do estranja, honesto e pobre. "Seu Francisco, a autorização do empréstimo de dez contos!" "Seu Francisco, faltou carimbo na guia de pagamento!" "Onde está a eficiência, seu Francisco?" No seu silêncio, ela me acusava.

Os lábios salgavam. No porto, era fim de tarde. Os sapatos cheios de areia, era tão covarde que não conseguiria arrancar as meias e os sapatos, jogá-los dentro da água oleosa, correr!... Continuava ali, sentado na amurada, olhando a curva esquisita do joanete, imaginando a sola gasta, quase furada. Crianças desdentadas riam, brincavam na areia. O farol continuava a receber navios, até mesmo os de bandeira esquisita, de que os jornais falavam tanto, vermelha, a cruz de ponta quebrada — alemã, diziam. Que cruz, que nada! A minha era a do catecismo de tia Rita, Deus pregado nela. Ele se entregara sem lutar. O soldado lhe cuspiu na cara, riu dele, da sua boca não saiu palavra. "Se alguém lhe bater na cara, dê o outro lado", dizia tia Rita. Atitude cristã. Mas eu não queria ser cristão, queria cuspir, arranhar, ferir, abrir a barriga do gringo, fazê-lo vomitar aquela saliva escura — meu orgulho sugado, mastigado, engolido. Me afogar na espuma das águas, murmurando o nome de Ana. Me perdoe, mulher, me perdoe. Nada a deixar aos nossos filhos, a não ser esta cabeça baixa, um ou dois ternos surrados, as dívidas na quitanda, o retrato de 22, de quepe e farda, e aquela mulher de peitos murchos, que eu acreditava ter amado.

Hoje não volto para casa. Escuto o homem claro no cais, ele fala na sua língua esquisita. Tinha ouvido comentários sobre a guerra que viria, os caras na Europa se armando, por quê, pra quê, pra quem? Era aquela estranja toda, gringo maldito, eu não sabia nada daquilo. Olho um navio chegando, atracando, a âncora desce lenta. O moleque na praia olha também. Tantos meninos sem casa em Salvador. Os meus dormiam em lençóis baratos no cômodo apertado, lambera muito chão para isto, como um gato lambe a cria. Mas nunca aceitara dinheiro sujo daquele gringo, as trapaças pequenas, cotidianas, coisas de rato que rói miúdo, em silêncio pela noite adentro, e vai embora sem deixar vestígios. Fezes de rato. Ferreira tinha comprado a casa mais chique do bairro, os filhos de Luís de Souza agora estudavam na capital da República. Ana sabia disso. O perdão de Ana nunca viria.

Olho o navio. De onde, para onde? Na parte de trás do casco uma comporta se abre, um líquido verde, grosso, fedido é despejado no mar. Usavam o mar como esgoto, era sempre assim. Achavam que as ondas levariam todos os dejetos, toda a sujeira humana. Animais. Mas havia dias em que o mar também se revoltava. E invadia as casas e narinas dos moradores da cidade, pobres e ricos, ninguém escapava. Que aquela lama toda levasse embora o americano sujo, ele boiaria na gordura e no suor fedido, e os ratinhos dançantes do escritório, as manchinhas redondas de café que deixavam sobre a madeira da mesa, o cicio dos risos abafados.

O porto fedia como o diabo. No navio, algumas caras nas escotilhas mais baixas pareciam cabeças degoladas. Os olhos tão amarelos, os rostos tão pálidos. O sino da Catedral bateu seis horas. Outros responderam. "Trezentas e sessenta igrejas tem a capital da Bahia, cidade do Salvador", dizia tia Rita. "Rogai por nós", "perdoai-nos". Por um momento, aqueles homens me pareceram todos mortos. No entanto, uma das cabeças se movia brusca, o pescoço se esticava e se encolhia, e os lábios se abriam e se fechavam convulsivamente. Havia também um mover de mãos, gestos. Figura estranha, parecia um galo enforcado, galo com boca de peixe, pois peixe grita em silêncio, e as mãos, nadadeiras ossudas que nadavam, nadavam. Meu coração pulou no peito. O menino preto, de terninho cinza surrado, olhava também, e ria. Meus meninos, quase brancos, andavam malvestidos. O menino preto assentia, enquanto o peixe-galo se estertorava na escotilha. Enfim, acalmou-se. Havia atirado algo ao porto, algo que apontava com um dedo, agora mais humano. A boca do menino preto era só dentes.

De repente, o peixe-galo sumiu. Olhei para cima, o sol descia por detrás do mar. O menino preto ainda deu dois ou três passos, cabeça baixa, sobre o píer. Me levantei rápido, dedos de homem numa cabeça de galo haviam jogado algo ali. Ana, quando menina, me atirava flores e santinhos de sua alta janela. Nunca se sabia quando vinham, era preciso esperar e, quando viessem, correr. O hábito me pôs em pé, a curiosidade formigava. Um dia, o pai de Ana quase nos pegara. Me movia com dificuldade, meus pés enroscavam na areia fina, era longe a praia do píer para meias, sapatos velhos. De repente, um chute. O menino preto chutara para longe o invólucro estranho, ele fez uma curva no ar, caiu na beira d'água. Me apressei, corri pela areia:

— Filho da puta idiota, não enxerga onde pisa!
Gritei. A voz saiu medonha.
— Ioiô tá louco, ioiô?! Esconjuro!...
O menino fugiu de mim. Era apenas um menino. Bobo. Não tinha entendido nada. Eu tinha? Afundei os pés, as mãos na areia. Uma casca de laranja meio seca se espatifara na espuma fina. Provavelmente tinha sido remontada em sua forma original, como uma pequena caixa. Boiava, ao lado, um papel manuscrito. Resgatei-o, sacudi areia e sal. Letras grandes e claras, a lápis, buscavam destino: "EDISON CARNEIRO. Rua dos Barris — 68."

Sentei-me na areia, em trapos. A calça imunda, os sapatos imprestáveis, gravata e punhos brancos da camisa escalavrados. Pela janela de casa, Ana olharia os meninos a espetarem borboletas na calçada. Os olhos de Ana, sempre baixos, sempre úmidos, me censurariam. Meu Deus, e eu ali, molhado, sujo! "*Hard day.*" Como chegar em casa e dizer "Olhe, Ana, desculpe, foi o navio, o negrinho, o homem de cabeça de galo, boca de peixe estertorando, olha o bilhete, Ana, desculpe". Estava enlouquecendo.

E nunca chorava — sabe? —, nunca chorava. Talvez aquele homem do barco fosse isso — apenas um homem. E o peixe fosse eu. Os olhos parados, de peixe de feira velho, que as madames apertam. "Pequeno demais, este não serve." De repente, senti por aquela cabeça exposta um certo carinho. Talvez fosse pequeno como eu, fraco, um funcionariozinho qualquer, capacho de gringo. Abri o bilhete. Uma letra miúda dizia barbaridades curtas. Que havia presos naquele navio. Que estavam todos amontoados no porão, sem separações, sem latrinas, fazendo suas necessidades pelos cantos, pisando no mijo e em coisas piores. Que não sabiam para onde iam. Que eram acusados de comunistas. Então, eram os comunistas? Os jornais falavam deles ultimamente, haviam prendido o tal chefe, Prestes, o da Coluna, no início de março. Ferreira, outro dia, lia as notícias para as secretárias, e eu ouvia, entre um carimbo e outro. Getúlio lutava contra os comunistas, eles eram sanguinários, traziam a fome, a miséria, a nudez. Estavam destruindo um país chamado Rússia. Queriam dominar também o Brasil, a América, o mundo!... Comunistas nadavam no mijo no porão de um navio brasileiro.

"Caro Edison,

Todos presos, acusados de comunismo. Tocaram-nos o porão de um navio velho, o *Manaus*, talvez indo para o Rio, sem banheiros, sem divisórias,

faz-se tudo pelos cantos, não há lugar limpo em que se pise. Muitos da rebelião de Natal. Ajude-nos. Graciliano."
Aquilo era bem feito. Já éramos tão pobres. Os gringos vinham, roíam tudo até os ossos, iam embora. Tantos estômagos roncavam em Salvador. Que a canalha toda morresse, os americanos e a peste vermelha, afogados na própria merda! Tinha de jogar fora aquele bilhete, que o mar o levasse!...
Mas o coloquei no bolso do terno. A sombra escondia o peixe-galo, as escotilhas, os gemidos. O mar tragara os dejetos.

* * *

— Bom dia.
— Ssshhh. Não está vendo, estamos ouvindo as notícias. Continue, seu Ferreira, continue.
Tinha grunhido o cumprimento. A moça interessada era Lurdinha.
— Huhm, bem. Vejamos. "Demissão de comunistas autorizada pelo Ministério do Trabalho." A coisa está ficando preta, senhores. É preciso tomar cuidado. Vai que nos confundem com os vermelhos, e pimba — é o fim da carreira de um sujeito.
Ferreira era simples gerente de banco. Mas estava afastado, diziam que ia virar assessor do chefe.
— "Demissões de empregados feitas pelo Ministério. A Lei nº 136, de 14 de Dezembro de 1935, autoriza as empresas particulares a demitirem <u>sem indenização</u> empregados suspeitos de práticas extremistas." São publicados os nomes de todos.
— Deixa eu ver, seu Ferreira. Não tem ninguém conhecido?
Era Lurdinha novamente.
— Do Banco, não, Lurdinha. Isto aqui é empresa séria.
— Olha!, o Alberto, da Adalgisa. Olha, Maria. Meu Deus, e mora lá no fim da minha rua. Bem que eu achava ele meio esquisito, chegava tarde da noite, a casa vivia cheia de barulhos estranhos.
Eu também sempre chegava tarde, pensei. Só que minha casa estava sempre em silêncio. Será que os vizinhos me achavam comunista? Membro das "hordas vermelhas", como Ferreira dizia — sabia lá o que eram "hordas"! —, como o homem do navio, o de pescoço de galo, o tal de Graciliano.

Tinha sonhado com aquilo a noite inteira. Eu no porão do navio, meus pés atolados, ondas de vômito, fezes e sujeira iam e vinham, o homem quase afogado, a boca estertorada abria e fechava, os braços se debatiam. Parecia que uma pedra o puxava para baixo, mas ele lutava, cuspia, os olhos arregalavam. Eu queria correr, gritava, queria salvar o sujeito, meus pés atolados, minha garganta me sufocava, ar, precisava de ar, o vômito me subia das entranhas. Era eu, o peixe era eu, aquele homem era eu. Acordei com o lençol enrolado no pescoço. Ana, me salve, eu morro! Mas Ana dormia na sala abafada, sobre a costura.

Foi então que decidi: tinha que fazer alguma coisa. Afinal, aquele homem era um homem. E se não fosse comunista? E se tivesse sido acusado injustamente? E se um Ferreira ou um Luís de Souza, canalhas, tivessem dito à polícia "Olhem, é aquele...", porque o sujeito, coitado, teimava em ser direito? Não, eu tinha que ajudar.

Ana achara o bilhete no bolso do paletó. Contei a ela meus planos. Cortou-se na faca de pão, o sangue pingou na toalha, fez manchas. "Louco", me disse. "Louco. Agora vai se meter com comunistas? Já não basta a nossa vida tão dura, Francisco?" E chorou, chorou.

Saí, fui direto para o escritório, estava decidido. Aquela noite, ia procurar o tal de Carneiro no endereço indicado. O bilhete buscava destino.

Às cinco, larguei o serviço. Tinha pressa. A sede do Banco ficava na Cidade Baixa, dali até a Piedade era uma caminhada longa. Tinha perguntado a Ferreira a respeito do tal Edison Carneiro. Ferreira era dado a intelectualidades. "Um jovenzinho", me disse. "Muito empinado, por sinal. E metido com coisas de pretos! Parece que lhe deram um emprego no *Estado da Bahia*. Ou seria n'*A Tarde*? Sujeito sem muita importância, seu Francisco. Bacharel metido a sabido, acha que qualquer um pode escrever em jornal. Até já mete o nariz em rodas livrescas, o fedelho." Ferreira se achava um primor de inteligência.

Andava rápido, preocupado. Talvez me batessem com a porta na cara. Um desconhecido!... Talvez Ana tivesse razão, e eu estivesse metendo a mão em vespeiro. Comunistas. Davam medo. Tinha feito mal em perguntar a Ferreira sobre o sujeito. Se me confundissem com um deles, estava perdido.

Subi a Ladeira do Taboão meio sem pensar. Pelas frestas das portas, mulheres flácidas se ofereciam por preço irrisório. Os sobradões antigos fediam a bolor, coisas velhas e urina. Aquele cheiro me picava as narinas, a cabeça do homem me atormentava. Voz separada da língua, cabeça cortada do corpo. Aquela imagem me perseguia como um fantasma. Meti a mão no bolso. O bilhete ainda estava lá. Moedas tilintaram. É verdade, ainda tinha os vinténs economizados do Elevador. Mas não ia tomar o bonde. Me recusava a enriquecer os gringos da Linha Circular, ainda mais por um serviço como aquele, bondes caindo aos pedaços, sem freios, e caros. Levantei os olhos para o prédio da Companhia, que se erguia no Largo da Sé. "Esses americanos são mesmo uns porcos." E olhei, do alto, o porto. No lugar do navio, apenas mar aberto.

Levei quase uma hora para chegar à rua dos Barris. Na rua Chile, lotada àquela hora, lembrei de Ana menina. As vitrines mostravam figurinos chiques. Queria poder vesti-la de tecido branco esvoaçante, e ver um sorriso por trás das lágrimas. Nunca tinha conseguido fazê-la linda como antes. Depois, Barroquinha, São Bento, Mercês. Na Piedade, mendigos dormiam ao pé da igreja.

Finalmente, cheguei à casa, bati. Tudo meio às escuras. Bati. Uma luz se acendeu na sala. Um, dois, três minutos se passaram. Desconfiavam. Em seguida, a porta se abriu. Uma senhora simples, de cabelos brancos, rosto bom, perguntou:

— Que é?

— Queria ver seu Edison Carneiro, respondi.

— Seu Edison não 'tá, volta tarde. Sinhô é amigo?

— Não, eu não sou ninguém. Trago é recado de amigo. É, um bilhete. De um tal de Graciliano.

— Jesus! O único Graciliano amigo de seu Edison foi preso, moço. É mió o sinhô ir-se embora.

— Mas é isso mesmo, escute...

— Moço, é mió não arrumá encrenca. Recado de preso é que nem feitiço: bom pra quem faz, ruim pra quem ganha. Vá-se embora.

A porta fechou, minha garganta apertada. De joelhos na sarjeta, chorei por dentro. Meus olhos de peixe morto, sempre secos.

Ali fiquei por horas, a cabeça inchando e minguando, os dentes rangendo. Quando menino, minha mãe partira, de trem, do arraial para a cidade grande. Tarde da noite, por detrás das cortinas da sala, tinha ouvido minha tia dizer que ela estava com doença ruim. Depois, muito depois, vim a descobrir o que era. O câncer a comera por dentro. Ela nunca mais voltara. E eu me tranquei no sótão, por dias e dias a fio, apertando com as mãos a cabeça, que estourava. Adormecia, acordava, era sempre a mesma dor.

Acho que dormi ali também. Quando acordei, estava caído na calçada, e dois olhos grandes, interessados, me observavam. Edison Carneiro. Me levou para dentro de casa, me deu água, café, comida. Quis saber a que viera. Era mesmo muito moço.

Pegou o bilhete. Os dedos, um a um, tremeram. "Seu Francisco", ele disse, "isto chegar aqui é mesmo um milagre".

Olhei a casa em volta, iluminada por uma luz fraca. Tudo parecia tão comum — a mesa com quatro cadeiras, o sofá pequeno, a estante, os livros. E era a casa de um comunista! Sem armas, sem bandeiras, sem rádios clandestinos. Sem visitas disfarçadas no meio da noite. E aquele moço, de olhos grandes, cuja cabeça lamentava o sofrimento de um amigo.

— O senhor sabe quem é Graciliano, seu Francisco?

A pergunta me pegou desprevenido. Tinha visto apenas um homem. Que talvez fosse como eu. Que talvez sofresse injustiças. Que talvez errasse.

— Um grande homem, seu Francisco. Escritor. Nascido e criado em Alagoas. Nos escrevíamos.

— Tudo o que me disseram, seu Edison, é que eram comunistas...

— E o senhor sabe, seu Francisco, o que são os comunistas?

— Não sei direito. Só tenho medo, sabe? Pra dizer a verdade, não gosto muito de estrangeiro, americano. Eles sugam, sugam tudo, e riem, enriquecem, se divertem. Tantos meninos famintos em Salvador, seu Edison. Tanta miséria.

Falava demais. Por que falava tanto, eu nem conhecia o sujeito! Ana tinha razão. Eu estava enlouquecendo.

— Pois pegue o jornal, dê uma lida nos nomes dos demitidos porque, se suspeitava, fossem comunistas. O senhor não vê nenhum estrangeiro, seu Francisco. São todos brasileiros. Trabalhadores, como nós.

Me lembrei de Ferreira lendo as notícias de manhã, de Lurdinha, do vizinho despedido, quem sabe preso. Me lembrei daquela cabeça de galo, da boca de peixe, do desespero. Tudo tão difícil, meu Deus.

— Não sei se Graciliano é comunista, seu Francisco. Não sei. Só sei que ele, como muitos, gostaria de um mundo melhor.

Os olhos grandes serenaram. Os jornais diziam, uma guerra se fazia na Europa. Prostitutas cansadas servem seus fregueses no Pelourinho, no

Carmo. Tuberculosos amontoam-se no Santa Teresinha. O gringo sua os seus desejos nos lençóis. Crianças passam fome. Ana, deitada, vela. Os meninos ressonam. Um mundo melhor.

Quando atravessei a Praça Castro Alves, já era madrugada. Havia, ainda, uns últimos boêmios. Um preto bêbado passou cantando

> "No tempo em que eu tinha dinheiro
> Comia na mesa com ioiô...
> Deitava na cama com iaiá...
> Depois que dinheiro acabou
> Mulher que chega pra lá, camarada!
> Camaradinho, eh!
> Camarada!"

Devagar. Cambaleante. Por cima de nós, o poeta de braço estendido, cabeleira solta. Tia Rita falara dele uma vez. Parece que se batia contra a escravidão, pela liberdade.

Cheguei em casa, acariciei o rosto de Ana, seus cabelos lisos. Tinha chorado. Agora dormia. Pela fresta da porta, observei os nossos filhos.

Naquela noite, pela primeira vez em muito tempo, não sonhei. Apenas acordei pela manhã, o sol iluminava a cidade. Mais um dia lindo. Me banhei, me vesti, bebi o café preto, doce. Olhei a mulher que, despenteada, cortava fatias de pão. Minha mulher. Saí.

Muitos trabalhadores em Salvador. Desciam para as docas, para os armazéns, os bancos, o Mercado. Fugiam dos bondes. Os jornais gritavam notícias. Crianças corriam descalças. Seria outro dia difícil. O navio continuaria sua rota pela costa brasileira, carregando homens que pediriam por socorro. Pediríamos por socorro nós, em terra. Um mundo melhor.

Entrei no escritório, grunhi meu "Bom dia". Ferreira lia os jornais. Lurdinha e Maria matraqueavam. O gringo gritava do gabinete: "Os formulários, senhor Francisco!" O peixe-galo murmurava palavras incompreensíveis. Os olhos de Edison Carneiro serenavam.

7. A rés do chão, ao inferno

Luzia Barros

"Imagino-me vivendo no tempo da monarquia, à sombra de seu Ribeiro.
Não sei ler, não conheço iluminação elétrica nem telefone.
Para me exprimir recorro a muita perífrase e muita gesticulação.
Tenho, como todo o mundo, uma candeia de azeite,
que não serve para nada, porque à noite a gente dorme.
Podem rebentar centenas de revoluções.
Não receberei notícia delas. Provavelmente sou um sujeito feliz."

Graciliano Ramos

Paulo Honório, protagonista do romance *São Bernardo*, ao repensar sua vida após percurso de conquista e ruína, vai idealizar um retorno à vida simples, apelando para um possível sossego que o analfabetismo e a exclusão de toda ordem poderiam lhe proporcionar. Alguns anos mais tarde, o autor de *São Bernardo*, Graciliano Ramos, retornará a esse universo de pessoas que viviam a exclusão absoluta e o isolamento, levando-as para o centro da narrativa e construindo Fabiano, protagonista que vive o descrito em epígrafe.

No mesmo período da construção de Fabiano por Graciliano (1937/1938) temos as pesquisas de campo de Josué de Castro sobre o fenômeno da fome. O trabalho do médico e geógrafo levou-o a viajar pelo sertão brasileiro e, posteriormente, ampliar sua pesquisa a diversos países, empenhado em registrar os efeitos e diversos matizes daquele milenar fenômeno. Também se insere nesse período o romance do cabo-verdiano Luís Romano, leitor confesso de Josué de Castro e Graciliano Ramos. (ROMANO, 2000, p. 73) Convergem, portanto, no mesmo período as pesquisas de Josué de Castro e os romances que iremos aqui analisar — *Vidas secas*, de Graciliano Ramos, com primeira edição datada de 1938, e *Famintos*, de Luís Romano, publicado em 1962, mas que teve sua fatura iniciada ainda nos anos 1940. A escrita do romance levou o autor cabo-verdiano a ser perseguido pela Pide[1] e à proibição dos seus escritos. Assim, só em 1960, com Romano exilado no Brasil, o romance será publicado.

Em sua luta contra o "círculo de ferro da fome" (CASTRO, 1968, p. 28), Castro indica dois caminhos prováveis para as comunidades que atravessam longo período de crise de abastecimento: o banditismo e o misticismo mórbido, exemplificados com o cangaço nordestino e com a comunidade de Canudos, duas reações que dirigem o pensamento de quem tem a fome como guia.

Lembramos ainda os distintos matizes da fome registrados por Josué de Castro, chamando-as de fome aguda e fome crônica. A primeira seria a fome epidêmica, catastrófica, resultado de desastres naturais ou guerras, quando faltam alimentos para toda uma população, o que torna essa fome perceptível. Mas há também a fome aguda, ou ainda, a fome oculta, na qual os indivíduos morrem lentamente mesmo se alimentando todos os dias, consequência da pobreza de nutrientes devida à monotonia alimentar.

Os romances que compõem nosso *corpus* retratam, majoritariamente, a fome em sua versão catastrófica, e em alguns poucos momentos há a alternância com a fome oculta. O fenômeno permeia ambas as efabulações e é determinante nos percursos das personagens; pois, como registra Josué de Castro:

> Se, em sua atuação desequilibrante do comportamento humano, a fome aguda tende a determinar, de preferência, a exaltação anormal do espírito, a fome crônica tende a provocar depressão e apatia. É que os indivíduos que sofrem a fome crônica perdem em pouco tempo o apetite, a sensação de fome, e se desfazem dessa forma do aguilhão que com mais intensidade impulsiona o homem à atividade. (CASTRO, 1968, p. 123)

Pois bem, no decorrer de nossa análise poderemos notar essa atuação de sequilibrante, motivada tanto pela fome aguda como pela fome crônica.

---

[1] Polícia Internacional de Defesa do Estado, existente entre 1945 e 1969 em Portugal.

Um traço de luz, um fiapo de palavra

Buscando perscrutar o interior das personagens, optamos por recortar para nossa análise as noites descritas nos dois romances, porque as entendemos como momentos de significação. Se as horas do dia são ocupadas na busca de alimento, nas horas noturnas a preocupação do dia, a sobrevivência, permanece. Unem-se a ela as inquietudes da noite, as reflexões mais profundas que reverberam sob a angústia das personagens.

Dentro das noites dos dois romances uma imagem nos chamou especial atenção, dada a sua recorrência: um grupo de pessoas em volta da fogueira.

Partimos da definição dada por Tomachevski para os motivos livres segundo a função que desempenham na trama: "Mas no enredo são sobretudo os motivos livres que têm uma função dominante e determinam a construção da obra. Esses motivos marginais (as minúcias etc.) são introduzidos devido à construção artística da obra e são portadores de diferentes funções". (TOMACHEVSKI, 1978, p. 178) Entendemos, pela definição dada, que as fogueiras seriam motivos livres — são uma minúcia dentro das ficções que, no entanto, desempenham uma função importante nas tramas, sendo especialmente significativas tanto como recurso formal quanto como recurso expressivo, auxiliando a compreensão do leitor sobre os romances.

A presença do fogo como fonte de iluminação nos levou a duas leituras: as narrativas mitológicas e a realidade das populações que viviam à margem da modernidade naquele momento histórico.

Na perspectiva mitológica encontramos duas narrativas semelhantes: na tradição greco-latina, Prometeu; e, na ameríndia, o mito Kayapó-Gorotine, este vindo a público pela pesquisa do antropólogo Claude Lévi-Strauss realizada nas nações do Brasil central.

Prometeu, segundo a tradição greco-latina, é responsável pela criação dos primeiros seres humanos; seu apreço por eles vai fazê-lo desafiar Zeus por duas vezes: a primeira, ao dividir alimentos entre os homens e Zeus, enganando-o e entregando-lhe apenas os ossos de um boi, ao passo que a carne do bovino teria sido distribuída entre os humanos: "O terrível castigo não se fez esperar: Zeus privou os homens do fogo, quer dizer, simbolicamente, do *nûs*, da inteligência, tornando a humanidade *anóetos*, isto é: imbecilizou-a." (BRANDÃO, 1991, p. 329) Na segunda, Prometeu vai interceder em favor dos homens recuperando o elemento aos mortais, garantindo a posse do fogo à humanidade.

A tradição do Brasil central tangencia a grega. Conta-nos o pesquisador francês sobre o mito Kayapó-Gorotine. Nele, o herói, Botoque, após uma temporada com o dono do fogo, o Jaguar, mata a esposa deste e conduz companheiros de sua comunidade para a casa do "dono" do fogo. Escreve Lévi-Strauss: "Quando chegam à casa do Jaguar, não encontram ninguém, e, como a mulher já estava morta, a carne caçada na véspera ficou sem cozer. Os índios assam-na e levam o fogo. Pela primeira vez, eles têm luz à noite na aldeia, podem comer carne moqueada e se aquecer no calor da fogueira." (LÉVI-STRAUSS, [s.d], p. 92)

Inferimos que em ambas as narrativas mitológicas a presença do fogo possibilita o prolongamento das horas noturnas, um maior período de vigília, uma vez que ele aquece, clareia e coze os alimentos. Lembramos ainda que a união do grupo de pessoas no entorno da fogueira é também responsável pelo desenvolvimento da oralidade, momento de descanso e distensão, propício para se contarem casos e trocarem experiências.

Já em nossos romances, cuja realidade é a da comida escassa, o conforto não ocorre de forma efetiva. Assim, este período pode tornar ainda mais profunda a experiência da fome, uma vez que a noite se prolonga desprovida do conforto que a alimentação traz, ensimesmando as personagens e subtraindo o desenvolvimento da oralidade.

Sob a perspectiva social, lembramos que a escrita dos romances se deu em um momento no qual uma pequena parcela da população mundial gozava de alguns confortos trazidos pela modernidade, entre eles a luz elétrica. No entanto, nossos romancistas se dedicam às fatias sociais à margem deste processo, levando ao leitor ambientes primitivos nos quais a lenha finda por ser o único combustível acessível e o fogo sua principal fonte de iluminação. O modo de vida primitivo das personagens, a pobreza e o isolamento das comunidades das narrativas de ficção serão, portanto, o viés de nossos autores.

Vidas secas e a chama da humanização

Otto Maria Carpeaux, refletindo sobre a obra do autor nordestino, entende que "O herói de Graciliano Ramos é o sertanejo desarraigado, levado do mundo primitivo, imóvel para o mundo do movimento". (CARPEAUX, 1975, p. 228)

Fabiano, protagonista de *Vidas secas*, é ainda o sertanejo em seu ambiente imóvel e primitivo e será construído de forma distinta dos demais protagonistas dos romances do autor alagoano, dado que a narrativa de *Vidas secas* é em 3ª pessoa, enquanto a dos demais romances é em 1ª. Essa característica do romance será um determinante em sua composição, bem como fará de *Vidas secas* um trabalho particular dentro de sua obra.

Para compor o romance e trazer maior grau de verossimilhança ao retrato do protagonista, Graciliano fez de seu herói um analfabeto, condição que será central na distinção entre voz narrativa e personagem; o autor irá respeitar essa distinção no decorrer do romance, construindo um protagonista portador de um vocabulário parco, que representa o mundo primitivo apontado por Carpeaux.

Como decorrência do pequeno repertório linguístico das personagens, teremos diálogos atravessados por silêncios; por outro lado, o autor irá se valer de recursos que enriquecem as imagens, construindo cenas que aproximam leitor e obra.

Cabe aqui nos referirmos às reflexões de Theodor Adorno acerca do narrador no romance contemporâneo: "Assim como a pintura perdeu muitas de suas funções tradicionais para a fotografia, o romance a perdeu para a reportagem e para os meios da indústria cultural, sobretudo para o cinema." (ADORNO, 2006, p. 56)

E ainda: "Se o romance quiser permanecer fiel à sua herança realista e dizer como realmente as coisas são, então ele precisa renunciar a um realismo que, na medida em que reproduz a fachada, apenas a auxilia a produzir o engodo." (ADORNO, 2006, p. 57)

Tomando as referências dadas pelo teórico alemão, veremos que o romance, em especial o neorrealista,[2] irá incorporar estratégias da linguagem

---

[2] Após refletirmos sobre as possibilidades para a designação dada à escola literária na qual a escrita de nossos autores se insere, optamos pela definição de escrita neorrealista, pois as demais designações nos pareceram limitadoras: a geração de 1930 nos pareceu marcar a escrita no tempo, bem como o romance nordestino o confina a uma região, e acreditamos que o Modernismo de segunda geração também não se adapta a essa escrita, dada a ruptura de perspectiva entre as obras ligadas à semana de 1922 e as obras da geração que a sucedeu. Acreditamos que a característica comum entre todos os autores que adotaram essa perspectiva repousa na preocupação social, no retrato dos indivíduos excluídos e na força das imagens que os autores do período constroem. Conforme Benjamin Abdala Junior: "Podemos, não obstante, ver o movimento como uma tomada de posição ideológica comum desses escritores em face da realidade a ser representada." (ABDALA JR., 1981, p. 3) Assim, nos pareceu que neorrealismo é uma designação mais afim com as escritas, sem querermos aqui encerrar tal debate.

cinematográfica, dentre as quais a luz, que terá particular importância, visto que ela confere maior profundidade às cenas.

Se pensarmos a obra de Graciliano Ramos, veremos que um dos recursos utilizados por ele para trazer o efeito de realidade interior–exterior em sua obra encontra-se no jogo de luz e sombra com o qual constrói as imagens.

Ao refletir sobre o recurso, Benjamin Abdala Junior distingue as estratégias do Realismo do século XIX para o chamado neorrealismo literário:

> Depois do século XX, em Graciliano e em Carlos de Oliveira, essa luz já não precisa fundamentar-se em pesadelo, para revelar um homólogo pesadelo psicossocial mais abrangente. Aqui a revelação interior das personagens — registro das distorções humanas, para além da aparência enganadora — é dada por um jogo concreto de luz e sombra, que motiva a reflexão crítica. A sombra também é significativa, indefinindo aspectos superficiais dos objetos, de maneira a imprimir maior complexidade ao princípio da observação e da experiência. Essa forma de representação das superfícies exteriores pelos escritores realistas passou a contar também com os repertórios da linguagem cinematográfica, como indicamos, para além daqueles provenientes da pintura e da fotografia, como ocorreu no realismo do século XIX. (ABDALA JR., 2003, p. 155–6)

Temos tal característica em *São Bernardo*, quando Paulo Honório se dá conta de sua realidade e de sua pobreza interior iluminado por uma vela. A fraca luz irá construir uma sombra deformada da personagem e, ao mesmo tempo, fazê-lo perceber sua deformidade interior: "Ponho a vela no castiçal, risco o fósforo e acendo-a. Sinto um arrepio. A lembrança de Madalena persegue-me [...] estraguei a minha vida, estraguei-a estupidamente." (RAMOS, 1984, p. 184)

Também será assim no conto "Um ladrão", no qual o protagonista se movimenta amparado pela luz que vem da rua. O rapaz, que vinha até certo ponto do conto tomado por ímpetos de coragem, percebe, a partir da luz parcial, sua fisionomia frágil e desconstrói em si mesmo a determinação que o guiara até ali: "Virando-se o rosto, viu-se no espelho do guarda-vestidos e achou-se ridículo, agachado, em posição torcida." (RAMOS, 1985, p. 28)

Esse privilégio da luz noturna também é percebido em *Vidas secas*, pois, no romance, a luz da fogueira ou do fogão é parte importante da construção das cenas de intimidade da família.

Podemos perceber as distintas luminosidades que compõem o romance: durante o dia, a persistente presença do sol difere sobremaneira de um sol alegre mais comum nas narrativas de ficção; aqui, o excesso de luz no dia torna a visão pouco eficiente. Trata-se de uma luminosidade que dilui os relevos da paisagem, um sol opressor, cujo excesso de luz cega, castiga, desanima:

> Miudinhos, perdidos no deserto queimado, os fugitivos agarrarm-se, somaram as suas desgraças e os seus pavores. O coração de Fabiano bateu junto do coração de sinha Vitória, um abraço cansado aproximou os farrapos que os cobriam. Resistiram à fraqueza, afastaram-se envergonhados, sem ânimo de afrontar de novo *a luz dura*, receosos de perder a esperança que os alentava. (RAMOS, 2006, p. 14, grifo nosso)

Note-se no excerto a "luz dura": o aspecto tátil dado aos raios do astro reforça a característica agressiva dessa luminosidade. Se a luminosidade excessiva do dia não contribui para uma melhor avaliação da realidade externa, acrescida da urgência pela sobrevivência que constrói o cotidiano da família, acreditamos que a luz noturna será a contrapartida, pois possibilita uma visão mais completa, justamente por haver uma luminosidade parcial.

Dentre os momentos noturnos na vida dos retirantes do romance, buscamos aqui analisar os que têm como foco luminoso as fogueiras, pois sua recorrência, bem como a força das imagens que elas constroem, nos parecem de especial significação.

Sem considerarmos a fogueira da cena em que o papagaio doméstico serve de alimento, visto que ela é retomada na lembrança de sinha Vitória, dada então por sumário, a primeira ocorrência de fogueira descrita no romance se dá no capítulo "Mudança", no qual a família tem como jantar um preá caçado por Baleia. A cena acontece ao pôr do sol e nela veremos um alívio no ânimo de Fabiano — ele acredita na chuva e até experimenta alguma alegria. Nota-se na cena um certo desafogo no protagonista: "A fogueira estalava. O preá chiava em cima das brasas. [...] Uma ressurreição. As cores da saúde voltariam à cara triste de sinha Vitória. Os meninos se espojariam na terra fofa do chiqueiro das cabras. Chocalhos tilintariam pelos arredores. A catinga ficaria verde." (RAMOS, 2006, p. 16)

Depois de um dia caminhando, mesmo com a comida pouca, um pequeno sinal de chuva no céu mostrou-se suficiente para reacender a esperança no coração do vaqueiro. Fabiano passa a acreditar na ressurreição de seu meio, um sentimento de redenção: "A fogueira estalava, o preá chiava em cima das brasas. Uma ressurreição..." Note-se que a descrição do ambiente externo no entorno da fogueira logo se desloca para o estado interior de Fabiano, que passa a adivinhar um futuro melhor para si, sua família e seu meio. Acreditamos que a presença do grupo em torno do fogo é uma imagem que remete ao descanso e ao aconchego e esse momento irá refletir no estado interior da personagem.

No capítulo "Cadeia" teremos imagem semelhante: um grupo em volta da fogueira. O capítulo principia com a ida de Fabiano ao vilarejo para comprar mantimentos básicos (sal, farinha, feijão e rapadura). De "extra": querosene e um corte de tecido, sendo que o primeiro serviria de combustível para o lampião, luminosidade mais moderna e confortável para sua família; mas Fabiano finda por não comprar os "extras", envolve-se em um jogo de cartas que o leva à prisão.

Já dentro da cela, Fabiano observa a luz da rua mantida por lampiões, nota que elas se apagaram, indaga se o querosene era insuficiente para toda a noite. Na cadeia a iluminação é mantida pela fogueira, a primeira iluminação criada pelo homem, escancarando a condição arcaica reservada à parcela da população naquele período da história. O vaqueiro, machucado e confuso, busca encontrar um motivo para sua prisão e se posicionará próximo à fogueira citada, juntamente a demais prisioneiros, que ali tentam se aquecer e conversar: "Estava tão cansado, tão machucado, que ia quase adormecendo no meio daquela desgraça. Havia ali um bêbado tresvariando em voz alta e alguns homens agachados em redor de um fogo que enchia o cárcere de fumaça. Discutiam e queixavam-se da lenha molhada." (RAMOS, 2006, p. 34)

Dentro do cárcere a fogueira parece compor o sentimento de opressão e de aprisionamento. Fabiano, que quase adormecera, fora impedido pelo diálogo de quem cercava o fogo, e pela asfixia causada pela fumaça. Na cela, a possibilidade da vigília e de comunhão entre os indivíduos não se efetiva; aqui, a fogueira acentua a aflição, uma vez que prolonga as horas resultantes de uma vigília imposta.

No mesmo sentido da primeira fogueira, a presença desta parece reverberar no interior da personagem, conforme excerto: "Bateu na cabeça, apertou-a. Que faziam aqueles sujeitos acocorados em torno do fogo?" (RAMOS, 2006, p. 36)

O ar asfixiante que desperta a personagem logo irá compor seu universo interior, entrecortando de sobressaltos sua já tênue compreensão do que se passara:

> E havia também aquele *fogo-corredor* que ia e vinha no espírito dele. Sim, havia aquilo. Como era? Precisava descansar, estava com a testa doendo, provavelmente em consequência de uma pancada de cabo de facão. E doía-lhe a cabeça toda, parecia que tinha fogo por dentro. Parecia-lhe que tinha nos miolos todos uma panela fervendo. (RAMOS, 2006, p. 36, grifo nosso)

Note-se que o fogo migrará da cela para as entranhas e para o raciocínio do vaqueiro. O "fogo-corredor" sai do ambiente, deposita-se no corpo do vaqueiro e crava-se em seus miolos, alternando constatações, dúvidas e tensão.

Numa luta para compreender o que se passava e, ao mesmo tempo, conter o ímpeto de reagir, o vaqueiro pensa em si e em sua família e arrepende-se de não ter executado os planos iniciais que o levaram até o vilarejo, em especial a compra do querosene:

> E Fabiano se aperreava por causa dela, dos filhos, da cachorra Baleia... Pobre sinha Vitória, cheia de cuidados, na escuridão. Os meninos sentados perto do lume, a panela chiando na trempe de pedras, Baleia atenta, o candeeiro de folha pendurado na ponta de uma vara saía da parede [...]. Devia ter comprado o querosene de Seu Inácio. A mulher e os meninos aguentando fumaça nos olhos. (RAMOS, 2006, p. 34)

A descrição que faz da cela e de sua casa se mistura em seu pensamento; a opressão e o mal-estar estão tanto na cadeia quanto em sua casa. Parece-lhe indiferente o cárcere doméstico, como o de sua família, e o cárcere em que se encontra. A semelhança entre sua condição e a de sua família nos sugere o emparedamento social que se impõe aos sertanejos, sem brechas que possibilitem a mudança na sua condição de vida. Ao refletir sobre a obra de Graciliano, o crítico brasileiro Benjamin Abdala Junior nos indica esse cárcere social que surge no romance *Vidas secas*: "Aparentemente, nada poderia ser diferente: o campo tem suas leis — modos de articulação dominantes — que levam os atores sociais que dele participam a práticas convencionais, determinadas, que, na perspectiva de Graciliano Ramos, o encarceram." (ABDALA JR., 2012, p. 128)

Na prisão, a personagem busca uma resposta ao que lhe aconteceu, não tendo feito nada que configurasse crime: "Estava preso por isso? Como era? Então mete-se um homem na cadeia porque ele não sabe falar direito? Que mal fazia a brutalidade dele? Vivia trabalhando feito um escravo." (RAMOS, 2006, p. 35)

O protagonista não encontra resposta que ligue causa e efeito, lamentando seu analfabetismo: "Nunca vira uma escola. Por isso não conseguia defender-se." (RAMOS, 2006, p. 35) Mesmo assim, em suas indagações as respostas místicas não se processam para a personagem, distinguindo o discurso do romance nordestino do romance cabo-verdiano que veremos a seguir. Fabiano procura em sua realidade social as causas de seus infortúnios e responde com possibilidades práticas contra a agressão que recebera: "Não podia arrumar o que tinha no interior. Se pudesse... Ah! se pudesse, atacaria todos os soldados amarelos que espancavam criaturas inofensivas." (RAMOS, 2006, p. 36)

Ao demonstrar afeto e preocupação com os seus, a personagem encontra em sua obrigação com a instituição familiar a resposta para seus questionamentos e passa a ver seu núcleo como empecilho para sua verdadeira vontade, tornar-se cangaceiro:

> Agora Fabiano conseguia arranjar as ideias. O que o segurava era a família. Vivia preso como um novilho amarrado ao mourão, suportando ferro quente. Se não fosse isso, um soldado amarelo não lhe pisava o pé não. O que lhe amolecia o corpo era a lembrança da mulher e dos filhos. Sem aqueles cambões pesados, não envergaria o espinhaço não. (RAMOS, 2006, p. 37)

Após entender sua família como "cambões pesados", se entrega ao impulso de se tornar um contraventor: "Mataria os donos dele. Entraria num bando de cangaceiros e faria estrago nos homens que dirigiam o soldado amarelo. Não ficaria um para semente." (RAMOS, 2006, p. 37)

O capítulo "Cadeia" termina com Fabiano elevando a voz e assustando as personagens que abanavam o fogo, e vaticinando que para sua família o destino não seria melhor: "Os meninos eram uns brutos, como o pai. Quando crescessem, guardariam as reses de um patrão invisível, seriam pisados, maltratados, machucados por um soldado amarelo." (RAMOS, 2006, p. 37)

Ao final do capítulo, Fabiano está desacreditado de si e do futuro de seus filhos, situação oposta à descrita na primeira fogueira aqui analisada, que vinha tomada de esperança e bons sentimentos.

Acreditamos que o evento da prisão marcou o percurso da personagem, mudando seu universo interior e criando uma necessidade de responder de forma efetiva à agressão que recebeu, invertendo seu sentimento otimista na primeira fogueira, na qual apenas esperava dias melhores para si e para os seus. Acrescenta-se agora o sonho de mudar o rumo de sua existência valendo-se de sua força física. Notaremos na terceira fogueira a persistência desse estado.

A cena da fogueira e da chuva, que surge no capítulo "Inverno", nos chamou especial atenção durante a leitura do romance, pois nela os recursos de fragmentação e luminosidade são utilizados de forma efetiva. A voz narrativa irá se valer do recurso da distorção reveladora e, a partir de uma visão fragmentada do núcleo familiar dada pela luminosidade parcial, veremos o interior de cada personagem. Nesse momento da narrativa as distintas subjetividades que compõem o grupo de sertanejos serão mais bem reveladas. Vejamos a cena: "A família estava reunida em torno do fogo, Fabiano sentado no pilão caído, sinha Vitória de pernas cruzadas, as coxas servindo de travesseiro aos filhos. A cachorra Baleia, com o traseiro no chão e o resto do corpo levantado, olhava as brasas que se cobriam de cinza." (RAMOS, 2006, p. 63)

Percebe-se no excerto que a família se encontra em estado de distensão. A imagem do conjunto sugere um momento de repouso e descanso, lembrando ainda que o grupo reunido em torno do fogo é uma imagem que nos remete ao universo da oralidade, como ocorre nas narrativas tradicionais, em uma ocasião propícia a seu desenvolvimento, conforme dissemos no início do texto. No entanto, mesmo que a construção da cena seja favorável à troca de experiências, a comunicação aqui parece falir, contrariando a expectativa que a imagem propicia. Voltemos à cena:

Fabiano esfregou as mãos satisfeito e empurrou os tições com a ponta da alpercata. As brasas estalaram, a cinza caiu, um círculo de luz espalhou-se em redor da trempe de pedra, clareando vagamente os pés do vaqueiro, os joelhos da mulher e os meninos deitados. De quando em quando estes se mexiam, porque o lume era fraco e apenas aquecia pedaços deles. (RAMOS, 2006, p. 63)

A luz da fogueira deixa visíveis os pés de Fabiano, os joelhos de sinha Vitória e os meninos, mas, como o calor propiciado pela fogueira era fraco, apenas partes do corpo das crianças eram aquecidas. Assim, a imagem fragmentada do núcleo familiar é trazida ao leitor pela luminosidade, e tal fragmentação será percebida na relação entre os membros da família.

Interessante notar também que, neste momento da narrativa, os membros de Fabiano são descritos como pés, diferentemente de outros trechos em que são relacionados a cascos: "As alpercatas dele estavam gastas nos saltos, e a embira tinha-lhe aberto entre os dedos rachaduras muito dolorosas. Os calcanhares, duros como cascos, gretavam-se e sangravam." (RAMOS, 2006, p. 12)

É nosso entendimento que tal distinção seja decorrência do momento descrito, um momento em que Fabiano é humanizado; aqui, a necessidade de comunicação será acentuada, embora no decorrer da leitura seja possível perceber como o momento é sentido de forma diferente por cada membro do grupo. Vejamos a perspectiva do chefe de família: "Dentro em pouco o despotismo de água ia acabar, mas Fabiano não pensava no futuro. Por enquanto a inundação crescia, matava bichos, ocupava grotas e várzeas. Tudo muito bem. E Fabiano esfregava as mãos. Não havia o perigo da seca imediata, que aterrorizara a família durante meses." (RAMOS, 2006, p. 65)

A sensação de segurança e alívio apreciada por Fabiano, entretanto, confiando estar livre de perigos imediatos, distingue-se da de sinha Vitória, que se encontra angustiada e preocupada, adivinhando tragédias e tentando se programar para o pior.

Já para os filhos temos um sentimento em comum, a saber: uma segurança passageira, um conforto incompleto, visto que é fruto de uma situação improvisada: "Os meninos, sentindo frio numa banda e calor na outra, não podiam dormir e escutavam as lorotas do pai. Começaram a discutir em voz baixa uma passagem obscura da narrativa. Não conseguiram entender-se, arengaram azedos, iam-se atracando." (RAMOS, 2006, p. 68)

O calor trazido pelas chamas é parcial: se de um lado aquecia, do outro o frio não se alterava. Acreditamos que esse recorte pode mostrar a fragilidade da segurança, sendo ela momentânea. Nesse excerto também podemos notar um sentimento antagônico entre as duas crianças: enquanto para o menino mais novo o pai representa força e capacidade, para o menino mais velho, o crédito dado ao pai não é o mesmo. Isso fica acentuado na visão que o menino mais novo tem do pai:

> O menino mais novo bateu palmas, olhou as mãos de Fabiano, que se agitavam por cima das labaredas, escuras e vermelhas. As costas ficavam na sombra, mas as palmas estavam iluminadas e cor de sangue. Era como se Fabiano tivesse esfolado um animal. A barba ruiva e emaranhada estava invisível, os olhos azulados e imóveis fixavam-se nos tições, a fala dura e rouca entrecortava-se de silêncios. (RAMOS, 2006, p. 68)

Podemos notar que a maneira de o menino mais novo ver o pai vem carregada de admiração por sua força física; aqui há confluência entre a voz do narrador e da criança, pois o narrador também ressalta sua força.

Se antes eram mais nítidos os pés de Fabiano, agora a luz passa a revelar outras partes da personagem, dando destaque às "mãos, cor de sangue", "como se tivesse esfolado um animal". Essa é realmente uma visão afim com o estado de espírito da personagem: "Fabiano contava façanhas [...]. Se a seca chegasse, ele abandonaria mulher e filhos, coseria a facadas o soldado amarelo, depois mataria o juiz, o promotor e o delegado." (RAMOS, 2006, p. 67)

A exemplo do ocorrido no capítulo "Cadeia", a entrada no mundo do crime é uma possibilidade vista com otimismo. A cogitação da personagem em cometer atos violentos é uma das possíveis atitudes suscitadas pela sua prisão arbitrária, mas também podemos vê-la pela experiência permanente da fome. Conforme Josué de Castro:

> O cangaceiro que irrompe como cascavel doida deste monturo social significa, muitas vezes, a vitória do instinto da fome — fome de alimento e fome de liberdade — sobre as barreiras materiais e morais

que o meio levanta. O beato fanático traduz a vitória da exaltação moral, apelando para forças metafísicas a fim de conjurar o instinto solto e dessaborado. Em ambos o que se vê é o uso desproporcionado e inadequado da força. (CASTRO, 1968, p. 325)

A descrição dada por Castro para o surgimento do cangaceiro fundamenta o desejo da personagem, pois o cangaço permite dar vazão à sua força física como forma de resistência à sua condição de faminto, libertando-se das barreiras que se impõem para quem vive o "círculo de ferro da fome" (CASTRO, 1968, p. 28), conforme designação do geógrafo nordestino. Na mesma direção, o historiador britânico Eric Hobsbawm afirma que a força física é uma premissa importante para os indivíduos que se aventuram em bandos, e que os homens jovens e solteiros são os que mais aderem a essas organizações, pois, sem a responsabilidade da família, essa alternativa é mais viável: "o mais importante desses grupos compreende os homens jovens, entre a puberdade e o casamento, isso é, antes que as responsabilidades das famílias lhes pesem nas costas". (HOBSBAWM, 1975, p. 26)

Já a referência que Castro faz à resposta metafísica ocasionada pelo fenômeno da fome será por nós abordada quando da análise de *Famintos*, que apresentaremos na sequência de nossas reflexões sobre o romance de Graciliano.

No núcleo familiar de Fabiano, vemos que o menino mais velho tem pouca admiração pela força física do pai, preferindo encontrar incongruências em seu discurso. Em um primeiro momento este vai atribuir a dificuldade de entendimento da fala do pai à pouca luz do ambiente: "O menino mais velho abriu os ouvidos, atento. Se pudesse ver o rosto do pai, compreenderia talvez uma parte da narração, mas assim no escuro a dificuldade era grande." (RAMOS, 2006, p. 64)

Logo em seguida, porém, responsabiliza as contradições do discurso do pai pela falta de entendimento e pela veracidade da narrativa: "O menino mais velho estava descontente. Não podendo perceber as feições do pai, cerrava os olhos para entendê-lo bem. Mas surgira uma dúvida. Fabiano modificara a história — e isto reduzia-lhe a verossimilhança. Um desencanto. Estirou-se e bocejou." (RAMOS, 2006, p. 68)

A admiração pelo pai havia se desgastado, sua credibilidade sofreu um abalo: ao reproduzir uma história já contada, nela foi introduzida uma alteração. Notemos que essa é uma das características da oralidade — ao recontar uma história é comum que esta seja modificada —, e esse detalhe não passa despercebido pela criança.

O pai tem força física, como visto pelo menino mais novo, mas não tem instrução, conforme avaliação do menino mais velho; é de se assinalar que o protagonista do romance tem, represados em seu íntimo, ímpetos de heroísmo e necessidade de desenvolver sua capacidade de comunicação, o que nos leva a crer que, ao aproximar a construção da personagem de Fabiano nesse capítulo, a voz narrativa conduz à sua humanização.

A luz continua percorrendo o ambiente e passa a iluminar um pouco mais o protagonista: "O círculo de luz aumentou, agora as figuras surgiam na sombra, vermelhas. Fabiano, visível da barriga para baixo, ia-se tornando indistinto daí para cima, era um negrume que vagos clarões cortavam. Desse negrume saiu novamente a parolagem mastigada." (RAMOS, 2006, p. 65)

Chama atenção a expressividade que a luz da fogueira traz à cena; o protagonista parece dividido em duas partes, ficam visíveis seus membros inferiores enquanto a parte superior de seu corpo permanece na escuridão, sugerindo mais uma dificuldade para a efetiva comunicação do pai com os demais; as palavras saem da escuridão, incompreensíveis. A luz focada em seus membros inferiores, eclipsando sua fisionomia, sugere uma existência amparada na força física e sem o desenvolvimento das potencialidades intelectuais da personagem. O analfabetismo de Fabiano, como dissemos no início da análise, é uma característica importante no romance. Para Graciliano Ramos o acesso à educação representava resistência para a população submetida ao desamparo e à opressão.

A análise do motivo da fogueira em Ramos aponta para uma revelação dos potenciais de Fabiano diante do quadro excludente em que vive, sem, contudo, deixar de chamar atenção para suas deficiências derivadas da exclusão social. No entanto, não registramos nas reflexões da personagem referências marcantes sobre sua religiosidade. Fabiano questiona suas condições sociais, sua capacidade de mobilização, suas limitações por sua pouca instrução, mas não se apega a valores religiosos que justifiquem sua condição ou mesmo que o auxiliem em sua busca de superação.

O inferno de Graciliano se dá nas condições de vida que se impunham a grande parcela da população brasileira naquele período, com pouca e incipiente referência às interpretações míticas, como o destino ou a sorte, o que se distingue da narrativa de Romano.

Famintos e a chama da danação

Famintos, de Luís Romano (único romance do autor), versa sobre uma das maiores crises alimentares ocorridas no século XX no arquipélago de Cabo Verde. Romano, leitor declarado de Graciliano Ramos e Josué de Castro (ROMANO, 2000, p. 73), irá, em seu romance, apresentar uma forte marca de denúncia, que constituirá sua principal característica. Nele o autor buscará, a partir da literatura, mostrar a realidade cruel de seu país, bem como apontar as causas que desencadearam ou aprofundaram a tragédia no arquipélago.

Prosseguiremos nossa análise em *Famintos* como em *Vidas secas*, percorrendo suas noites, pois como já dito pareceu-nos o período que mais aproxima leitor e obra, como sugere Manuel Ferreira em epígrafe: a noite no arquipélago nesse período não se resume a descanso e prazer.

O romance de Luís Romano contempla diversos núcleos de personagens, sendo que muitos desses não estão presentes em toda a narrativa. O já citado caráter de denúncia da obra de Luís Romano leva o autor a priorizar a diversidade de depoimentos, suas personagens são tipos e muitos têm suas identidades referidas como alcunhas, caso de Africano, Mulato, Crioulo e Estudante. Rosenda é uma das personagens que atravessam a trama e terá particular importância no recorte que aqui buscamos privilegiar.

Como em *Vidas secas*, a luminosidade diurna em *Famintos* apresenta um traço de agressão e desencorajamento, opondo-se à alegria comumente atribuída ao astro, como podemos perceber no excerto: "O céu ficava limpo, o sol incidia os dardos sobre as lombas, os tapumes, as 'méradas', a ilha inteira, a matar as plantinhas, a destruir as ilusões dos homens." (ROMANO, 1962, p. 22)

Note-se o aspecto táctil atribuído à luz solar em confluência com o romance brasileiro, sendo que em Romano ela aparece mais agressiva: a luz não incide nos olhos, cegando como na narrativa de ficção de Graciliano, mas nas costas, como dardos, uma espécie de açoite natural, uma luz dolorida e destruidora.

No nosso entendimento, a exemplo da obra de Graciliano, algumas das passagens mais ricas e significativas da narrativa acontecem no período noturno, o que nos reporta novamente às observações feitas por Benjamin Abdala Junior sobre a perspectiva privilegiada que a luz noturna traz no sentido de "iluminar" conteúdos mais complexos, uma vez que o jogo de luz e sombra possibilita as distorções das aparências, revelando aspectos para além da simples descrição.

Vejamos o exemplo do percurso do núcleo familiar de Paulino, tendo entre seus filhos Rosenda, que protagonizará outra cena por nós contemplada em nossa análise.[3]

No capítulo "Paulino, o desembaraçado", vemos a personagem retornar de outras terras, trazendo na bagagem saudades e presentes. Depois de um longo período afastado de sua família para trabalhar, o emigrado está feliz por estar de volta à sua terra; é um momento de prosperidade para a família, a primeira noite é de festas e abundância: "Na casa a satisfação reinava. As malas estavam na sala para os amigos admirar, que Paulino viera bem-arrumado. Até madeiramento trouxe para a nova casa que pensava construir na sua horta, ao pé da Ribeira." (ROMANO, 1962, p. 29)

A noite é representativa de um momento farto e esperançoso. Em sua chegada o chefe de família trazia junto de suas economias planos de expansão: madeiramento para construção e planos para a pequena agricultura.

Com o passar do tempo e o avanço da seca, entretanto, a noite de festa vai dar lugar à noite de fome, e as conquistas de Paulino logo serão consumidas pela pobreza da "Ilha sem Nome":

— Pai, hoje ninguém tem jantar.

Paulino estacou-se na soleira da porta, olhando para a filhinha que lhe prendera às pernas. No íntimo o sofrimento desfibrava-lhe a vida.

Dentro, a mulher de Paulino, Rosenda, e dois garotos ficavam silenciosos. Ele não disse uma sílaba, afastou a menina e saiu. (ROMANO, 1962, p. 32)

A mudança é brusca, da alegria e robustez sentida na primeira noite para a apatia e privação exposta na segunda. Encontra-se a família de Paulino calada e faminta, a exemplo do pai: "Rosenda atiçou o lume para aquecer a

---

[3] Selecionamos para nossa análise de *Famintos* o núcleo familiar de Paulino, com destaque para sua filha Rosenda por tratar-se de uma das poucas personagens que atravessam toda a narrativa de ficção de Luís Romano, o qual contempla em seu romance diversas vozes, sem se ater a um núcleo específico, distinguindo-se de *Vidas secas*.

água, enquanto num prato de barro espalhava brasas para torrar um pouco de milho e entreter os meninos até que o jantar estivesse pronto, visto que eles não saíam da cozinha, olhando para as línguas do lume como gente sem espírito; credo." (ROMANO, 1962, p. 33)

A família reúne-se em volta do lume do fogão sem dizer palavra; "a língua do lume" centraliza a atenção do grupo, que espera calado em torno do fogão. A fome e a falta de recursos para lidar com ela vão tirar o sono de Paulino: "No meio da noite, Paulino, sem poder dormir, enche o quarto de suspiros..." (ROMANO, 1962, p. 34)

Distinto do visto no romance de Ramos, aqui o silêncio ressalta a falta de recursos para driblar a carência alimentar, distinguindo-se da falta de repertório linguístico, como sugerido em *Vidas secas*. Sabemos que nas duas comunidades a falta é de toda ordem, mas no romance de Romano os diálogos são constantes, os silêncios não surgem em função da dificuldade de comunicação, mas da impossibilidade de obter uma resposta para a calamidade, e, quando ela ocorre, é amparada pelo repertório místico, sobretudo da religião católica (oficial do arquipélago).

São diversos os momentos nos quais as personagens buscam na religião uma explicação para a realidade na qual vivem: "— Ver comida, estar com fome e não poder comer, é castigo mais duro que Deus podia mandar para endireitar seus filhos — rosnavam os mais velhos, que atribuíam essa calamidade àqueles que esqueceram de seguir os dez mandamentos." (ROMANO, 1975, p. 119)

Note-se a tentativa de explicar a situação catastrófica em que vivem vendo-a como um castigo a ser pago, medida que encaminha para a resignação e para a falta de disposição para o embate. Lembramos aqui a passagem de Josué de Castro que distingue as duas forças desproporcionais que atingem uma população submetida à fome: "O beato fanático traduz a vitória da exaltação moral, apelando para forças metafísicas a fim de conjurar o instinto solto e dessaborado. Em ambos, o que se vê é o uso desproporcionado e inadequado da força." (CASTRO, 1968, p. 325)

Se na narrativa de Ramos os sonhos do protagonista apontam para a força física, para o cangaço; aqui, é a força mística que vai se destacar.

Em muitos momentos a analogia com cenas de simbologia católica nos pareceu muito marcante. Nesse caso, a exemplo do romance de Graciliano Ramos, o motivo da fogueira surgirá para dar profundidade e suporte às premissas de Castro. A voz narrativa dirige o olhar do leitor até uma cena que lhe causa impacto, dadas as circunstâncias de horror que ela descreve. Diferente das fogueiras de Graciliano, que surgem em momentos de intimidade, aqui a fogueira surge a céu aberto, com um maior número de pessoas no seu entorno, incluindo núcleos familiares, ampliando para o âmbito público a abordagem da imagem, segue excerto:

> Gentes formavam círculo, comendo o que ainda possuíam, defendendo-se do frio, pequenas *fogueiras*. E cada qual procurava comodidade para passar a noite. Chamas tremeluziam aos salpicos, pelo descampado, hesitantes quando a brisa se acentuava e trazia consigo o mau cheiro dos corpos sujos. Mais prácolá alguém espancava um companheiro, que gritava:
> — Não dês mais! Não dês mais, pelo amor de Deus!
> — Ladrão, filho de uma cadela! — E as pancadas redobravam.
> — Que foi? Quem é que está brigando?
> — Sarafe; meu vale, senhores!
> — Acaba com ele, acaba com ele pra gente dormir em paz.
> Como os ganidos de um cachorro, queixumes foram distanciando até que o silêncio voltou.
> Nas covas, os excrementos manchavam as roupas na região das vergonhas.
> Os meninos dormiam no meio dos pais e choravam sonhando. De tempos em tempos brados cortavam as noites, sobressaltando, a amedrontar os que não podiam dormir. (ROMANO, 1962, p. 18–19, grifo nosso)

No excerto, a emissão da palavra é um incômodo aos circundantes da fogueira. No círculo em torno do fogo desta cena há homens, mulheres e crianças em estado de penúria, que, para além da inanição, sofrem de frio, de dor, de doença, em suma: o horror. O silêncio só se quebra em desarmonia: dores, gemidos, pancadas, brigas e grunhidos de cães dividem o espaço sonoro com o silêncio, mais acolhedor que as palavras.

Cena e palavra juntam-se nesse episódio, reforçando a agonia dos habitantes das ilhas e o desespero de quem luta para permanecer vivo, mesmo que seja só por alguns instantes. E o silêncio parece se tornar uma previdência, uma vez que, não enunciada, a dor parece menor. Aqui a palavra materializa e torna consciente o horror que a cena traz.

Inferimos que a imagem aqui construída se aproxima do inferno católico transcrito por Dante Alighieri em sua obra *A divina comédia*, dadas as semelhanças das cenas:

> assim caía ali do fogo o horror;
> E a areia ardia, tal a isca fulgura
> Sob o fuzil, dobrando-lhes a dor.
> Não encontrando alívio na tortura,
> Iam os braços hirtos elevando
> Como quem proteger-se, em vão, procura.
> (ALIGHIERI, 1989, v. I, p. 222)

Temos em Romano: "E, no escuro, braços deslizavam como serpentes, dedos a apalpar os agonizantes, retirando as roupas com precipitação." (ROMANO, 1962, p. 19)

Note-se a semelhança entre as imagens descritas por Romano e as descritas pelo poeta italiano. Se percorrermos o trajeto proposto por Alighieri, veremos que os elementos trazidos por Romano para construir a cena também compõem os diversos círculos do inferno que o poeta italiano descreveu em sua *Divina comédia*: braços que serpenteiam, grunhidos, fogo, vento e agonia. Os mesmos elementos contemplados em todos os círculos do clássico italiano. Voltando a Dante temos:

> Em meio da caterva hostil e fria
> Iam correndo os réus, nus e agitados,
> Sem a esperança, ali, da euforia.
>
> Os répteis, nos seus corpos enroscados,
> Atavam-lhe as mãos e à sua frente
> Os extremos fechavam enlaçados.
> (ALIGHIERI,1989, v. I, p. 310)

Acreditamos que a semelhança de imagens construídas por Romano entre o inferno clássico de Dante e a noite diante da fogueira dos moradores da

"Ilha sem Nome" não seja gratuita, uma vez que os apelos a Deus pelas personagens da ilha são muito frequentes. Elas buscam nesses argumentos míticos elementos para tentar compreender o horror em que vivem. A estratégia da voz narrativa sugere que não há distinção entre a vida desses moradores e os condenados que danam nas profundezas do inferno. Para Lukács, a narrativa italiana é a última do Ocidente que toma as explicações mitológicas para responder à existência, representando um divisor de águas no pensamento ocidental, o que nos faz pensar que a alusão feita à *Divina comédia* por Romano indica uma visão crítica do autor à obediência dos moradores da "Ilha sem Nome" àquela instituição. Há, assim, um descompasso da comunidade forjada no romance entre seu tempo e suas premissas religiosas, possivelmente ocasionado pelo isolamento dos moradores da ilha.

Um exemplo histórico desse isolamento foi a resistência à alteração das tradições na instituição católica na região. Essa resistência aconteceu no mesmo período da escrita de Romano. Foi no início da década de 1940 que se formou a comunidade dos Rabelados na Ilha de Santiago. Os fiéis à doutrina católica dessa ilha se opuseram às novas diretrizes da Igreja Católica, entre elas o uso de uma Bíblia única, baseada no Novo Testamento. Rejeitaram-se também os novos padres enviados pela metrópole para substituir os antigos franciscanos que introduziram o catolicismo na região. Esses fiéis mantiveram-se leais aos princípios mais antigos daquela instituição. Sua resistência ocasionou perseguições, fazendo-os unir-se e formar uma comunidade itinerante, que só veio a fixar residência no ano 2000.

Não pretendemos entrar amiúde no caso dos Rabelados da Ilha de Santiago, mas exemplificar o lastro de realidade contido na narrativa de ficção de Romano, bem como reforçar a hipótese de Josué de Castro sobre o apego às respostas religiosas em comunidades famintas como a forjada no romance.

Outra cena que nos remeterá à tradição católica será protagonizada por Rosenda: após longa peregrinação ao sair da casa do pai, Paulino, a personagem deixa para trás o seu núcleo familiar já à beira da morte por inanição e passa a vagar nas ilhas como prostituta ou trabalhando nas pedras. Grávida, terá em seu filho um prometido, de acordo com o feiticeiro local. A personagem depositará esperanças de redenção em seu feto: "Aquele filho encantado, que sentia bem vivo, era um tesouro oculto que não trocaria por nada nesse mundo." (ROMANO, 1962, p. 227)

O nascimento do filho de Rosenda, tido pelo curandeiro como um salvador, vai se constituir em uma noite de Natal de horrores. Cristo morto, mal saído do ventre de Maria:

> Fazia escuro como breu, o povo aos lamentos, nos sítios das dormidas, naquele desfiar de anos de estiagem que parecia não ter fim.
> Rosenda sofria as primeiras dores do parto. A navalhada na ponta do ventre era de fazer qualquer um perder a cabeça.
> A casa do curandeiro já não estava longe, mas ela já não sentia forças de lá chegar.
> [...] E atrás dela os cães ganiam, farejando, num agouro que desesperava de medo. Rosenda subia esfalfada, numa lentidão, numa penitência quase... (ROMANO, 1962, p. 233)
> [...]
> Os cães deixaram de uivar, a sentir a viração. O odor daquele parto guiou-os até junto da pobre mulher que dava à luz um ser humano, no isolamento de tão miserável sorte. O ruído de briga acordou Curandeiro. Em frente da casa, os cães despedaçavam qualquer coisa, e engalfinhavam-se, sacudindo-se pelos pescoços. Quando o homem abriu a porta e alumiou, o quadro que viu foi o de bichos espantados, a levarem, ao fugirem, os restos do filho de Rosenda, nos dentes; o menino que iria esquadrinhar as sete-partidas-do-mundo, e mandar a quem quer que fosse, nomes desaforados, sem medo de polícia, nem de ninguém. (ROMANO, 1962, p. 229)

Note-se que o ambiente é tomado pela escuridão. A figura de Rosenda é quase adivinhada dentro da cena, sua imagem é um vulto sem nitidez, escorregando pelo breu, dando à luz. A presença dos cães é mais ouvida do que vista. Será justamente esse barulho o que levará um pouco de luz à cena. Curandeiro, que adivinhava glórias ao recém-nascido, vai iluminar o ambiente, que revelará o horror da cena, e com ela o fim do "salvador", vencido pela fome dos cães.

O capítulo dedicado ao nascimento do filho de Rosenda se encerra. No entanto, o capítulo seguinte denominado "Naquela noite" dará continuidade ao capítulo anterior. A imagem de noite de Natal segue como cenário mantendo uma atmosfera de quadro bíblico: "O vulto escondeu-se atrás da Pedra Grande. Esperou. Já fazia escuro, os ruídos no Povoado morriam pouco a pouco, enquanto as luzes, nas casas sobranceiras, pintalgavam a noite, emprestando à região o quadro de um *gigantesco presépio*." (ROMANO, 1962, p. 231, grifo nosso)

A obra de Luís Romano não busca apenas denunciar o estado de penúria de sua comunidade, mas também mostrar a pequena parcela da sociedade que se beneficiava com as secas, como a personagem Mulato.

Separada por uma parede das demais personagens que agonizam a céu aberto, essa personagem também terá sua segurança abalada na noite, na presença de uma chama.

Na casa de Mulato, um comerciante abastado e usurpador, vê-se a apropriação das riquezas materiais das demais personagens da comunidade, como também o abuso físico e sexual das jovens do povoado.

Aqui o fogo aparece juntamente com a luxúria, mas lembrando ao comerciante sua mortalidade, apesar de ele não a perceber em seu cotidiano. Após uma farta refeição e de ter mantido relações com uma moça simples da região, Mulato vai ao seu quarto e tenta dormir. Segue a cena: "Uma sombra esquisita retratava-lhe as posições, estampadas na parede, em tamanho anormal. Os jornais abertos pareciam um pássaro negro, muito grande, que descia contra a luz. Mulato sobressaltou-se, e, impressionado, mudou de lugar umas quatro vezes." (ROMANO, 1962, p. 70)

Iluminado o quarto por um candeeiro recoberto por um tecido, temos na cena um ambiente a meia-luz, e é nessa luminosidade que a personagem truculenta de Mulato sente um mau pressentimento. A imagem resultante da sombra das folhas de jornal: "um pássaro negro", evidenciando sua vulnerabilidade. Apesar de ter uma vida segura e farta, o comerciante também sente que não está livre da condição de mortal.

A intenção do autor é denunciar a usura dos donos das roças de cacau: "O romance [...] segundo o próprio Luís Romano, assinala, com ironia, o fato de as secas serem feitas de riqueza para os donos das roças de cacau." (CANIATO, 2005, p. 55) mostrando em seu meio um momento de fartura conseguida à custa da exploração da população local. O papel institucional da Igreja nesse romance é o de manter as coisas como elas estão, mesmo diante da desigualdade abissal presente na comunidade forjada na narrativa de ficção. Separadas por uma parede, vemos a abastança no grupo dos donos das roças e a desgraça em grau acentuado para o restante da população.

Embora os dois autores tenham trabalhado dentro da perspectiva da crítica social, buscando denunciar as desigualdades e a opressão em suas nações, podemos perceber que a abordagem dos motivos, especificamente o motivo livre do fogo ou da fogueira, leva para caminhos distintos.

Vimos que na ficção do autor brasileiro a abordagem religiosa é incipiente; há certo misticismo, mas não há uma interferência efetiva na vida das personagens do sertão nordestino. Parece-nos que a ausência de vocabulário e a pouca formação explicitada em torno da fogueira é um dos pontos do inferno construído por Ramos, bem como a resposta violenta aparece como possibilidade de libertação. O inferno de *Vidas secas* dá-se ao rés do chão.

Já na obra de Luís Romano a crítica à instituição religiosa mostra como o uso da doutrina é tanto uma das maneiras de se refrearem os ânimos dos possíveis rebelados como único subterfúgio para a população da "Ilha sem Nome": resignar-se frente às injustiças. Por conta disso, acreditamos que a análise do motivo da fogueira nessa ficção vai ao ínfimo, à danação dantesca, reforçando o caráter negativo daquela instituição dentro do quadro social da calamidade cabo-verdiana

O motivo do fogo, da luz, da fogueira aproxima a leitura das duas obras, "iluminando" significados inerentes a elas, retomando as observações feitas por Josué de Castro quando bifurca as consequências da fome em uma comunidade como uma polarização entre o misticismo e o banditismo.

Referências bibliográficas

ABDALA JR., Benjamin. *A escrita neorrealista*. São Paulo: Ática, 1981.
_____. *De voos e ilhas*: literatura e comunitarismo. Cotia: Ateliê Editorial, 2003.
_____. *Literatura comparada & relações comunitárias, hoje*. Cotia: Ateliê Editorial, 2012.
BRANDÃO, Junito de Souza. *Dicionário mítico-etimológico da mitologia grega*. v. II. Petrópolis: Vozes, 1992.
CANIATO, Benilde Justo. *Percurso por África e por Macao*. Cotia: Ateliê Editorial, 2005.
CARPEAUX, Otto Maria. Visão de Graciliano. In: RAMOS, Graciliano. *Angústia*. São Paulo: Livraria Martins Editora, 1975.
CASTRO, Josué de. *A geopolítica da fome*. São Paulo: Brasiliense, 1968.
ÉVORA, Silvino Lopes. Comunicação global e cultura local. Indicadores simbólicos sobre os rabelados de Cabo Verde. Anuário Internacional de Comunicação Lusófona, 2011. Disponível em: <http://www.lasics.uminho.pt/ojs../index.php/anuario/article/view/799>.
HOBSBAWM, Eric. *Bandidos*. Rio de Janeiro: Forense Universitária, 1975.
LÉVI-STRAUSS, Claude. O cru e o cozido. In: *Mitológicas I*. Trad. Beatriz Perrone-Moisés. São Paulo: Cosac Naify, [s.d].
LUCÁKS, George. *A teoria do romance*. São Paulo: Duas Cidades, 2009.
RAMOS, Graciliano. *São Bernardo*. Rio de Janeiro: Record, 1984.
_____. *Insônia*. São Paulo: Record, 1985.
_____. *Vidas secas*. Rio de Janeiro: Record, 2006.
ROMANO, Luís. *Famintos*: romance de um povo. Natal: Editora Leitura S.A., 1962.
_____. *Kabverd*. Rio de Janeiro: Minerva Press do Brasil, 2000.
TOMACHEVSKI, Boris. Temática. In: *Teoria da literatura — formalistas russos*. Porto Alegre: Editora Globo, 1978.

8. Infância e linguagem — percepções do velho Graça

Maria Zilda da Cunha

1. Ramos graciliânicos

Falar sobre Graciliano Ramos nunca foi tarefa tranquila, mas experiência inquietante que me obriga, mesmo involuntariamente, a examinar de novo e de modos diversos a secreta e astuciosa complexidade com que ele enreda a vida humana, na textura das palavras, sem esgotá-la. Nesse percurso de renovar leituras, encontro-me frequentemente desafiada, fascinada. Em misto de recuos e avanços, recuso qualquer tentativa de procurar entender a faculdade que esse escritor possui de lidar com o poder do verbo.

Em suma, deixo-me seduzir pela voz — índice do prazer e dor de todos os viventes — que emana do tecido de seu texto e me leva à experiência mesma da linguagem.

Lembro-me do convívio que tive, desde muito cedo, com o universo lúdico de A *terra dos meninos pelados*, propiciando o vivenciar imaginário de dois mundos interseccionados. *Vidas secas* conheci como leitura obrigatória na escola, pouco ou muito me dizia na época, mais me sufocava pela força de sua aridez; *Angústia* fazia-me perder a respiração e o rumo da compreensão em um labirinto de sentidos; *Memórias do cárcere* levava-me a uma atmosfera estranha de injustiça, perplexidade, de recusa e erotismo (algo que nunca pretendi explicar); depois, por decisão, li quase toda a obra de Graciliano Ramos. A mais severa decisão que tomei, no entanto, foi continuar leitora, apaixonada apenas. De alguma forma, isso significou uma recusa complicada para uma estudiosa que, em trânsito interdisciplinar, aportou nos estudos literários para quem atividades de crítica e metalinguagem, reflexões mais acuradas são exigidas. Não me sentia autorizada a enfrentar uma escritura sobre ele.

Penso que há, nos ramos graciliânicos, algo que me atemoriza e me seduz. Esse modo — a que me referi — de vivenciar a linguagem figurou um universo de sensações que manteve o autor (que se recusava para mim a ser estudado) sob uma aura de admiração e respeito. Conjunto de sensações amalgamadas, que contaminou a leitura de Ricardo Ramos (segundo ramo). Este, pela construção de seus diagramas espaçotemporais, dinamizava, em minha leitura, formas de raciocínio analógico, levando a percorrer, pela primeira vez, de forma lúdica, mas também de severa exaustão, entre outras obras, um circuito cinematograficamente construído pelo verbal e que se iconizava em uma repetitiva, automatizada e não pensante atividade do cotidiano do homem pós-industrial. Aqui passei a dividir paixões com meus alunos.

O terceiro Ramos foi quem me tirou dessa confortável esfera de aproximações: delicadas, sensíveis, intelectivas, reflexivas, mas sem qualquer pretensão e disponibilidade para sistematização de estudo sobre uma obra, sobre um autor que, em diversos níveis, propiciava-me experimentar um caráter vivencial e libertário da linguagem humana, que me proporcionava, na leitura, a fruição de um texto cuja forma literária tecia em vozes múltiplas e visões muito lúcidas um modo dramático, opressivo, mas experiencialmente profundo da aventura do humano. Ricardo Ramos Filho, neto de Graciliano — o terceiro ramo —, procura-me para orientar seu trabalho acadêmico. No enovelar de sensações, paixão, susto, vontade, enfim, de reações adversas em face da opção feita na história de minhas leituras, tornava-se necessário o enfrentar do desafio. Processo que demandou um tempo. O tempo de que necessitei foi propício para ler e contemporaneamente navegar na profícua produção de Ricardo Filho, que se dedica a escrever para crianças, jovens e adultos, além da realização de roteiros fílmicos e produções em ambiente hipermidiático.

O pequenino grão de areia[1] enlaça-se nas pesquisas que realizo na área de literatura infantil e juvenil abarcando as relações da arte com as comu-

---

[1] *O pequenino grão de areia*, de Ricardo Filho. Il. Marcelino Vargas. Ed. Paulus.

nicações, tradução intersemiótica e o diálogo de linguagens. De leitora a pesquisadora, de avô a neto, faz-se emergir, nesse mar de histórias, uma espécie de coragem. Ao fim e ao cabo, Ricardo Ramos Filho torna-se meu orientando e Graciliano, objeto de estudo.

Esse movimento leva-me a participar do Grupo de Pesquisas sobre Graciliano Ramos liderado por Benjamin Abdala Jr., a envolver-me em um proveitoso ambiente de investigações e de trocas muito importantes. Da bruma inicial que envolvia minha leitura de Graciliano, começam a surgir alguns fios daquele novelo turgido de sensações em tessitura de contornos mais nítidos para os textos, para os temas, para a obra, para a arte engajada do autor, para o seu projeto estético e político, para o modo de ser do escritor. Por fim, com as discussões empreendidas no grupo de pesquisa, o acesso a alguns dados testemunhais pela visão de Ricardo Ramos[2] e pelas conversas com Ricardo Ramos Filho, a vontade de empreender uma visada à face criativa de seu escrito memorialista toma corpo. Do grupo, a ideia do livro e o convite para este ensaio sobre *Infância*.

Apesar da tensão que a resistência oferece, iniciei uma pesquisa teórica e uma releitura especial de *Infância*, que daria base à escritura deste texto.

2. Espírito de jornada

> O fato mesmo de perceber, de atender, é de ordem seletiva: toda atenção, toda fixação de nossa consciência, comporta uma deliberada omissão do não interessante. Vemos e ouvimos "através de recordações, de temores, de previsões. No corporal, a inconsciência é uma necessidade dos atos físicos. Nosso corpo sabe articular este parágrafo difícil, sabe lidar com escadas, com nós, com passagens de nível, com cidades, com rios correntosos, com cachorros, sabe atravessar uma rua sem que o trânsito nos aniquile, sabe engendrar, sabe respirar, sabe dormir, sabe talvez matar: nosso corpo não nossa inteligência". Nosso viver é uma série de adaptações, vale dizer, uma educação do esquecimento. (BORGES, 1964, p. 61)

---

[2] *Graciliano*: Retrato Fragmentado de Ricardo Ramos. Editora Globo.

Nota 1. *Infância*

Se a lição de Antonio Candido nos ensina que a leitura do conjunto da obra de um autor "leva a averiguar a realidade que nela se exprime e as características do homem a quem devemos esse sistema de emoções e fatos tecidos pela imaginação" (CANDIDO, 1992, p. 49), ensina também a compreender *Infância* (assim como *Memórias do cárcere*) como obra que comporta pistas muito potentes sobre as características pessoais do autor, de seus livros e o modo de ser do escritor.

Munidos do espírito de jornada de que fala o consagrado crítico em célebre ensaio,[3] dispomo-nos "a uma experiência que se desdobra em etapas, principiada na narração de costumes, e que termina pela confissão das mais vívidas emoções pessoais". (CANDIDO, 1992, p. 13)

Os livros de Graciliano passaram da ficção para a autobiografia como um desdobramento coerente e necessário da sua obra (CANDIDO, 1992), mas é em *Infância*, publicado em 1945, que sua narração se distingue de modo singular pelo traço memorialístico, ao mesmo tempo que não vai permitir ser compreendida simplesmente como um documento da vida do autor — nem como um texto puramente autobiográfico.

Composta de 39 capítulos, que podem ser lidos livremente, posto constituírem-se células dramáticas independentes, *Infância* traz, como eixo temático, o relato de um conjunto de experiências vivenciadas por um garoto em um período de 2 a 11 anos — um narrador-protagonista que se dispõe a resgatar suas vivências, transformando um passado em objeto de reflexão e crítica. Suas rememorações, no entanto, surgem como *flashes*, em processo descontínuo de associação de ideias. A memória, como um tecido, traz imagens oscilantes, esgarçadas.

Vários capítulos giram ao redor de fatos e acontecimentos rememorados, outros de personagens, como Padre João Inácio, o moleque José, José da Luz, D. Maria, "meu avô", Chico Brabo, José Leonardo, "minha irmã natural", Antônio Vale, Jerônimo Barreto, Venta-Romba, Mário Venâncio, Seu Ramiro, Laura. Como um mosaico de personagens e de episódios interessantes, o texto constrói-se, inicialmente, por três capítulos, envoltos em nebulosidade,

---

[3] CANDIDO, Antonio. *Ficção e confissão*: ensaios sobre Graciliano Ramos. Rio de Janeiro: Ed. 34, 1992.

levando o leitor a deparar-se com uma narrativa fragmentada que apenas vai ganhando certa unidade no decorrer dos demais, aproximando-se da puberdade vivida pelo narrador, seus pudores, desassossegos e pensamentos inconfessáveis.

O livro apresenta características de escrita memorialista na qual a personagem rememora fatos marcantes de sua infância. Nessa rememoração, no entanto, figura uma voz que se duplica na presença de um narrador adulto, que vai revelando o mundo nebuloso de sua vivência e a de um protagonista-criança, cuja perspectiva mostra o papel que ocupa no contexto social em que vive.

Infância, desse modo, faz-se na dinâmica de um jogo entre um narrador que lembra e analisa o rememorado e uma personagem-menino que se localiza no enunciado. Jogo regulado pela presença constante de uma voz que duvida e funciona como um terceiro elemento na junção do caráter autobiográfico e ficcional da narrativa.

> Desse antigo verão que me alterou a vida restam ligeiros traços apenas. E nem deles posso afirmar que efetivamente me recorde. O hábito me leva a criar um ambiente, imaginar fatos a que atribuo realidade. Sem dúvida as árvores se despojaram e enegreceram, o açude estancou, as porteiras dos currais se abriram, inúteis. [...] A respeito do curral há estranha omissão. [...] Certas coisas existem por derivação e associação; repetem-se, impõem-se — e, em letra de fôrma, tomam consistência, ganham raízes. [...] Reunimos elementos considerados indispensáveis, jogamos com eles, e, se desprezamos alguns, o quadro parece incompleto.
> O meu verão é incompleto. (RAMOS, 1995, p. 23)

Não é difícil reconhecer *Infância* como uma trama narrativa feita de um conjunto de elementos que a colocam em um lugar de fronteira entre autobiografia e ficção. Seguramente, uma obra de composição híbrida. Um tecido de memória no qual a personagem vive e no qual narra. As descrições — modalidade textual na qual o objeto apreendido apresenta-se como qualidades aparentes das coisas, recuperando analogicamente possibilidades físicas e sensíveis daquilo que é descrito — vão assumindo-se, no texto gracilianico, como narrações. "O meu verão é incompleto."

O que me deixou foi a lembrança de importantes modificações nas pessoas. De ordinário pachorrentas, azucrinaram-se como tanajuras, zonzas. Findaram as longas conversas no alpendre, as visitas, os risos sonoros, os negócios lentos; surgiram rostos sombrios e rumores abafados. Enorme calor, nuvens de poeira. E no calor e na poeira homens indo e vindo sem descanso, molhados de suor, aboiando monotonamente. (RAMOS, 1995, p. 23-24)

Se observarmos atentamente, no limite do fragmentário, na travessia das formas, encontram-se linhas articulatórias que engendram uma relação especular com uma realidade densa e problemática. Notem-se as figurações deformadas, as metonímias que apresentam contornos aparentemente independentes, mas, juntas, tornam-se argumento metafórico. Temos um processo de montagem eisensteiniana,[4] que promove e aprofunda a translação das primeiras modalidades citadas para o universo das conceituações, para o universo da dissertação, da crítica — hábitat do intelecto. Ao mesmo tempo que se apresentam qualidades aparentes das coisas, recuperando analogicamente possibilidades físicas e sensíveis daquilo que é descrito, a

---

[4] Montagens imagéticas são signos aptos a iniciar mais facilmente um diálogo entre receptor e imagens. Ao estabelecer relações de semelhanças e diferenças estruturais e semânticas, promovem uma transformação imagística do princípio dialético. De algum modo, da montagem emerge um conflito. No pensamento de Eisenstein, "conflito dentro do plano é montagem potencial, que, no desenvolvimento de sua intensidade, esfacela a prisão quadrilátera da tomada e explode em impulsos de montagem". (EISENSTEIN, 1990, p. 170) Por isso conflito é colisão: "colisão entre dois pedaços, um em oposição ao outro" (EISENSTEIN, 1990, p. 170), colisão de duas ideias, colisão entre o repertório do receptor e a montagem. Para o cineasta russo, "a simples combinação de 2 ou 3 pormenores do tipo material produz uma representação perfeitamente acabada de outra espécie — psicológica". (EISENSTEIN,1990, p. 170) Essa outra forma de representação aciona na mente interpretadora associações de contiguidade e/ou similaridade, com os imbricamentos possíveis entre esses dois eixos. Quando o primeiro comanda a montagem, operações lógicas fluem, subordinando por algum momento conceitos e relações que daí emergem, podendo gerar alto grau de abstração. Processos de atração e retração enovelam-se e especificam particularizações e generalizações. Nesse momento de apreensão, *o tempo* — lugar de constantes e contraditórias postulações mentais — indicia um contexto sociopolítico-cultural no qual estamos inseridos. Essa inserção na arena de nossa existência cotidiana interfere em nossa leitura. O choque repertorial absorvido pela mente dilata o signo anterior em significações. Seguramente, organizar essas relações na realidade de nosso mundo é procedimento atual da ciência e da arte.

história se move em um cenário no qual figuras também se transformam por meio de uma práxis social inumana.

> O pátio, que se desdobrava diante do copiar, era imenso, julgo que não me atreveria a percorrê-lo. O fim dele tocava o céu. Um dia, entretanto, achei-me além do pátio, além do céu. Como cheguei ali não sei. Homens cavavam o chão, um buraco se abria, medonho, precipício que me encolhia apavorado entre montanhas erguidas nas bordas. Para que estariam fazendo aquela toca profunda? Para que estariam construindo aqueles montes que um pó envolvia como fumaça? Retraí-me na admiração que me causava o extraordinário formigueiro. As formigas suavam, as camisas brancas tingiam-se, enegreciam, ferramentas cravavam-se na terra, outras jogavam para cima o nevoeiro que formava os morros. (RAMOS, 1995, p. 11)

O narrador, por meio de um raciocínio analógico, próprio de uma criança que labora com informações verbais e signos imagéticos de um contexto complexo e semioticamente tecido de relações afetivas e sociais, vai enunciando — via abduções e hipóteses explicativas — o modo de funcionamento de um dispositivo da sociedade. Na forma de um relato de aparente simplicidade, adensa sua narração insinuando o mecanismo perverso. A personagem-infante (o que não pode falar) deixa entrever, pelas analogias e na fissura entre o sistema semiótico e o discurso (palavra do adulto), a assinatura da sua resistência à máquina social. Tem-se neste breve trecho: reflexo da sociedade e reflexão sobre ela, narrativa de simplicidade aparente porque construída, com muito rigor estilístico.

A memória articulada pelo trabalho literário assume responsabilidade pela dominante ficcional: "*A primeira coisa que guardei na memória* foi um vaso de *louça vidrada*, cheio de *pitombas*, escondido atrás de uma porta. Ignoro onde o vi, e quando o vi, e, se uma parte do vaso remoto não desaguasse noutro posterior, julgá-lo-ia sonho." Signos vagos povoam a mente. Se em Proust o sabor faz o narrador protagonista reviver a infância passada em Combray, no texto gracilânico vestígios de uma memória visual, plástica, os retraços de objetos levam o narrador protagonista a rememorar suas experiências infantis.

"Houve uma segunda (coisa) aberta entre nuvens espessas que me cobriam, *percebi muitas caras, palavras insensatas*. Que idade tinha eu? Pelas contas de minha mãe, andava com dois ou três anos." (RAMOS, 1995, p. 7, grifos meus) Esboça-se aqui, em gradação, uma sequência narrativa na qual alguns dados agregam novas pistas ao elemento rememorado: são signos indiciais que conferem traços distintivos: "percebi muitas caras" e o vislumbrar de um pensamento analítico na expressão que passa pelo crivo da reflexão: "palavras insensatas."

Se o mundo que rodeava o menino protagonista de apenas dois ou três anos apresentava-se com contornos pouco nítidos, no jogo de sua escritura Graciliano revela uma consciência vigilante capaz de estabelecer diferenças entre o vivido, o rememorado, e os enclaves imaginativos que retecem as reminiscências, ficando sinalizado o "intervalo que separa as imagens vividas, figuradas no ato da escrita, e o que teria sido objetivamente a realidade evocada". (BOSI, 2013, p. 88)

A prosa memorialista de Graciliano é permeada de dúvida, de perplexidade, o que revela o reconhecimento de, no espaço intervalar entre o vivido e o cifrado na escrita, a força da imaginação na reminiscência e a potência para criar sua própria verdade. (BOSI, 2013) A magia da obra é a verdade de a obra passar a não verdade. Seguramente, não se cria do nada e muito do que se escreve é fruto de experiências, senão oníricas, vividas e transformadas. Cecilia Almeida Salles (2009), citando Borges, e referindo-se ao papel da memória, assevera: o que chamamos de invenção literária nada mais é do que um trabalho de memória, já que a imaginação é o seu próprio ato criador. A prosa de Graciliano Ramos, em muitas dimensões, deixa evidente essa complexa trama e também a consciência vigilante do escritor.

Nota 2. Travessias

> Nunca pude sair de dentro de mim mesmo, só posso escrever o que sou. E, se as personagens se comportam de modos diferentes, é porque não sou um só. Em determinadas condições, procederia como esta ou aquela das minhas personagens. (Graciliano Ramos)

Se toda obra é um universo vivo que emerge de um processo dinâmico e teleológico, sua marcha se faz desde o princípio do movimento criativo e vai exigir do autor um despojamento progressivo, um deslocamento do "eu" que fará dele um *scriptor* a serviço de uma instância narrativa.

Nessa ordem de ideias, vale considerar a força com que imagens, diagramas, metáforas vão assumindo também o texto em uma dinâmica que leva o escritor a uma luta corpo a corpo com a linguagem, que o move a realizar rascunhos, trocas conversacionais, rasuras etc. Enfim, são diversos os modos de captura de elementos (a partir de sua torre de observação), de registros, de alimentação do processo e de controle que são necessários para a entrega ao público da sua escritura.

Como já se sinalizou, há em Graciliano uma forte consciência vigilante, rigor singular na construção do objeto textual, articulações capazes de referendar a literatura como uma forma de conhecimento da realidade.

Na esteira dessas constatações, não menos importante é o modo como esse autor explora a plasticidade do discurso verbal extraindo sua potencialidade em imagens visuais, sonoras, sinestésicas com as quais constrói movimentos, sentimentos e impressões de um tempo remoto, que se obscurece na presentidade da rememoração, tempos de infância — anos da vida em que ainda não se fala.

Por meio de notações metonímicas, são expressos diferentes graus de sociabilidade, de proximidade física, moral e afetiva do menino, ambivalência de sentimentos e graus de desejo de compreensão da alma humana.

Infância, construída pela perspectiva de uma criança, articulando-se de fragmentos da experiência da vida pelas vias do pensamento analógico, subverte a lógica racional e positivista dessa mesma sociedade em que se insere. A crueza das descrições não elimina o ritmo da narrativa, o ludismo demonstrado em expressões inusitadas e nas comparações injeta inventividade e ironia, agudizando a crítica e reflexões. As hipérboles dão a dimensão física da criança diante dos pais.

Além disso, não raro, há imagens e deformações que instauram diálogos com a arte expressionista — vanguarda artística que prima pela busca da autenticidade da força da expressão, "na qual não se deve ver no feio apenas uma busca ingênua da verdade" (GUINSBURG, 2002, p. 403), posto que o que era considerado feio pode empolgar pela expressividade. Na explicação de Carlo Argan (apud GUINSBURG, 2002, p. 402), "para o artista expressionista, o ato de criação é ação ou técnica. A técnica não é inventada, nem pessoal, é trabalho". Desse modo, a arte não se relaciona à cultura da classe dirigente, mas à cultura prático-operativa da classe trabalhadora. "Ela realiza a aspiração criativa do trabalho humano. Nasce de uma longa práxis."

Mais do que técnica é a imagem a ser comunicada de homem para homem. Pela rigidez e angulosidade das linhas imprimem-se veios e ato de força. É imagem materializada. Em razão da deformação ótica, não há necessidade de semelhança, daí sua abstração. A abstração deriva de um relacionamento homem–ambiente negativo, defensivo. Tratava-se ainda de uma arte da dor, de protesto, que fundia a aguda percepção da desordem social com a dramática expressão das vivências humanas.

Em diversos excertos da obra de Graciliano, podem ser vislumbrados traços expressionistas. *Um enterro* é um dos episódios de *Infância* em que podemos rastreá-los. Nesse, o narrador expõe sua primeira ida a um cemitério para o velório de uma criança, enterro de anjo na voz popular. Relato no qual se alinham rememorações fantasmáticas ao seu testemunho perplexo e hostil ao ritual fúnebre:

> Nunca havia entrado em cemitérios e habituara-me a receá-los, por causa dos espectros que me descreviam na cozinha. À noite essas narrações davam-me tremuras, arrepiavam-me os cabelos. A treva se enchia de mistérios, as labaredas fumacentas do fogão viviam, acompanhavam a dança das bruxas. Ali, porém, na claridade forte do sol, os terrores se dissipavam. O bando de crianças ria, espalhava-se nas ruas estreitas, galgava montículos fofos, alinhados.
> Largou-se à beira de uma cova o caixão azul. O velho Simeão escondeu-o, tomou a pá e cobriu-o de terra, fabricou uma espécie de canteiro. Ouvi as pancadas ocas, indiferente à cerimônia. (RAMOS, 1995, p. 169–170)

Ao assistir ao enterro do menino-defunto, agregam-se à figura presente de Simeão imagens reminiscentes do que lhe contaram acerca do coveiro:

> Perdera a família, despojara-se de todos os interesses que o prendiam à vida e, quase na decrepitude, só estimava a companhia dos mortos. Calejara no ofício. Como as pernas trôpegas exigiam repouso, descia raro à cidade. Consumia o resto das forças à sombra dos túmulos, arrancando ervas nocivas, podando roseiras. E, concluída a tarefa, sossegava em cima de uma catacumba e dormia. Quando o achassem teso, não seria preciso transportá-lo em viagem

difícil: deixá-lo-iam entre as suas plantas. Essa figura engelhada me tranquilizava. Simeão vivia com defuntos — e nunca um deles o incomodara. Homem poderoso. Ou então os defuntos eram bem fracos. (RAMOS, 1995, p. 170)

Às imagens entrevistas pelo olhar curioso do menino vão se sobrepondo rumores sociais que acomodam Simeão, em vida e depois de morto, no local de trabalho. A imaginação potente da criança, no entanto, transfere a esfera de compreensão, transfigurando aquele homem em um ser poderoso, atributo inapreensível para o universo do adulto — uma harmonia invisível que a visão infantil instaura com aparente simplicidade.

Esse diagrama relacional, em que as imagens vão se superpondo e deformando-se pela intersecção das reminiscências, nutre perseguições fantasmagóricas que passam a habitar ao mesmo tempo a vigília e os pesadelos.

Distanciei-me, fui examinar flores roxas de louça, cabeças de lagartixas nas rachaduras dos sepulcros. As narrativas noturnas — diabos com olhos de brasas, cachorros mastigando pedaços de carne podre — sumiam-se. E o medo também cessava, no trabalho de adivinhar nomes e datas que desbotavam nas lousas. O que eu sentia era nojo. Nojo das pedras, dos tijolos, dos garranchos, certamente impregnados de óleo. Receava tocar em objetos sujos de gordura fúnebre, indelével. Farrapos sem cor, folhas secas, pétalas murchas, fragmentos vagos, juntos em lixo, nauseavam-me: apesar de lavados pelo inverno, queimados pelo verão, deviam conter pus ou tutano. (RAMOS, 1995, p. 170)

No exame das "flores roxas de louça, cabeças de lagartixas nas rachaduras" amalgamam-se objetos inanimados e animados, no espaço do sepulcro. As narrativas de assombro que engendram o imaginário — com "diabos e cachorros mastigando carnes podres" — enovelam sensações e dissipam-se. O medo — sentimento de recusa e ousadia — dá lugar ao jogo de enigmas. No esgarçar dos sentidos estabelecidos, fiapos de pensamentos fundem-se a construções físicas — "Farrapos sem cor, folhas secas, pétalas murchas, fragmentos vagos, juntos em lixo", fusão de que resulta um ícone —, o da linha tênue vida/morte — nos espectros arquitetônicos.

Fios de sentido, que tramam índices de uma sociedade que engendra simbolicamente tais significações e tocam a criança — agora visceralmente —, "nauseavam-me: apesar de lavados pelo inverno, queimados pelo verão, deviam conter pus ou tutano".

Ao se deslocar para "onde o muro se abria" foi possível ao menino ver o ossuário: "esqueletos em desordem" figuram como índices de uma humanidade que o espreita. Um "rosário de vértebras" diagrama uma ordem sagrada. "Difícil imaginá-las frações de pessoas, misturadas, decompondo-se num monturo."

Ao corromper a lógica da contiguidade, os sentidos transladam para uma esfera do sensível (qualidade do signo), lugar da potência da linguagem, para dilatar-se depois no signo humano que dá vida à fala. "O crânio avultava, para bem dizer adquiria feições, tinha vontade de falar."

O infante,[5] com um nó apertando as goelas, sentia vontade de chorar.

> Sentimento diverso do que me assaltava quando ouvia histórias de casas mal-assombradas. O desespero me paralisava. Asco, a sensação de me achar caído numa estrumeira, sem poder limpar-me, e a certeza de haver em qualquer parte irremediável estrago. Aquilo era feio e triste. E a feiura e a tristeza se animavam, arreganhavam dentes fortes e queriam morder-me. Engano: indiferença, imobilidade. A imobilidade e a indiferença me atraíam. Tentei invocar as almas penadas, os diabos que se agitam nas chamas eternas. Essas criaturas me inspiravam piedade ou terror. Diante das carcaças nuas, era impossível comover-me. Loucura supor que mangassem de mim. (RAMOS, 1995, p. 173)

Ao retornar a casa, o narrador percebia-se "mergulhado numa sombra espessa" (RAMOS, 1995, p. 173), recusara comida, isolava-se com seus pensamentos. Ele próprio conferia a sua existência física, apalpando as órbitas, as pálpebras, o globo ocular e tudo que iria apodrecer, via-se com as cavidades semelhantes às dos esqueletos que o tinham espreitado no cemitério. Seus pensamentos sinalizavam que: "Isso tudo seria gasto pelos vermes. A imagem horrorosa se obstinava. As imagens também seriam gastas pelos vermes." (RAMOS, 1995, p 174) O velho Simeão, que se habituara a dormir à luz dos fogos-fátuos,

---

[5] Aquele que ainda não fala.

libertara-se de crenças, fugira ao sobrenatural. Resignava-se. Mas, insiste o narrador: "Eu não podia resignar-me. As almas do outro mundo e os lobisomens adquiriam muito valor, faziam-me falta." (RAMOS, 1995, p. 175)

A personagem-infante com adivinhações cifradas deixa entrever um universo sensível às reflexões da vida e da história — um fenômeno de linguagem resultante da experiência social, política, cultural de estar no mundo e de procurar compreender a aventura humana. Esse segmento da obra *Infância* inicia com uma ruptura no cotidiano escolar do menino, e a narrativa segue assumindo uma dinâmica obsessiva e tortuosa na oscilação da visão da criança e a voz do adulto. O intercâmbio dos papéis narrativos e a hibridização de vozes na narração do mesmo tecido textual vão conferindo um ritmo de ações intercaladas e simultâneas, que se desenrolam ora no interior, ora no exterior dos fatos e pessoas, estilhaçando a linearidade e conferindo iconicamente a fragmentação própria do processo memorialístico, mas também da força aguda dos processos dialéticos de reflexão crítica, que jamais são lineares. Na trama do narrar, configura-se a duplicação de *eus* que diferem entre si e figuram amalgamados.

Tais traços são reveladores de um discurso autocrítico, de uma consciência artística que estabelece um distanciamento de si. (ABDALA JR., 2012) Procedimento que se adensa no diálogo com a deformidade instaurada pelas imagens, pelas conexões com a realidade problemática, com os argumentos metafóricos (eisensteinianamente construídos) tratados com espontaneidade incomum. Essa dimensão plural da escrita graciliânica em *Infância*, no limite da linguagem, promove uma travessia para a esfera de reflexões ontológicas e metafísicas como se pode conferir:

> Afinal não me surgiam dificuldades. Haviam-me exposto várias lendas. Vencida a resistência inicial, pusera-me a confirmá-las. Negava-as de repente em globo, sem análises. Não me embaraçava em dúvidas. Tinha dito *sim*; entrava a dizer *não*: uma caveira motivava o desmoronamento.
>
> Não pretendo insinuar, porém, que me haja encerrado no ateísmo, diferençando-me dos meninos vulgares. (RAMOS, 1995, p. 186)
>
> Nem sequer pensei em Deus. O que me inquietava eram as almas. E a minha não morreu de todo. Aquele enorme desengano passou. Os fan-

tasmas voltaram, abrandaram-me a solidão. Sumiram-se pouco a pouco e foram substituídos por outros fantasmas. (RAMOS, 1995, p. 175)

O narrador, neste capítulo, conduz ainda o leitor a uma reflexão sobre a veracidade do episódio narrado e, sem desfazer a dúvida, encaminha-o para uma instância metanarrativa.

> Estas letras me pareceriam naquele tempo confusas e pedantes. Mas o artifício da composição não exclui a substância do fato. Esforcei-me por destrinçar as coisas inomináveis existentes no meu espírito infantil, numa balbúrdia. É por terem sido inomináveis que agora se apresentam duvidosas. (RAMOS, 1995, p. 175)

Desse modo, os signos vagos que povoavam a mente do narrador, "as coisas inomináveis existentes no meu espírito infantil, numa balbúrdia" (RAMOS, 1995, p. 175), os vestígios de uma memória visual, que levam o protagonista a rememorar suas experiências infantis, os sentimentos, perplexidades, percepção de ameaças, clima de pesadelo, projeções de almas feridas, e questionamentos metafísicos que movimentam a narrativa em ritmo inquieto, tal como pinceladas nervosas, agora ganham forma e nome.

Em outras palavras, "É por terem sido inomináveis que agora se apresentam duvidosas" (RAMOS, 1995, p. 175) e, desse modo, permanecem em potencial para serem engendradas em novas semioses. Ao conjunto de imagens nebulosas e de impressões fugidias que lá estava no remoto tempo da infância — tempo de vida em que ainda não se fala — cabe à arte da literatura nomear e dar formas, sem, no entanto, apagar essa memória da experiência primeira.

Nota 3. Infância, experiência e linguagem

> Aquilo que tem na infância a sua pátria originária, rumo à infância e através da infância, deve manter-se em viagem. (AGAMBEN, 2014, p. 65)

Infância para Giorgio Agamben (2006) coexiste com a linguagem concretamente — é origem.

Para o autor, infância age sobre o sujeito da linguagem e dá à linguagem um "lugar" — o arquilimite da verdade. Portanto, a linguagem é o lugar da experiência e da verdade. Nas palavras do autor:

> A experiência, a infância que aqui está em questão, não pode ser simplesmente algo que precede cronologicamente a linguagem e que, a certa altura, cessa de existir para versar-se na palavra, não é um paraíso que, em um determinado momento, abandonamos para sempre a fim de falar. (AGAMBEN, 2006, p. 59)

Na concepção desse filósofo, o lugar de origem da linguagem efetivou a coincidência dos polos: experiência e conhecimento interligados pelo ato de "fazer e ter" mensagens de experiência. A experiência, como infância do homem, é "simples diferença entre humano e linguístico. Que o homem não seja sempre já falante, que ele tenha sido e seja ainda infante, isto é a experiência". (AGAMBEN, 2014, p. 62)

O mesmo modo de entender o lugar lógico da fala pode ser transferido à potencialidade de vencer o tempo transcendental, de cuja luta renascem experiências de linguagem, de transformação, de significação e recriação. São as experiências de uma linguagem singular (Ser, mundo), que ocultam as maravilhas da origem das coisas. Se o romancista ganha uma memória amplificada e perpetuadora, o narrador passa a ser uma memória difusa — uma forma de desenraizamento transcendental —, como diria Lukács.

Nessa ordem de ideias, são vozes querendo ser tempo, no lugar lógico da Infância, experiência e linguagem, homem e sujeito, língua e fala, que perguntam pelo presente de seu próprio ser: "O que é isto? Quem sou eu?"

Ao fim e ao cabo, é preciso lembrar que, para Graciliano, não era suficiente escrever um livro de memórias seguindo estritamente as regras desse gênero, era necessário registrar a experiência vivida, recorrendo à potencialidade representativa e criativa da linguagem, mesmo que, para isso, fosse necessário reverter estruturas, reengendrá-las em novas configurações ou reinventar códigos. Isso se torna palpável quando Graciliano verossimilhantemente caracteriza, pela linguagem, uma forma de apreensão do mundo pela criança. Ao fazê-lo, o autor produz um modo de linguagem que sacode o código de sua inércia. Ao corromper a lógica racional, questiona o registro normalmente tão aceito de uma realidade que se quer combater. Artesão da palavra, esse autor cruza sentidos e sensações, operando com o verbo no grau mais alto de suas possibilidades sintática, semântica, estética, com a máxima precisão vocabular, concisão e ritmo.

Nas palavras de Benjamin Abdala Jr. (1987, p. 401), "o processo de desenvolvimento da escrita de Graciliano Ramos efetiva-se [...] como uma forma de eliminar o estereótipo e transformar seu poder de representação em um novo conceito".

Em *Infância*, instaura-se, no decorrer de toda a narrativa, uma incessante dinâmica entre a amargura do adulto e o ludismo e humor subjacentes à visão e expressão infantis. É nessa dinâmica que opressores, oprimidos, fortes e fracos, as crenças, as injustiças, sentimentos de humilhação e de machucamento, os despropósitos da sociedade e desajustamentos na vida, as relações sociais e seus desmandos, desnorteamentos, tristezas, perplexidades figuram nas mais interessantes formas de representação. Afastam-se, com esse procedimento estético, quaisquer possibilidades de se pensar em vitimização simplista por parte da personagem ou apenas confissões de sentimentos e impressões íntimas em primeira pessoa. Nas interfaces da amargura e do lúdico, no jogo das perplexidades e das dúvidas, na travessia das diversas aprendizagens, engendram-se os aspectos mais críticos e artísticos do discurso graciliânico.

Na esteira de Abdala, há, nesse texto, formas de representação artísticas provenientes da observação da realidade do autor, onde o conhecimento científico se liga ao conhecimento da arte (2007). Em perspectiva interdisciplinar, seguramente, pode-se afirmar que, na fissura entre o sistema semiótico e o discurso, instaura-se uma linguagem revolucionária.

O espaço que se abre entre esses sistemas, por meio de uma fratura, define-se como o lugar da infância da linguagem, segundo a concepção de Giorgio Agamben, apresentada no livro *Infância e história*. Para esse autor, é espaço ou morada infantil em que se formam os signos primeiros da língua materna entre experiência e linguagem:

"A infância, como o lugar da experiência muda, o que já implica colocar a questão sobre a relação experiência e linguagem. O elemento que poderia fazer a conexão entre esses dois termos seria a infância." (AGAMBEN, 2008, p. 107)

Esse é um lugar topológico em que se permite realizar uma investigação da narrativa que tangencie o espaço no qual está cifrado um olhar originário.

Este deixa significar-se sob a caracterização de similaridades, na ambivalência do olhar ficcional e na diferença entre língua e discurso, tornando-se possível acessá-lo sob um suporte conceitual que relacione literatura, cinema, pintura; em suma, as artes em geral e a literatura e outras áreas do saber como a filosofia, a linguística, a comunicação. Lugar tão linda e rigorosamente tecido pelo narrador graciliânico entre pensamentos e imagens

Referências bibliográficas

ABDALA JR., Benjamin. Ideologia e linguagem nos romances de Graciliano Ramos. In: GARBUGLIO, José Carlos (Org.). *Graciliano Ramos*. São Paulo: Ática, 1987.

_____. *Literatura, história e política* — literaturas de língua portuguesa no século XX. São Paulo: Ateliê Editorial, 2007.

_____. Graciliano Ramos e as esferas da totalidade. In: *Literatura comparada e relações comunitárias, hoje*. São Paulo: Ateliê Editorial, 2012. p. 125-170.

AGAMBEN, Giorgio. *Estâncias*. A palavra e o fantasma na cultura ocidental. Trad. Selvino José Assmann. Belo Horizonte: UFMG, 2007.

_____. *Infância e história*. Trad. Henrique Burigo. Belo Horizonte: UFMG, 2014.

BENJAMIN, Walter. *Reflexões*: a criança. O brinquedo. A educação. Trad. Marcus Vinicius Nazzari. São Paulo: Summus, 1984.

BORGES, L. *Discusión*. Buenos Aires: Emecê, 1964.

BOSI, Alfredo. *Entre literatura e história*. São Paulo: Ed. 34, 2013.

CANDIDO, Antonio. *Ficção e confissão*: ensaios sobre Graciliano Ramos. Rio de Janeiro: Ed. 34, 1992.

CARELLI, Fabiana. *Porões da memória*: ficção e história em Jorge Amado e Graciliano Ramos. Dissertação (Mestrado em Teoria Literária e Literatura Comparada) — Universidade de São Paulo, São Paulo, 1997.

CUNHA, Maria Zilda. *Criança e linguagem*. Dissertação (Mestrado em Comunicação e Semiótica) — Pontifícia Universidade Católica de São Paulo, São Paulo, 1997.

EISENSTEIN, Sergei. *A forma do filme*. Rio de Janeiro: Zahar, 1990.

_____. *Reflexões de um cineasta*. Rio de Janeiro: Zahar Editora, 1969.

GUINSBURG. J. *Expressionismo*. São Paulo: Perspectiva, 2002.

RAMOS, Graciliano. *Infância*. Rio de Janeiro: Record, 1995.

SALLES, Cecilia Almeida. *Gesto inacabado* — processo de criação artística. São Paulo: Annablume, 2009.

9. A escrita da (des)ilusão em *Angústia* e *O amanuense Belmiro*

Michele de Araújo

A década de 1930 é reconhecida como um dos períodos mais importantes da literatura brasileira tanto no que se refere à quantidade como à qualidade das obras produzidas e, sobretudo, pela vasta produção de romances, que passaram a retratar com maior frequência a vida em lugares antes esquecidos pela literatura, até então focada no Rio de Janeiro.

Os dois romances que destacaremos, *Angústia* (1936), de Graciliano Ramos, e *O amanuense Belmiro* (1937), de Cyro dos Anjos, retratam a vida em Alagoas e Minas Gerais, respectivamente.

Embora sejam muito diferentes, por apresentarem narradores com perfis até mesmo opostos — Luís da Silva é um homem revoltado com a vida, enquanto Belmiro é um lírico sonhador —, trazem questões muito pontuais do período em que foram escritos e nos colocam problemáticas de uma sociedade brasileira em transformação, que mesmo após o fim da República Velha ainda apresentava reminiscências do sistema escravocrata, agora comandado pelos "coronéis".

Dentro do sistema opressor em que os nossos narradores vivem, a escrita em primeira pessoa será uma forma de resistência, de confronto possível contra essa realidade dentro de suas condições tanto materiais, já que são pequeno-burgueses que vivem com seus ordenados enxutos, quanto intelectuais, pois são funcionários públicos menores.

Aliás, o funcionalismo é uma das poucas heranças que liga Luís da Silva e Belmiro a um passado de posses e poder de suas famílias — donas de terra e de escravos — e é uma prova do pouco prestígio que ainda lhes resta. Embora cada um tenha entrado no funcionalismo por vias diferentes, só são funcionários públicos graças ao fato de serem alfabetizados e de terem tido contato com as letras, justamente por serem oriundos das classes dominantes. Porém essa posição, designada a poucos dentro de uma sociedade não letrada como o Brasil da década de 1930, não lhes traz nenhum consolo.

Em um dos trechos de *Angústia*,[1] Luís da Silva diz como conseguiu o emprego e como sua posição de funcionário público o diferencia do passado e, principalmente, de seu avô proprietário.

> Afinal, para se livrarem de mim, atiraram-me este osso que vou roendo com ódio.
> — Chegue mais cedo amanhã, seu Luís.
> E eu chego.
> — Informe lá, seu Luís,
> E eu informo. Como sou diferente de meu avô! (A, p. 40)

Para Belmiro, a relação com o trabalho, embora menos problemática, já que ele se mostra contente com uma futura aposentadoria, adquire também um tom irônico e melancólico: "Meu consolo é que sou um grande amanuense." (AB, p. 21)

Por serem funcionários públicos, a escrita amanuense que serve ao interesse do Estado ou ao interesse de figurões importantes da sociedade — sobretudo para Luís da Silva, que escreve em jornais defendendo aqueles que lhe pagam mais — está presente de forma muito marcante nos dois romances, porém ela aos poucos é superada pela escrita dos romances, ou "notas", como prefeririam chamar os dois narradores.

A escrita literária, que aparentemente é a resposta para os problemas dos protagonistas diante do mundo que se lhes abre e que tem como proposta inicial tanto ajudá-los a conhecer o passado deles e de suas famílias como tentar encontrar respostas para problemas do presente, vai se mostrando cada vez mais problemática na vida de ambos.

O gosto pela literatura aparece nos romances como uma espécie de herança genética — tanto Camilo, pai de Luís da Silva, quanto Belarmino,

---

[1] Nas citações, *Angústia* será referenciado como "A" e *O amanuense Belmiro*, como "AB".

pai de Belmiro, eram leitores —, porém se trata também de herança social e econômica: com a decadência das famílias, ler é uma das únicas coisas que se tem para fazer.

Em *O amanuense Belmiro*, essa herança é lírica, pois indica o gosto pessoal de seu pai, e não está associada diretamente ao período histórico em que ele está inserido, já que Belarmino também se interessa um pouco pela vida no campo a ponto de ter escrito cinquenta artigos sobre a vida rural num jornal de sua cidadezinha, Vila Caraíbas. Em *Angústia* percebemos a relação entre a decadência de Trajano e a debandada de Camilo para tudo o que é alheio ao mundo rural, pois o percebe decadente.

> Mas, ao cabo de contas, foi no velho que começou o desvio da linhagem rural. Não citavas o teu Vergílio, pai Belarmino? [...] Confessa, Borba velho, foi aí que começou a traição à gleba... (AB, p. 22)

> E meu pai, reduzido a Camilo Pereira da Silva, ficava dias inteiros manzanzando numa rede armada nos esteios do copiar, cortando palha de milho para cigarros, lendo o *Carlos Magno*, sonhando com a vitória do partido que padre Inácio chefiava. (A, p. 25)

Percebemos também que a decadência da família de Belmiro deu-se de forma mais acentuada após a morte de seu pai. Quando ele tem que tomar conta dos negócios da família e de suas duas irmãs, Francisquinha e Emília, pouco sobra para administrar. Já em *Angústia*, Camilo é o grande responsável pela ruína e não há mais o que deixar para Luís da Silva.

É importante observar que, seja intencionalmente marcada ou subentendida, a relação da literatura com a decadência está presente nos dois romances e se acha, de certa forma, relacionada ao processo de industrialização que ocorreu no Brasil após a libertação dos escravos dentro de uma nova configuração social e econômica que se estabeleceu desde então.

Ao observarmos o passado das famílias, ficam mais evidentes os caminhos percorridos pelos narradores e a impossibilidade de voltar ao passado no qual os avôs, sobretudo, eram homens poderosos.

Com as mudanças políticas ocorridas no país, a única coisa que lhes resta é serem funcionários públicos e escreverem suas "notas", numa tentativa de se estabelecerem dentro da nova ordem social que surge.

O homem sem lugar

Socialmente, tanto Luís da Silva quanto Belmiro Borba são homens sem lugar. Eles não têm o espaço que desejam dentro da sociedade, não possuem mais terras, não são grandes proprietários — Belmiro aparentemente é dono do espaço físico em que vive, enquanto Luís da Silva não tem nem sequer isso, já que vive de aluguel.

Os dois são inadaptados ao meio urbano e geralmente mostram-se incomodados nos espaços coletivos, sobretudo quando veem pessoas circulando livremente entre eles; por isso fazem constantemente referências ao passado, ora tratando-o como um lugar perfeito, um porto seguro, ora condenando-o por todas as mazelas do presente.

Em *Angústia*, o sentimento de não pertencimento de Luís da Silva se dá nos cafés e Institutos de Maceió, espaços públicos frequentados também por pessoas que, na teoria, pertencem ao mesmo nível social que ele: letrados e funcionários públicos. O mesmo sentimento surge em lugares afastados, quando tenta se aproximar do povo — que denomina de "vagabundos" — mas percebe também que não faz parte dele; muitas vezes sente culpa por isso, como quando vai a um bar e percebe a distância que há entre ele e esse outro: "Tudo aquilo me envergonhava: as conversas simples, a alegria, especialmente os músculos do homem que falava ao engraxate." (A, p. 126) Além de saber que não pertence ao povo, pois está numa situação um pouco mais confortável economicamente, reconhece também que teve tratamento diferenciado, sobretudo pelo fato de o pai achar-se superior aos outros homens e ter passado a mesma sensação para ele: "meu pai [...] não consentia que me aproximasse das crianças, certamente receando que me corrompesse. Sempre brinquei só. Por isso cresci assim besta e mofino". (A, p. 125)

Belmiro, mesmo sendo mais comunicativo que Luís da Silva, em raros momentos do romance se adapta bem aos lugares que frequenta; isso se verifica até mesmo quando está entre amigos. Para que essa adaptação aconteça, ele não pode ser pressionado por nenhum tema que lhe seja embaraçoso, como a política, por exemplo; precisa se sentir confortável, tomando chope com amigos e tratando de assuntos leves.

Os lugares em que Belmiro se sente mais deslocado são aqueles frequentados por jovens, principalmente quando são mulheres. Nota-se, num relato de uma festa de carnaval, que a sensação de desalinhamento se faz intensa:

"Imagino a figura que fiz, de colarinho alto e *pince-nez*, no meio daquela roda alegre, pois os foliões se engraçaram comigo, e fui, por momentos, o atrativo do cordão." (AB, p. 31) Percebemos seu mal-estar diante do outro, a sensação de que todos sabem que ele não pertence àquele universo e que sua figura, triste, contrasta com a das outras pessoas ali presentes. Assim como Luís da Silva no bar afastado da periferia de Maceió, Belmiro também sente vergonha por conta de seu não pertencimento, só que, neste caso, não está tão ligado a questões econômicas, como em Luís da Silva, mas também ao fato de se julgar um homem fora de seu tempo, já que quer viver no passado.

Alguns passeios de Belmiro, como suas idas ao bar ou ao parque, são solitários; durante esses passeios, não há conflitos dele com o espaço. Pelo que podemos perceber, os espaços públicos onde Belmiro se sente bem são aqueles em que passa despercebido e onde não há conflitos de ideias — provavelmente por isso muitas vezes ele vá só: "Qual, o melhor é irmos ao Parque ver morenas que não nos verão. Depois, toma-se um refresco no Bar." (AB, p. 132) Embora haja a presença de "nós" nos verbos, Belmiro está falando apenas consigo mesmo.

Já para Luís da Silva, não existe espaço confortável — nem no passado, nem no presente. O que percebemos é que o fato de estar em público, com outras pessoas, em meio à multidão, sempre lhe causa desconforto. É como se os outros o estivessem julgando todo o tempo e reconhecessem nele um ser inadaptável: "Tenho a impressão de que estou cercado de inimigos e, como caminho devagar, noto que os outros têm demasiada pressa em pisar-me os pés e bater-me nos calcanhares. Quanto mais me vejo rodeado mais me isolo e entristeço." (A, p. 137)

Os dois narradores também se sentem desprovidos de qualquer atributo físico que possa impor respeito aos homens ou atrair as mulheres. Em *Angústia*, Luís da Silva relaciona sua falta de estrutura física à sua falta de recurso econômico e, consequentemente, ao lugar social que ocupa. Ele não pode se endireitar, ter sua espinha ereta, pois é um "percevejo social"; nada lhe resta a não ser andar entre a multidão de forma a não perturbá-la, por mais que ela o convide ao enfrentamento, por mais que os ratos do desejo lhe roam a barriga.

> A minha camisa entufa no peito, é um desastre. Quando caminho, a cabeça baixa, como a procurar dinheiro perdido no chão, há sempre muito pano subindo-me na barriga, machucando-se, e é necessário

puxá-lo, ajeitá-lo, sujeitá-lo com o cinto, que se afrouxa. [...] Também não é possível manter a espinha direita. O diabo tomba para a frente, e lá vou marchando como se fosse encostar as mãos no chão. Levanto-me. Sou um bípede, é preciso ter a dignidade dos bípedes. (A, p. 126-7)

No geral, a autocrítica de Belmiro é mais sutil e aparece poucas vezes no livro; ele prefere ressaltar suas debilidades psicológicas, como o excesso de lirismo, que ataca com frequência, às suas debilidades físicas: "Imaginem que figura faria eu, exibindo este corpo magro e desconforme para a sociedade que deixou Belo Horizonte e foi brilhar na Lagoa..." (AB, p. 223)

Aliás, por conta de seu lirismo excessivo, é visto como um "analgésico" — um ser assexuado — pelas mulheres e, de certa forma, provoca essa sensação nelas, pois deixa transparecer a sua dedicação ao mundo interior e sua falta de desejo sexual (muitas vezes falsa), o que pode ser observado em vários de seus diálogos com sua bela e provocante amiga Jandira.

Ao contrário de Belmiro, a sexualidade em Luís da Silva é latente, gritante. Não encontrar um corpo (não apenas físico, mas também social) que lhe permita satisfazer seu desejo faz com que sinta mais desejo, e isso se transforma em ódio, tanto do desejo que sente quanto da impossibilidade de satisfazê-lo.

Mulher e poder

Ambos os protagonistas sabem que já são homens mais maduros — Luís da Silva tem 35 anos e Belmiro, 38 — e que não têm condições financeiras para atrair as mulheres que lhes interessam, Marina e Carmélia, respectivamente, restando-lhes apenas sonhar com a mulher desejada.

Nos dois romances, a presença da mulher é importante para as histórias dos protagonistas e, no caso de *Angústia*, até a feitura do livro surge apenas após a passagem de Marina na vida de Luís da Silva, o que pode indicar que seu breve, mas tumultuado, relacionamento com a moça e suas consequências é o que o leva a escrever.

Em *O amanuense Belmiro*, a mulher ideal é representada por Camila, ex-namorada de Belmiro na adolescência e que morre ainda jovem. Ela se torna um modelo que Belmiro utiliza e transfere para Carmélia, que conhece em um baile de carnaval assim que começa a escrever seu diário.

Logo depois de conhecê-la, Belmiro admite que havia um espaço reservado para o amor: "A vida não se conforma com o vazio, e a imagem da moça encheu-me os dias." (AB, p. 35) É como se estivesse à espera de alguém para preencher o espaço destinado ao mito "Arabela",[2] pertencente, *a priori*, a Camila; ele tem plena consciência do processo que está criando, tanto que mostra o contraste do Belmiro apaixonado por um mito juvenil, totalmente ligado ao passado, com o Belmiro que analisa aquele e o critica por não ser nada prático em relação à vida e por se ver, mesmo aos 38 anos, às voltas com um mito impraticável: "Esse absurdo do romantismo de Vila Caraíbas tem uma força que supera as zombarias do Belmiro sofisticado e faz crescer, desmesuradamente, em mim, um Belmiro patético e obscuro." (AB, p. 33)

O mito Arabela é impraticável, segundo o próprio Belmiro, por dois motivos: o primeiro é sua condição de amanuense e o segundo é a idade mais avançada, já que Carmélia não tem nem 20 anos. Porém a idade é só um consolo para minimizar a diferença econômica que há entre os dois: "Aos vinte e oito anos eu poderia (não sendo apenas um amanuense) pretender essa Carmélia que não terá chegado aos vinte. Mas aos trinta e oito [e sendo apenas um amanuense], é de todo impossível, e Glicério haveria de rir-se de mim." (AB, p. 60, grifo nosso)

Podemos observar em vários momentos do romance que Belmiro sabe que o mito é criação de seu estado de espírito, uma tentativa de preenchimento do vazio que sente, uma fuga de um mundo no qual ainda não se encontrou. João Luís Lafetá, em "À sombra das moças em flor", adverte que Carmélia está num espaço entre a interioridade e a realidade objetiva: "A tentativa de adequação entre a essência (que é Arabela) e a existência (que é Carmélia); [...] ou ainda a tentativa de atingir a plenitude, a totalidade, e o fracasso dessa tentativa constituem, como diria Lukács, 'o objeto mesmo da narrativa'." (LAFETÁ, 2004, p. 34)

---

[2] Arabela é o mito da donzela intocada que fazia parte das histórias contadas nas noites de Vila Caraíbas: "Pareceu-me que descera até a mim a branca Arabela, a donzela do castelo que tem uma torre escura onde as andorinhas vão pousar. Pobre mito infantil! Nas noites longas da fazenda, contava-se a história da casta Arabela, que morreu de amor e que na torre do castelo entoava tristes melodias." (AB, p. 32)

Mesmo sabendo da impossibilidade de se casar com ela, ainda mais porque descobre que a moça irá se casar com Jorge, um primo rico que chega a Belo Horizonte, Belmiro tem a sensação de estar sendo roubado por seu "concorrente", como se Carmélia fosse, de alguma forma, sua.

Embora não atribua essa sensação diretamente a Jorge, é exatamente no momento em que este parte com Carmélia para a lua de mel que ela lhe vem: "Tive a impressão de que me haviam roubado qualquer coisa." (AB, p. 202-3).

O sentimento que fica para Belmiro, no lugar da esperança de tê-la sempre como seu mito de donzela intocada, é de vazio total. Com o casamento da moça, ele vê destruído o mito em todos os sentidos: "Já não é mais donzela, nem Arabela" (AB, p. 226), e sente que já não terá forças para construir um novo mito, ou seja, procurar outra Arabela que caiba em seus sonhos. Além disso, a busca pelo mito será sempre ameaçada pela presença de outros "Jorges", tornando-se um círculo vicioso.

Esta desilusão trará mudanças fortes no romance; a partir do capítulo 79 "Partida", o tom da narrativa, antes mistura de lírico com irônico, chegando mesmo ao cômico, dá espaço para um pessimismo trágico. A sensação que temos é que um outro Belmiro passa a escrever, tamanha a mudança que ocorre em seu espírito; ao mesmo tempo a imagem de Carmélia vai sendo modificada e o mito começa a dar lugar a uma burguesa fútil também para ele — nós, leitores, nunca somos convencidos do título que Carmélia recebe de Belmiro; desde o início ela sempre nos parece uma jovem comum.

Como bem observou Marlene Bilenky (1992, p. 167) em *A poética do desvio*, o casamento de Carmélia é a perda do sonho de Belmiro de pertencer à sociedade, e isso o leva ao tédio.

Como ele já havia anunciado anteriormente, assim que conhece a moça: "A vida não se conforma com o vazio" (AB, p. 35), e é por isso que ele não se conforma com esta perda; nem a escrita, que antes o alegrava: "Venho da rua oprimido, escrevo dez linhas, torno-me olímpico" (AB, p. 197), servirá de consolo.

A figura feminina que serve de modelo para Luís da Silva é sua avó paterna, sinha Germana, por ser um exemplo de dignidade e submissão ao marido autoritário, já que fazia tudo o que ele mandava, sem questionar, sem nunca reclamar; apenas cumpria seu papel social de mãe e esposa. Porém a mulher com quem se envolve não tem nada a ver com o modelo idealizado por ele.

Marina, sua vizinha, não lhe parece nada confiável e fiel — até mesmo seu Ramalho, pai da moça, diz que o homem que casar com a filha "faz negócio ruim." (A, p. 66) Luís percebe que está se envolvendo e tenta, de todas as formas, lutar contra o desejo que sente por ela, que logo se transforma em obsessão, mais pelo objeto a ser conquistado do que pela pessoa em si, ou seja, ele se apega mais à ideia de ter uma mulher, manter um relacionamento sexual, do que à ideia de ter uma esposa como Marina, cujos defeitos ele percebe claramente.

Quando Marina aparece em sua vida, ele se mostra aberto para um relacionamento, assim como faz Belmiro, que não quer se sentir "vazio". No 8º fragmento,[3] em que fala da chegada da moça à vizinhança, a situação de Luís era estável e ele se mostra interessado pela "novidade": "os negócios não iam mal. E foi exatamente por me correr a vida quase bem que a mulherinha me inspirou interesse — novidade, pois sempre fui alheio aos casos de sentimento." (A, p. 47)

A ideia de casamento, que na verdade foi uma proposta impulsiva de Luís da Silva no momento em que percebe que sua vizinha não ia ceder aos seus instintos sexuais, acaba tendo aspectos positivos para ele, pois passa a ser também uma forma de se inserir num mundo no qual ainda não havia encontrado espaço e adquirir certo prestígio social de que ainda não desfrutara: "O diretor me diria: — 'Entrou no rol dos homens sérios, seu Luís.'" (A, p. 80) Além disso, teria seus desejos sexuais acalentados pela fogosa "amiga": "Aquilo devia ser uma pimenta. Passei a noite imaginando cenas terríveis com ela." (A, p. 50)

A situação de relativo conforto só vai acabar após Luís perceber o interesse de Julião Tavares, rico comerciante local, por Marina. Identificamos claramente que ocorre uma mudança de foco na narrativa a partir do 17º fragmento, quando Luís vê Marina conversando com Julião pela primeira vez. Se nos fragmentos anteriores ele apresentava mais seu cotidiano, os colegas e contava um pouco de seu passado difícil, tanto vivido na fazenda do avô como na vila e na cidade grande, e pouco falava de Marina e Julião Tavares, apenas citando-os algumas vezes, a partir do momento em que vê a vizinha com o outro, desestabiliza-se por completo, pois percebe que seu plano de casamento, que além de aproximá-lo de Marina lhe asseguraria certo prestígio em seu reduzido círculo de amizade, seria destruído pelo burguês.

---

[3] Usamos a nomenclatura fragmento, pois não se configuram como capítulos.

Por não poder concretizar o casamento — visto por Luís como uma forma mais prática de ter uma vida sexual mais constante, como na casa de D. Rosália e seu marido, vizinhos dele —, ele passa a reprimir seu desejo sexual, porém o faz de maneira inconsciente, substituindo-o pela ira, pelo ódio contra Julião Tavares, que está usurpando seu objeto, Marina, como bem observa Benjamin Abdala Júnior.

> Luís da Silva está alienado de si mesmo e transfere a sua visão reduzida para o objeto, uma mercadoria a ser consumida. Enquadra-se, sob este aspecto, na alienação social dominante. Desconsiderou, entretanto, o fato de que, em sua perspectiva, Marina impregnou-se de atributos afetivos. Essa contradição na apreensão do objeto será intensificada posteriormente, quando Marina (como um produto sujeito às regras do mercado) será alienada pelo poder de "compra" de Julião Tavares. (ABDALA in GARBUGLIO et al., 1987, p. 399)

Para Luís da Silva, o que Julião Tavares lhe quer tirar não é apenas uma mulher, mas tudo o que o casamento representa para ele naquele momento, principalmente a sensação de (re)inserção na sociedade, de retomar, mesmo que em pequena escala, o lugar que seu avô um dia ocupou.

O fato é que Marina, diferentemente de Carmélia, que se casou com seu primo Jorge, não se casa com Julião e é abandonada grávida por ele. Mesmo assim, Luís não tem coragem de perdoá-la e tentar uma reconciliação. Esse ato seria humilhante demais para o neto de Trajano Pereira de Aquino Cavalcante e Silva — que possuía tanto sinha Germana quanto as negras da fazenda. Perdoar a Marina o afastaria ainda mais desse passado de glórias. Portanto, o assassinato parece um ato muito mais digno e que o ligaria, de certa forma, a esse passado — agora não mais pela via do sexo, mas pela da violência, tantas vezes vista no sertão em que Trajano imperava.

Antonio Candido nos lembra de que não é à toa que o objeto utilizado nesse assassinato é justamente uma corda — símbolo fálico que serve como arma — "imagem que liberta, por transferência, a energia frustrada da sua virilidade". (CANDIDO, 1992, p. 38) Ela representa a tentativa de autoafirmação do indivíduo.

Diante disso, a escrita

> Quero recolher-me, afastar-me daqueles estranhos que não compreendo, ouvir o Currupaco, ler, escrever. A multidão é hostil e terrível. (A, p. 137)

> Quem quiser fale mal da literatura. Quanto a mim, direi que devo a ela minha salvação. Venho da rua oprimido, escrevo dez linhas, torno-me olímpico. (AB, p. 197)

Nos dois trechos acima, vemos que a escrita literária — diferente daquela amanuense praticada nas repartições públicas —, em determinados momentos, parece dar aos dois narradores um tipo de contato que o mundo real e as pessoas não oferecem, até mesmo porque a interação direta com as pessoas é muito difícil tanto para Belmiro ["Quando converso, as melhores ideias ficam cá dentro, sem encontrar expressão, e frequentemente digo coisas que não deveriam ser ditas e que, de ordinário, são coisas não pensadas." (AB, p. 111)] como para Luís da Silva ["Olham-me surpreendidos: naturalmente digo tolices, sinto que tenho um ar apalermado." (A, p. 140)].

Diferente da fala, a escrita não apresenta tanta oscilação; isso ocorre porque, em suas "notas", não estão sendo coagidos a escrever — ambos escrevem por vontade própria e nem sabem ao certo se terão interlocutores que possam julgá-los por suas ideias.

A escrita pessoal nada tem a ver com a escrita amanuense, obrigatória, que faz parte da rotina maçante dos dois. É uma escrita diferente, que serve como um espaço confessional no qual podem contar seus segredos, como a história de um amor platônico ou de um assassinato.

Com o passar das narrativas, a escrita, antes vista como salvadora, mostra-se cada vez menos capaz de dar um norte para suas vidas. Em vez de se sentirem, de certa forma, protegidos por ela, passam a desconfiar dela e a problematizá-la, descortinando sua ineficiência.

No caso de Belmiro, a visão que tem sobre a literatura, sobretudo a de que ela o transforma em um ser "olímpico", não se sustenta. Caso se sustentasse, a literatura realmente seria a redenção de seus problemas, como ele afirma, mas não é isso que temos em grande parte do livro, o que mostra que a escrita da procura de si mesmo tem pouco a lhe revelar, até mesmo porque, como bem apontaram críticos como Schwarz e Luís Bueno, ele trata de tudo com superficialidade, "não quer entender nada profundamente, deseja apenas uma explicação que lhe acalme o espírito" (BUENO, 2008, p. 556) e, por isso, não entra em contato direto com os conflitos.

Daí surge em Belmiro a sensação de que a literatura não é suficiente, de que ela não poderá ajudá-lo — na verdade, de que ela nunca pôde, já que ele chega à conclusão de que está no mesmo ponto em que estava antes da escrita, sobretudo de que ainda não conseguiu encontrar a própria identidade: "Quantas contradições, quão diversos estados de espírito, que inexperiência, que desconhecimento de nós próprios! Há pouco mais de um ano escrevi a primeira página." (AB, p. 209)

A verdade é que, durante o tempo em que a narrativa se passa, a escrita é sua única ação. Justamente por isso, após todas as reflexões que faz sobre a imobilidade de sua vida, Belmiro a leva à exaustão e passa a não acreditar mais nela.

> A reflexão e a excessiva autoanálise são formas de aniquilamento, e o que se aniquila é a própria vida. É o que nos lembra o mito fáustico: o amor — vida — estrangulado pelo conhecimento. Ao contemplar-se nas águas, Narciso acaba por submergir no abismo que sua imagem oculta. (MÁLAQUE, 2004)

Ao voltarmos ao início do primeiro capítulo, em que Belmiro já dizia: "[...] chegamos à conclusão de que todos os problemas eram insolúveis" (AB, p. 15), percebemos que a conclusão à qual ele chegou após tanta reflexão já havia sido dada.

O diário, que deveria ser a chave para respostas de Belmiro, é também seu fim.

> Fali na vida, por não ter encontrado rumos. Este Diário, ou coisa que o valha, não é sintoma disso? (Ocorrem-me umas palavras bem significativas de Gregorio Marañón: "En el hombre adulto la práctica del Diario equivale a una supresión progresiva de la personalidad activa, social, de su autor. En realidad, un Diario equivale a un lento suicidio.") (AB, p. 193)

Ao mesmo tempo que chega à terrível conclusão de que já não há o que fazer, de que se encontra no mesmo ponto em que estivera há quase dois anos (já que a narrativa se passa entre o final de 1934 e o início de 1936), há uma quebra importante dessa aparente circularidade que ele nos apresenta. Belmiro ainda tem fôlego para reagir e encerrar o romance com uma pergunta "— Que faremos, Carolino amigo?". (AB, p. 228)

Mesmo tendo seguido um caminho que não o levou nem a se autoconhecer, nem a movimentar sua vida paralisada, como se o ano de 34 quase se fundisse ao de 36, tamanha a aproximação de seus sentimentos e sensações, ele ainda olha, num movimento contraditório, para o futuro, sobretudo se pensarmos nas páginas de desilusão e conformismo que se arrastam desde o momento da viagem de Carmélia e Jorge para a lua de mel, a partir do capítulo 79, "Partida".

Mesmo após levar a escrita à exaustão, ainda lhe resta a sensação de dúvida quanto ao futuro, e a pergunta, ao mesmo tempo que tem o tom de esperança, já que lança o olhar mais adiante, tem também o tom de desespero, de quem perdeu a única coisa que lhe sobrou e não chega a nenhuma conclusão. Afinal, toda a trajetória o levou para a dúvida.

Ao falar de literatura, Luís da Silva se mantém, na maior parte do tempo, crítico. Já no primeiro fragmento temos a relação que ele faz entre as obras literárias expostas nas vitrines com as prostitutas. Em outros trechos, ele comenta sobre sua produção literária, sobretudo seus sonetos, como mais uma mercadoria que só serve para ser "mijada" por ratos e vendida a rapazes que querem impressionar as namoradas.

Sua relação com a escrita será sempre conflituosa, pois ela serve ao mesmo tempo como diferenciação social que o afasta dos "vagabundos", já que o aproxima de figuras importantes da sociedade, e como instrumento de trabalho:

Olhei a minha roupa. Estava imunda, com um rasgão no joelho, dasarranjado. Mas usava palavras de gente bem-vestida. (A, p. 205)

— Um homem sapeca as pestanas, conhece literatura, colabora nos jornais, e isto não vale nada? Pois sim. É só pegar um carvão, sujar a parede. Pois sim. (A, p. 171)

Com o andamento do romance, percebemos que, à medida que a narrativa passa, a dificuldade que Luís sente em relação à escrita de encomenda aumenta: "a literatura cambembe para os políticos da roça tinha parado". (A, p. 107)

Diante desse quadro, surge a escrita do romance, que só aparece como solução após Luís verificar que o assassinato de Julião Tavares (primeira tentativa de solução) não trouxera nenhum alívio para suas angústias.

Observamos que essa vontade é antiga nele, e que está intimamente ligada ao prestígio de vir a ser lido, caso publicasse um livro algum dia. Diante desse contexto, a literatura é também uma forma de *status* — assim como o casamento, do qual tratamos anteriormente, e surge justamente diante da impossibilidade de sua realização.

> Enquanto estou fumando, nu, as pernas estiradas, dão-se grandes revoluções na minha vida. Faço um livro, livro notável, um romance. [...] E ouvirei as censuras resignado. Um sujeito me dirá:
> — Meus parabéns, seu Silva. O senhor escreveu uma obra excelente. Está aqui a opinião dos críticos.
> — Muito obrigado, doutor. (A, p 140)

Outro elemento importante que a escrita dá a Luís é o direito à fala. Sua fala ou é vendida — por meio dos artigos que escreve — ou é "roubada" por tipos como Julião Tavares. "Soltei a pena, Moisés dobrou o jornal, Pimentel roeu as unhas. E assim ficamos seis meses, roendo as unhas, o jornal dobrado, a pena suspensa, ouvindo opiniões muito diferentes das nossas." (A, p. 59) Ao escrever as notas, nas quais coloca fragmentos de sensações e sentimentos, está em território um pouco mais livre, não tão vigiado e coagido como sempre esteve — a não ser por si mesmo —, tanto que é exatamente nelas que faz a confissão do crime que cometeu.

Se o livro é para Belmiro a busca da identidade, para Luís passa a ser a tentativa de recompor a vida, para encontrar nela alguma unidade. A verdade é que essa busca não pode ser feita devido ao fato de os sentimentos que o levaram a fazer tudo o que fez ainda estarem vivos nele; é por isso que a estrutura do livro é em parafuso.[4] Não se pode respirar após sua leitura, por isso voltamos para o início do livro depois de lermos o último fragmento.

---

[4] O mesmo se passa na vida de Luís da Silva, que se denomina "parafuso". "Eu era um sujeito de fala arrevesada e modos de parafuso." (A, p. 124)

Diferentemente do livro de Cyro dos Anjos, que termina com uma pergunta que nos projeta ao futuro, em *Angústia* não há pergunta no final que indique ao menos o desejo de futuro; não há a sensação de nossa parte, leitores, de que a personagem queira ou possa, de alguma maneira, movimentar-se. Desta forma, cabe a nós perguntarmos para que serve, afinal, a literatura na vida dessa personagem.

Como podemos perceber, nos dois livros há uma sensação de não fim, de não resolução, como se os narradores estivessem emparedados no mundo, sem saber ao certo o que fazer.

É aí que entra o leitor, que deve ser crítico e superar aquilo que é dado nos dois romances. Benjamim Abdala Junior trata disso ao retomar o tema do "emparedamento", muito recorrente quando se trata das obras de Graciliano Ramos, no tocante à circularidade e à aparente falta de perspectivas futuras:

> As ações dos sujeitos do enunciado se explicam pela ação dominantemente centrípeta desse campo situacional. O futuro já é um espaço de aspiração — efeito, como já foi afirmado, que a enunciação procura no leitor. Não que esse leitor vá ter uma visão do paraíso terrestre — um mundo idílico oposto às mazelas vividas pelas personagens de Graciliano Ramos. Não, o efeito desejado é outro, de ordem crítica: uma visão processual e mais totalizadora das origens das carências, de seus emparedamentos, que pode abrir ao leitor a possibilidade de romper com esses limites da convenção estabelecida, exercitando e desenhando, pela criticidade, redes articulatórias tendentes a outros horizontes. (ABDALA JR., 2012, p. 144)

Esse é o papel do leitor, que em alguns momentos é evocado em *Angústia*: "sempre fui alheio aos casos de sentimento. Trabalhos, compreendem?" (A, p. 47), e que aparece em *O amanuense Belmiro* mais como uma dúvida de se realmente aqueles escritos serão lidos algum dia. Ele é peça-chave para que as obras não se fechem, para que se mostre uma luz, uma saída, mesmo que não revelada, às situações vividas pelas personagens.

Para exemplificar essa leitura *a posteriori*, segue, em um artigo que saiu logo após *Angústia* ser publicado, o registro feito por Carlos Lacerda do que estaria por trás da voz ainda sufocada de Luís. Esta interpretação só pode ser feita pelo leitor que sai do texto, já que em nenhum momento esta leitura é dada pelo narrador.

> Tornai o homem um animal feliz, deixai que ele pense, que ele goze, que ele viva! (Insensivelmente me vem à cabeça aquele anúncio: "Largue-me, deixe-me gritar!" Nos muros que cercam os caminhos do personagem Luís da Silva há inscrições como a desse anúncio.) (LACERDA in RAMOS, 2011, p. 255)

O "grito" anunciado por Lacerda não poderia ser dado por Luís da Silva, mesmo porque ele não tem a consciência que o leitor tem, nem o afastamento necessário, já que ainda (re)vive todos os dramas passados com a mesma intensidade do presente. Ele está submerso no sistema como parte dele e não conhece outras possibilidades, uma vez que suas condutas estão sempre de acordo com aquilo que a sociedade espera dele (exceto, obviamente, o assassinato e a escrita de um livro pessoal); por isso, ele sabe que gritar não lhe seria permitido.

O mesmo acontece com Belmiro. Não podemos imaginá-lo agindo de outra forma a não ser através da literatura; mas, como sabemos, ela não trouxe respostas e, no final do livro, o narrador deixa bem claro que a escrita não é mais possível, pois não traz conforto nem respostas, tanto que pergunta ao novo amigo o que se deve fazer após essa constatação. Obviamente, a resposta não será dada, e caberá a nós, leitores, imaginarmos se Belmiro realmente seria capaz de tentar outra solução. A partir do quadro que temos da personagem, imaginamos que a resposta seja negativa, e que a previsão de Belmiro, de que passará os próximos 32 anos de sua vida se arrastando, parece bem plausível — esse é o cálculo que faz com base na estimativa de que viverá até os 70 anos. Mas, ao mesmo tempo, o livro traz uma inquietação, pois, já que a literatura não se mostrou como uma solução, para que ela teria servido?

Luís Bueno encontra uma resposta bastante interessante; para isso, ele se apoia no texto "Estratégia", de Antonio Candido, no qual este crítico afirma que Cyro dos Anjos "nos leva a pensar no destino do intelectual na sociedade". (CANDIDO, 2004, p. 77) Luís Bueno chega à seguinte constatação, ao se referir a Belmiro: "é uma representação de si mesmo [aqui devemos pensar também do intelectual em geral] que aponta para o quanto é redutor ficar restrito ao próprio umbigo." (BUENO, 2008, p. 575)

A escrita literária, única ação à qual um intelectual como Belmiro pode recorrer, não revelou nenhum caminho; aliás, ela serve o tempo todo para problematizar o alcance da literatura enquanto solução de problemas concretos.

Como podemos perceber, os dois escritores não eram adeptos da escrita de fácil resolução, que foi uma prática muito comum na época, sobretudo por escritores que procuravam ser didáticos para que fossem mais lidos e assimilados, escrevendo romances em que a resposta estava dada e cabia ao leitor apenas absorvê-la, como em Jorge Amado, entre outros. Graciliano Ramos e Cyro dos Anjos escrevem para um leitor-construtor que faça os questionamentos e tente encontrar possíveis respostas, tendo em vista as limitações dos narradores.

Para a patente imobilidade de Luís e Belmiro, a escrita era, sem dúvida, uma das únicas formas de tentar lidar com o mundo: tentar entendê-lo, buscando entender a si mesmo e encontrar, enfim, seu lugar nele. Como procuramos demonstrar neste artigo, a escrita foi a reação possível de nossos narradores-protagonistas dentro de suas condições tanto materiais quanto intelectuais.

É importante salientar que tanto Belmiro quanto Luís da Silva se constituem como narradores-protagonistas que se configuram enquanto objeto de crítica dos próprios romancistas. Luís é tão ensimesmado, tão individualista, que vê no crime a saída para seus problemas, e ironicamente se torna mais ensimesmado e mais problemático do que antes. Já Belmiro, além de não agir, vive entre a adolescência e a vida adulta — uma vez que evoca um mito de seu passado, condição que ele próprio ironiza.

As duas obras trazem, portanto, o homem brasileiro comum, letrado, funcionário público, com algum conhecimento de mundo, mas sem muitas oportunidades de mudança e que, por vivenciá-lo, conhece bem o processo histórico do país, as mudanças ocorridas e, principalmente, aquilo que estava estagnado. Luís da Silva e Belmiro acompanharam desde a decadência de seus avós e pais até as revoluções que estavam acontecendo no Brasil, dados suficientes para perceberem que a sociedade, embora aparentemente em progresso, estava tão estagnada quanto eles.

Referências bibliográficas

ABDALA JUNIOR, Benjamin. *Literatura comparada & relações comunitárias, hoje*. São Paulo: Ateliê Editorial, 2012.
ANJOS, Cyro dos. *O amanuense Belmiro*. São Paulo: Globo, 2006.
BILENKY, Marlene. *A poética do desvio*: a forma diário em *O amanuense Belmiro* de Cyro dos Anjos. Tese (Doutorado em Literatura Brasileira) — Universidade de São Paulo, São Paulo, 1992.
BUENO, Luís. *Uma história do romance de 30*. São Paulo: Edusp, 2006.
CANDIDO, Antonio. *Ficção e confissão*. Rio de Janeiro: Editora 34, 1992.
_____. Estratégia. In: *Brigada ligeira*. Rio de Janeiro: Ouro sobre Azul, 2004.
FAORO, Raymundo. *Os donos do poder*. v. II. Porto Alegre: Editora Globo, 1976.
GARBUGLIO, José Carlos et al. *Graciliano Ramos*. São Paulo: Ática, 1987.
LAFETÁ, João Luiz. À sombra das moças em flor. In: *A dimensão da noite e outros ensaios*. São Paulo: Editora 34, 2004.
MÁLAQUE, Keila Mara Sant'Ana. *O amanuense Belmiro* e o gênero diarístico. In: VIII Congresso Nacional de Linguística e Filologia. Rio de Janeiro: UERJ, 2004. Disponível em: <http://www.filologia.org.br/viiicnlf/anais/caderno11-12.html>.
RAMOS, Graciliano. *Angústia*. Rio de Janeiro: Record, 2011.

10. *São Bernardo* e *Casa na duna*: proprietários rurais no capitalismo periférico

Miguel Yoshida

> "Os homens fazem a sua própria história, mas não a fazem segundo a sua livre vontade, em circunstâncias escolhidas por eles próprios, mas nas circunstâncias imediatamente encontradas, dadas e transmitidas pelo passado. A tradição de todas as gerações mortas pesa sobre o cérebro dos vivos como um pesadelo."
>
> Karl Marx, 1852

São Bernardo, de Graciliano Ramos, teve sua primeira edição em 1934 — há mais de oitenta anos; desde então, suscita fecundos debates e polêmicas em torno não só da composição literária, mas também da interpretação da formação social brasileira. A trajetória de vida de Paulo Honório, proprietário rural nordestino e narrador de sua própria história, se constitui como uma das mais marcantes da literatura brasileira.

Este romance nos traz um conhecimento da dinâmica de desenvolvimento do capitalismo em um país periférico. Contudo, a realidade não é apresentada por meio de descrições conceituais econômicas, geográficas ou históricas; antes, todos estes aspectos estão presentes na história de vida desse proprietário rural e nas relações que ele estabelece com os que vivem em seu entorno.

Em termos formais, o autor se vale de uma tradição literária com raízes nos realismos francês, russo e brasileiro do século XIX — as principais referências nesse sentido seriam Stendhal, Balzac, Tolstoi, Dostoievski e Machado de Assis. No entanto, ele incorpora também técnicas de composição fruto de conquistas, por exemplo, do modernismo brasileiro e das vanguardas artísticas europeias de inícios do século XX, sobretudo o antiacademicismo, que no campo da literatura — principalmente no Brasil — é marcado pela valorização de uma linguagem até então não considerada como literária. São as conquistas formais do primeiro momento do modernismo que abrirão espaço para ele construir uma obra em "brasileiro de matuto", como o próprio autor explica em carta a sua esposa Heloisa: "O *S. Bernardo* está pronto, mas foi escrito quase todo em português, como você viu. Agora está sendo traduzido para o brasileiro, um brasileiro encrencado, muito diferente desse que aparece nos livros da gente da cidade, um brasileiro de matuto." (RAMOS, in: BOSI et al., 1987, p. 235)

A obra de Graciliano é, ao mesmo tempo, um ponto de chegada e um ponto de partida desta tradição. Tome-se, por exemplo, Carlos de Oliveira, um dos principais autores do chamado "neorrealismo" em Portugal. O seu primeiro romance, *Casa na duna*, publicado em 1943, também tem como protagonista um proprietário rural em decadência, Mariano Paulo, tal como em *São Bernardo*. Nele, podem-se acompanhar as transformações econômicas de uma pequena aldeia camponesa na região da Gândara portuguesa e a forma como isso transformará também as personagens. Aqui, igualmente, apreendem-se estas mudanças a partir do desenrolar da vida cotidiana de homens e mulheres que ali vivem.

A semelhança temática entre estas obras, ao mesmo tempo que remonta à tradição mencionada — e a presença de autores brasileiros entre os neorrealistas portugueses é algo declarado —, parte da realidade atrasada do campo português. No que toca à escrita, a técnica de composição de Carlos de Oliveira está permeada das conquistas formais da primeira metade do século XX, mencione-se entre outras a utilização do discurso indireto livre, bem como dos fluxos de consciência.[1]

O pano de fundo desse romance é a modernização de Portugal, subordinada aos interesses dos países do capitalismo central, como um dos pilares do regime fascista de Antonio Salazar. A história e a decadência de Mariano Paulo e de sua propriedade — a quinta dos Paulo — estão condensadas na bem-sucedida fatura literária que é *Casa na duna*.

---

[1] A relação entre as obras destes dois autores foi trabalhada por Abdala Junior (1981).

Essas duas obras[2] plasmam as trajetórias de proprietários rurais em diferentes momentos e países de capitalismo periférico, o que lhes garante a sua especificidade. Porém, eles também guardam muitas semelhanças entre si e se abrem para uma perspectiva mais ampla, além da dinâmica de vida de cada uma das regiões.

O objetivo do presente texto é estabelecer alguns parâmetros de comparação entre esses romances, tendo como fio condutor a condição de proprietário rural dos protagonistas em países de capitalismo periférico. As especificidades de cada realidade e de cada obra serão ressaltadas com o intuito de verificar que, apesar de suas diferenças, ambas se efetivam como expressões literárias, configuram artisticamente o mundo dos homens, trazendo uma defesa da *humanitas,* nos termos de G. Lukács, e propiciando um autoconhecimento deste mundo.

* * *

As vidas de Paulo Honório e de Mariano Paulo devem ser compreendidas nos marcos históricos do modo de produção capitalista; não apenas em seus aspectos econômicos, mas como uma totalidade que abarca todas as esferas do ser, impregnando sua lógica — calcada na alienação do trabalho — nas estruturas de consciência (subjetividade) dos seres sociais. Justamente por ser uma forma de se organizarem socialmente a produção e a reprodução da vida, ela condiciona também as formas de consciência dos seres que, por sua vez, incidem sobre a sua forma de existência, sobre suas ações e atitudes cotidianas.

A trajetória de Paulo Honório, um guia de cego que se torna grande proprietário rural, é uma exceção nesse modo de produção, que, no entanto, confirma a regra. As características históricas brasileiras que saturam a sua consciência — e a expressão literária que ganham nesse romance — são fundamentais para uma análise da tragédia e das contradições vividas por ele. Trata-se, então, da história do conflito entre capital e trabalho — vista da perspectiva do capital — encarnada em um ser social da periferia do

---

[2] As edições dos romances utilizadas neste artigo são: RAMOS, G. *São Bernardo.* 26. ed. Rio de Janeiro: Record, 1976. OLIVEIRA, C. *Casa na duna.* 7. ed. Lisboa: Assírio & Alvim, 2004. Doravante elas serão referenciadas respectivamente como SB e CD.

capitalismo; um ser que avança sem vacilar para conquistar a fazenda São Bernardo, mas que se vê paralisado, aos 50 anos de idade, refletindo sobre sua vida e o sentido que deu a ela.

No que toca à vida (e à propriedade) de Mariano Paulo, ela se situa em um Portugal eminentemente ruralizado, com predomínio da população camponesa. Diferentemente do Brasil, marcado pela escravidão, as relações sociais predominantes antes do estabelecimento do capitalismo eram as de servidão, específicas de um modo de produção feudal (cf. CUNHAL, 1997). A propriedade dos Paulo, central no romance, é a sua expressão maior; a especificidade da trajetória desse proprietário rural é justamente a contradição entre esse antigo modo de existência — com seu ritmo e lógicas próprios — e a expansão do capitalismo para essa região esquecida.

Assim como a brutalidade de Paulo Honório é traço característico da herança escravista brasileira, olhar o passado buscando recuperar a tradição de sua família é uma especificidade de um setor da classe dominante rural portuguesa. É interessante notar que a perspectiva de cada um dos proprietários se dá em sentido contrário, ainda que ambos e suas respectivas propriedades acabem decadentes; Paulo Honório se beneficia das transformações em curso no campo brasileiro, que lhe possibilitam conquistar São Bernardo. Por outro lado, Mariano Paulo está preocupado em manter a quinta, fundada por seus antepassados, funcionando nos mesmos moldes que até então se realizara historicamente, frente a uma realidade em constante transformação.

O que há em comum a esses dois proprietários é o fato de estarem submetidos a uma dinâmica social que perturba a ordem de suas vidas. Suas perspectivas também são semelhantes: a manutenção da propriedade; no entanto, eles estão em polos opostos, pois as transformações decorrentes da extensão do capitalismo para o campo, que possibilitam a ascensão de Paulo Honório, são justamente as que fazem a tragédia de Mariano Paulo. Dessa oposição constata-se a contradição que se estabelece entre um proprietário fundiário pré-capitalista e um capitalista.

Eis um breve parêntese para situarmos este debate. Na Europa, a transição da sociedade feudal para a capitalista é fruto de um longo processo envolvendo principalmente o desenvolvimento da indústria — decorrente do avanço das forças produtivas — e, logo, o surgimento e consolidação da burguesia como classe social. Esta, paulatinamente, passa a deter o controle da economia e se coloca em luta com vistas a controlar também o poder político — nesse sentido a Revolução Francesa de 1789 é exemplar. Tais transformações trazem consigo mudanças na forma de dominação, segundo Marx e Engels:

> [A burguesia] Dilacerou sem piedade os laços feudais que mantinham as pessoas amarradas a seus "superiores naturais" sem pôr no lugar qualquer outra relação entre os indivíduos que não o interesse nu e cru do pagamento impessoal e insensível "em dinheiro" [...]. Em uma palavra, *no lugar da exploração encoberta por ilusões religiosas e políticas ela colocou uma exploração aberta, desavergonhada, direta e seca.* (MARX; ENGELS, 2008, p. 12, grifos nossos)

É essa contradição entre as consciências presas à forma de dominação de uma determinada época que pode ser explorada nos romances em questão. Ressalte-se, no entanto, que a expressão literária desse processo parte da realidade em que os autores estão inseridos. Dessa forma, é interessante perceber como cada uma das obras leva em conta as especificidades históricas dos seus países para construir personagens e suas trajetórias típicas. (cf. ENGELS, 2012)

Os proprietários e sua forma de dominação

No caso do romance brasileiro, as contradições entre as diferentes formas de dominação se expressam, por exemplo, quando comparadas as práticas de Paulo Honório e de Seu Ribeiro. No capítulo sete, de *São Bernardo* conhece--se a história deste último, guarda-livros da fazenda. Ele era um antigo dono de terras, em um pequeno povoado do nordeste brasileiro, que zelava pelo seu andamento ordeiro e pacífico, exercendo a função de vários poderes: econômico, era dono dos grandes algodoais; educativo, era ele quem lia as cartas e contava histórias para a população analfabeta; religioso, sua mulher era a responsável por rezar o terço; moral, ele casava as meninas grávidas com "o sedutor" responsável; policial, prendia os assassinos da região; e político, pois desfazia as confusões na feira e organizava a vida do povoado. Entretanto, com a extensão das relações capitalistas para o campo e todas as transformações daí decorrentes, como, por exemplo, a divisão social do trabalho, estas funções foram sendo ocupadas por especialistas (médicos, advogados, vigário, escola, cinema etc.); ele foi perdendo cada vez mais espaço, até se ver decadente e ter de migrar para a capital e se empregar como guarda-livros por um salário miserável. Eis a imagem que Graciliano, pelas palavras de Paulo Honório, constrói desse descompasso entre a antiga forma de dominação própria de uma sociedade pré-capitalista e as novas necessidades surgidas deste modo de produção: "— Tenho a impressão de que o senhor deixou as suas pernas debaixo de um automóvel, Seu Ribeiro. Por que não andou mais depressa? É o diabo." (SB, p. 36)

Na sequência, Paulo Honório nos relata o funcionamento de S. Bernardo, a sua compreensão capitalista da dinâmica dessa sociedade e como agiu para construir e ampliar sua propriedade e poder. Ele conta da expansão dos limites de sua fazenda com relação às terras de Mendonça, que "morreu" — na verdade assassinado em uma emboscada; às dos Gama que "pandegavam" no Recife; às de Fidélis que era paralítico. A sua cerca só não avança em direção à do dr. Magalhães, juiz da região que possibilitou que algumas das "questões mais sérias" decorrentes do avanço dos limites de sua propriedade fossem resolvidas pelo advogado do proprietário. Paulo Honório moderniza o local construindo estradas para o trânsito das mercadorias e das máquinas que importara. Além disso, também é elogiado na *Gazeta*, em troca de cem mil-réis.

Ele incorpora em sua prática a "estrutura de consciência" (LUKÁCS, 2003; MÉSZÁROS, 2006) própria do capitalismo, cuja expressão máxima é a reificação das relações sociais. Ele compreende a divisão social do trabalho e, em vez de buscar congregar em si as diferentes esferas de poder, ele as submete pela força do dinheiro. Seu Ribeiro é para ele um ser de um tempo passado, que expressa uma outra forma de dominação. Estabelecendo um paralelo entre o romance e uma análise da dinâmica de desenvolvimento da sociedade burguesa, recorremos a uma passagem de K. Marx sobre as características de um proprietário pré-capitalista:

> Enquanto espécie particular do trabalho [...] traz ainda em si própria o caráter feudal da sua oposição na forma do monopólio, grêmio, guilda, corporação etc. no interior de cujas determinações o trabalho ainda tem um significado aparentemente social, ainda tem o significado da comunidade real.

> [...] O proprietário da terra faz valer a nobreza de nascimento da sua propriedade, os souvenirs feudais/reminiscências, a poesia da recordação, a sua essência de visionário, a sua importância política etc. (MARX, 2015, p. 327, 329)

Esta comparação também é possível em *Casa na duna*; aqui a perspectiva do proprietário de consciência pré-capitalista será predominante. Mariano Paulo, protagonista do romance, cultiva sua propriedade no mesmo ritmo dos seus antepassados, da natureza, alheio à ação do homem, que vive sob os desígnios divinos. Além disso, a compreensão que ele tem de seu papel social, como alguém responsável pela vida dos trabalhadores e da comunidade dependente dele, é também uma marca dessa consciência pré-capitalista. Eis o que nos diz o narrador sobre Mariano Paulo:

> Silvério Coxo e os descendentes não haviam erguido a pulso a maior casa de Corrocovo, esforços, tenacidade, privações, para que ele, Mariano Paulo, a deixasse levar pela voragem.
> [...]
> Os próprios trabalhadores serviam a família dos Paulos há gerações, arrancando àquele chão o milho, o vinho, através dos anos. Se a quinta se esbarrondasse, que seria deles? [...] (CD, p. 670)

A poesia da recordação é o sentido último da vida de Mariano Paulo que a todo momento evoca seus antepassados na construção da propriedade; sua tarefa na vida, nesse sentido, é manter e dar continuidade à sua linhagem. No entanto, a abertura de estradas na região até então isolada, a modernização da produção agrícola através do uso de máquinas, em suma, a extensão do capitalismo para o campo se constitui como um grande entrave a seu objetivo. Ele se vê obrigado a buscar alternativas para manter sua propriedade.

Preso à sua quinta, a única saída que lhe parece possível vem de dentro dela: construir uma fábrica de telhas com a argila que consegue retirar dali. Isso implica o investimento de seus últimos recursos financeiros; é sua derradeira tentativa de vencer a modernização. Há, no entanto, uma diferença em suas atitudes; se até então todo o ritmo da produção era ditado pelo tempo da natureza, Mariano Paulo pela primeira vez age acelerando-o, e em quinze dias ergue um galpão — com o trabalho de seus empregados — que será a fábrica de telhas. Por outro lado, ele segue atado à época passada, pois, quando dr. Seabra — médico e amigo de longa data de Mariano — lhe sugere compor uma sociedade empresarial com um rico comerciante — algo comum nas práticas capitalistas desde muito tempo —, para não ter de arcar sozinho com os custos, este rechaça imediatamente a ideia, preferindo agir só.

O fato é que o movimento social — do capital — é mais forte que este proprietário e novamente a sua empresa será impedida pela concorrência exterior; abre-se uma estrada — tal qual a de Paulo Honório no caminho de S. Bernardo — que tira a pequena vila do isolamento, possibilitando a entrada dos "grandes negociantes e industriais da cidade".[3] A perspectiva pela qual Mariano enxerga o mundo não lhe permite compreender que tudo isso é fruto do desenvolvimento das forças produtivas, do trabalho dos homens; ele debita seu insucesso a uma maldição de tempos imemoriais, para além dos desígnios humanos, algo divino: "Uma praga antiga, uma maldição que vem de longe. Há muito que os Paulos foram condenados. Para pagar agora." (CD, p. 118) Frente à decadência, a única explicação encontrada por Mariano Paulo é religiosa, uma espécie de magia que governa os destinos humanos.

Pelo que se viu até agora é possível verificar como Paulo Honório e Mariano Paulo se situam em polos opostos no que toca à perspectiva de proprietários rurais, não obstante ocupem a mesma posição social. Essa diferença é perceptível também na economia dos romances. Por exemplo, tanto num quanto noutro se narra a negociação para a conquista de uma nova propriedade — em *Casa na duna*, a tentativa frustrada do protagonista de diversificar sua atividade econômica adquirindo fornos para a fabricação de cal; em *São Bernardo*, a compra da propriedade de Luís Padilha, fito da vida de Paulo Honório. Em ambos os casos essa ação é determinante na organização do romance, o desdobramento — bem-sucedido ou não — da negociação transforma os destinos de Mariano Paulo e de Paulo Honório.

---

[3] V. I. Lenin, ao tratar do fenômeno do imperialismo, que se inicia em fins do século XIX, diz o seguinte: "A construção de ferrovias é aparentemente uma empresa simples, natural, democrática, cultural, civilizadora: assim a apresentam os professores burgueses, pagos para embelezar a escravidão capitalista, e os pequeno-burgueses reacionários. Na realidade, os múltiplos laços capitalistas, mediante os quais essas empresas se encontram ligadas à propriedade privada dos meios de produção em geral, transformaram a referida construção de ferrovias num instrumento para oprimir *bilhões* de seres." (LENIN, 2012, p. 27)

A perspectiva histórica, ou, valendo-nos de uma categoria de G. Lukács, a fisionomia intelectual de cada um dos proprietários pode ser depreendida da postura que adotam em seus atos: enquanto a negociação das letras e dos fornos é marcada pela *espera* de Mariano Paulo, o dono de S. Bernardo *age constantemente* para forçar a ruína de Padilha.

Além disso, enquanto a aquisição de S. Bernardo nos é narrada em apenas um capítulo, o quarto, em *Casa na duna* a espera pelo desfecho da negociação se arrasta do capítulo XII ao XVIII, marcado por interrupções. Podemos associar a rapidez do relato da conquista de S. Bernardo ao fato de o narrador ser Paulo Honório, que não vacila nas negociações e age decididamente; decisão esta que se figura também na sua escrita. Em *Casa na duna*, o ritmo da narrativa segue de perto o do proprietário, marcado pela lentidão e pela espera.

Os proprietários e suas marcas históricas

Paulo Honório e o capitalismo periférico brasileiro

Com relação à ascensão de Paulo Honório, devemos relembrar que ela se dá num momento de extensão (ou generalização) das relações capitalistas no campo, no Brasil, em inícios do século XX. Uma das principais características dessa transição é o fato de ela se operar a partir de um acordo entre os diferentes setores dominantes. Podemos afirmar com Florestan Fernandes que estamos no início da "era burguesa". (cf. FERNANDES, 2006) Além disso, estas transformações se deram sempre na base da conciliação entre as antigas e novas classes dominantes; segundo Carlos Nelson Coutinho

> [...] o processo de modernização econômico-social no Brasil seguiu uma "via prussiana" (Lenin) ou uma "revolução passiva" (Gramsci) [...] as transformações ocorridas em nossa história não resultaram de autênticas revoluções, de movimentos provenientes de baixo para cima, envolvendo o conjunto da população, mas se processaram sempre através de uma conciliação entre os representantes dos grupos opositores economicamente dominantes, conciliação que se expressa sob a figura política de reformas "pelo alto" [...]. (COUTINHO, 2011, p. 45)

A oligarquia rural dominante não foi deposta por uma burguesia ascendente; ao contrário, os elementos desta foram recrutados dentro das oligarquias rurais. (cf. SODRÉ, 2002) Esta manutenção no padrão de dominação — e na própria constituição — da classe dominante brasileira moldará o seu caráter autocrático carregado de heranças escravistas.

Paulo Honório é figura exemplar desta consolidação conservadora da dominação burguesa, pois, ao mesmo tempo que é fruto das transformações capitalistas no Brasil, sua mentalidade é plasmada pela tradição de dominação oligárquica. Ressalte-se que, apesar de ele provir das camadas trabalhadoras empobrecidas, ao se constituir como proprietário ele adere à perspectiva das oligarquias. Isso se expressa, entre outros aspectos, no trato que dispensa aos seus empregados.

A forma de dominação que exerce — e isso qualifica sua condição de proprietário rural em um país da periferia do capitalismo — está saturada de uma herança escravocrata. É nesse sentido que o seu recurso à violência — como algo corrente e trivial — aparece, para ele, como natural. Sua brutalidade é parte constitutiva (e por que não dizer necessária) de sua ação com vistas a concretizar o seu objetivo. É de se notar que a violência aparece para Paulo Honório como algo que desencadeia o seu caminho ascendente até conquistar S. Bernardo; segundo o próprio narrador, o seu "primeiro ato digno de referência" — porque até então era um trabalhador de eito — foi esfaquear João Fagundes por causa de uma mulher. Ele também nos narra com naturalidade os artifícios utilizados para concretizar o negócio com dr. Sampaio:

> [...] *caí-lhe em cima, de supetão. Amarrei-o, meti-me com ele na capoeira, estraguei-lhe os couros nos espinhos dos mandacarus,* quipás, alastrados e rabos-de-raposa.
>
> — Vamos ver quem tem roupa na mochila. *Agora eu lhe mostro com quantos paus se faz uma canoa.*
>
> [...] *O que há é que o senhor vai espichar aqui trinta contos e mais os juros de seis meses. Ou paga ou eu mando sangrá-lo devagarinho.*
> (SB, p. 14, grifos nossos)

Paulo Honório agirá energicamente contra tudo e todos que se colocarem como obstáculo aos seus objetivos. Podemos tomar como exemplo o marcado desprezo com o qual encara Luís Padilha, que condensa em si dois aspectos ameaçadores: a) representa o antigo proprietário de S. Bernardo, lugar em que, sob o comando de Salustiano, Paulo Honório teve de gastar "muita enxada ganhando cinco tostões por doze horas de serviço" (SB, p. 13); b) é detentor do saber letrado — fora educado para ser doutor — e professa ideias em favor dos trabalhadores, contra a propriedade privada. Tal atitude, pela perspectiva de Paulo Honório, parece decorrer deste tipo de conhecimento. O saber letrado é identificado a uma compreensão crítica da realidade.

Outro personagem também detentor deste saber é Madalena, central no desenrolar da tragédia de Paulo Honório. A primeira notícia que se tem dela por parte do narrador é a seguinte:

> No outro dia, de volta do campo, encontrei no alpendre João Nogueira, Padilha e Azevedo Gondim elogiando umas pernas e uns peitos. Elevaram a conversa.
> — Mulher educada, afirmou João Nogueira. Instruída.
> — E sisuda, acrescentou Azevedo Gondim.
> Padilha não achou qualidade que se comparasse aos peitos e às pernas. (SB, p. 42)

Ressaltam-se seus atributos físicos, segmentando-a, deixando em segundo plano as suas características psicológicas. Em outros termos, pode-se dizer que se ressaltam os aspectos imediatos, aparentes, sem relegar muita importância à essência que acompanha essa aparência. A decisão de estabelecer uma relação conjugal com Madalena parte de uma resolução prática de Paulo Honório com vistas à perpetuação de sua propriedade; ele amanheceu "um dia pensando em casar. Foi uma ideia que me veio sem que nenhum rabo de saia a provocasse [...] o que sentia era desejo de preparar um herdeiro para as terras de S. Bernardo". (SB, p. 54) Mais uma vez a ideia de uma mulher surge em pedaços: "Tentei fantasiar uma criatura alta, sadia, com trinta anos, cabelos pretos — mas parei aí. Sou incapaz de imaginação, e as coisas boas que mencionei vinham destacadas, nunca se juntando para formar um ser completo." (SB, p. 54) A mulher, segundo a racionalidade capitalista de Paulo Honório, seria, neste sentido, apenas um instrumento para lhe prover o herdeiro; a partir disso a sua busca assume os contornos de um negociante atrás de um bom negócio; a descrição física que temos de Madalena — indicativa de uma aparente fragilidade — se encaixa nas pretensões de Paulo Honório. O narrador estabelece uma clara relação entre o "querer bem à pequena" e sua aparente fragilidade. Ele ressalta aqui as características que interessam diretamente ao seu objetivo — arranjar herdeiro para S. Bernardo — sem vacilar em qualquer instante quanto à resolução maior de sua vida: a prosperidade de sua fazenda sob o seu mais absoluto controle.

Paulo Honório, em sua consciência de capitalista, encara todas as suas relações sob a ótica do lucro e das vantagens que elas lhe trarão na manutenção de S. Bernardo. Ele situa-se no terreno das relações reificadas, em que pessoas se relacionam mediadas pelas coisas, tudo e todos se tornam mercadorias passíveis de ser trocadas. Este fenômeno, que se inicia nas relações estabelecidas na produção, se generaliza para o conjunto das relações sociais, tornando-se uma forma própria de existência do modo de produção capitalista. (cf. NETTO, 1981)

É possível perceber como suas ações para se aproximar de Madalena e propor-lhe o casamento seguem a mesma lógica da conquista de S. Bernardo; ele age planejadamente buscando as condições para concretizar essa transação. Por outro lado, é interessante notar que, para ela, a proposta de Paulo Honório também aparece como uma boa oportunidade de resolver suas dificuldades financeiras e garantir uma vida segura para sua tia e para si, ou seja, o negócio com o proprietário rural se configura como uma saída para garantir condições básicas de sobrevivência a ela e à tia.

O narrador nos relata a consumação do casamento tal como uma transação comercial; a novidade a ser destacada é a vacilação de Paulo Honório ao propor a Madalena que se mude para S. Bernardo. Até então o obstinado proprietário tinha como marca sua praticidade e decisão nas ações, aqui se revelam alguns índices dessa vacilação:

— O que vou dizer é difícil. Deve compreender... Enfim, para não estarmos com prólogos, arreio a trouxa e falo com o coração na mão.
Tossi, encalistrado:
— Está aí. Resolvi escolher uma companheira. E como a senhora me quadra... Sim, como me engracei da senhora quando a vi pela primeira vez...
Engasguei-me. Séria, pálida, Madalena permaneceu calada, mas não parecia surpreendida. (SB, p. 81, grifos nossos)

Essa vacilação, contudo, rapidamente desaparece para dar lugar à obstinação ao perceber que Madalena está disposta a fechar o negócio. Uma contradição que constitui este proprietário rural é que, apesar de estar imerso em relações reificadas, agindo a partir de uma racionalidade capitalista, ele também está sujeito a sentimentos. Donde aquilo que Antonio Candido (2006) chamou de "fissura de sensibilidade" se constitui como um aspecto que turva a visão do bom negociante e não lhe permite perceber que Madalena é muito mais que uma mercadoria que se submeterá ao seu pleno controle. Tendo em conta sua aparente fragilidade, imagina que suas pernas e peitos eram toda ela, equívoco por ele descoberto imediatamente após o casamento:

> Desde então comecei a fazer nela algumas descobertas que me surpreenderam. Como se sabe, eu me havia contentado com o rosto e com algumas informações ligeiras.
> Tive, durante uma semana, o cuidado de procurar afinar a minha sintaxe pela dela, mas não consegui evitar numerosos solecismos. Mudei de rumo. Tolice. Madalena não se incomodava com essas coisas. Imaginei-a uma boneca da escola normal. Engano. (SB, p. 87)

Esses solecismos dizem respeito menos à linguagem de ambos do que à prática social. Madalena se mostra, desde os primeiros dias, extremamente sensibilizada pelas precárias condições de trabalho e de vida dos trabalhadores de S. Bernardo, bases de sustentação da prosperidade de proprietário. Ela age, constantemente, em defesa dos trabalhadores de diversas maneiras, buscando amenizar as agruras de suas vidas, o que gera para Paulo Honório custos inúteis. Ela assume, cada vez mais, uma feição ameaçadora à ordem estabelecida em S. Bernardo; passa a questionar a brutalidade do proprietário no trato com os empregados, o baixo ordenado deles etc.

A entrada de Madalena em São Bernardo abre espaço ao isolamento de Paulo Honório. Quase ao mesmo tempo que a professora, se incorporam à propriedade personagens que têm em comum o saber letrado; são elas: D. Glória, Seu Ribeiro e Padilha. Eles habitam a casa-grande e fazem com que os jantares e as noites de conversas assumam contornos diferentes. É de se recordar que os frequentadores de S. Bernardo eram aqueles que estavam submetidos à força do dinheiro de Paulo Honório: Azevedo Gondim, Padre Silvestre, o advogado Nogueira. Agora, apesar de todos ainda manterem uma relação de subordinação ao proprietário, a presença de Madalena — e suas intervenções — desequilibra esse universo.

Ocorre uma espécie de polarização em que Paulo Honório se vê cada vez mais isolado, pois não partilha nem do saber letrado, nem das perspectivas sociais e políticas destes personagens. Ele enxerga nisso um risco à sua dominação. Este sentimento do dono de S. Bernardo agrava-se com um contratempo no descaroçador de algodão e na serraria: um dínamo emperrado paralisara a produção durante alguns dias e lhe causaria perdas. Ele enxerga dentro de S. Bernardo as forças que podem interromper o seu processo de acumulação.

Paulo Honório identifica em Madalena e Padilha os possíveis agentes de sua destruição, isto é, aqueles que poderiam colocar em risco o equilíbrio e a harmonia do funcionamento de S. Bernardo com a divulgação de ideias subversivas. Com relação a Padilha, ele se utiliza da força e busca castigá-lo, deixando-o preso na igreja; no que toca à sua esposa, ele passa a sentir ciúmes. "Procurei Madalena e avistei-a derretendo-se e sorrindo para o Nogueira, num vão da janela. [...] Misturei tudo ao materialismo e ao comunismo de Madalena — e comecei a sentir ciúmes." (SB, p. 121) Este sentimento se torna uma constante na relação entre os dois e qualquer atitude de Madalena é vista sob essa perspectiva, constitui-se na verdade uma tentativa de ele retomar o controle da situação.

É justamente em sua investigação para encontrar algo que desse razão aos seus ciúmes que Paulo Honório, em conversa com Padilha, é instado a refletir sobre o quanto sua esposa lhe era estranha:

— Que diabo discutiam vocês?

O meu ciúme tinha-se tornado público. Padilha sorriu e respondeu, hipócrita:

— Literatura, política, artes, religião... Uma senhora inteligente, a D. Madalena. E instruída, é uma biblioteca. Afinal eu estou chovendo no molhado. O senhor, melhor que eu, conhece a mulher que possui [...].

"O senhor conhece a mulher que possui." Conhecia nada! Era justamente o que me tirava o apetite. Viver com uma pessoa na mesma casa, comendo na mesma mesa, dormindo na mesma cama, e perceber ao cabo de anos que ela é uma estranha! Meu Deus! Mas se eu ignoro o que há em mim, se esqueci muitos dos meus atos e nem sei o que sentia naqueles meses compridos de tortura! (SB, p. 135)

Esses "meses compridos de tortura", decorrentes dos ciúmes, se tornariam insustentáveis e em pouco tempo Madalena escolheria o seu desfecho trágico, não sem antes buscar, por meio da última conversa com Paulo Honório, instar-lhe uma mudança de postura com relação aos trabalhadores. O diálogo desencontrado e aparentemente sem nexo entre os dois, na igreja, expressa como ele não conhecia sua esposa. Enquanto ele pensa em viajar para "arejar" a relação, ela já está decidida pela morte.

É nessa ocasião também que ela expressará diretamente para ele as raízes de sua solidariedade com os trabalhadores da fazenda; menos que uma revolucionária — ou subversiva, na visão de Paulo Honório — Madalena apenas gostaria de que eles tivessem condições decentes de vida; em momento algum ela coloca em causa a propriedade ou as relações de trabalho em si. Ela tem em sua história as marcas de uma infância pobre; foi criada com dificuldades por sua tia D. Glória que trabalhava em diversos empregos para dar-lhe o mínimo. A profissão de professora e o saber letrado, daí decorrente, eram para ela uma alternativa de sobrevivência.

— Escrevia tanto que os dedos adormeciam. Letras miudinhas, para economizar papel. Nas vésperas dos exames dormia duas, três horas por noite. Não tinha proteção, compreende? Além de tudo a nossa casa na Levada era úmida e fria. No inverno levava os livros para a cozinha. Podia visitar igrejas? Estudar sempre, sempre, com medo das reprovações... (SB, p. 163)

Apesar de o casal ser da mesma classe de origem, a solidariedade com os seus membros permaneceu apenas em Madalena. No que toca a Paulo Honório, sua trajetória fez com que ele se elevasse acima de sua classe — como ele mesmo constata — e, mais do que isso, fez com que ele se virasse contra ela para conseguir garantir a sua posição social de proprietário.

Mariano Paulo e as reminiscências feudais portuguesas

A trajetória de Mariano Paulo se passa em um contexto de modernização do campo português, fruto da política econômica de um regime fascista. Em 1926, ocorre em Portugal um golpe de Estado que derruba a república, proclamada em 1910, em consonância com a ascensão de governos de corte fascista na Europa, sobretudo na Itália. O Estado português passa, desde o início do século, por uma crise orçamentária que se agrava após o golpe de Estado; esta será equacionada em favor de interesses estrangeiros e das classes dominantes num projeto econômico-social integrado à expansão dos grandes monopólios internacionais. (cf. NETTO, 1986)

Inicia-se, assim, o fascismo em Portugal — em boa medida identificado à figura de seu principal dirigente, Antonio de Oliveira Salazar —,[4] cuja característica econômica central será fortalecer a ação dos monopólios internacionais, propiciando assim uma concentração e uma centralização da economia portuguesa (CUNHAL, 2001; NETTO, 1986), à custa de uma brutal e constante repressão a qualquer movimento político, cultural, social que contestasse a ditadura.

Na contracorrente, surge o movimento neorrealista português congregando artistas e intelectuais que a partir da literatura e das artes agiria na resistência antifascista. Um dos marcos deste movimento é o romance *Gaibéus*, de Alves Redol, que inaugura o neorrealismo em Portugal; com uma clara inspiração no romantismo proletário, esta obra se caracteriza como um manifesto de denúncia das precárias condições de vida dos trabalhadores do campo português.

Apesar de tratar do mesmo ambiente rural, *Casa na duna* se diferencia da obra mencionada, entre outros aspectos, por tomar a trajetória decadente de um proprietário rural ligado ao passado diante de um capitalismo em

---

[4] Segundo Pedro Ramos de Almeida: "Uma ditadura que serviu à formação de grandes grupos financeiros, que consagrou a concentração e centralização de capitais e a expansão e aceleração do domínio monopolista; tal como atomizou e inibiu a iniciativa social das massas operárias, trabalhadoras e populares, restringiu os seus direitos econômicos, sociais, culturais e políticos e fez definhar a independência e soberania nacionais. Um regime político autocrático, baseado no contínuo esvaziamento da soberania e da cidadania populares e cuja mola real — seu motor de arranque e de cruzeiro, sua base de segurança — foi o poder pessoal do chanceler, isto é, do presidente do Conselho de Ministros: Antonio de Oliveira Salazar. Era uma ditadura com biografia." (RAMOS DE ALMEIDA, 1999, p. 9)

expansão como tema de seu romance. Com isso, ele configura de forma artística o mundo dos homens, propiciando um conhecimento da realidade portuguesa e da política econômica do fascismo.

O fato de Carlos de Oliveira eleger a perspectiva de um proprietário para seu romance lhe rendeu diversas críticas de setores míopes da esquerda antifascista. No entanto, com isso ele constrói um personagem que, pela posição social que ocupa frente às transformações de sua região, abre espaço para uma visão crítica da realidade. Enquanto Paulo Honório se sente ameaçado pelo "comunismo" de Padilha e Madalena, a luta de Mariano Paulo é contra a modernização capitalista.

A perspectiva de Mariano Paulo — preso a uma consciência pré-capitalista — em diversos momentos é acompanhada pelo próprio narrador, em 3ª pessoa, que limita o seu horizonte ao dos personagens. Tome-se, por exemplo, quando um trabalhador encontra, enterrada no chão de uma propriedade, uma panela cheia de moedas de ouro; a partir disso, inicia-se uma espécie de corrida ao ouro, pois surgiu o boato de que havia muitas outras panelas, como aquela, escondidas na região; segue uma longa, mas necessária, passagem do romance:

A notícia correu. *O chão da gândara, bastava esgravatar no sítio certo e aí estavam as minas ao sol.* Pesquisadores surgiram dum instante para o outro, cavando noite e dia, revolvendo o areeiro. A bruxa do Albocaz sugeria os poços, as paredes velhas, como esconderijos.

— Procurem nas rachas dos adobos.

Quando vinha à quinta, o Dr. Seabra protestava:

— Veja essa pobre gente a arrasar os muros, a desmantelar os poços, por ordem duma bruxa. Estamos na Idade Média, Mariano.

O amigo, para o ouvir, dizia:

— Mas as libras do Miranda existem.

— Um caso isolado. Não generalize, não confunda a árvore com a floresta. Nada mais natural, por exemplo, que um avarento tenha enterrado as suas libras e morrido sem poder recolhê-las.

— Talvez seja oiro do tempo dos franceses, dos homens de Napoleão. Passaram por aqui, deixaram uma milícia nos Campanas. A gente rica enterrava o que tinha para fugir à pilhagem. Se assim foi, há mais probabilidades de existir a floresta do que a árvore solitária.

[...]

— Adiante. Como ia dizendo, o seu raciocínio não está certo. Mal os Franceses partiram, é evidente que os tesoiros foram desenterrados. Ou então levaram-nos eles, depois de torturar os donos e apurar onde os tinham escondido. Claro como a água.

— Rendo-me, doutor.

[...]

Ninguém sabia quem eram os Franceses, nem queria saber. *Semearam a gândara de libras? Fizeram muito bem. Se calhar estavam a pensar em nós.* E os pesquisadores teimosos continuaram. (CD, p. 680-681, grifos nossos)

Como se nota no primeiro e no último trecho da citação, o narrador como que legitima a existência do ouro a partir de um acontecimento específico, visão que ele compartilha com Mariano Paulo, a bruxa e todos os trabalhadores empobrecidos que se lançam à busca de panelas com ouro. Essa tentativa de explicação da realidade vincula-se a explicações religiosas, irracionais, algo próprio da forma de dominação feudal. Por outro lado, os argumentos de dr. Seabra são um claro questionamento dessa irracional corrida ao ouro. Este personagem condensa, ao longo do romance, as reflexões críticas — sempre a partir de uma base racional — sobre os fatos e a dinâmica de funcionamento da realidade.

A tensão entre os pontos de vista crítico — dr. Seabra — e o do senso comum — narrador, Mariano Paulo etc. — perpassa toda a obra e constitui uma estratégia do autor, em termos formais, para operar uma crítica da realidade portuguesa a partir de dentro do romance. Carlos de Oliveira embute, nas posições do médico, uma análise racional da situação em que os personagens estão inseridos; os poucos diálogos em que ele está envolvido são sempre compostos por esclarecedores argumentos sobre as transformações da região. Outra passagem exemplar, neste sentido, é quando se inicia o processo de decadência da fábrica de telhas de Mariano Paulo, já mencionada anteriormente. Observe-se novamente a tensão entre os pontos de vista:

Mariano apertava as mãos na cabeça. A venda diminuía, as encomendas escasseavam. Abria uma janela do primeiro andar. A fábrica via--se melhor dali: nada menos de cinquenta contos enterrados naquela brincadeira. E no momento exacto que o negócio começava a dar algum

lucro, *vinha uma estrada do inferno trazer a morte ao casarão*. Custava a acreditar; mas os livros da escrita descobriam, dia a dia, o descalabro; e a voz do Dr. Seabra, sempre confiante, ecoava agora na insegura sala:
— Não há nada a fazer.
[...]
O Dr. Seabra contou-lhe então a história do peixe que devorava um peixe mais pequeno e era por sua vez devorado pelo tubarão. A vida punha os homens a comerem-se uns aos outros. O mais forte vencia, e força, ali, significava dinheiro. Ninguém podia impedir a ruína da fábrica, da quinta. (CD, p. 713)

A explicação de dr. Seabra sobre a dinâmica da concorrência no capitalismo, em sua fase imperialista, é quase didática; esta crítica pode ser diretamente dirigida à política econômica do salazarismo. Ao passo que Mariano Paulo — ou o narrador — veem a estrada como vindo do "inferno", como se fosse uma maldição divina. Tal visão "feudal" fica mais evidente ainda na seguinte passagem em que a hesitação do protagonista é expressa pelo narrador:

Mariano Paulo estava convencido. Mas começava a imaginar, acima das razões invocadas pelo amigo [Dr. Seabra], outras razões mais poderosas. Talvez os responsáveis da sua ruína não fossem os homens. Esses apareciam apenas em campo como armas duma força maior. E a vida ia tomando para ele, dia a dia, as proporções dum combate contra o destino. Os homens não podiam levar tão longe a infelicidade alheia. (CD, p. 715)

Outro aspecto que retoma a tensão entre o proprietário fundiário que "faz valer... a poesia da recordação" (MARX, 2015, p. 329) e a lógica capitalista é a figura de Hilário, filho de Mariano Paulo. Ele, diferente de seus antepassados, não está interessado em dar continuidade à quinta, como se não pertencesse àquela linhagem; ele não está preso à memória da família patriarcal, sua vida não se resume à propriedade. Ele sequer cultiva um projeto para si, vai vivendo o presente sem recuperar o passado nem mirar o futuro. A relação dele com a quinta — seus empregados, animais e tudo mais relacionado ao seu funcionamento — é algo que também destoa de seus familiares; a relação de servidão estabelecida entre senhor de terras e trabalhador remete a laços e relações próprias de um suposto destino que ele não pretende seguir.

A certa altura do romance, como uma espécie de válvula de escape ao ódio e à falta de sentido de sua vida, Hilário chicoteia a égua da fazenda até deixá-la em carne viva. Isso cria um conflito entre Hilário e Firmino — empregado da propriedade — e expressa essa nova forma de relação entre eles.

> Firmino examinava agora os golpes do chicote, limpos, sem poeira e sem crostas de sangue. Imóvel. A cara a um palmo das feridas [...] Hilário murmurou:
> — Não vale a pena enfiares o nariz no cu da égua. Olha para mim e diz lá o que pensas.
> Firmino voltou-se vagaroso:
> — A égua está em sangue. É o que há para dizer.
> — Já tinha reparado. E depois? Posso fazer o mesmo a um cão velho. Ainda não larguei o chicote.
> Nossa Senhora da Lagoa. Cão, insultos, ameaças de pancada. Como o avô, quando endoideceu. Mas não era o avô. Não era o velho Paulo. Com os seus cabelos brancos. Aguentando a quinta, a casa, até ao fim, até a cabra da vida lhe toldar o juízo.
> E, quase sem querer, ergueu a mão enorme, abateu-a sobre o braço de Hilário. O chicote caiu.
> — Respeito-o por ser filho de quem é. Não se esqueça disso. (CD, p. 664)

Tal relação é impensável nos marcos de uma relação de exploração encoberta por laços religiosos e de servidão. Há um desequilíbrio entre os polos, em uma tensão própria da forma de dominação capitalista. Apesar disso, Firmino, pela memória das relações feudais, pede perdão a Hilário.

Algo a ressaltar é o fato de que, apesar de o filho de Mariano Paulo não se ligar ao passado, ele tampouco é adepto da modernização capitalista; antes, ele não tem uma perspectiva de futuro. Fruto de um mundo antigo, vivendo no torvelinho das transformações que privilegia os interesses dos grandes capitais estrangeiros, essa falta de horizonte pode ser compreendida também como uma crítica ao fascismo português.

* * *

Notam-se as diferenças entre as relações que cada um dos proprietários rurais — o brasileiro e o português — estabelece com seu entorno. Elas estão diretamente relacionadas à história de cada uma das formações sociais em que se passam, ou seja, os traços históricos de dominação de classe se expressam literariamente na prática e na perspectiva de mundo de cada um deles. Enquanto Paulo Honório condensa em si os traços típicos de uma consciência reificada, Mariano Paulo encarna a visão de um proprietário pré-capitalista preso ao passado e à memória.

O que há em comum em *São Bernardo* e *Casa na duna* é o fato de eles propiciarem um conhecimento do mundo dos homens, que abre espaço à humanização dos leitores, a partir da trajetória de vida de dois proprietários rurais. Situados em condições extremas — o brasileiro refletindo sobre sua vida em um difícil processo de escrita, o português lutando contra a decadência de sua propriedade —, eles se constituem como personagens que aspiram à integralidade. Por meio da história deles é possível conhecer a própria dinâmica de desenvolvimento de um capitalismo periférico.

Em um momento histórico em que a denúncia das precárias condições de vida e trabalho da classe trabalhadora — urbana e rural —, colocando-a como protagonista de narrativas, assumia a principalidade em um conjunto de obras literárias críticas à ordem estabelecida, esses dois romances saltam aos olhos por sua diferente abordagem. Ambos trazem como ganho formal o fato de operarem uma crítica à ordem estabelecida a partir da figura de um proprietário rural e suas contradições, o que possibilita aos leitores a apreensão, por meio das trajetórias e tragédias de vida deles, da lógica de exploração e de desenvolvimento do capitalismo em países periféricos.

A atualidade dessas obras é patente, pois as questões temáticas ali tratadas — as formas de dominação de classe — não foram solucionadas historicamente; ao contrário, elas apenas se aprofundaram. Em termos de construção literária, a estrutura e a técnica por eles utilizadas mostram que, em tempos de total fragmentação, ainda são possíveis — e necessárias — narrativas que aspirem à totalidade.

Referências bibliográficas

ABDALA JUNIOR, B. *A escrita neorrealista*. São Paulo: Ática, 1981.
ALMEIDA, P. R. *Salazar*: biografia da ditadura. Lisboa: Avante!, 2009.
BOSI, A; GARBUGLIO, J. C.; FACIOLI, V. (Org.). *Graciliano Ramos*. São Paulo: Ática, 1987.
CANDIDO, A. *Ficção e confissão*. Rio de Janeiro: Ouro sobre Azul, 2006.
COUTINHO, C. N. *Cultura e sociedade no Brasil*: ensaios sobre ideias e formas. São Paulo: Expressão Popular, 2011.
CUNHAL, Álvaro. *As lutas de classe em Portugal na Idade Média*. Lisboa: Caminho, 1997.
_____. *Rumo à vitória*. 2. ed. Lisboa: Avante!, 2001.
FERNANDES, Florestan. *A revolução burguesa no Brasil*. Rio de Janeiro: Globo, 2006.
LENIN, V. I. *Imperialismo, estágio superior do capitalismo*. São Paulo: Expressão Popular, 2012.
MARX, K. Manuscritos econômico-filosóficos de 1844. In: *Cadernos de Paris e Manuscritos Econômico-Filosóficos de 1844*. São Paulo: Expressão Popular, 2015a.
_____. O 18 Brumário de Luís Bonaparte. In: *A revolução antes da revolução*. v. I. São Paulo: Expressão Popular, 2015b.
MARX, K.; ENGELS, F. *Manifesto do Partido Comunista*. São Paulo: Expressão Popular, 2008.
MÉSZÁROS, I. *Teoria da alienação em Marx*. São Paulo: Boitempo, 2006.
NETTO, José Paulo. *Capitalismo e reificação*. São Paulo: Livraria Editora Ciências Humanas, 1981.
_____. *Portugal: do fascismo à revolução*. Porto Alegre: Mercado Aberto, 1986.
RAMOS, G. *São Bernardo*. 26. ed. Rio de Janeiro: Record, 1976.
_____. *Casa na duna*. 7. ed. Lisboa: Assírio & Alvim, 2004.
SODRÉ, Nelson Werneck. *História da literatura brasileira*. Rio de Janeiro: Graphia, 2002.

11. Graciliano na terra dos meninos pelados

Ricardo Ramos Filho

Nossa intenção neste ensaio é situar a escrita de Graciliano Ramos em um contexto em que se problematizem os sentidos da escrita de *A terra dos meninos pelados*, um de seus trabalhos destinados às crianças. Ao considerarmos as relações dinâmicas que se estabelecem entre autor, texto e leitor, sabemos que o escritor, ao elaborar suas narrativas, o faz submetido a uma intenção criativa e a um propósito estético, ideológico e social, cônscio da necessidade de buscar efeitos de sentido, transmitir o seu pensamento e incitar reflexões. Nessa perspectiva, uma questão que nos parece fundamental: podemos considerar essa obra escrita para crianças tão significativa quanto os seus registros elaborados para adultos?

Em artigo escrito em 1983, Edda Arzúa Ferreira já advertia:

> Uma abordagem da obra de Graciliano Ramos representava sempre um risco, devido à sua extensa fortuna crítica, inventariada, na época, em mais de duzentos e noventa ensaios, aproximadamente, além de várias dissertações de Mestrado e Teses de Doutoramento. Para ela, contudo, como a verdadeira obra de arte é aquela que resiste a infindáveis leituras, cada vez que voltamos à leitura do autor sentimo-nos fascinados e tentados a empreender mais um estudo sobre a sua obra. (FERREIRA, 1983, p. 10)

O que se deseja neste ensaio é verificar o peso de um texto escrito para crianças por Graciliano diante do conjunto de sua obra. Para isso analisaremos

A terra dos meninos pelados, aproximando-nos de um texto que, se não é tão conhecido e estudado, merece a devida consideração crítica.

O posfácio de Rui Mourão, que consta da nova edição de *Alexandre e outros heróis*, de Graciliano Ramos, constrói essa aproximação, trazendo subsídios para estas considerações iniciais. Para o crítico:

> A segunda narrativa que integra o volume não foge à abordagem do tema que persegue Graciliano através do conjunto de sua obra. O desajuste do ser que habita um mundo onde a adaptação não passa de quimera é drama fundamental que move, de livro para livro, os personagens do autor. Está em *Caetés*, no sonho de superar as limitações da existência provinciana de João Valério, em *São Bernardo*, na aventura de Paulo Honório, homem que se acredita investido de poderes extraordinários, em *Angústia*, na movimentação de Luís da Silva, em meio à atmosfera irrespirável criada, prisioneiro das derrotas diárias da classe média. Aparece, também, em *Vidas secas*, na inadaptação da família de retirantes ao sertão adverso. (MOURÃO, 2012, p. 200-1)

Para Wander Melo Miranda, em fala proferida no colóquio Graciliano Ramos, que aconteceu de 7 a 9 de maio de 2003 em Salvador, reunindo pesquisadores, estudiosos e admiradores do mestre Graça:

> No território minado por onde transitam suas personagens, em busca de uma unidade de antemão impossível no decurso da experiência desdobrada no tempo, não há lugar para ilusões compensatórias ou processos conciliadores de integração social. Seres à margem, João Valério, Luís da Silva, os retirantes de *Vidas secas*, o menino de *Infância*, os presos de *Memórias do cárcere*, e mesmo Paulo Honório, trazem todos a marca da "desgraça irremediável que os açoita", para usar as palavras do escritor, que deles se aproxima solidário, com uma simpatia ora mais, ora menos distanciada, sempre comovente na cautela com que se expõe. (MIRANDA, 2008, p. 35)

Existe também em Raimundo, o menino protagonista de *A terra dos meninos pelados*, essa "desgraça irremediável que os açoita", muito devido às dificuldades de integração ao meio social pelas características físicas que possui. O fato de ser diferente, pelado de cabelos, com um olho azul e outro preto, não torna sua vida entre outras crianças fácil. Um olho preto e outro azul. De certa forma uma personagem dividida em dois. Da mesma forma que aparece no conto "Paulo", em *Insônia*, nos delírios do protagonista recém-operado, quando até mesmo o posicionamento político de Graciliano é explicitado, ao colocar-se na fala do doente, que deseja abandonar o lado direito, aquele miserável que o corrompe:

> A minha banda direita está perdida, não há meio de salvá-la. As pastas de algodão ficam amarelas, sinto que me decomponho, que uma perna, um braço, metade da cabeça já não me pertencem, querem largar-me. Por que não me levam outra vez para a mesa de operações? Abrir-me-iam pelo meio, dividir-me-iam em dois. Ficaria aqui a parte esquerda, a direita iria para o mármore do necrotério. Cortar-me, libertar-me deste miserável que se agarrou a mim e tenta corromper-me. (RAMOS, 2003, p. 47)

Mesmo sendo um conto infantil, *A terra dos meninos pelados* traz essa marca de Graciliano impressa em suas páginas. Raimundo pode ombrear-se com João Valério, Luís da Silva, Fabiano, sinha Vitória, Madalena e Paulo Honório.

Raimundo traz em sua complexidade aspectos que o aproximam bastante dos problemas encontrados nos dias de hoje. Menino que na sociedade atual sofreria *bullying*, palavra que importamos e consagramos para designar aqueles que são perseguidos por possuírem características diferentes do grupo a que pertencem. Para Nelly Novaes Coelho:

> Todas as personagens gracilianas são seres interrogantes que duvidam de si mesmos e que obstinadamente buscam, através da palavra, a *razão* ou a *validade* de seus atos, mas não conseguem respostas... Para além do imediatismo de suas vidas ou dramas concretos, há sempre uma interrogação maior e latente: qual o sentido último da vida humana? ou o que afiança a palavra dos homens e garante as suas verdades, em um mundo sem Deus, onde a palavra tem em si mesma a garantia da verdade, do certo ou do errado? (COELHO, 2013, p. 278-9)

Essas interrogações, espécie de perplexidade ante o mundo, estão em Raimundo. De certa forma ele busca a *razão* ou a *validade* de seus atos. O menino pelado, ao vagar pelo universo mágico de Tatipirun, não o faz com a certeza de um plano definido. Apenas perambula sem propósito fixado. E volta para o lugar de onde partiu fortalecido, mas aparentemente sem tantas respostas.

De certa forma Raimundo, o menino importunado por outros meninos por ser diferente, lembra-nos também tantos outros garotos levados ao desatino por serem incapazes de se enquadrar no mundo em que vivem, e que frequentemente aparecem na mídia por seus atos desesperados.

Uma das questões que mais chamam a atenção quando abordamos a obra de Graciliano Ramos está na desproporção com que é estudada. O alerta feito no início seria dispensável caso fôssemos tratar apenas de sua obra infantil. Embora seja realmente menor em termos de quantidade, já que está restrita apenas aos três textos que constam de *Alexandre e outros heróis*,[1] além dos contos *Minsk* e *Luciana*, que aparecem na coletânea de contos do autor, *Insônia*, publicada em 1947, e que foram trabalhados separadamente como produções infantis, editadas e publicadas respectivamente em 2014[2] e 2015,[3] não se mantém, em termos proporcionais, o mesmo interesse capaz de produzir fortuna crítica considerável quando observamos seus escritos infantis ou infantojuvenis.

Se, como diz Godofredo de Oliveira Neto, em posfácio que acompanha o livro, "*São Bernardo* é considerado pela crítica a mais importante obra de ficção do movimento modernista envolvendo o regime fundiário e os conflitos sociais no Nordeste brasileiro, firmando o autor como um dos maiores romancistas de toda a literatura brasileira" (OLIVEIRA, 2006, p. 222), que considerações podemos fazer a respeito de *A terra dos meninos pelados*? Para respondermos a esta pergunta, precisamos entender em que contexto situacional foi escrita a narrativa de ficção *A terra dos meninos pelados*.

---

[1] *Histórias de Alexandre* (1944), *A terra dos meninos pelados* (1939) e *Pequena história da República* (1940).
[2] RAMOS, Graciliano. *Minsk*. Rio de Janeiro: Record, 2014.
[3] RAMOS, Graciliano. *Luciana*. Rio de Janeiro: Record, 2015.

Graciliano Ramos escreve o livro em 1937 para participar de um concurso instituído pela Comissão Nacional de Literatura Infantil (CNLI),[4] órgão ligado ao Ministério da Educação e Saúde Pública da ditadura comandada por Getúlio Vargas. Graciliano havia acabado de ser solto por este regime de exceção, o mesmo que o prendera sem processo acusando-o de comunista.

O ministro Gustavo Capanema, em 29 de abril de 1936, havia baixado portaria criando o órgão, cuja obrigação seria, obedecendo ao projeto educacional varguista, avaliar de maneira crítica os textos; julgar o valor das obras de literatura infantil em língua portuguesa aqui produzidas, incluindo as traduções; relacionar obras estrangeiras que pudessem ser adotadas; classificar os leitores por faixas etárias. Basicamente, pretendia-se eliminar o que fosse considerado pernicioso ou de má qualidade para as crianças, estimulando-se a produção tida como adequada para os padrões de um grupo de intelectuais escolhidos para participarem da comissão. "Inicialmente foram convidados: Cecília Meireles, Elvira Nizinska, Jorge de Lima, Murilo Mendes, José Lins do Rego e Manuel Bandeira." (CAPANEMA, GCg 1936.04.29)

A postura do ministro Capanema era clara e fica bem explicitada em um de seus discursos:

> Quando dizemos que a educação ficará a serviço da Nação, queremos significar que ela, longe de ser neutra, deve tomar partido, ou melhor, deve adotar uma filosofia e seguir uma tábua de valores, deve reger-se pelo sistema das diretrizes morais, políticas e econômicas, que formam a base ideológica da nação e que por isso estão sob a guarda, o controle ou a defesa do Estado. (CAPANEMA, 1937, p. 21).

Embora pretender o estabelecimento de normas capazes de tornar o quadro da literatura infantil e juvenil no país mais organizado seja, à primeira vista, louvável, até por ter sido a primeira vez que se buscava uma política nesse sentido, na prática as medidas não poderiam dar certo, graças ao conservadorismo do Estado Novo. Se na educação a intenção do governo era intervir, com mão forte, para que a base ideológica do sistema se reforçasse, ao

---

[4] As informações sobre a Comissão Nacional de Literatura Infantil constam do arquivo privado de Gustavo Capanema, GCg 1936.04.29 (rolo 42; ft. 814 a 1061), CPDOC/FGV.

estender também para a literatura infantil, e para a juvenil, essa vontade, os notáveis membros da comissão escolhida acabaram por privilegiar histórias mais conservadoras, menos abertas às inovações.

No trabalho dos escritores e educadores escolhidos, a avaliação buscou os textos que combinassem o lúdico com o educativo, a vontade de recrear e de ensinar ao mesmo tempo. O literário esteve sempre a serviço de uma função cívica e moralizadora, o que acabou por prejudicar o resultado, pois deixaram, algumas vezes, de privilegiar os escritos que mostrassem apelos mais voltados para a fantasia e para a imaginação. Acabaram, também, negligenciando um pouco o valor estético do que era produzido. De certa forma, como bem observa Antonio Candido, repetiam uma tendência que se inicia com a própria tentativa de se construir uma literatura brasileira.

> Como não há literatura sem fuga do real, e tentativas de transcendê-lo pela imaginação, os escritores se sentiram frequentemente tolhidos no voo, prejudicados no exercício da fantasia pelo peso de sentimento de missão, que acarretava a obrigação tácita de descrever a realidade imediata, ou exprimir determinados sentimentos de alcance geral. Este nacionalismo infuso contribuiu para certa renúncia à imaginação ou certa incapacidade de aplicá-la devidamente à representação do real. (CANDIDO, 2009, p. 28-9)

O que a CNLI pretendia, embora a natureza de sua formação e o espírito que a criou fossem acertados, acabou por prejudicar o ensino de literatura nas escolas. É o que vemos, por exemplo, em crítica contundente que profere Norma Sandra de Almeida Ferreira, analisando, principalmente, a concepção de literatura infantojuvenil implementada pelo Estado Novo.

> Substitui-se o artista como indagador do mundo pelo dogmático repetidor de verdades já sabidas, transmissor de um acervo para outra geração, enquanto se preparam homens para um tempo que não se repetirá. Além disso, a literatura infantojuvenil, apresentando como dominante a função didático-moralizante de transmissora de valores ideológicos, motivaria o mascaramento da verdade, adequando o sujeito a uma sociedade que deveria permanecer imutável, sujeitando-a à impotência através de estruturas de pensamento sempre fixos e inquestionáveis.

Questiona-se, portanto, na literatura infantojuvenil, esta presença de elementos constantes a transmitir visões unívocas e simplistas por meio de atos dos personagens e dos desfechos, e a necessidade de se falar a favor desta ou daquela ideologia, deixando de trazer temas mais atuais e reais, ou mais fantasiosos. (FERREIRA, 1982, p. 132-133)

O fato é que havia na época, até como tendência mundial, certa má vontade com relação à existência de fantasia nos textos infantis. Teresa Colomer, por exemplo, alerta para o que se verificava:

> A lenta e obstinada penetração da fantasia sofreu um novo revés, na Europa, a partir da Segunda Guerra Mundial, porque os contos de fadas foram desprezados por uma suposta falta de compromisso com o mundo real, por oferecer uma evasão pouco formadora de valores humanos, por seu grau de violência que podia ser a causa de transtornos emotivos, já que era exercida por personagens tão importantes para as crianças quanto os pais. (COLOMER, 2003, p. 61)

Nelly Novaes Coelho também alerta para o antagonismo existente entre realismo e fantasia nos anos 1930.

> O antagonismo que se instaura era devido, sem dúvida, à política que então se impunha: por um lado, a necessidade de se conhecer a realidade do nosso país, de nosso governo, do caráter brasileiro e de sua verdadeira natureza; por outro lado, o confronto entre ensino leigo e ensino religioso. Tais divergências levam certos setores educacionais a se colocarem contra a fantasia na literatura infantil e a exigirem, em seu lugar, a verdade, o realismo. (COELHO, 2010, p. 265-6)

Consideramos importante entender melhor quem eram alguns dos membros mais importantes da equipe montada. Cecília Meireles não ficou muito tempo na comissão criada para traçar o destino dos textos infantis. Era, porém, conservadora. Para Antonio Candido, "muitos escritores do Rio de Janeiro eram conservadores. Isso é visível, por exemplo, no grupo da revista *Festa* (1928), marcado por um espiritualismo de filiação simbolista, nele se destacando Cecília Meireles (1901-64)". (CANDIDO, 1999, p. 74)

O escritor José Lins do Rego escreve, também em 1936, *Estórias da velha Totônia*. A pesquisadora Nelly Novaes Coelho, no *Dicionário crítico da literatura infantil e brasileira*, traz a apresentação do livro feita pelo autor, que explicita seu objetivo:

> Ainda me lembro hoje da Velha Totônia, bem velha e bem magra, andando de engenho a engenho, contando suas histórias de Trancoso. Não havia menino que não lhe quisesse um bem muito grande, que não esperasse, com o coração batendo de alegria, a visita da boa velhinha. [...] Todas as velhas Totônias do Brasil se acabaram, se foram. E outras não vieram para o seu lugar. Este livro escrevi pensando nelas... Pensando na sua velha Totônia de Sergipe, Silvio Romero recolheu estas mesmas histórias que eu procuro contar aos meninos do Brasil. Quisera que eles me ouvissem com a ansiedade e o prazer com que eu escutava a velha Totônia do meu engenho. Se eu tiver conseguido este milagre, não precisarei de maior alegria para a minha vida. (REGO, 2006, p. 385)

Fica evidente, para quem faz uma leitura atenta do texto, que ele está bem dentro do espírito do que era pretendido pela CNLI. José Lins do Rego fala diretamente não só com os meninos, mas com os meninos do Brasil, fazendo questão de enfatizar a identidade nacional. De certa forma, como bem observa, ainda, Nelly Novaes Coelho, "ao recuperar os quatro contos maravilhosos que traz no livro: 'O Macaco Mágico'; 'A Cobra que Era uma Princesa'; 'O Príncipe Pequeno' e 'O Sargento Verde', enriquece o conhecimento de nossas raízes culturais brasileiras". (COELHO, 2006, p. 386)

No exercício de tentar entender melhor o perfil dos participantes do grupo, chegamos a Manuel Bandeira. Parece-nos adequado recorrer novamente a Antonio Candido. Ao falar sobre o excelente poeta pernambucano, e citando o musicólogo Alfred Einstein, o crítico o define como alguém que "pertence ao gênero raro dos revolucionários conservadores, ou dos conservadores revolucionários". (EINSTEIN, 1999, p. 75) Nos trabalhos, era Murilo Mendes (1901-75), intelectual mineiro que se mudara para o Rio de Janeiro nos anos 1920, quem fazia a articulação. Para Antonio Candido ele seria "o poeta dos contrastes e dos contrários, que começou pela poesia humorística e, depois de sofrer a impregnação surrealista, voltou à fé católica, passando a uma expressão cheia de sentimento do mistério e transcendência, com o mais completo senso do insólito da nossa poesia contemporânea". (CANDIDO, 1999, p. 75) Ele escrevera, em 1933, uma *História do Brasil.* Em 1935 publicara o livro *Tempo e eternidade*, em coautoria com o poeta também católico Jorge de Lima, outro membro da equipe articuladora dos caminhos da literatura infantil no país. O escritor mineiro havia sido nomeado, em 1936, inspetor de Ensino Secundário do Distrito Federal, cargo que praticamente decidia o padrão e o nível do ensino secundário no país.

A vanguarda, tanto nos objetivos que o Ministério da Educação e Saúde Pública tinha para a CNLI, como na própria constituição do grupo, não estava presente. O que se pretendia era uma literatura infantil e juvenil construída dentro de algumas normas bem definidas e rígidas. Para isso optaram por pessoas que, sendo importantíssimas no cenário literário e educacional do país, o que sempre esteve presente nas escolhas do ministro Capanema, garantissem e respaldassem com o peso dos seus nomes os resultados.

Se o objetivo inicial da CNLI era definir o que era literatura infantil, parece-nos que a resposta se perdeu no conflito que sempre existiu desde sua origem, o embate entre se constituir como uma literatura que privilegie a imaginação e outra, diferente, de cunho pedagógico.

O projeto nacionalista do Estado Novo pedia um caráter mais realista. De certa forma haveria a necessidade de que a fantasia fosse mais inibida, para que pudessem ser apresentados aos leitores mirins fatos da história brasileira. Nada disso está presente em *A terra dos meninos pelados.* Para Rui Mourão,

> O ficcionista passou a trabalhar com arquétipos e ambientação onírica, para a surpresa de tantos quantos imaginavam jamais seria quebrada a fidelidade ao contexto nordestino, de tantos resultados enriquecedores de sua criação. Para ele, movimentando elementos de pura fantasia — que não têm nada a ver com suprarrealismo ou realismo mágico — a estória mostra que a inadaptação do ser humano, constrangido no meio em que vive, prevalece mesmo num plano em que o condicionamento cultural foi abolido. O desajuste, no caso, seria insolúvel, por resultar de erro que não depende do indivíduo, por se tratar de deformação de origem. Raimundo [...] refugia-se no mundo da imaginação. (MOURÃO, 2012, p. 201-2)

Em *A terra dos meninos pelados*, a proposta não é oferecer soluções ou esquemas de salvação. O menino Raimundo terá de aprender a lidar com um problema sem solução: sua diferença física. Não vemos aqui o modelo apreciado pela ideologia vigente, que pedia um percurso de aprendizado. O herói lidaria com um problema, e, graças à sua maneira edificante de lidar com ele, conseguiria solucioná-lo. De posse dos conhecimentos aprendidos, amplamente divulgados para que os leitores os incorporassem, cresceria ante o olhar infantil e juvenil, mostrando as vantagens de um proceder correto. O maravilhoso, identificado em abundância na narrativa de Graciliano, não trabalha a serviço desse tipo de ensinamento. Primordialmente o autor constrói um texto lúdico. Em *A terra dos meninos pelados*, ressalte-se, esse maravilhoso não se configura apenas como uma forma de se opor ao real. Por meio da imaginação e da fantasia, Raimundo enfrenta a realidade e se opõe a ela. Assim, ele luta contra aquilo que o oprime. Não se liberta por meio de mágicas. A fantasia não tem no texto função de ajudá-lo a consertar o que está errado. A imaginação é um jogo solitário, e Raimundo, um menino solitário, joga esse jogo.

Os episódios escritos, e esta era também uma exigência comum na época, não permitem que se identifique, por exemplo, o que foi feito pelas gerações do passado e quais seriam as tendências futuras, contextualizando-os em uma cadeia progressiva que permitisse aos jovens leitores incorporar a identidade do presente. Ele não está a serviço da historiografia oficial do Estado Novo.

De certa forma, ao colocar a luta solitária do menino pelado em seu conto infantil, Graciliano mantém a coerência e a uniformidade de seu projeto literário construído sempre de maneira muito crítica, sem fazer concessões.

Graciliano Ramos passa ao largo do projeto de modernização do Brasil iniciado na década de 1920. *A terra dos meninos pelados* é o primeiro texto que escreve depois da experiência da prisão. Nesse livro, de maneira alegórica, ele imprime sensações e emoções ainda fortes da época do presídio. Essa mágoa e sentimento tão acentuados e presentes são compartilhados com a mulher, Heloísa Ramos, em uma das cartas que envia:

> Comecei a escrever um conto muito chato, fiz uma carta ao Garay e revi a cópia datilografada dos meninos pelados, que foram para o Ministério da Educação. Vi lá, num corredor, o nariz e o beiço caído

de s. exa. o sr. Gustavo Capanema. Zélins acha excelente a nossa desorganização, que faz que um sujeito esteja na Colônia hoje e fale com ministros amanhã; eu acho ruim a mencionada desorganização, que pode mandar para a Colônia o sujeito que falou com o ministro.[5] (RAMOS, 2011, p. 239-240)

O forte ressentimento do escritor relativo ao regime é representado pela figura do ministro Gustavo Capanema e está refletido em seu texto. Como diz Cecilia Almeida Salles:

No contato com diferentes percursos criativos, percebe-se que a produção de uma obra é uma trama complexa de propósitos e buscas: problemas, hipóteses, testagens, soluções, encontros e desencontros. Portanto, longe de linearidades, o que se percebe é uma rede de tendências que se inter-relacionam. (SALLES, 2009, p. 39)

A produção "graciliânica" é fruto de uma trama complexa de sentimentos, propósitos e busca inter-relacionados, interseccionados, que vão dando densidade ao fazer artístico.

Em seu livro *Em liberdade*, Silviano Santiago apresenta um trecho em que Graciliano fala a respeito de *A terra dos meninos pelados*. Em sua fala, mesmo que fictícia, pois se trata de uma biografia ficcional onde o autor se imagina Graciliano em liberdade, aparece a interpretação, com a qual concordamos, que em se tratando do escritor alagoano nada é gratuito. Seus textos obedecem sempre a uma intenção criativa prévia, a um plano bem definido.

Na história procurei não cair em três armadilhas comuns nas histórias infantis de que me lembro: nada de tom piegas ou sentimental; nenhuma referência concreta ao chamado mundo real (é um "conto maravilhoso"); nenhuma distinção precisa entre crianças e adultos.

O sentimento, o realismo e a diferença de geração estão ao nível das intenções e não ao nível da execução. Joguei constantemente com os dois níveis, e só espero que tenha obtido, no final, um verdadeiro

---

[5] Referência à Colônia Correcional, presídio na Ilha Grande, RJ, onde GR esteve preso.

conto maravilhoso que fala de problemas do homem concreto. Estão vendo que optei por uma narrativa de caráter alegórico. O livro é sobre o conformismo e a divergência, a prisão e a liberdade. São dois os personagens principais: um garoto com um olho preto e outro azul a quem rasparam a cabeça, e uma princesa, nem menina nem mulher, sedutora e mágica, ingênua e fatal, a quem dei o nome de Caralâmpia, numa alusão a uma palavra que usávamos constantemente na Casa de Detenção. (SANTIAGO, 1994, p. 144–5)

Nessa ordem de ideias, parece-nos interessante lembrar ainda que, sob o impacto da prisão, uma das principais personagens recebe um nome intimamente ligado à Nise da Silveira, renomada médica psiquiatra brasileira, aluna de Carl Young, e que ficou amiga de Graciliano na época em que estiveram presos juntos.

Durante o Levante Antifascista, a médica havia sido denunciada por uma enfermeira por possuir livros marxistas, e acabou por ser presa pela ditadura Vargas. Ela costumava referir-se às pessoas que viviam em um mundo especial, fora da realidade, como pertencentes ao "mundo caralâmpico". Graciliano e Nise divertiam-se no presídio, falando através de um pequeno buraquinho no cubículo 35, única comunicação possível entre homens e mulheres no Pavilhão dos Primários, especulando a respeito de quem viveria nesse mundo ou não. Como notamos, a princesa Caralâmpia tem aí seu nome motivado.

Não sem motivo, a psiquiatra possuía uma primeira edição de *A terra dos meninos pelados* com a dedicatória do autor: "À Nise, minha princesa Caralâmpia".

Houve por parte de Graciliano certa angústia ante a expectativa de ganhar ou não o prêmio dado pela CNLI pelo referido livro. Para quem recentemente deixara a prisão e precisava refazer a vida, trazendo para o Rio de Janeiro a família que estava em Maceió, o valor que receberia caso fosse contemplado seria ajuda importante. Em cartas que enviou à mulher no período, o fato fica evidente. Em uma delas, diz:

> Fui à livraria, encontrei Zélins, Santa, Jardim. Fomos ao Ministério levar os álbuns de figuras dos dois últimos e os contos de Bárbara. Os desenhos de Santa, um circo de cavalinhos, estão maravilhosos,

mas também gostei dos de Jardim, uma história de bichos muito engraçada. José Olympio acha isso admirável, o que já se fez de melhor no Brasil. (RAMOS, 2011, p. 250)[6]

Santa Rosa e Luís Jardim enviaram também trabalhos para o concurso da CNLI e a escritora Julieta Bárbara, casada com Oswald de Andrade, pediu que Graciliano, quando de sua estada em São Paulo, entregasse os contos no Ministério. Podemos ver na fala do escritor alagoano, onde elogia bastante obras concorrentes com a sua, certa insegurança.

Em outra carta, diz: "os álbuns de figuras foram julgados, como você viu. E saiu vitoriosa gente nossa: Santa, Jardim e Paulo. Agora é uma torcida bárbara em torno dos livros de literatura". (RAMOS, 2011, p. 270) Graciliano referia-se ao resultado final que havia saído para os livros apenas com ilustrações, para faixa de idade de crianças até sete anos. Os vencedores tinham sido: 1º) *O circo*, Santa Rosa; 2º) *O tatu e o macaco*, Luís Jardim; e 3º) *Carnaubeira*, Margarida Estrela e Paulo Werneck.

No final, após espera que agoniou bastante o autor, *A terra dos meninos pelados* ficou em terceiro lugar na faixa de idade entre 8 e 10 anos. A primeira colocada foi Lúcia Miguel-Pereira, com o seu *Fada menina*, e o segundo lugar foi *A casa das três rolinhas* de Marques Rebelo e A. Tabayá. Na categoria acima dos 10 anos ganharam: 1º) *O boi aruá*, Luís Jardim; 2º) *A grande aventura de Luiz e Eduardo*, Ester da Costa Lima; e 3°) *As aventuras de Tibicuera*, Érico Veríssimo.

Os prêmios recebidos eram, respectivamente, para primeiro, segundo e terceiro lugares, três, dois e um conto de réis, o suficiente para que Graciliano pagasse dois meses de aluguel na pensão em que morava.

Nelly Novaes Coelho, falando a respeito de *Fada menina*, comenta:

O livro não conservava a mesma "vibração libertária" que caracteriza o mundo lobatiano. Na verdade, a época não era propícia a gestos libertários, como os que Lobato propôs e fez suas personagens assumirem. Os anos 1930 e 1940 corresponderam a uma época de autoritarismo crescente e de um racionalismo que não dava espaço

---

[6] Respectivamente: José Lins de Rego, o ilustrador Santa Rosa; o escritor e pintor Luís Jardim e a poetisa Julieta Bárbara Guerrine, que foi casada com Oswald de Andrade.

para os "mistérios" da vida ou para outras realidades além das visíveis, concretas e palpáveis. Daí os nítidos limites que a escritora registra entre a realidade comum, vivida por todos, e a realidade mágica, só percebida ou vivida pelas crianças. (COELHO, 2006, p. 446)

A mesma pesquisadora, referindo-se a Marques Rebelo, registra que "com linguagem viva e coloquial, seus textos, com boa dose de humor e sem 'didatismo' pesado, foram leituras que fizeram sucesso entre a meninada da época". (COELHO, 2006, p. 602) Chama-nos a atenção a professora ressaltar o fato de não haver didatismo pesado. Obviamente, embora atenuado, esse didatismo ainda existia.

Para que possamos entender ainda melhor o que acontece com a literatura infantil e juvenil na época, talvez seja interessante conhecer, mais uma vez, a opinião de Nelly Novaes Coelho sobre os textos de outro autor consagrado e premiado pela CNLI. Vejamos o que ela diz a respeito de Érico Veríssimo:

> [...] começou a escrever livros infantis quase ao mesmo tempo que iniciava sua literatura para adultos. E se nesta ele denuncia com equilíbrio o nosso mundo em decomposição, na infantil revela-se essencialmente conservador. O autoritarismo é dos valores que mais se impõem em suas histórias e é acatado por todos os seus heróis que, no final, acabam se submetendo a todas as regras e restrições que lhes são impostas. (COELHO, 2006, p. 243-4)

Falando especificamente sobre o próprio texto que lhe deu o prêmio, diz Érico Veríssimo:

> Em 1937 a editora exigiu de mim a maior parte de meu tempo. Nesse ano publiquei um livro para as crianças, *As aventuras de Tibicuera*. Meu objetivo fora contar, paralelamente com as proezas dum índio imortal, as aventuras do Brasil. A coisa acabou sendo uma ficção duma ficção, uma vez que tomei como base a versão oficial escolar da história do nosso país. A História verdadeira de qualquer nação do mundo jamais poderá ser contada. (VERÍSSIMO, 1973, p. 67)

Ou seja, visivelmente estava embutida no livro a intenção primeira de se trazer a visão histórica oficial do nosso país. Para a historiadora Ângela de Castro Gomes, "o livro tem bem mais momentos agradáveis do que desagradáveis, caso contrário, *Murilo Mendes* e os demais membros da CNLI não lhe teriam dado o Prêmio." (GOMES, 2003, p. 132) Para ela, no geral, porém, "Tibicuera é um Fantasma-*Forrest Gump* muito interessante. E não porque inove ou discuta as interpretações então vigentes sobre a história do Brasil." (GOMES, 2003, p. 132)

Além da fina ironia, a constatação bastante clara de que para o texto ser premiado teria que ser predominantemente agradável, como se a boa literatura tivesse obrigação de ser agradável, e de que a obra nem inovava, nem discutia as interpretações vigentes no Estado Novo.

Ao olharmos de maneira panorâmica o contexto em que foi escrito *A terra dos meninos pelados*, podemos notar um país sob condições bem específicas. Um regime autoritário controlando de perto a produção intelectual para crianças e jovens, uma comissão conservadora analisando os textos e decidindo os rumos da literatura infantil e juvenil, escritores produzindo de acordo com as normas vigentes.

E Graciliano? É interessante notar, também, que todos os escritores que pertenciam à CNLI eram amigos dele. Seria *Graciliano Ramos* também conservador? No terreno político certamente caminhava apartado dos demais, pois sempre foi um escritor engajado. No estético, é interessante observar o que diz Antonio Candido.

> O escritor alagoano abominava o modernismo e a vanguarda em geral; tendo-se formado pela leitura dos grandes autores do passado, era inflexível quanto à correção gramatical e à *normalidade* da escrita. Pode-se dizer que nele a modernidade está no refinamento da tradição e na capacidade de reduzir o real às suas linhas essenciais, contrariando o "culto da forma" e as elegâncias acadêmicas. (CANDIDO, 1999, p. 84)

Não havia, portanto, sob o ponto de vista puramente formal, excluindo-se a questão política, e aqui é sempre necessário lembrar que os escritores da CNLI eram todos intelectuais muito competentes e artistas renomados, nada que pudesse afetar a amizade de Graciliano com eles. Se o escritor nordestino não se rendia ao projeto e às exigências de um texto que servisse ao Estado Novo, continuava, todavia, sendo respeitado o suficiente para ser premiado, mesmo que apenas em terceiro lugar. O Prêmio de Literatura Infantil do Ministério da Educação e Saúde Pública foi recebido em abril de 1937.

O livro, porém, demoraria a ser editado. Apenas em 1939 sai pela Livraria do Globo de Porto Alegre. Recebeu a ajuda do escritor Érico Veríssimo, amigo de Graciliano. É o que pode ser constatado em carta localizada no IEB-USP:

18. agosto. 1938.

Meu caro Graciliano,

Só agora lhe respondo à carta de 26 de julho porque estive vários dias doente e mesmo porque a solução do caso de que a mesma trata dependia de outras pessoas.

O seu livro está sendo ilustrado pelo Nelson Boeira Faedrich, ótimo desenhista, que espera estar com o trabalho pronto dentro de poucas semanas. Antes do Natal *A terra dos meninos pelados* estará na rua. Mandei compor em corpo 14, tipo grosso, como vê, e composição estreita. Mais de 30 páginas de ilustrações.

Quanto à sua consulta, respondo o que segue:

a) Este ano o Globo não pode assumir mais nenhum compromisso. O próprio trabalho do Jardim não poderá aparecer antes do Natal.

b) Ainda não pude conseguir o pagamento adiantado. A caixa nesta casa é das coisas que mais longe se encontram do meu controle. No entanto peço-lhe que tenha paciência porque lá para o fim do ano a situação talvez se modifique.

Fiquei satisfeito por saber que v. não desgostou dos Lírios.[7] Curioso. Nunca pedi a ninguém para ler um livro meu. Mas quando nos encontramos aí em julho último eu ia lhe pedir para não ler o meu último romance. Tive a impressão de que no estado de espírito em que v. se encontrava ele havia de irritá-lo.

---

[7] *Olhai os lírios do campo*: romance de Érico Veríssimo, escrito em 1938.

Cá estou eu numa tremenda luta contra padres e carolas. Não me deixam em paz. Não há recurso de que não tenham lançado mão para retirar meu romance de circulação.

Lembre-me a essa gente do Zé Olympio e abrace o seu

Érico.[8]

Na carta de Érico Veríssimo em resposta a Graciliano, nota-se a preocupação deste em receber um adiantamento. Havia realmente por parte do escritor certa angústia com relação a poder sustentar a família dignamente.

O escritor Érico Veríssimo, ao falar do trabalho do Jardim, refere-se ao escritor e ilustrador Luís Jardim, que também havia ganhado o prêmio do Ministério da Educação, com dois livros: *O boi aruá* e *O tatu e o macaco*. Ambos, porém, só foram publicados em 1940.

Como já vimos, *A terra dos meninos pelados* foi escrito logo após o autor alagoano ter sido solto. Desse modo, uma das vozes que pode ser considerada e ouvida desde o início é aquela que insere o escritor em uma experiência recém-vivida de exclusão da sociedade por ter, pretensamente, opiniões políticas diferentes daquelas autorizadas pela ditadura. De certa forma, a cabeça pelada do menino Raimundo faz dele alguém muito próximo do Graciliano detento na Colônia Correcional de Ilha Grande, submetido a um ritual de raspagem de cabelos, humilhante, doloroso, violência cometida na friagem da noite, como podemos ler no texto a seguir, extraído de *Memórias do cárcere*: "O infame instrumento arrancava-me os pelos, e isto me dava picadas horríveis no couro cabeludo. A operação findou, ergui-me, passei os dedos no crânio liso, arrepiado na friagem da noite." (RAMOS, 2008, p. 420) O Graciliano pelado, de certa forma recém-marginalizado, também sonharia com a magia de Tatipirun, recusaria o mundo em que vive.

Raimundo, o menino pelado, é um herói diferente, como convém aos heróis das histórias infantis, e é exatamente a diferença que o distingue que o faz buscar a aventura.

Em *Ficção e confissão*, Antonio Candido chama a atenção para um aspecto importante da leitura de Graciliano. Sua ponderação parece-nos

---

[8] Carta de Érico Veríssimo que integra a Correspondência Passiva do Arquivo Graciliano Ramos do IEB-USP.

relevante, pois está em total consonância com o que ocorre em *A terra dos meninos pelados*:

> Para ler Graciliano Ramos, talvez convenha ao leitor aparelhar-se do espírito da jornada, dispondo-se a uma experiência que se desdobra em etapas e, principiada na narração de costumes, termina pela confissão das mais vívidas emoções pessoais. Com isso percorre o sertão, a mata, a fazenda, a vila, a cidade, a casa, a prisão, vendo fazendeiros e vaqueiros, empregados e funcionários, políticos e vagabundos, pelos quais passa o romancista, progredindo no sentido de integrar o que observa ao seu modo peculiar de julgar e sentir. (CANDIDO, 2006, p. 17)

Em *A terra dos meninos pelados* o espírito da jornada literalmente engendra a narrativa. Raimundo percorre Tatipirun e por meio dele Graciliano julga e sente.

No texto de seu livro, Graciliano insere um automóvel com um farol preto e outro azul, que ri um riso grosso de buzina e voa; cigarras que passeiam sobre discos de vitrola enormes, soltos no ar, tocando músicas que ninguém ouviu; roupas feitas de teia de aranha, em alusão a tecidos feitos de seda; maquinismos de relógio controlando o sol; e aeroplanos, uns troços de metal que fazem *zum*. Em todas essas referências, a tecnologia da época foi colocada como recurso atrativo, algumas delas ainda bastante recentes na década de 1930.

Graciliano Ramos quando escrevia para crianças almejava ser lido e compreendido, como se percebe em um trecho de carta que ele escreve para Anísio Teixeira,[9] em 1938: "Penso exatamente como você: se se procura um assunto infantil e se usa linguagem infantil, a criança percebe que somos tolos e não lê."[10] A preocupação com a linguagem, portanto, também em seus textos para crianças estava presente.

---

[9] Anísio Spínola Teixeira (Caetité, 12 de julho de 1900 – Rio de Janeiro, 11 de março de 1971) foi um jurista, intelectual, educador e escritor brasileiro. Personagem central na história da educação no Brasil, nas décadas de 1920 e 1930, difundiu os pressupostos do movimento da *Escola Nova*, que tinha como princípio a ênfase no desenvolvimento do intelecto e na capacidade de julgamento, em preferência à memorização.

[10] A carta consta do Arquivo Anísio Teixeira do CPDOC-FGV, disponível em: <http://cpdoc.fgv.br/acervo/arquivospessoais/base>. Manuscrito. Papel timbrado: ELP, Empresa de Leitura e Publicidade Limitada. *Esfera — Revista de Letras, Artes, Ciências.*

O escritor nordestino, além de trazer o novo, promove a união entre real e fantástico, outro artifício capaz de entusiasmar os pequenos. Os carros voam, cigarras cantam em discos de vitrola, as coisas e bichos falam e se movimentam. O autor convida o leitor a se divertir com o estranhamento que o inusitado provoca.

Para Nelly Novaes Coelho, é importante em Tatipirun "a presença de um *lócus amoenus*, um lugar 'ideal' onde não há desarmonia, nem desequilíbrios em parte alguma; lugar gratificante, da mesma natureza acolhedora do Sítio do Picapau Amarelo de Monteiro Lobato ou da Pasárgada de Manuel Bandeira". (COELHO, 2006, p. 307)

Sem dúvida as crianças "sentem-se bem" nesses locais "seguros". Podemos nos lembrar de outros mais, como o Sítio de Taquara-Póca, de Francisco Marins, e, principalmente, Hogwarts, a escola onde o bruxo Harry Potter estudou, na série de livros escritos por J. K. Rowling, exemplos significativos de o quanto os meninos se sentem em "casa" nesses mundos bem definidos de fantasia. Não podemos esquecer, tampouco, até para que consigamos identificar melhor os caminhos usados pelo escritor em sua obra infantil, que, além de admirar Bandeira, que recitava, com quem se relacionava e de quem ouviu convite para visitar São Paulo, Graciliano, quando escreveu *A terra dos meninos pelados*, também se utilizou de recursos presentes no mundo de Emília e Narizinho.

Ler o texto em questão é ter a atenção chamada para a grande quantidade de diálogos existentes. Há aqui a intenção do autor de desenvolver uma prosa mais ágil e capaz de fisgar o leitor mirim com maior espontaneidade. Graciliano parece levar ao pé da letra a questão que Lewis Carroll traz no início de *Alice no País das Maravilhas*:[11]

> Alice estava começando a ficar muito cansada de estar sentada com sua irmã sem ter nada para fazer. Vez ou outra olhava o que a irmã estava lendo, mas não havia ilustrações ou diálogos no texto, "e pra que serve um livro", pensou Alice, "sem ilustrações ou diálogos?" (CARROLL, 2004, p. 17)

---

[11] *Alice's Adventures in Wonderland*: "Alice was beginning to get very tired of sitting by her sister on the bank, and of having nothing to do; once or twice she had peeped into the book her sister was reading, but it had no pictures or conversations in it, 'and what is the use of a book,' thought Alice, 'without pictures or conversations?'"

Ao sugerir um final aberto ao seu livro, e trazer Raimundo de volta ao mundo onde era perseguido, Graciliano parece sinalizar com a intenção de propor o enfrentamento dessa realidade opressora. O menino pelado volta para a sua lição de geografia e para as suas responsabilidades. Talvez aqui estivesse falando mais alto o pensamento do autor engajado, a importância dada aos estudos. A intenção de mostrar que precisamos lutar para modificar as situações mais difíceis, e de que o mundo é mesmo um lugar cheio de penas. A fala final da história, a despedida de Raimundo dos meninos de Tatipirun, deixa bem clara a intenção do autor:

> — Adeus, meus amigos. Lembrem-se de mim uma ou outra vez, quando não tiverem brinquedos, quando ouvirem as conversas das cigarras com as aranhas. Fiquei gostando muito delas, fiquei gostando de vocês todos. Talvez eu não volte. Vou ensinar o caminho aos outros, falarei em tudo isto, na serra de Taquaritu, no rio das Sete Cabeças, nas laranjeiras, nos troncos, nas rãs, nos pardais e na guariba velha, pobrezinha, que não se lembra das coisas e fica repetindo um pedaço de história. Quero bem a vocês. Vou ensinar o caminho de Tatipirun aos meninos da minha terra, mas talvez eu mesmo me perca e não acerte mais o caminho. (RAMOS, 2004, p. 76–77)

O menino voltaria para a sua cidade para contar a experiência vivida, completaria a "jornada" referida por Antonio Candido. Revelaria haver um mundo em que todos eram iguais. Onde olhos negros e azuis faziam parte do mesmo rosto, da mesma pessoa. E que apenas usufruir desse mundo, sem dividir com os outros a boa nova, não fazia sentido. Todo o bem conhecido precisa ser dividido, contado, revelado. Raimundo retorna a Cambacará para ensinar, aos meninos de sua terra, os caminhos que levam a Tatipirun. E declara, quase que nas entrelinhas, que talvez ele mesmo se perca, e não acerte mais o caminho. Pois são difíceis os caminhos que levam a um mundo mais justo.

Raimundo fortalece-se em Tatipirun e beneficia-se. Embora triste, sua volta pode ser considerada uma vitória. Graciliano está presente e aparece por inteiro, conforme Antonio Candido nos mostra, falando do geral de seu trabalho: "preocupado em ser, por intermédio de sua obra, como artista e como homem, termina por nos conduzir discretamente a esferas bastante várias de humanidade, sem se afastar demasiado de certos temas e modos de escrever". (CANDIDO, 2006, p. 17)

A *terra dos meninos pelados* é portanto um texto que, apesar de ser escrito para crianças, com todos os elementos capazes de atrair o gosto infantil, guarda as características principais do escritor Graciliano em sua obra. Nele o autor alagoano aparece pleno. Mantém o rigor estilístico, o engajamento, seu compromisso com o ato de escrever.

Referências bibliográficas

CANDIDO, Antonio. *Iniciação à literatura brasileira*. São Paulo: Humanitas, 1999.
_____. *Ficção e confissão*. Rio de Janeiro: Ouro sobre Azul, 2006.
_____. *Formação da literatura brasileira* — momentos decisivos. Rio de Janeiro: Ouro sobre Azul, 2009.
CAPANEMA, Gustavo. Panorama da Educação Nacional (discursos do Presidente Vargas e do Ministro Capanema). In: *Realizações*. Rio de Janeiro: Ministério da Educação e Saúde Pública, 1937.
_____. GCg 1936.04.29 (rolo 42; ft. 814 a 1061), CPDOC/FGV.
CARROLL, Lewis. *The Complete Illustraded Works of Lewis Carroll*. Londres: Bounty Books, 2004.
COELHO, Nelly Novaes. *Dicionário crítico da literatura infantil e juvenil brasileira*. São Paulo: Companhia Editora Nacional, 2006.
_____. *Panorama histórico da literatura infantil/juvenil* — das origens indo-europeias ao Brasil contemporâneo. São Paulo: Moderna, 2010.
_____. *Escritores brasileiros do século XX, um testamento crítico*. Taubaté: Letra Selvagem, 2013.
COLOMER, Teresa. *A formação do leitor literário*. São Paulo: Global Editora, 2003.
EINSTEIN, Alfred. In. CANDIDO, Antonio. *Iniciação à literatura brasileira*. São Paulo: Humanitas, 1999.
FERREIRA, Edda Arzúa. Graciliano Ramos. In: *Travessia 6*, número monográfico dedicado a Graciliano Ramos (Alagoas, 1982–Rio de Janeiro, 1953) no 30º aniversário de sua morte. Org. de Raúl Antelo. Santa Catarina: Editora da UFSC, 1983.
GOMES, Ângela de Castro. *As aventuras de Tibicuera*: literatura infantil e a história do Brasil na era Vargas. *Revista USP*, São Paulo, 2003.
MIRANDA, Wander Melo. Uma poética da falta. In: *Colóquio Graciliano Ramos*. Coordenação editorial de Bete Capinan, Fundação Casa Jorge Amado, 2008.

MOURÃO, Rui. Procura do caminho. In: RAMOS, Graciliano. *Alexandre e outros heróis*. Rio de Janeiro: Record, 2012.
OLIVEIRA NETO, Gofredo de. Posfácio. In: RAMOS, Graciliano. *São Bernardo*. Rio de Janeiro: Record, 2006.
RAMOS, Graciliano. *Alexandre e outros heróis*. Rio de Janeiro: Record, 1986.
_____. *Infância*. Rio de Janeiro: Record, 2003a.
_____. *Insônia*. Rio de Janeiro: Record, 2003b.
_____. *A terra dos meninos pelados*. Rio de Janeiro: Record, 2004.
_____. *Memórias do cárcere*. Rio de Janeiro: Record, 2008.
_____. *Cartas*. Rio de Janeiro: Record, 2011.
_____. *Minsk*. Rio de Janeiro: Record, 2014.
_____. *Luciana*. Rio de Janeiro: Record, 2015.
REGO, José Lins. In: COELHO, Nelly Novaes. *Dicionário crítico da literatura infantil e juvenil brasileira*. São Paulo: Companhia Editora Nacional, 2006.
SALLES, Cecilia Almeida. *Gesto inacabado* — processo de criação artística. São Paulo: Annablume, 2009.
SANTIAGO, Silviano. *Em liberdade*. Rio de Janeiro: Rocco, 1994.
VERÍSSIMO, Érico. *Solo de clarineta*. Porto Alegre: Globo, 1973.

12. Nacionalismo crítico, crítica ao nacionalismo e alumbramento — o carnaval na produção cronística de Graciliano Ramos

Thiago Mio Salla

O presente trabalho tem como objetivo analisar as representações do carnaval nas crônicas de Graciliano Ramos. Em sua produção jornalística, o escritor alagoano tratou dos festejos dos dias gordos em cinco oportunidades:

- Na crônica "IV" (sem título), da seção "Traços a esmo", presente no livro póstumo *Linhas tortas* (1962), mas que foi publicada inicialmente no jornal *O Índio*, de Palmeira dos Índios (Alagoas), em fevereiro de 1921, quando o autor ainda vivia no interior nordestino;
- Na crônica "III" (sem título), estampada na seção "Garranchos", também publicada em *O Índio*, em fevereiro de 1921. Recentemente, tal escrito foi coligido no livro *Garranchos* (2012);
- Em "Carnaval 1910", presente no livro póstumo *Viventes das Alagoas*, mas que, antes, saiu estampada na revista carioca *O Cruzeiro*, em 14 fevereiro de 1942;[1]
- Em "Carnaval", texto também reunido em *Viventes das Alagoas*, mas que apareceu originariamente no primeiro número da revista *Cultura Política*, em março de 1941, apenas sob a rubrica "Quadros

---

[1] Antes de ser recolhido em livro, tal escrito ainda foi publicado na revista carioca *Para Todos*, entre a segunda quinzena de fevereiro de 1957 e a primeira quinzena de março desse mesmo ano.

e Costumes do Nordeste — I". Tanto no caso deste texto quanto do anterior, Graciliano já vivia no Rio de Janeiro e participava com mais intensidade do discurso cosmopolita — o grande diálogo nacional em que se discutia literatura intensamente;
- Na crônica "Aurora e o 'seu' Oscar", texto publicado primeiramente em *O Cruzeiro*, em fevereiro de 1941, e recolhido na segunda parte de *Linhas tortas*.

Nas primeiras quatro abordagens da festa carnavalesca de província, será observado como o cronista sai de uma perspectiva nacionalista crítica para adotar uma postura de crítica ao nacionalismo. Em linhas gerais, ele apaga as origens remotas do festejo popular e o utiliza como instrumento de combate à superficialidade do discurso modernizador e às macaqueações de uma brasilidade importada.

Desse conjunto de textos, o destaque maior recai sobre o penúltimo, escrito para a publicação estadonovista *Cultura Política*, do Departamento de Imprensa e Propaganda (DIP), por seu caráter polêmico e controverso. Esse quadro nordestino, juntamente com os outros que compõem o conjunto da colaboração de Graciliano para com a revista dipiana, deixa a pergunta: como um escritor que foi preso[2] pelo governo de Getúlio Vargas vem a colaborar com a principal publicação ideológica do regime ditatorial instaurado por este comandante? Sabe-se que durante o Estado Novo a participação intelectual no governo nacionalista foi intensa. No caso específico de Graciliano, será visto como ele conseguiu equilibrar-se sobre o fio de uma navalha ao emprestar sua arte ao regime de 1937 sem, com isso, banalizar ou mesmo comprometer sua pena.

Para finalizar, em "Aurora e o 'seu' Oscar", Graciliano comentará duas músicas do carnaval carioca. Aqui, diferentemente das crônicas sobre a festa carnavalesca de província, ele mais exaltará a cultura popular do que criticará a incorporação desta pelo discurso nacionalista e modernizador do Estado-nação.

Nesse último caso, o morro do Querosene, produtor da matéria-prima do samba, figura como um lugar em que as pessoas alumbradas viveriam o aqui e o agora, longe das imposições e necessidades da planície citadina e letrada.

---

[2] Graciliano ficou detido por quase um ano: de março de 1936 a janeiro de 1937.

Todavia, a valorização da aparente autenticidade e do alumbramento do morro pode ser lida também como proveniente da vinculação do autor alagoano à poética realista do romance de 1930, na medida em que Graciliano buscava se contrapor a uma literatura dita intimista e burguesa que então ganhava espaço, num momento de acirramento das tensões no meio literário.

1. O carnaval sertanejo

1.1. A paródia do discurso nacionalista

O primeiro texto de Graciliano a respeito do carnaval, a crônica "IV" (sem título), foi escrito quando o autor ainda vivia em Palmeira dos Índios, no começo da década de 1920. Nesse momento, ele colaborava com o jornal *O Índio*, editado pelo padre Macedo, vigário local. Em seu conjunto de crônicas para essa publicação sob a rubrica "Traços a esmo", quatorze ao total, há o esforço do narrador, sob o pseudônimo de J. Calisto, em criar uma identidade e um estilo. Ele busca se sobrepor às personagens e aos fatos apresentados. Ao mesmo tempo que se apresenta como um ente superior, que observa as situações criticamente, introduz elementos do cotidiano dos interlocutores para que estes se identifiquem, possibilitando, assim, uma comunicação mais próxima e efetiva.

Ao tratar do carnaval, o cronista inicia seu texto por meio de um silogismo jocoso no qual conclui de modo implícito que Palmeira dos Índios, por ser uma cidade essencialmente brasileira, seria fundamentalmente carnavalesca. Logo de saída, portanto, percebe-se a definição da festa "irracional" como um dos elementos caracterizadores da brasilidade (ela ocupa a premissa maior de seu raciocínio dedutivo). Naturalmente, ele apaga as origens arcaicas do festejo, na medida em que passa a vinculá-lo a certa ideia de Estado-nação por meio da paródia.

Observa-se que, mesmo no longínquo sertão alagoano, o cronista tem contato com os pressupostos nacionalistas que ganhavam força ao longo dos anos de 1920 no Brasil. Também chama atenção a estratégia textual adotada pelo narrador que utiliza uma forma de argumentação logicamente estruturada, o silogismo, para tratar da festa dionisíaca sublime da loucura e do êxtase. Tal aparente inadequação busca provocar, entre outros movimentos, o riso do leitor de acordo com a perspectiva do narrador que se apresenta como um tipo benevolente, astucioso e gaiato que opina sobre as questões que aborda, valendo-se, mais nitidamente, do humor e da ironia ecianos.[3]

De acordo com suas premissas, a cidade interiorana reproduziria em escala menor defeitos e virtudes da grande nação. Porém, o narrador está interessado especificamente em um problema: a inclinação do país e, por sua vez, de Palmeira dos Índios, a "Imitações, adaptações, reproduções — macaqueações".[4] Seu parâmetro comparativo é a capital do país: "O que o Rio de Janeiro imita em grosso nós imitamos a retalho. Usamos um fraque por cima da tanga, alpercatas e meias."[5] Entre outras metáforas associativas destaca que o Rio seria um orangotango, e Palmeira um pequeno sagui.

Em seguida, critica também o apego do brasileiro ao falar vazio. Compara a idolatria da palavra, desprovida de ideias e de ação, ao culto do "selvagem que adora a feição material de seus grosseiros manipanços de pau".[6] Da mesma maneira que o pensamento racional escaparia ao bárbaro africano, o mesmo se passaria com os cidadãos de seu país. "Nossa preocupação máxima é falar bonito"[7] e não raciocinar. Nesse ponto, já se percebe que adota um nacionalismo crítico e parodístico que tem como alvos tanto a superficialidade das elites imitadoras como as limitações do grosso da população, tendo em vista a essência falha do país. Ele não engrandece os elementos da cultura popular de modo a estabelecê-los como contrapontos à cultura importada de além-mar. Parece, na verdade, sugerir que o povo deva se sofisticar, sem falsificações, para que possa se equiparar ao refinamento da cultura europeia. Baseia-se, portanto, no logos ocidental, utilizando-o como instrumento de análise das manifestações populares.

Nesse momento do texto, o carnaval ganha destaque ao se opor à preguiça nacional (que aqui se une visceralmente à imagem do sertanejo para o qual se dirige): "Positivamente despertos só estamos durante o carnaval. Pudera! Se o

---

[3] Destaque, sobretudo, para *Uma campanha alegre* (1890-1891), obra que reúne a parcela das "Farpas" (crônicas escritas entre 1871 e 1872 por Eça de Queirós e por Ramalho Ortigão) de autoria apenas do romancista de *Os Maias*. Nesse conjunto de textos, avulta um narrador que, pautado pela ironia e pelo sarcasmo, procura estabelecer uma conversa íntima com o leitor, valendo-se da agilidade do gênero para desnudar as entranhas da sociedade.
[4] RAMOS, Graciliano. *Linhas tortas*. 21ª ed. Rio de Janeiro: Record, 2005, p. 83.
[5] Idem, p. 84.
[6] Ibidem.
[7] Ibidem.

entrudo é a instituição nacional por excelência."⁸ Durante todo o ano o brasileiro seria ocioso, menos durante a festa dos dias gordos. O carnaval, assim, é elevado à condição de instituição, a única que parece ser fielmente seguida pelos cidadãos. Nota-se, aqui, que o sagaz cronista, além da inversão cômica, também realiza uma paródia dos discursos nacionalistas correntes. Ele tem em mente uma essência de brasilidade preguiçosa e desprovida de racionalidade. Algo bem distante da busca de uma identidade nacional que apresentasse as vantagens da confluência étnica, bem como a virtual supremacia da nação brasileira.

O cronista faz menção ao termo "entrudo" para designar a festa. Como se sabe, entrudo era o nome do antigo carnaval português, celebrado para comemorar a "entrada" da primavera. Era a festa da vida (rito de fertilidade) em oposição ao inverno que findava. Com a expansão do cristianismo, os festejos passaram a se realizar do sábado gordo à quarta-feira de cinzas, antecedendo a Quaresma. Comemorava-se, a partir de então, a vitória da virtude (Quaresma) sobre o vício (o Entrudo).⁹ Maria Isaura Pereira de Queiroz, em *Carnaval brasileiro*, destaca algumas práticas comuns a essa festividade:

> 1) um boneco chamado Entrudo, ou João, às vezes acompanhado por um segundo personagem — Dona Quaresma —, passeava pelas ruas, seguido por um cortejo que entoava cantigas burlescas; o desfile terminava com seu "enterro", após a leitura de testamento; 2) um ou vários festins em que se consumiam [...] iguarias à base de carne de porco; 3) troças entre jovens de ambos os sexos, ou entre famílias: aspersão de água ou mesmo de líquidos repugnantes, arremesso de farinha, de cinzas, de lama; 4) grupos de mascarados que perambulavam pela aldeia ou iam de uma aldeia a outra, cantando e fazendo o maior barulho possível com tamborins, sinetas, cornetas, ou até mesmo panelas e outros utensílios de metal.¹⁰

---

⁸ Ibidem.
⁹ Sabe-se que esta festa tida como portuguesa teria origens ainda mais remotas (a região do Cáucaso, a Grécia com seus cultos dionisíacos etc.). Melo Morais Filho apresenta duas hipóteses para a origem do Entrudo: 1) ele teria sido importado da Índia nos Açores por navegantes portugueses; e 2) "a gênesis desse folguedo deve remontar-se às abluções, imersões e aspersões tão íntimas ao povo judeu, de quem a Europa assimilou tradições e ritos". (MORAIS FILHO, 1979, p. 90)
¹⁰ QUEIROZ, Maria Isaura Pereira de. *Carnaval brasileiro*: o vivido e o mito. São Paulo: Editora Brasiliense, 1992, p. 30.

Durante o período colonial, o entrudo teria reinado sozinho no Brasil. A partir da metade do século XIX, a situação começava a mudar: o carnaval com raízes francesas foi se instalando por toda parte. Segundo Queiroz, no início do século XX, o entrudo praticamente desaparecera nas grandes cidades brasileiras, suplantado pelo grande carnaval burguês caracterizado por bailes privados, desfiles em carros alegóricos (corso) e guerras de confete e serpentina (o entrudo civilizado).[11] Contudo, o antigo festejo persistiu ainda durante algum tempo em cidades mais conservadoras ou de menor vulto. "Porém, mesmo nelas, houve a formação de grupos mascarados denominados ora blocos, ora cordões, em geral por iniciativa de famílias ricas; dançavam e cantavam pelas ruas, tentando copiar, na medida de seus recursos, os cortejos da capital do país, sempre com a assistência e os aplausos do poviléu."[12]

Tal parece ser o momento de enunciação em que se encontra J. Calisto (pseudônimo de Graciliano Ramos). Ele escreve no início da década de 1920, numa pequena e tradicional cidade interiorana. Pelo recorte apresentado no texto, a prática entrudística já aparece diluída. Apesar de nomeá-la como tal, ele não se detém naquela que seria a principal marca do festejo: o ato dos foliões de jogar água, pó, farinha, barro etc. uns nos outros. No lugar dessas substâncias, cita a presença do lança-perfume e da serpentina. Ambos já representariam o entrudo civilizado que teria passado pelo filtro do carnaval burguês, de ascendência francesa, dos grandes centros urbanos. Bem verdade que ele destaca passagens em que os festeiros faziam "pilhérias" e "esgares exagerados", insinuando os torneios verbais e as zombarias, condutas também comuns ao entrudo. De acordo com essas coordenadas, o cronista parece representar um período de extinção formal da prática entrudística

---

[11] A elite citadina, interessada na adoção de um estilo de vida moderno e burguês, passou a marginalizar o carnaval popular, qualificando-o como uma prática bárbara, pagã e de origem portuguesa. Nesse processo, além da aparente sofisticação da burguesia nacional, pesa também a orientação rígida tomada pela Igreja Católica a partir da Contrarreforma. "... as objeções ao Entrudo foram construídas em torno desta ideia central: a de que o brinquedo descendia diretamente de antigas festas e cultos religiosos do paganismo. O termo paganismo, por sua vez, encobria e veiculava uma complexa teia de significados e de interesses mais ou menos articulados entre si, cujo sentido tornava-se compreensível quando situado no seu respectivo contexto histórico." (ARAÚJO, 1996a, p. 155)

[12] QUEIROZ, Maria Isaura Pereira de. *Carnaval brasileiro*: o vivido e o mito. São Paulo: Brasiliense, 1992, p. 55.

e de assimilação de novos costumes presentes na capital Maceió.[13] Porém, tratava-se de uma apropriação de superfície: a festa continuava, na opinião de J. Calisto, tacanha e macaqueadora.

Sua principal atenção, no entanto, recai sobre a música que "animaria" a festa: o fado. Ele ressalta a incompatibilidade entre a alegria carnavalesca e a tristeza desse tipo de canção. Tal ausência de lógica é vista pelo cronista, de acordo com sua perspectiva de blague ao nacionalismo, como decorrente da regra brasileira de imitar por imitar costumes europeus: "A música é triste, o canto é lúgubre, mas — que diabo! — é necessário que se cante e que se toque alguma coisa. A festa é de alegria. Canta-se, embora a soluçar. A regra é imitar, imita-se. Mas quê? As cantilenas exóticas de além-mar."[14] De acordo com a linha argumentativa do cronista, o entrudo, identificado com raízes portuguesas, seria também importado e, juntamente com ele, a suposta alegria do povo celebrante a "rir sem saber de quê". A animação, dessa maneira, seria convencional, fato que pode ser percebido no "riso nervoso" e na "gargalhada estridente" dos foliões. Nada de êxtase e de uma natural comunhão coletiva.

Logo depois, passa a cobrar decoro dos festejadores, deixando um conselho: "Sede lógicos em vossa insensatez [...]. Se a coisa é para fazer tolices, fazei tolices, amigos, quebrai a louça, derramai os copos, ponde uma barba de espanador e saí pela rua a dar vivas à República."[15] Deveria haver, portanto, uma adequação entre forma e conteúdo na comemoração, nem que para isso se rompesse um rito tradicional: o alegre carnaval deveria ser animado por músicas alegres. Tal raciocínio dedutivo retoma o silogismo inaugural e revela o quão excelso seria o narrador se comparado com seus leitores foliões, visto que exporia suas ideias de maneira lógica e coerente. Essa atitude seria comum a J. Calisto. Ele não seria apenas um pseudônimo, mas uma personagem criada por Graciliano para entrar em contato com o leitor e cativá-lo. Trata-se de um observador sociocultural que assume uma postura

---

[13] Luiz Sávio de Almeida (1996, p. 78), ao comentar o papel civilizatório do carnaval de Maceió, ressalta: "Evidentemente, se é verdadeiro que teria essa condição de civilizatório [o carnaval] opondo-se, inclusive, ao entrudo, somente poderia ter articulação de seu ingresso estabelecida pelo que se poderia considerar como a elite: a gente do mando político, ligada ao poder econômico e de elevada posição social."
[14] RAMOS, Graciliano. *Linhas tortas*. 21ª ed. Rio de Janeiro: Record, 2005, p. 84.
[15] Idem, p. 85.

superior aos que leem, sem deixar de incorporar elementos de uso comum destes. Vive constantemente essa relação dialética: ao mesmo tempo que se distancia, apresenta elementos do próprio cotidiano dos leitores para que eles se aproximem de seu relato. Tudo isso por meio do humor e da ironia.[16]

O entrudo da pequena cidade também seria marcado por cordões carnavalescos e suas quadrinhas "sem pés nem cabeça". Como se vê, essas trovas passam também a ser alvos da sátira do narrador. Enquanto a classe mais elevada da cidade "canta as insípidas pieguices de outras bandas" ("os fadinhos insulsos"), mestre Manuel Simão do clube Bela Rosa[17] e sua grei "levantam a poeira da estrada, a gritar com energia: 'São essas fé que me faz a contemprá'... [sic]".[18] Da mesma maneira que repudia as macaqueações da elite que se imagina em outro país, vê com maus olhos as manifestações populares como os cordões, os maracatus e suas cantigas, provenientes de

---

[16] Procedimento semelhante ao desta crônica pode ser observado no texto XI (sem título) da mesma seção "Traços a esmo". Nela, o cronista fala da introdução do futebol no Brasil e profetiza que o esporte seria passageiro, pois era uma imposição estrangeira que não possuía um vínculo direto com a população brasileira. Ao mesmo tempo, preconiza o retorno às nossas fontes com a capoeira. Na verdade, não a valoriza culturalmente, mas sim porque ela reproduziria outro traço da essência nacional: a prática de dar rasteiras. "Este sim é o esporte nacional por excelência." (RAMOS, 2005, p. 114) Destaca com ironia a pobreza e a preguiça da população sem forças para lutar ou para correr. "Fisicamente falando, somos uma verdadeira miséria. Moles, bambos, murchos, tristes — uma lástima!" (RAMOS, 2005, p. 111) Enumera uma série de características dessa população marcada pela inanição. Em meio ao tom de deboche percebe-se uma análise das condições nordestinas e de como o esporte vindo de fora seria recebido, ressaltando-se a incompatibilidade entre tal prática esportiva e o *hinterland* brasileiro. O litoral, por outro lado, é apresentado como mais suscetível aos estrangeirismos.

[17] Tal clube parece ser uma herança das irmandades de negros que se expandiram no país, sobretudo durante o período dito Barroco. Estas confrarias resguardavam as tradições africanas de seus membros, e, entre elas, pode-se destacar a congada, bailado dramático em que os participantes representam, cantando e dançando, a coroação de um rei ou rainha do Congo. No sincretismo, estes poderiam assumir as figuras de São Benedito e de Nossa Senhora do Rosário. Principalmente no Nordeste, Roger Bastide notou a existência de grupos festivos que, das comemorações religiosas, se agregavam ao carnaval. "[...] o maracatu e o afoxé encontraram no carnaval, que ocupa lugar de importância nas preocupações do povo, um centro fixo firme que os preserva do desaparecimento." (BASTIDE, 1959, p. 22) Câmara Cascudo, ao tratar do maracatu, destaca: "É visível o vestígio dos séquitos negros que acompanhavam os reis de congo, eleitos pelos escravos, para a coroação nas igrejas e posterior batuque no adro, homenageando a padroeira ou Nossa Senhora do Rosário. Perdida a tradição sagrada, o grupo convergiu para o carnaval, conservando elementos distintos de qualquer outro cordão da espécie." (CASCUDO, 2000, p. 361)

[18] RAMOS, Graciliano. *Linhas tortas*. 21ª ed. Rio de Janeiro: Record, 2005, p. 85.

sertanejos com "mentalidade rudimentar", como o mestre do cortejo descrito no texto. Aquilo que J. Calisto imagina mais vinculado às raízes do país seria algo canhestro. Ele atém-se, sobretudo, aos problemas gramaticais da canção entoada pelo clube pedestre,[19] que não lhe faria sentido, pois a analisa segundo códigos europeus (aqui, mais especificamente, a variante culta e portuguesa do idioma).

Quanto ao outro texto sobre o carnaval de província também publicado em *O Índio*, porém na seção "Garranchos", o cronista X louva, sem abdicar da ironia, a atitude dos foliões que se embriagavam de vinho e se entregavam à loucura da festa. Segundo essa voz enunciativa, por mais que ela estivesse estampada no jornal de um padre, não se esperaria atitude mais razoável dos pândegos moradores da cidade. Aqui fica claro o diálogo com o pedido de coerência feito aos leitores na crônica anterior:

> Bateu-te à porta a orgia e, com a sedução das bacantes, caíste-lhes bêbedo aos braços, tratante! Melhor não poderias ter feito. Se o vinho é deus, se o vinho impera, era mister que te entregasses de corpo e alma ao seu domínio! Beber! Transportar-se de um trago às paragens encantadas do prazer... Que delícia![20]

De modo análogo a J. Calisto, X também se vale de um tom opinativo e mordaz de polemista, enfatizando sua interlocução com os leitores de *O Índio*, ao mesmo tempo que procura conferir logicidade ao desvario dos foliões. Todavia mais do que tomar o carnaval como plataforma para discutir aspectos de discursos em torno da nacionalidade brasileira, põe-se a comentar a postura usual dos munícipes de Palmeira dos Índios em relação

---

[19] No interior da intensa vida associativa dos trabalhadores urbanos do Recife, nota-se, no final do século XIX, o surgimento de sociedades carnavalescas que reuniam indivíduos das camadas populares, os chamados clubes pedestres. "A designação fazia alusão à forma como se apresentavam em público: em cortejo processional, os sócios dos cordões percorriam, a pé, ruas e bairros centrais do Recife, realizando cantos e manobras ensaiadas." (ARAÚJO, 1996b, p. 49) Tal descrição se aproxima muito do desfile dos cordões, descrito por Graciliano na cidade do interior. Até à sofisticação das comunicações no século XX, a principal fonte de influência para o carnaval alagoano vinha de Pernambuco, e não do Rio de Janeiro. (ver ALMEIDA, 1996, p. 80)

[20] RAMOS, Graciliano. *Garranchos*. Org. de Thiago Mio Salla. Rio de Janeiro: Record, 2012, p. 59.

aos festejos: durante os dias gordos eles punham uma máscara de papel pintado sob a máscara moral de todos os dias e se entregavam de corpo e alma ao domínio de Baco. Depois de tantas noites de braço dado com o vício, na quarta-feira, iam receber, genuflexos e piedosos, a cruz de cinza na testa.[21]

Ao final do texto, o cronista enquadra esse movimento aparentemente contraditório de pecar e pedir perdão como parte de uma verdade genérica e atemporal de que a vida seria uma intérmina sucessão de contrastes, como se justificassem os desvios em função da prevalência da norma.

1.2. A crítica ao nacionalismo ufanista

Como se sabe, Graciliano foi preso em 1936, em Maceió, supostamente sob a acusação de participar da Intentona Comunista de 1935. Logo em seguida, o escritor foi levado para o Rio de Janeiro, onde ficou preso até janeiro de 1937. Após sua libertação, decide fixar-se na capital carioca e se dedicar, sobretudo, à carreira de escritor. Passa a escrever crônicas, contos e artigos para vários jornais e revistas para completar os magros salários de revisor do *Correio da Manhã* e de Inspetor Federal de Ensino.[22] A crônica "Carnaval 1910", escrita no início da década de 1940 e publicada em *O Cruzeiro*, enquadra-se nesse novo contexto. Como se percebe pelo título, nela o cronista retornará ao carnaval sertanejo numa data anterior àquela dos textos que acabaram de ser analisados.[23] Ele também adotará postura bem diversa ao relembrar os festejos carnavalescos de Palmeira dos Índios, vivendo na capital do país. Deixará de lado o tom mais sagaz, irônico e paródístico do discurso de J. Calisto e X e passará a se pautar pela descrição, em chave realista, com destaque para a seriedade da voz enunciativa, da prática entrudística que aqui aparece em todas as suas cores.

O narrador, de volta ao tema do carnaval interiorano, parece utilizar a recuperação dos festejos para, de modo indireto, criticar o discurso nacionalista unívoco e disciplinador do Estado Novo. O entrudo passadista serviria de contraponto ao carnaval carioca, celebrado como a grande festa nacional naquele momento. Ao mesmo tempo, a patuscada sertaneja

---

[21] Ibidem.
[22] BOSI, Alfredo; FACIOLI, Valentim; e GARBUGLIO, José Carlos. *Graciliano Ramos*. São Paulo: Ática, 1987, p. 118.
[23] Como foi visto, na crônica IV (sem título), seu momento de enunciação era o ano de 1921.

guardaria o tom rigoroso, censório e disciplinador (quase cívico) que a folia carnavalesca assumia na capital do país:

> O governo estadonovista, contando com o apoio do Departamento de Imprensa e Propaganda (DIP), e com os projetos de alguns intelectuais contratados, conseguirá concretizar, até certo ponto de forma bem-sucedida, a construção de uma ideologia coadunada com a sua propaganda política e cultural e de certa forma utilizar o rádio e os sambas para "educar" e disciplinar os consumidores desse tipo de música. Isso se dará através da censura, dos sambas celebrando o trabalho disciplinado, do nacionalismo ufanista das canções de exaltação, dos grandes concertos promovidos pelo Estado e por Villa-Lobos nos estádios de futebol e, em última instância, através dos concursos carnavalescos.[24]

O carnaval no remoto interior aparecerá como uma antifesta, como se percebe logo de saída na perspectiva do cronista: "Eram três dias bem desagradáveis. Sujeitos precavidos fechavam-se, olhavam suspeitosos a rua, mas isto não os livraria de pesares: se se distraíam, inundavam-nos jatos d'água suja. Iam mudar a roupa, furiosos".[25] O entrudo é descrito como uma espécie de guerra, e o narrador-observador, distanciado dos fatos que relata, aparenta se colocar ao lado daqueles que estão de fora da festa e tentam evitar os ataques dos inimigos. Estes seriam "moleques armados de bisnagas enormes de bambu" e "indivíduos que traziam, em mochilas, pacotes de alvaiade, zarcão, ocre, tintas de todas as cores, com que se pintavam os transeuntes".[26]

Nas palavras de um "doutor verboso", que fazia discursos irados contra a selvageria da festa, os foliões seriam "tupinambás". Tal figura indignada, depois de ser molhada e não receber a devida atenção, não vê outra alternativa senão se tornar também selvagem e entrar na brincadeira para se vingar, arrastando outros com ele. Aqui deixa entender que a festa embalaria a coletividade: "Animavam-se todos e perdiam a compostura, acabavam achando aquilo interessante." Porém, tal participação parece ser restrita aos

---

[24] CUNHA, Fabiana Lopes da. *Da marginalidade ao estrelato*: o samba na construção da nacionalidade (1917-1945). São Paulo: Annablume, 2004, p. 200.
[25] RAMOS, Graciliano. *Viventes das Alagoas*. 19ª ed. Rio de Janeiro: Record, 2007, p. 9.
[26] Ibidem.

homens e mesmo entre eles haveria os loucos moderados, "quase a pedir desculpas encabuladas à cidadezinha pacata".[27]

Como pode ser observado, o cronista enfatiza o provincianismo e o moralismo da pequena cidade, que colocava limites à integração total de seus habitantes por meio do ritmo e do transe festivo. O peso maior das restrições, obviamente, recaía sobre as mulheres. As meninas resguardadas e recatadas da elite local se colocariam nas calçadas, à margem dos festejos, numa postura estática e passiva. "Sérias e bicudas", apenas observariam o carnaval, "reprovando os excessos, sacudindo com espanto e enjoo as cabeças, onde se arrumavam papelotes".[28] Quando eram atingidas por um jato d'água, censuravam com muxoxos o assanhamento do rapaz que cometera o delito. Mesmo em meio à época mais animada do ano, o peso das obrigações sociais e religiosas daria o tom: as meninas não davam confiança a qualquer um, visto que "brincadeira com moça findava na igreja ou rendia pancada".[29] Não havia a possibilidade de os desejos serem escondidos "sob nuvens de confete", sobretudo a energia sexual feminina.

Como um colibri, valendo-se da amplitude comumente atribuída ao gênero crônica, o narrador passa a descrever pequenos quadros e cenas, compondo uma espécie de mosaico do carnaval. Primeiro apresenta os "parafusos",[30] tipos que vestiam roupa sobre roupa andando "inchados por dentro e por fora, pacholas, cobertos de renda engomada".[31] Seriam, portanto, foliões pedantes e vaidosos (pacholas), provavelmente de nível econômico superior. Logo em seguida, focaliza os mascarados vagabundos que se enrolavam em sacos de estopa, "sujos, as caras escondidas em fronhas, as mãos calçadas em meias".[32] Eles seriam o contraponto dos parafusos cobertos de renda engomada. Havia também bobos de "máscaras horríveis" que assustavam as crianças e o índio de penacho e tanga, citado como uma personagem obrigatória e silenciosa. Nota-se, aqui, o oximoro de um índio civilizado que se contrapõe aos "tupinambás" selvagens do

---

[27] Idem, p. 10.
[28] Ibidem.
[29] Ibidem.
[30] Parafuso nomeia também um passo de frevo, música que embala a festa relatada pelo narrador.
[31] RAMOS, Graciliano. *Viventes das Alagoas*. 19ª ed. Rio de Janeiro: Record, 2007, p. 10.
[32] Idem, p. 11.

início do texto com suas bisnagas de bambu e seus pacotes de tintas com que brincavam o entrudo.

Depois de se deter em figuras isoladas, atém-se ao cordão, grupo típico do folguedo com sua porta-bandeira, o homem da maromba, o papai velho e o morcego (um folião fantasiado com asas de guarda-chuva, figura típica desse conjunto). Eles seriam animados por um frevo[33] "decente" e marchariam com "disciplina". Trata-se também de uma imagem antitética: os foliões embalados pela liberdade de gestos e movimentos do frevo marchariam rigidamente como soldados. O homem da maromba (vara) seria uma espécie de sargento a conduzir seus imediatos. O carnaval apresentado pelo cronista parece carregar um travo amargo na boca, longe de um festejo idealizado e condizente com os discursos que se construíam em torno da "grande festa nacional".

Já ao final, o narrador apresenta os mascarados solitários que, de acordo com as práticas do entrudo, zombavam dos participantes da festa causando riso com "pilhérias antigas e ditos grosseiros, inconvenientes".[34] As zombarias e críticas causavam receios e alarmas. "Criavam-se inimigos. E às vezes se liquidavam contas velhas."[35] O bom humor era reprimido com violência. Socos e pontapés camuflavam-se e mesclavam-se ao folguedo:

> Um cidadão espiava o morcego e o parafuso, de longe. Dois ou três embuçados musculosos entravam-lhe em casa, batiam-no a cacete. Berros, súplicas, sangue, apitos, sumiam-se na festa. Ninguém sabia donde vinham as pauladas — e era bom evitar ter opiniões. No ano seguinte as críticas seriam menos ofensivas.[36]

A suprema festa do povo brasileiro, em que os rígidos padrões sociais seriam relativizados, apresentar-se-ia, na verdade, com as marcas da violência e da censura, encobertas "sob nuvens de confetes". Assim, por meio da retomada

---

[33] Segundo Rita de Cássia de Araújo, o frevo guardaria ligação com a ginga dos capoeiras. "Os saltos ritmados dos capoeiras, vadios e moleques de rua foram pouco a pouco definindo uma determinada maneira de acompanhar os esfuziantes acordes das orquestras de metais, combinando música, numa fusão que resultou no passo pernambucano, o bailado característico do frevo." (ARAÚJO, 1996b, p. 51)
[34] RAMOS, Graciliano. *Viventes das Alagoas*. 19ª ed. Rio de Janeiro: Record, 2007, p. 11.
[35] Ibidem.
[36] Idem, p. 11–12.

do passado, há o questionamento indireto da suposta essência do carnaval, algo que vai de encontro às concepções nacionalistas e ditatoriais do Estado Novo que, então, eram impingidas à cultura popular como um todo. Assim, mediante o percurso figurativo proposto pelo texto em questão, percebe-se que Graciliano não se põe a criticar abertamente o regime de 1937. Todavia, por meio do recuo temporal da narrativa e da inevitável correspondência estabelecida entre os tempos idos e o momento de enunciação vivido pelo autor, ele acaba por construir uma crítica oblíqua a uma espécie de *continuum* da vida nacional pautado pelo uso da força e pela prevalência do autoritarismo.

1.3. Carnaval da *Cultura Política*

Dos textos sobre os festejos carnavalescos na província, destaca-se "Carnaval", publicado em março de 1941, no primeiro número da revista *Cultura Política* do Departamento de Imprensa e Propaganda (DIP) estadonovista, na seção intitulada "Quadros e Costumes do Nordeste". Esse realce deve-se ao fato de o conjunto da produção de Graciliano escrito para tal periódico getulista chamar a atenção tanto pelo mérito literário quanto por seu caráter polêmico e controverso, considerando-se, sobretudo, o fato extradiegético de que, depois de ser preso pelo governo varguista em 1936, o escritor começa a colaborar periodicamente,[37] alguns anos depois de ser solto, com essa publicação que tinha como objetivo construir o arcabouço teórico e conceitual que dava legitimidade ao Estado Novo. Antes de examinar de modo específico o mencionado quadro nordestino, contudo, cabe ver rapidamente quais eram os objetivos da revista e qual a relação dos intelectuais com o projeto nacionalista e modernizador da era Vargas.

Cultura Política: revista mensal de estudos brasileiros circulou de março de 1941 a fevereiro de 1945. Era um periódico de caráter austero e livresco, contendo, em média, entre 250 e trezentas páginas por edição. De maneira geral, ocupava posição de destaque no embasamento e na divulgação tanto do projeto político e ideológico como das realizações do governo autoritário. Dirigida por Almir de Andrade, tinha como objetivo inicial esclarecer

---

[37] Graciliano assumiu a seção "Quadros e Costumes do Nordeste" em março de 1941. Nos dois primeiros anos da revista, contribuiu com 22 textos. Em 1943, escreveu apenas dois artigos e um no ano seguinte. Além disso, exerceu também a função de revisor do periódico.

e propagandear as transformações pelas quais o país passava por obra das iniciativas governamentais. Sua eficácia discursiva ganhava reforço, principalmente, em virtude do cuidado editorial presente em sua confecção: cada uma de suas seções era antecedida por notas introdutórias e sumários que cumpriam o papel de unificar as produções dos diferentes colaboradores de acordo com uma temática orientadora central, guardando-se certa distância entre as marcas específicas de cada autor. Além disso, ao espelhar e produzir a noção de um governo que se propunha total e orgânico, a revista, analogamente, procurava apresentar-se como um corpo unitário e amplo. Seu escopo envolvia assuntos políticos, sociais, jurídicos, históricos e culturais.

Mais especificamente, a revista buscou vincular o novo regime às raízes culturais brasileiras, apelando para a comunhão de todos em torno de uma bandeira nacionalista única. O próprio Almir de Andrade confirma esse pensamento em texto inaugural da referida publicação:

> Um sentimento mais forte de unidade nos aproxima uns dos outros — nós todos, filhos do Norte, do Centro e do Sul. Os nossos mais sinceros e graves pensamentos se erguem, nesta hora, para o Brasil — para o Brasil unido, cada vez mais consciente de sua unidade, e que se defronta com uma das mais tremendas convulsões da civilização ocidental. Nós todos esquecemos as desavenças de ontem, as diferenças de opinião e de doutrina, os conflitos possíveis de critérios na solução dos problemas.[38]

Segundo o discurso governista, o chamado à participação intelectual era decorrente do processo de evolução pelo qual o país atravessava. Em perspectiva teleológica, o grande Brasil e suas tradições convergiam para o Estado Novo. O texto "A ordem política e a evolução intelectual", também presente no primeiro exemplar da revista dipiana, manifestava essa postura:

> E como a política, recentemente inaugurada, imprimia à vida nacional um sentido eminentemente brasileiro, não tardou muito que a benéfica influência de seus propósitos invadisse os campos intelectuais (já

---

[38] ANDRADE, Almir de. A evolução política e social no Brasil. *Cultura Política*, Rio de Janeiro, ano 1, n. 1, mar. 1941, p. 7.

amainados pela campanha nativista do modernismo) para frutificar em obras que, sob vários aspectos, recomendam a nossa cultura e dignificam a nossa nação.[39]

Sabe-se também que a era Vargas está associada à efetiva construção do Estado-nação no Brasil. Segundo Helena Bomeny, a montagem desse aparato estatal nos anos de 1930 e 1940 "justificou a demanda de especialistas, envolveu intelectuais de várias áreas e deu chance a homens ilustrados e propositivos".[40] Eles teriam sido atraídos pelo projeto intervencionista do governo de Getúlio, na medida em que este se mostrava pautado por "racionalidade, planejamento, combate ao regionalismo, às oligarquias e ao mandonismo local".[41] O discurso reinante era de que o país pedia uma política nacional de Estado que levasse a modernidade a setores importantes da vida social como saúde, educação, cultura, artes, patrimônio histórico etc.

No que diz respeito à intensa colaboração dos intelectuais com o governo, Antonio Candido destaca que haveria uma diferença elementar entre participação e cooptação. Em muitos casos foi possível manter uma postura crítica, mesmo figurando na folha de pagamento do governo.[42] No caso específico da presença de Graciliano Ramos nas páginas de *Cultura Política*, convém examinar a especificidade dos recursos retórico-estilísticos mobilizados pelo escritor para colaborar com a referida revista getulista sem comprometer sua coerência artística e, ao mesmo tempo, gabaritar-se a receber, em conturbados tempos de guerra, o contínuo pagamento pelos textos publicados.[43]

Em geral, os "Quadros e Costumes do Nordeste" constroem para si um lugar diferenciado, mas não isolado, nas páginas do periódico oficial, distanciando-se tanto dos habituais panegíricos como de estudos dissertativos dedicados a diferentes aspectos da vida nacional. Ao mesmo tempo,

---

[39] EVOLUÇÃO intelectual. *Cultura Política*, Rio de Janeiro, ano 1, n. 1, mar. 1941, p. 251–2.
[40] BOMENY, Helena. Infidelidades eletivas: intelectuais e política. In: _____ (Org.). *Constelação Capanema*: intelectuais e política. Rio de Janeiro: Editora FGV, 2001, p. 17.
[41] Idem, p. 21.
[42] CANDIDO, Antonio. Prefácio. In: MICELI, Sérgio. *Intelectuais e a classe dirigente no Brasil (1920-1945)*. Rio de Janeiro: Editora FGV; Universidade São Francisco, 2001, p. XI.
[43] "Por mais que se busque outra explicação, a verdade é que a longa permanência em *Cultura Política* se converteria em emprego estável para Graciliano. Acima de tudo, ali obtinha remuneração constante que lhe permitia saldar o orçamento." (MORAES, 1992, p. 189)

neles o narrador adota certo tom de problematização na abordagem de usos, personagens e situações identificados com o universo nordestino. No entanto, não endereça suas críticas diretamente ao *statu quo* getulista, ou seja, ao Nordeste de seu momento de enunciação, pois, contrariamente ao que se esperava de um cronista moderno (seus textos de *Cultura Política* são tratados pela publicação e pelos críticos como "crônicas"), recuava suas narrativas a um distante passado sertanejo, orientando-se tanto pelo efeito de ficção quanto pelo tratamento dos conteúdos de maneira distanciada (com ênfase no uso da 3ª pessoa).

Na crônica "Carnaval", predomina a habitual ironia e a visada realista com que Graciliano retrata as cenas dos festejos carnavalescos no sertão. Nesse processo, deixa de lado o afã modernizador e ufanista do Estado Novo, apresentando os quadros e cenas sertanejas de maneira acrimoniosa e sem motivos de glória. Por meio do gesto de recuar o texto a um marco referencial pretérito, acaba por aludir à incompatibilidade entre a suposta novidade do projeto nacionalista estatal e a permanência da tacanha e violenta "realidade dos rincões brasileiros".

Nesse movimento, mais do que descrever as peculiaridades da festa carnavalesca no interior nordestino, o artista utiliza o evento como mote para produzir um retrato da elite sertaneja em seu contato com o povo. De maneira irônica, trata da dominação realizada pela classe dirigente municipal, tematizando a tensão entre norma e desvio, a partir de certa focalização que oscila entre um olhar de fora (distanciado) e um olhar de dentro (provinciano).

Quanto ao gênero, o texto pode ser visto como um cromo do município, um retrato autônomo, com certa vivacidade em que se nota a presença de um olhar crítico do narrador. Este parece partilhar da tópica *ut pictura poesis* (que associa poesia e pintura, pressupondo que a função da primeira seria copiar, imitar, pintar). Nesse sentido, procura construir um quadro literário da sociedade sertaneja com suas várias camadas, com destaque para a inevitabilidade da mudança operada pela maioria, mas, sobretudo, para o moralismo da elite e para a vigilância exercida por ela (mais do que a folia, registra o predomínio da ordem segundo o olhar dos poderosos).

Como meio de direcionar-lhe a leitura, esse quadro de Graciliano sobre a festa carnavalesca vinha antecedido por um paratexto aposto pelos editores da revista, no qual se destacava o caráter passadista das práticas sociais retratadas pelo autor, bem como se reforçava o estatuto de documento do retrato ficcional por ele proposto:

> Escritor e romancista consagrado entre os melhores do Brasil de hoje, tendo enriquecido a nossa literatura de ficção com obras fortes e cheias de personalidade como *São Bernardo, Angústia, Vidas secas, Caetés*, e com numerosos contos que se publicam incessantemente nos grandes jornais da capital da República e dos Estados — o autor desta crônica tomou a seu encargo fixar quadros e costumes da região do Brasil onde nasceu e viveu mais de trinta anos: o Nordeste. Neste número inaugural, ele nos dá um flagrante da grande festa popular — o carnaval — tal como decorre nas cidades do interior nordestino. É um pequeno pedaço desse Brasil que ainda foge do ímpeto renovador da civilização litorânea, desse Brasil tão diferente e tão grande...[44]

De acordo com essa interpretação teleológica proposta pelos editores da revista, a versão do carnaval apresentada pelo escritor alagoano se aproximava tão somente de um trabalho de arqueologia, visto que retomava os vestígios do que fora no passado a "grande festa popular", que, naquele momento, era encampada e controlada pelo poder central. Há, portanto, uma clara distinção entre o passado liberal-republicano e o presente estadonovista, marcado pelo "ímpeto renovador da civilização litorânea". Entretanto, vai se notar que o texto, embora se mostre ajustável a tal leitura proposta pela publicação estadonovista, não deixava de ter como alvo a própria concepção de unidade, modernidade e nacionalismo do discurso getulista, na medida em que a dura "realidade" nordestina retratada, de acordo com o rigor da poética realista, ainda seria a "autêntica" imagem do interior do país, por mais que a propaganda governista fizesse crer o contrário.

A crônica propriamente dita começa com a apresentação de uma pequena cidade provinciana e sertaneja. O narrador a caracteriza pela presença de um cinema silencioso, "onde as fitas se quebravam durante longas horas de exibição", e de um jornal fofoqueiro que reproduzia "boatos cochichados nas

---

[44] ESCRITOR e romancista... *Cultura Política*, Rio de Janeiro, ano 1, n. 1, mar. 1941, p. 236-237.

esquinas, na farmácia e na barbearia, e em redor dos tabuleiros de gamão".⁴⁵ Tal ambientação já revela como esses dois signos da modernidade, cinema e jornal, são apresentados em toda a sua precariedade, superficialidade e limitação. A pequena cidade se acomodaria lentamente aos hábitos modernos: "nada de choques, perturbações". Sua essência seria o tradicionalismo que se oporia indiretamente ao discurso renovador e revolucionário do Estado Novo. A modernização de arremedo não seria, portanto, uma conquista para o sertão, mas sim uma imposição difusa e importada que apenas reforçaria a manutenção do *statu quo* e, por sua vez, a precariedade daquele espaço arruinado.

Os habitantes do município são apresentados como provincianos e moralistas, uma vez que todos fiscalizariam a vida de todos, gerando um clima policialesco. "Qualquer derrapagem medíocre, sorriso considerado impróprio, suspiro ou afoiteza de opinião determina comentários, zangas, críticas acerbas, equívocos."⁴⁶ Num dos centros desse pequeno panóptico repressivo, ganham destaque a rigidez e a intransigência do vigário local.⁴⁷ Seus ataques eram endereçados "ao mundo, à carne e ao diabo", férteis em tentações não especificadas. Na perspectiva do padre, o mal estaria relacionado à má conduta feminina que deveria ser rigidamente controlada. O ato de montar a cavalo de frente como um homem, usar saias curtas e deixar os braços descobertos eram indícios de perdição. Ironicamente o narrador faz questão de apontar o caráter aleatório das restrições: "julga que alguns centímetros de pele nua ocasionam prejuízo sério à cristã".⁴⁸

O carnaval também seria motivo de uma campanha enérgica por parte do pároco. Contudo, nesse caso, ele perdeu o apoio de um habitual aliado, o jornal fofoqueiro, que teve de entrar na folia para agradar a seus anunciantes.

---

⁴⁵ RAMOS, Graciliano. *Viventes das Alagoas*. 19ª ed. Rio de Janeiro: Record, 2007, p. 19.
⁴⁶ Ibidem.
⁴⁷ Comparando o texto da crônica em *Cultura Política* com a segunda edição de *Viventes das Alagoas*, percebe-se a ausência de todo o trecho em que há a descrição da figura e da atuação do rígido padre (segundo e terceiro parágrafos). Raul Antelo levantou uma hipótese para esse hiato: "Em sua primeira colaboração dipiana, tudo às claras pois 'as casas estão fiscalizadas rigorosamente', a derrapagem medíocre não passa desapercebida ao Poder. Embora o julgue idoso e míope, o Estado vigia e aparece em cada interstício. Ele sabe ver colos expostos, inclusive porque conta com aliados eventuais, 'o hebdomadário noticioso e austero', que entrou na folia para não desgostar os anunciantes." (ANTELO, 1984, p. 30-31)
⁴⁸ RAMOS, Graciliano. *Viventes das Alagoas*. 19ª ed. Rio de Janeiro: Record, 2007, p. 20.

O cronista sugere a proximidade entre o periódico e o poder religioso.[49] Isolado, o padre teve que admitir a festa pagã, mas condenou os excessos, que, segundo o narrador, nunca chegaram a existir.

Roberto Damatta fala da diferença entre o carnaval, a festa da desordem, da comunhão e da liberdade, e os ritos cívicos e religiosos, festejos da ordem por excelência.[50] Nesse sentido, Graciliano, como também já foi visto na crônica anterior, aproxima os folguedos sertanejos de uma manifestação ordeira, correta e hierarquizada, aludindo de modo oblíquo, por meio do recuo temporal dos eventos, aos procedimentos censórios e padronizadores do Estado Novo: "Efetua-se o carnaval, com decência, com ordem. Famílias reúnem-se na praça, em magotes limpos de misturas perniciosas. Notam-se várias categorias."[51]

Prova disso é que o pequeno município teria deixado o "bárbaro" entrudo para trás. Na cidadezinha, observava-se agora a mescla de festejos da elite (o corso, nos poucos carros que circulavam com seus passageiros travando guerras de serpentina e confete) e do povo (com os foliões em ranchos e maracatus, gingando e dançando frevo no largo da cidade e nas circunvizinhanças deste). Ironicamente, o narrador comenta tal transição: "Agora estamos civilizados, bastante civilizados."[52] Assim, a conduta "bem-educada" é associada à cópia de costumes litorâneos que viriam da Europa. Desse movimento analítico eivado de sarcasmo, avulta, por sua vez, o questionamento à suposta essência de brasilidade da grande festa, bem como se insinua um nacionalismo de empréstimo e a sujeição a modismos externos.

Em seguida, a voz narrativa passa a descrever os estamentos que participam dos festejos. De início, trata das figuras que os presidem: a mulher do prefeito e a senhora do médico, representantes da classe mais alta do povoado. À porta do bar, elas oferecem assentos às mulheres dos engenheiros (espécie de elite itinerante que deveria levar uma boa imagem do município). Estas se encontravam na cidade devido às obras de construção da estrada de ferro que, enfim, chegaria à localidade. Nas conversas do grupo, nada de naturalidade: a primeira-dama, espécie de personificação do poder político

---

[49] Indiretamente, Graciliano parece aludir à situação do jornal *O Índio* para o qual colaborara, em 1921, em Palmeira dos Índios.
[50] DAMATTA, Roberto. *O que faz o brasil, Brasil?* Rio de Janeiro: Rocco, 2001, p. 73.
[51] RAMOS, Graciliano. *Viventes das Alagoas.* 19ª ed. Rio de Janeiro: Record, 2007, p. 20.
[52] Idem, p. 22.

local a ser combatido pelo Estado Novo, escolhia rigorosamente as palavras para que as visitantes não fizessem mau conceito da terra. Nitidamente, percebe-se a vontade do grupo dirigente em construir uma imagem de civilidade e de modernidade para "inglês ver" (os estrangeiros). Tal procedimento seria incompatível com a essência tacanha e provinciana da cidade reproduzida pelo discurso do narrador. Fica novamente subentendida a referência ao artificialismo e à superficialidade da modernidade propagada no sertão no princípio do século XX, algo que, todavia, se espraiaria até o presente do regime varguista, do qual falava Graciliano.

Logo depois, o olhar do narrador entra no largo onde se encontravam os foliões: funcionários, negociantes, artífices e o povo em geral. Destaca a figura do escrivão da coletoria que sairia de sua insignificância durante os dias gordos; ninguém o venceria na farra. Nesse ponto, pode-se ver que, além do código da repressão e da ordem, haveria também, subjacente, um código da festa, o qual levaria à aceitação pública de um reles escrivão nos três dias que antecedem a Quaresma. Fora essa figura isolada, o destaque seriam os cordões e as disputas entre duas charangas que tocavam sambas e marchas.

A iluminação pública evitava confusões e trabalhava para o controle do folguedo. Em discurso indireto livre, o narrador coloca o seguinte questionamento que soa como um pensamento da primeira-dama, alarmada com as gingas e as danças do povo: "Que diriam as engenheiras se as luzes se extinguissem?" A luz objetiva, fria e analítica reforça o aspecto ordeiro em oposição à escuridão que levaria a cidade ao caos. Mais um símbolo de progresso — a usina elétrica — aparece vinculado à falsa imagem que se deseja construir do município. "— Parece que o motor [da usina] aguenta", diz a esposa do prefeito em seu artificialismo propagandístico. O progresso aparece aqui como uma "conquista" superficial e restrita, pois se as lâmpadas "se apagassem de repente, como às vezes acontece, haveria uma confusão".[53] No escuro, o subsolo da cidade viria à tona.

A primeira-dama volta a se aborrecer, e o narrador torna a se valer do discurso indireto livre. O alvo desta, agora, é a filha do telegrafista, que estaria se agarrando com o ajudante da farmácia e rebaixando a imagem da cidade diante das visitantes. "A sonsa, que vive na igreja, confessando-se,

---

[53] Idem, p. 21.

comungando, perde os estribos e dá amostra péssima da localidade."[54] O vigário deveria ser avisado, e aquele comportamento desrespeitoso, veementemente repreendido: "haverá domingo um sermão terrível."[55]

Há, em seguida, a preocupação da mulher do prefeito em afastar a jovem assanhada do todo da cidade, colocando-a como um caso isolado. Em prol do selo civilizatório que se pretendia colar à localidade, as condutas livres e impudicas, mesmo em meio à festa carnavalesca, deveriam ser proibidas. Ressalva-se a esquizofrenia da elite da citadina, na oposição entre o que ela é (tacanha, castradora, mas festiva de certa maneira apesar do tom pessimista do escritor) e aquilo que ela quer ser (moderna e civilizada).

A frase final da primeira-dama "Estamos longe disso", além de afastar o mau exemplo da filha do telegrafista, parece se referir também à distância do grupo das nobres senhoras (estáticas) da festa que acontecia no largo. Nesse momento passava um rancho de maracatus.

2. O alumbramento no morro do Querosene

Além dos quatro textos sobre o carnaval sertanejo vistos antes, Graciliano tem também uma crônica na qual discorre sobre uma marcha e um samba do festejo momesco carioca. Trata-se de "Aurora e o 'seu' Oscar", contida no livro *Linhas tortas*, mas publicada originariamente na revista *O Cruzeiro* em fevereiro de 1941. Nela, o cronista continua a utilizar o carnaval como um instrumento de crítica oblíqua à política e aos procedimentos estadonovistas. Contudo, de acordo também com os parâmetros da poética realista da geração de 1930, deixa antever a grandiosidade da produção musical "alumbrada" do morro do Querosene, no Rio de Janeiro.

Como já se viu anteriormente, o Estado Novo institucionaliza e eleva o "carnaval popular" ao posto de grande festa brasileira. Sabe-se que, nesse momento, na capital, o governo patrocinava blocos carnavalescos que adotassem enredos nacionalistas, utilizando-os como forma de propaganda. Além de sambas ufanistas da brasilidade, o governo getulista privilegiava aqueles que exaltassem o trabalho. Com a criação do DIP, em 1939, a censura

---

[54] Idem, p. 22–23
[55] Idem, p. 23.

intensificou a repressão aos sambas que tratassem da malandragem e da vida boêmia, algo comum nesse gênero musical. Nota-se, dessa maneira, a tentativa de adequação da festa ao ideário do Estado-nação que se construía naquele momento:

> A cruzada antimalandragem tinha o objetivo de interromper a íntima relação que, ao longo da história da música popular brasileira, unira o samba à malandragem. Mesmo assim, em pleno império do DIP, figuras que viviam à margem do trabalho regular continuavam presentes em muitas composições, como que a fornecer um atestado de sua sobrevivência.[56]

Para sua crônica, Graciliano escolhe justamente duas músicas que, de certa maneira, contrariavam a orientação trabalhista e nacionalista que o DIP começava a imprimir aos sambas e marchas. Trata-se do samba *Oh! Seu Oscar*, de Ataulfo Alves e Wilson Batista, sucesso no carnaval de 1940, na voz de Ciro Monteiro, e da marcha *Aurora*, de Mário Lago e Roberto Roberti, gravada pela dupla Joel e Gaúcho para o carnaval de 1941. As duas canções, de modo curioso, foram premiadas pela prefeitura do Rio de Janeiro nos anos de 1940 e 1941, respectivamente.

Em *Oh! Seu Oscar*,[57] seu Oscar, um trabalhador braçal, relata seu melodrama. Depois de chegar em casa cansado do trabalho, ele descobre que foi abandonado por sua mulher. Ela o trocou pela orgia. Todo o esforço do chefe da casa, que se martirizou no cais do porto, trabalhando como estivador, não fora suficiente para manter sua mulher em casa. A canção associa o trabalho a martírio, sacrifício e ilusão. Já em *Aurora*,[58] a personagem-título teria perdido uma suposta vida confortável e a posição de madame devido

---

[56] PARANHOS, Adalberto. Os desafinados do samba na cadência do Estado Novo. *Nossa História*, Rio de Janeiro, ano 1, n. 4, fev. 2004, p. 17.
[57] Cheguei cansado do trabalho/ Logo a vizinha me falou:/ Oh! seu Oscar/ Tá fazendo meia hora/ Que a sua mulher foi embora/ Um bilhete lhe deixou/ Meu Deus, que horror/ O bilhete assim dizia:/ "Não posso mais, eu quero é viver na orgia!"/ Fiz tudo para ver seu bem-estar/ Até no cais do porto eu fui parar/ Martirizando o meu corpo noite e dia/ Mas tudo em vão: ela é da orgia/ É... parei.
[58] Se você fosse sincera/ Ô ô ô ô Aurora/ Veja só que bom que era/ Ô ô ô ô Aurora/ Um lindo apartamento/ Com porteiro e elevador/ E ar refrigerado/ Para os dias de calor/ Madame antes do nome/ Você teria agora/ Ô ô ô ô Aurora.

à sua insinceridade. O eu-lírico da canção, em tom lastimoso, mostra que tudo aquilo que poderia oferecer à sua ex-mulher ("um lindo apartamento, com porteiro e elevador, e ar refrigerado para os dias de calor") não fora suficiente para garantir a lealdade desta.

Apesar de as canções se referirem a classes distintas, percebe-se nelas a desagregação da célula familiar. Nas duas situações a mulher abandona o lar, deixando seus maridos desiludidos. Tal atitude feminina revela um potencial ao mesmo tempo desestruturador e libertário. Dessa maneira, ambas as canções fogem do ideal de uma vida familiar regrada que era difundido pelo DIP, sobretudo para as classes subalternas da sociedade.[59]

Graciliano inicia a crônica descrevendo aquele que seria o ciclo produtivo do samba. Caberia ao morro a produção da matéria-prima original que logo depois seria transformada em mercadoria na planície carioca. Em seguida, as canções consumíveis retornariam à sua fonte primeira.[60] O narrador critica esse processo industrial que as corromperia e as cobriria de adornos e sofisticações vazias: "Não sabemos até que ponto a métrica, a rima, o adjetivo campanudo desfiguram a coisa bruta e virgem nascida no Querosene."[61] Contudo, como os sambas voltavam ao morro e eram aceitos por seus habitantes, o cronista destaca que não teria ocorrido uma alteração profunda. "Apenas o necessário para ser cantada no rádio e não desagradar muito no papel, escrita. A coisa bruta continua mais ou menos virgem."[62]

---

[59] CUNHA, Fabiana Lopes da. *Da marginalidade ao estrelato*: o samba na construção da nacionalidade (1917-1945). São Paulo: Annablume, 2004, p. 205.

[60] *Oh! Seu Oscar* e *Aurora* já se apresentariam como as canções mercadorias que Graciliano menciona. Os autores das duas canções não teriam um vínculo direto com o morro, mas sim com a boemia da planície. Basta verificar uma rápida descrição biográfica de cada um deles. Ataulfo Alves — nasceu na Zona da Mata Mineira. Em 1937, vem para o Rio de Janeiro e mora no bairro do Rio Comprido (região norte), onde entra em contato com rodas de samba. Mário Lago — nasceu na Lapa (região central) no Rio de Janeiro. Era filho de uma família de músicos; seu pai era maestro. Dedica-se inicialmente à música clássica, mas a abandona em favor do samba e da vida boêmia. Estudou no Colégio Pedro II. Wilson Batista — de família humilde, nasceu em Campos, estado do Rio de Janeiro. Logo que chegou ao Rio, ainda adolescente, em 1929, passou a frequentar o Mangue, zona de prostituição, e os cabarés e cassinos do famoso bairro da Lapa. Foi ali que o jovem travou contato com a vida boêmia e musical da cidade. (ALBIN, Cravo. *Dicionário Cravo Albin da música popular brasileira*. Disponível em: <http://www.dicionariompb.com.br/default.asp>. Acesso em: 20 mar. 2015).

[61] RAMOS, Graciliano. *Linhas tortas*. 21ª ed. Rio de Janeiro: Record, 2005, p. 307.

[62] Idem, p. 307-308.

Torna-se nítida a oposição entre morro e planície. No primeiro, haveria a autenticidade. Na segunda, a superficialidade que procurava conferir contornos literários a ritmos e sentimentos. Todavia, a cultura oral rítmica do morro, para se tornar consumível, deveria ganhar a legitimidade da palavra escrita na planície.[63] Tal visão crítica revela o vínculo do autor com a poética realista de 1930 na medida em que esta pretendia valorizar a experiência dita "verdadeira" do povo.

Em crônica de 1935 sobre o romance *Suor*, de Jorge Amado, reunida também em *Linhas tortas*, Graciliano comenta a busca da "verdade" por parte da geração de escritores à qual se vinculava, os realistas críticos nordestinos: "Os escritores atuais foram estudar o subúrbio, a fábrica, o engenho, a prisão da roça, o colégio do professor cambembe. Para isso resignaram-se a abandonar o asfalto e o café, viram de perto muita porcaria, tiveram a coragem de falar errado, como toda a gente, sem dicionário, sem gramática, sem manual de retórica".[64] Percebe-se que vem daí a identificação do escritor alagoano com o morro onde supostamente estaria a realidade genuína do país em oposição à planície letrada, burguesa e superficial.

Voltando ao texto, nota-se que o cronista começa a tratar propriamente das canções anunciadas no título. Curiosamente, ele cruza as narrativas de ambas as músicas. Os personagens "seu Oscar" e "Aurora" passam a formar um casal desajustado: ele chora sem se revoltar com "as ruindades da companheira e os sacrifícios que fez por ela";[65] Aurora, por seu turno, recusa a promessa de um lindo apartamento com porteiro e elevador e ar refrigerado e cai na baderna. O procedimento do marido, de não se revoltar, de definhar, de curtir o desgosto e de não se envergonhar ante o ridículo que passara com

---

[63] Há também a diferença geográfica. Em *Na Roda de samba* (1933), o repórter musical e policial do *Jornal do Brasil*, Francisco Guimarães, o Vagalume, apresenta o morro do Querosene como um lugar fétido e imundo, onde não haveria ruas, mas sim picadas perigosíssimas em decorrência da falta de iluminação. Percebe-se, portanto, que tal favela labiríntica seria bem diferente da geografia ortogonal e retilínea da planície saneada, com suas grandes avenidas. "Nos dias chuvosos, é uma temeridade chegar ao alto do morro. Há subidas íngremes, dando passagem apenas a uma pessoa e deixando ver o medonho despenhadeiro! Pelas picadas, à guisa de ruas existem valas abertas, que servem de escoadouro dos 'pardieiros'." (GUIMARÃES, 1978, p. 145). Mesmo em meio a tais dificuldades de condições, o jornalista destaca que o Querosene seria cantado como um Éden em alguns sambas chorosos.

[64] RAMOS, Graciliano. *Linhas tortas*. 21ª ed. Rio de Janeiro: Record, 2005, p. 129.

[65] Idem, p. 308.

a libertária ex-mulher, é apresentado como um comportamento típico do morro, lugar onde o peso das convenções sociais não teria o mesmo valor que na planície civilizada: "não se comportam como se vivessem em outro lugar ou em outra classe".[66]

Em seguida, o narrador passa a conjeturar como seriam as reações de seu Oscar diante da traição da ex-mulher se o casal pertencesse a outras classes sociais que habitavam a planície. A mudança da ambientação das personagens levaria a desfechos variados. Primeiro, o cronista imagina o casal muito rico. A madame Aurora agiria segundo as conveniências de sua classe, e seu Oscar faria vista grossa para a derrapagem da mulher, ao passo que também teria suas amantes, o que poderia provocar vinganças.

A segunda hipótese é a de que os parceiros pertencessem à classe média alta, em que teriam menos posses, mas maior dose de moralismo. Nessa situação, seu Oscar se sentiria injustiçado, mas se manteria feliz socialmente para evitar um escândalo, conservando as aparências. O narrador sugere que esse seu Oscar manifestaria suas agruras e infelicidades por meio da palavra escrita. Escreveria uma história introspectiva, catalogando "as ruínas que o ciúme produz no espírito de um cristão".[67] Há aqui a repetição de um procedimento comum nas crônicas feitas por Graciliano no Rio de Janeiro: a crítica à literatura intimista católica.[68] Esta começou a ganhar força a partir da segunda metade da década de 1930, polarizando a cena literária com os realistas críticos, em sua maioria, nordestinos. Os intimistas radicalizam o interesse pelo indivíduo, com destaque para personagens ficcionais pertencentes à burguesia. Deixava-se de lado a menção às massas e às questões sociais; enfim, tudo aquilo que autores como Jorge Amado pregavam até então. Assim, nesta crônica percebe-se sutilmente a crítica ao romance psicológico na comparação entre o seu Oscar da classe média alta, que faria um romance introspectivo, com o seu Oscar do morro, que para expor suas dores se valeria de ritmos e sentimentos autênticos do samba. Nota-se também a oposição entre o personagem burguês que se queixa isoladamente e a roda de samba do Querosene em que as amarguras são compartilhadas e integradas comunitariamente num todo maior.

---

[66] Ibidem.
[67] Idem, p. 309.
[68] A literatura intimista tinha como principais expoentes Octávio de Faria, Jorge de Lima, José Geraldo Vieira e Lúcio Cardoso. Para mais informações ver Bueno (2006).

Na terceira hipótese, o casal vive numa cidade interiorana nos moldes dos municípios sertanejos já tematizados pelo autor. Lá, a população "devota e ciosa" fiscalizaria Aurora e, em caso de traição, seu Oscar a abandonaria ou lhe daria uma boa surra. Fica aqui evidente a castração feminina e o autoritarismo masculino que seriam amplificados no interior do país.

Enfim, vem a pior das conjecturas na ótica do cronista. Seu Oscar e Aurora fariam parte da classe média urbana. Em tal situação "a perfídia conjugal determina complicações irremediáveis".[69] Isso porque o marido, "tipo de hábitos medidos, dócil ao ponto, ao horário do negócio, ao vencimento da prestação",[70] entraria em desequilíbrio ao chegar em casa e não encontrar a mulher e seus chinelos — "a mulher e os chinelos são como órgãos — seu Oscar sente-se amputado".[71] Vendo sua imagem social despedaçada, o marido seria levado a matar Aurora e, assim, ser preso logo em seguida, repetindo as histórias policiais que circulavam diariamente nos jornais.

O mosaico social traçado pelo cronista vem reforçar a ideia inicial de que os sambas, mesmo tornados mercadorias, manteriam a essência do morro, visto que se seu Oscar fosse de qualquer outra classe social o conteúdo da canção seria outro. E na maioria das vezes com um desfecho triste.

Há, portanto, a exaltação da pureza e da autenticidade do Querosene. "Lá seu Oscar não lê jornais, não receia a opinião pública, ignora o que se passa no resto do mundo."[72] O morro aparece distante das preocupações e das hierarquizações sociais da planície. Nele, o marido não receia a opinião de seus convivas, e a mulher ocupa uma posição equiparada à do homem. Segundo tal perspectiva, ela tem liberdade para abandoná-lo e cair na farra. Coisa bem diferente ocorreria na planície, onde o sexo feminino ocuparia um lugar inferior, que deveria ser regrado e controlado por meio da agressão e da censura ou, em casos extremos, como no de seu Oscar da classe média, por meio do assassinato.

No morro, estaria uma população alumbrada, vivendo comunitariamente o aqui e o agora, numa espécie de memória coletiva rítmica, longe dos

---

[69] RAMOS, Graciliano. *Linhas tortas*. 21ª ed. Rio de Janeiro: Record, 2005, p. 309.
[70] Ibidem.
[71] Idem, p. 310.
[72] Idem, p. 311.

rótulos ou das necessidades da planície (jornal, posição social e informação sobre o mundo). Esse alumbramento e autenticidade do morro podem ser vistos também como uma incorporação do discurso do realismo crítico que buscava se contrapor ao intimismo letrado, burguês e "falso" da literatura psicológica, num contexto de acirramento das disputas literárias em meio à Segunda Guerra Mundial.

3. Síntese

A partir do conjunto de textos aqui examinados, observa-se que, metonimicamente, a festa carnavalesca serve a Graciliano, sobretudo, de plataforma para a discussão do conceito de brasilidade. Em chave demolidora, o autor direciona seu riso desabalado tanto contra a elite macaqueadora de modismos importados quanto contra o caráter tacanho do povo desprovido do acesso à educação formal. Nesse movimento articulado, explicita o caráter falso e grosseiro em que se assentavam os pilares da nacionalidade, escancarando o descompasso existente entre Estado e Nação.

Ao mesmo tempo, ante a emergência do Estado Novo, o trabalho do artista alagoano permite identificar, sutilmente, como a diretriz autoritária e propagandística do regime de 1937 procurou sedimentar uma falaciosa identificação entre o aparato governamental e uma suposta essência brasileira. Em linhas gerais, ao abordar o carnaval, Graciliano escancara o processo amplo de homogeneização e naturalização de um passado conscientemente selecionado, tendo em vista o construto de uma aparente legitimidade emocional norteadora do nacionalismo propagandeado pela ditadura varguista.

Não por acaso, tais diretrizes materializadas nas diferentes abordagens do carnaval por parte de Graciliano manifestam outros elementos norteadores da poética do escritor. Mediante a recuperação dos festejos entrudísticos/carnavalescos das paragens interioranas, o artista procura dar a conhecer aquele espaço arruinado, bem como os habitantes deste, norteando-se pela necessidade maior de estudo da "realidade do país". O autor de *Vidas secas*, portanto, adota uma perspectiva crítica, sem rasgos de nostalgia pelo passado ou de euforia pelas mudanças futuras. Parece defender a hipótese de que só se conhecendo as ruínas nacionais se poderia construir algo novo: as feridas só seriam curadas se se convivesse com elas.[73]

Nesse mesmo diapasão, elege duas músicas do carnaval carioca para discutir, de modo alegórico, a própria arte literária. Para tanto, associa a produção da vertente regionalista do romance de 1930 à poesia visceral, analfabeta e autêntica do morro do Querosene e, por outro lado, vincula os dramas individuais e citadinos dos autores intimistas a histórias introspectivas, letradas e postiças da planície. Mediante tal procedimento, Graciliano procura a um só tempo elevar o trabalho de Jorge Amado, José Lins do Rego, Rachel de Queiroz, entre outros escritores associados ao realismo de 1930, e rebaixar o dito "espiritismo literário" dos romancistas católicos. Subjaz a esse movimento a preceptiva poética de que a arte não poderia abrir mão da concretude dos fatos e, mais especificamente, da representação "banda podre" do real, pois, caso contrário, daria margem a uma análise de cima para baixo da sociedade, carregada de artificialidade e de um lirismo vazio.

---

[73] SALLA, Thiago Mio. *O fio da navalha*: Graciliano Ramos e a revista *Cultura Política*. v. 1. Tese (Doutorado em Ciências da Comunicação) — Universidade de São Paulo, São Paulo, 2010, p. 142.

Referências bibliográficas

ALBIN, Cravo. *Dicionário Cravo Albin da música popular brasileira*. Disponível em: <http://www.dicionariompb.com.br/default.asp>. Acesso em: 20 mar. 2015.
ALENCAR, Edigar de. *Carnaval carioca através da música*. Rio de Janeiro: Freitas Bastos, 1965.
ALMEIDA, Luiz Sávio de. A nega Juju e o moleque namorador: uma notícia ultrapreliminar. In: _____ (Org.). *O negro e a construção do carnaval no Nordeste*. Maceió: Edufal, 1996.
ANDRADE, Almir. A evolução política e social no Brasil. *Cultura Política*, Rio de Janeiro, ano 1, n. 1, mar. 1941.
ANTELO, Raul. *Literatura em revista*. São Paulo: Ática, 1984.
ARAÚJO, Rita de Cássia Barbosa de. *Festas*: máscaras do tempo — Entrudo, mascarada e frevo no carnaval do Recife. Recife: Fundação de Cultura Cidade do Recife, 1996a.
_____. Festas públicas e carnavais. In: ALMEIDA, Luiz Sávio de (Org.). *O negro e a construção do carnaval no Nordeste*. Maceió: Edufal, 1996b.
BASTIDE, Roger. *Sociologia do folclore brasileiro*. São Paulo: Editora Anhambi, 1959.
BOMENY, Helena. Infidelidades eletivas: intelectuais e política. In: _____ (Org.). *Constelação Capanema*: intelectuais e política. Rio de Janeiro: Editora FGV, 2001.
BOSI, Alfredo; FACIOLI, Valentim; GARBUGLIO, José Carlos. *Graciliano Ramos*. São Paulo: Ática, 1987.
BUENO, Luís. *Uma história do Romance de 30*. São Paulo: Edusp, 2006.
BUMIRGH, Nádia. *Graciliano Ramos e a revista* Cultura Política: pequena abordagem interpretativa na proposta de edição crítica de *Viventes das Alagoas*. Tese (Doutorado em Literatura Brasileira) — Universidade de São Paulo, São Paulo, 2003.

CANDIDO, Antonio. Prefácio. In: MICELI, Sérgio. *Intelectuais e a classe dirigente no Brasil (1920-1945)*. Rio de Janeiro: Difel, 1979.

CASCUDO, Luís da Câmara. *Dicionário do folclore brasileiro*. São Paulo: Global Editora, 2000.

CUNHA, Fabiana Lopes da. *Da marginalidade ao estrelato*: o samba na construção da nacionalidade (1917-1945). São Paulo: Annablume, 2004.

DAMATTA, Roberto. *O que faz o brasil, Brasil?* Rio de Janeiro: Rocco, 2001.

ESCRITOR e romancista... *Cultura Política*, Rio de Janeiro, ano 1, n. 1, mar. 1941.

EVOLUÇÃO intelectual. *Cultura Política*, Rio de Janeiro, ano 1, n. 1, mar. 1941.

FAUSTO, Boris. *História do Brasil*. São Paulo: Edusp, 1994.

FERREIRA, Felipe. *O livro de ouro do carnaval brasileiro*. Rio de Janeiro: Ediouro, 2004.

GALVÃO, Walnice Nogueira. De onde veio o carnaval. *Leitura*, São Paulo, n. 2, p. 41-46, fev. 2000.

GUIMARÃES, Francisco (Vagalume). *Na roda de samba*. Rio de Janeiro: Funarte, 1978.

MELO, Ana Amélia M. C. Pensando o Brasil: os escritos de Graciliano Ramos durante o Estado Novo. In: ALMEIDA, Angela Mendes de; ZILLY, Berthold; LIMA, Eli Napoleão de (Org.). *De sertões, desertos e espaços civilizados*. Rio de Janeiro: Mauad, 2001.

MEYER, Marlyse. O carnaval nos folguedos populares brasileiros. *Outros Olhares*, Campinas, v. 1, n. 1, p. 7-18, 1996.

MORAES, Dênis de. *O velho Graça*. Rio de Janeiro: José Olympio Editora, 1992.

MORAIS FILHO, Melo. *Festas e tradições populares no Brasil*. Belo Horizonte: Ed. Itatiaia, 1979.

OLIVEIRA, Lúcia Lippi et al. *Estado Novo*: ideologia e poder. Rio de Janeiro: Zahar Editores, 1982.

PARANHOS, Adalberto. Os desafinados do samba na cadência do Estado Novo. *Nossa História*, Rio de Janeiro, ano 1, n. 4, fev. 2004.

QUEIROZ, Maria Isaura Pereira de. *Carnaval brasileiro*: o vivido e o mito. São Paulo: Brasiliense, 1992.

RAMOS, Graciliano. *Linhas tortas*. 21ª ed. Rio de Janeiro: Record, 2005.

_____. *Viventes das Alagoas*. 19ª ed. Rio de Janeiro: Record, 2007.

_____. *Garranchos*. Org. de Thiago Mio Salla. Rio de Janeiro: Record, 2012.

SALLA, Thiago Mio. *Graciliano Ramos e a cultura política*. Mediação editorial e construção do sentido. São Paulo: Edusp, 2016 [no prelo].

Este livro foi composto na tipologia Minion Pro
Regular, em corpo 11/15, e impresso em
papel off-white no Sistema Cameron da
Divisão Gráfica da Distribuidora Record.